Optionspläne als Instrument
wertorientierter Managementvergütung

Europäische Hochschulschriften
Publications Universitaires Européennes
European University Studies

Reihe V
Volks- und Betriebswirtschaft

Série V Series V
Sciences économiques, gestion d'entreprise
Economics and Management

Bd./Vol. 2554

PETER LANG
Frankfurt am Main · Berlin · Bern · Bruxelles · New York · Wien

Stefan Winter

Optionspläne als Instrument wertorientierter Managementvergütung

PETER LANG
Europäischer Verlag der Wissenschaften

Die Deutsche Bibliothek - CIP-Einheitsaufnahme

Winter, Stefan:

Optionspläne als Instrument wertorientierter Managementvergütung / Stefan Winter. - Frankfurt am Main ; Berlin ; Bern ; Bruxelles ; New York ; Wien : Lang, 2000
(Europäische Hochschulschriften : Reihe 5, Volks- und Betriebswirtschaft ; Bd. 2554)
Zugl.: Berlin, Humboldt-Univ., Habil.-Schr., 1999
ISBN 3-631-35781-8

ISSN 0531-7339
ISBN 3-631-35781-8

Vorwort

Die vorliegende Arbeit ist von der Wirtschaftswissenschaftlichen Fakultät der Humboldt-Universität zu Berlin im Januar 1999 als Habilitationsschrift angenommen worden.

Diese Arbeit wäre ohne die Hilfe wohlgesonnener Geister nicht möglich gewesen. Aufgrund der gebotenen Kürze eines meist ohnehin überlesenen Vorwortes können hier nicht alle mit Namen erwähnt werden. Einen ganz besonderen Dank möchte ich aber Horst Albach aussprechen, der sich neben den eigenen Terminnöten auch noch die meinigen zu eigen machte. Dadurch, mit inhaltlichen Anregungen und zuletzt der Zweitbegutachtung dieser Arbeit hat er maßgeblich meinen weiteren Lebensweg geebnet. Ein weiterer besonderer Dank gilt Ulrike Graßhoff, die nicht nur eine tolle Kollegin während meiner letzten Berliner Jahre war, sondern die sich auch der Mühen nicht scheute, meine Modellrechnungen zu überprüfen und mir damit so manchen Faux Pas ersparte. Klar ist aber: Sollten Fahler (!) verblieben sein, trage ich die Verantwortung dafür allein. Anja Schwerk, die für einen Großteil der guten Stimmung am Lehrstuhl verantwortlich war, danke ich für ihre moralische Unterstützung und dafür, dass sie mir während der letzten Monate dieser Arbeit so manche Mühen des täglichen Arbeitslebens abgenommen hat und meine Pflichten ohne viel Aufhebens zu den ihren machte.

Joachim Schwalbach möge mir verzeihen, wenn ich ihn erst jetzt erwähne. Aber mein Dank an ihn bezieht sich eben nicht „nur“ auf die vorliegende Schrift. Er hat mein Leben von meinem ersten Tag als wissenschaftlicher Mitarbeiter an seinem ersten eigenen Lehrstuhl bis zu meinem ersten Ruf an die Universität Würzburg mit Engagement, Zusprache und Fürsorge begleitet. Durch seinen Elan, seinen manchmal kaum zu ertragenden Optimismus und sein Vertrauen in mich hat er die neun Jahre unserer Zusammenarbeit zu meiner persönlichen Sternstunde werden lassen.

Auf dem Weg vom Examen zum Hochschullehrer gehen prinzipiell zwei Beziehungen zu Bruch. Eine während der Endphase der Dissertation und eine während der Endphase der Habilitation. Yvonne Tetzlaff straft dieses Prinzip Lügen. Sie hat meinen elfenbeinernen Tunnelblick durch beide Phasen ertragen, mich gar ans Essen und Schlafen erinnert und zum Schluß auch noch jeweils Korrektur gelesen. Ich hoffe, wir werden noch viele Sitzsteine zusammen finden. Danke.

Im Übrigen bin ich der Meinung, dass Habilitationen abgeschafft werden sollten!

Stefan Winter

Inhaltsverzeichnis

Abbildungsverzeichnis

Symbolverzeichnis

Symbol	Bedeutung
v	Unternehmenswert bzw. Aktienkurs
p	Wahrscheinlichkeit für einen Kursanstieg
s	Kursmultiplikator
$\bar{s}$	Maximal zulässiger Kursmultiplikator
t	Variable für den Zeitindex
j	Index für die Anzahl der Kursanstiege
α	Anzahl Optionen
β	Bezugskurs der Option, aber auch: Betafaktor im CAPM
m	Marktwert der Option
y	Vergütung bzw. Vergütungsvertrag des Agenten
e	Arbeitseinsatz (effort) des Agenten
$K(e)$	Kosten- bzw. Arbeitsleidfunktion des Agenten
$V(y)$	Nutzenfunktion des Geldes des Agenten
$U(.)$	Gesamtnutzenfunktion des Agenten
$\bar{U}$	Reservationsnutzen des Agenten
b	Maß für die Risikoaversion des Agenten
F	Fixe Vergütung des Agenten
w	Vermögen bzw. Einkommen des Prinzipals
$W(.)$	Nutzenfunktion des Prinzipals
E	Erwartungswertoperator
R	Rendite der Aktie
r	Rendite der risikolosen Anlage
λ	Lagrangemultiplikator

Einleitung

Fragen der Unternehmenskontrolle bilden seit langem einen Forschungsschwerpunkt der betriebswirtschaftlichen Forschung. Diese Forschungsrichtung konzentriert sich auf die Frage, wie die Verfügungsrechte von Unternehmen gestaltet werden sollten, um eine Art der Unternehmensführung zu gewährleisten, die das Eigentümervermögen maximiert. Die Notwendigkeit derartiger Betrachtungen beruht auf der Tatsache, daß ein Großteil der Wertschöpfung entwickelter Volkswirtschaften in Unternehmen stattfindet, bei denen die Eigentumsrechte in teilweise erheblichem Umfang von den Entscheidungsrechten getrennt sind. Die Eigentumsrechte einzelner Unternehmen verteilen sich oft auf eine große Zahl von Eigentümern, die jeder für sich nur einen jeweils sehr geringen Anteil am Unternehmen besitzen. Die Entscheidungsrechte hingegen konzentrieren sich auf eine kleine Anzahl angestellter Manager. Problematisch ist diese Trennung von Eigentum und Kontrolle der Unternehmensressourcen deshalb, weil die angestellten Manager per se die Folgen ihrer Entscheidungen nicht oder nur zu einem geringen Teil zu tragen haben. Ihre Interessen können daher deutlich von denen der Eigentümer abweichen. Statt der Maximierung des Eigentümervermögens können sie eher an der Sicherheit ihres Arbeitsplatzes oder an der Ausweitung ihres Einflußbereiches interessiert sein, auch wenn entsprechende Maßnahmen hierzu nicht im Sinn der Eigentümer liegen. Es existieren nun eine Reihe von Hinweisen darauf, daß es sich hierbei um ein auch empirisch relevantes Problem handelt.[1] Das Vorliegen divergierender Zielsetzungen führt nun zu einem Anreizproblem. Es muß sichergestellt werden, daß das angestellte Management ausreichende Anreize erhält, sich im Eigentümerinteresse zu verhalten. Um dies zu erreichen, können verschiedene Anreiz- und Kontrollmechanismen eingesetzt werden. Zum einen können bestimmte Entscheidungen von erheblicher Tragweite von der Zustimmung der Aktionäre oder der Aufsichtsorgane abhängig gemacht werden. Eine zweite Möglichkeit besteht darin, die Entlohnung des Managements direkt an den Zielerreichungsgrad der Eigentümer zu koppeln. Die theoretischen Grundlagen zu letzterem Vorgehen werden von der Agencytheorie bereitgestellt. Bereits in frühen Arbeiten zu dieser Theorie wurde der Interessenkonflikt zwischen Managern und Eigentümern auch formal aufgezeigt und nachgewiesen, daß dieser durch erfolgsabhängige Vergütungsverträge entschärft werden kann.[2] Durch die Erfolgsbeteiligung wird dem Entscheidungsberechtigten ein Anreiz gegeben, von sich aus nach einem hohen Erfolg seines Handelns zu streben. Allerdings konnte die Agencytheorie auch aufzeigen, daß eine völlige Elimination des Anreizproblems in der Regel nicht möglich ist. Denn immer dann, wenn eine Beteiligung am Erfolg des geleiteten Unternehmens vereinbart wird, der Erfolg aber zusätzlich von externen Faktoren abhängt, wird durch die Erfolgsbeteiligung ein Teil des Geschäftsrisikos auf den Entscheidungsberechtigten übertragen. Dies wäre nur dann unproblematisch, wenn dieser das resultierende Risiko ebenso

1 Siehe z.B. die ausgewählten Befunde bei Schwetzler (1998), S. 9.
2 Vgl. z.B. Jensen/Meckling (1976) und Holmström (1979).

gut tragen kann wie die Unternehmenseigner. Ist der Grad seiner Aversion gegen Risiken hingegen größer, wird der Anreizeffekt mit einer suboptimalen Risikoaufteilung erkauft.

In der Praxis haben sich nun eine ganze Reihe von vertraglichen Erfolgsbeteiligungsformen entwickelt, die sich zentral darin unterscheiden, wie der Unternehmenserfolg operationalisiert wird. Bei einer Analyse der Erfolgsbeteiligungsformen im internationalen Vergleich fällt ferner auf, daß sich in verschiedenen Ländern bestimmte Formen der Erfolgsbeteiligung zu sehr unterschiedlichen Zeiten durchgesetzt haben bzw. sehr unterschiedliche Verbreitungsgrade erreicht haben. Während z.B. marktwertorientierte Systeme in den USA bereits seit Beginn der 50'er Jahre in größerem Umfang Einzug gehalten haben[3], dominieren in der Bundesrepublik bis heute rechnungswesenorientierte Systeme.[4] Gerade in der Bundesrepublik haben Gewinn, Betriebsergebnis, Rentabilitätskennziffern oder ähnliches eine große Bedeutung erlangt. Jedoch blieb dieses Vorgehen nicht ohne Kritik, da die genannten Kennziffern die Entwicklung des Eigentümervermögens nicht oder nur unzureichend widerspiegeln. Es wurde daher nach alternativen Bemessungsgrundlagen gesucht, die einen direkten Bezug zum Eigentümervermögen aufweisen. Am einfachsten gelingt dies, indem die Wertentwicklung des Eigenkapitals selbst zur Bemessungsgrundlage der Managementvergütung gemacht wird. Hierfür sind verschiedene Ausprägungen denkbar, die von der direkten Kapitalbeteiligung bis zu den in dieser Arbeit zu diskutierenden Optionsprogrammen reichen. Wie später noch zu zeigen sein wird, unterscheiden sich die verschiedenen Formen der Beteiligung an der Wertentwicklung des Eigenkapitals insbesondere durch ihre unterschiedlichen Effekte bei der Risikoteilung. Nimmt man an, daß Manager einen höheren Grad von Risikoaversion haben als Eigentümer, dann läßt sich zeigen, daß Optionsprogramme anderen Formen der Beteiligung an der Wertentwicklung überlegen sein können. In den USA dürften Optionsprogramme bei den börsennotierten Unternehmen inzwischen wohl eines der am weitesten verbreiteten Erfolgsbeteiligungssysteme sein.[5]

Neben dem theoretischen Interesse an der Frage, ob und gegebenenfalls wie Optionsprogramme gestaltet werden sollten, um in einer agencytheoretischen Modellwelt optimale Anreize zu setzen, besitzt diese Fragestellung auch in der Praxis eine erhebliche Bedeutung. So haben in den letzten 2 Jahren in der Bundesrepublik bedeutende Unternehmen wie Deutsche Bank, Daimler Benz, Hoechst und einige andere Optionsprogramme eingeführt. Daneben berichtet das deutsche Aktieninstitut, daß eine Vielzahl von weiteren Unternehmen die Einführung von Optionsplänen fest plant.[6] Da hierbei teilweise Kapitalerhöhungen im

---

3 Vgl. Long (1992).
4 Vgl. Winter (1996a).
5 So gibt Mazer an, daß 97 der Fortune 100 Unternehmen Optionspläne eingeführt haben. Vgl. Mazer (1988), S. 48.
6 DAI (1998a), S. 10.

dreistelligen Millionenbereich geplant sind, erscheint eine genauere Analyse der Brauchbarkeit von Optionsprogrammen dringend geboten.

Die vorliegende Arbeit setzt sich zum Ziel, Optionsprogramme auf ihre Tauglichkeit als Instrument der Managementvergütung zu untersuchen. Hierbei ist zunächst genau abzugrenzen, welche Zielsetzungen mit einem Optionsprogramm verfolgt werden können bzw. sollten. Dazu wird in Kapitel 1 der Shareholder-Value-Ansatz präsentiert und aufgezeigt, daß dieser eine geeignete Zielfunktion für das Managementhandeln liefert. Die Frage der optimalen Optionsplangestaltung kann danach darauf reduziert werden, wie durch einen Optionsplan die Schaffung von Shareholder Value gefördert werden kann. Im zweiten Kapitel wird zunächst der Begriff eines "Optionsplanes" näher umrissen und es wird diskutiert, welche grundsätzlichen Vor- und Nachteile mit dem Einsatz dieses Instrumentes verbunden sein können. Da bisher eine geschlossene ökonomische Analyse von Optionsprogrammen fehlt, muß diese zunächst im Kapitel 3 entwickelt werden. Hierbei wird sich zeigen, daß die klare Zielsetzung des Shareholder Value Ansatzes sehr hilfreich für die Bewertung verschiedener Gestaltungsalternativen ist. Ferner wird sich ein Blick in die bisher vorliegenden empirischen Arbeiten zu Optionsprogrammen lohnen, da hier Befunde festzustellen sind, die nicht ohne weiteres auf Basis der bestehenden Literatur erklärt werden können. Diese Befunde können aber helfen, Schwachstellen der bisherigen Analysen aufzuzeigen und für die Entwicklung eines "idealen" Optionsprogrammes zu nutzen. Aus diesem Grund wird die empirische Literatur zu Optionsplänen an den Anfang der ökonomischen Analyse in Kapitel 3 gestellt. Es schließt sich die Entwicklung eines agencytheoretischen Modells zur Analyse von Optionsprogrammen im selben Kapitel an. Die Ergebnisse dieses Kapitels können dann durchaus auf andere institutionelle Bedingungen z.B. in anderen Ländern übertragen werden. Da mit der Schaffung eines Optionsprogrammes jedoch auch rechtliche Fragen berührt werden, sollen diese im Kapitel 4 untersucht werden. Drei Rechtsbereiche erscheinen hier von besonderer Relevanz. Zunächst ist die gesellschaftsrechtliche Ebene zu untersuchen. Da bestimmte Formen von Optionsprogrammen die Verteilung der Eigentumsrechte verändern, ist hier zu untersuchen, wie bestehende Gestaltungsoptionen berücksichtigt werden können bzw. sollten. Eine weitere sehr wichtige Frage ist die nach der steuerrechtlichen Optimierung von Optionsprogrammen, die ebenfalls in diesem Kapitel behandelt werden soll. Schließlich können mit der Durchführung von Optionsprogrammen insiderrechtliche Tatbestände auftreten, die am Ende des Kapitels zu untersuchen sind. Die Ergebnisse dieses Kapitels sind an das deutsche Rechtssystem gebunden und können daher nicht ohne weiteres auf andere Länder übertragen werden. Die Kapitel 3 und 4 dienen somit einer ökonomischen Fundierung von Optionsprogrammen unter Berücksichtigung der rechtlichen Rahmenbedingungen in der Bundesrepublik Deutschland. Insbesondere soll aufgezeigt werden, welche ökonomischen und juristischen Gestaltungsalternativen bestehen und wie diese für die Gestaltung eines im Sinne der Eigentümer liegenden Optionsprogrammes genutzt werden können. Im anschließenden Kapitel 5 wird schließlich untersucht, wie die in Deutschland eingeführten bzw. fest geplanten Optionsprogramme ausgestaltet sind. Es soll ermittelt werden, ob die möglichen Gestaltungsalternativen wirklich im Interesse einer nachhaltigen Unternehmenswertsteigerung genutzt werden, wie dies bei Einführung von Optionsprogrammen üblicherweise behauptet wird.[7] Die Ergebnisse sollen aufzeigen, ob Optionsprogramme tatsächlich als wertorientiertes Anreizinstrument verstanden und eingesetzt werden. Im abschließenden Kapitel 6 wird schließlich ein Fazit gezogen und ein Ausblick auf noch offene Forschungsfragen gegeben.

7 Siehe z.B. die Einladungen zu den Hauptversammlungen der Daimler Benz AG 1997, abgedruckt im Bundesanzeiger Nr. 72 vom 17.04.1997, S. 5066 oder der Creaton AG 1998, abgedruckt im Bundesanzeiger Nr. 83 vom 06.05.1998, S. 6483.

1. Der Shareholder Value Ansatz

1.1. Grundlagen

Mit seinem Buch "Creating Shareholder Value" hat Alfred Rappaport[8] Mitte der 80'er Jahre eine neue Entwicklung in der Betriebswirtschaftslehre ausgelöst. Das Buch hatte einen erheblichen Einfluß auf die Business Community in den USA und auf die strategische Orientierung von Beratungsgesellschaften.[9] Auf deutschen Hauptversammlungen avancierte "Shareholder Value" mit gewisser zeitlicher Verzögerung gar zum Modewort.[10] Auch finden sich in Deutschland inzwischen eine Vielzahl von Monographien zum Thema.[11] Der Shareholder Value Ansatz rückt die Entwicklung des Eigentümervermögens in das Zentrum seiner Betrachtungen. Es wird unterstellt, daß Eigentümer primär an der Entwicklung ihres Vermögens in Form von Ausschüttungen und dem Wert ihrer Kapitalanteile interessiert sind.[12] Als primäres Ziel verfolgt der Shareholder Value Ansatz die Maximierung des Marktwertes des Eigenkapitals. Der Ansatz liefert ex ante die Zielsetzung, mit welcher Unternehmensentscheidungen bewertet werden können und ex post die Grundlage zur Beurteilung der Managemententscheidungen.[13] Bei dem Ansatz handelt es sich nun nicht um eine grundlegend neue Positionsbestimmung des Ziels unternehmerischen Handelns, sondern es geht dem Ansatz eher um die Bereitstellung eines geeigneteren Steuerungs- und Bewertungsinstrumentariums für das Erreichen des Ziels. Rappaport selbst führt hierzu aus: "While the principle that the fundamental objective of the business corporation is to increase the value of its shareholders' investment is widely accepted, there is substantially less agreement about how this is accomplished."[14] Der Ansatz gründet sich damit im wesentlichen auf der Kritik an der Eignung herkömmlicher Erfolgsgrößen zur Beurteilung des Erfolges einer Investition bzw. eines Unternehmens.[15] Dies gilt sowohl für absolute wie auch für relative Erfolgsgrößen des Rechnungswesens. So zeigt sich, daß z.B. der auf Basis des Jahresabschlusses ermittelte Gewinn noch nicht einmal einen Aufschluß über den in der entsprechenden Periode erreichten Erfolg gibt bzw. geben kann. Hierfür sind eine Reihe von Gründen verantwortlich. Zunächst ist der Gewinn nicht zahlungsstromorientiert, sondern eine reine Rechengröße. Er gibt Eigentümern damit aber nicht an, welche Auszahlungen in Form von Ausschüttungen möglich sind. Daneben wird bei der Gewinnermittlung nicht

---

8 Rappaport (1986).
9 Drukarczyk (1991), S. 217.
10 Mülbert (1997), S. 129.
11 Siehe z.B. die Sammelrezension von Hachmeister (1997).
12 Bischoff (1994), S. 13.
13 Ballwieser (1994), S. 1383.
14 Rappaport (1986), S. 1.
15 Zu grundlegenden Problemen der Erfolgsmessung auf Basis eines "klassischen" Rechnungswesens siehe Albach (1988).

berücksichtigt, zu welchen Zeitpunkten es zu Zahlungen an die Aktionäre kommt.[16] Zeitpräferenzen werden im Gewinn als Erfolgsmaß also nicht berücksichtigt. Schließlich werden die Risikopräferenzen der Anleger vernachlässigt. Im Gewinn kommt nicht zum Ausdruck, mit welchem unternehmerischen Risiko dieser erwirtschaftet wurde. Ein risikoaverser Anleger würde c.p. einen gleich hohen Gewinn bei niedrigerem Risiko vorziehen. Diese Präferenz des Anlegers wird bei der Gewinnermittlung jedoch nicht berücksichtigt. Ein weiterer Kritikpunkt setzt an der künstlichen Periodisierung des Gewinns an. So wirken sich einzelne unternehmerische Maßnahmen oft auf mehrere Perioden aus, wobei die Aufwendungen zeitlich oft lange vor den Erträgen anfallen. Die zeitliche Erfolgsentwicklung wird damit vom Gewinn nur verzerrt wiedergegeben.[17] Schließlich muß der Verhaltensaspekt einer Steuerung auf Gewinnbasis kritisiert werden. Wird der Erfolg eines Managers am Gewinn gemessen und richtet sich gar noch seine Vergütung nach diesem, so hat er einen Anreiz zu Manipulationen. Da Erträge und Aufwendungen im Gegensatz zu Zahlungsströmen zunächst bewertet werden müssen, entsteht in vielen Fällen ein Bewertungsspielraum, der opportunistisch ausgenutzt werden kann. Durch Umbewertungen oder Änderung z.B. von Abschreibungsverfahren bestehen innerhalb gewisser gesetzlicher Schranken Möglichkeiten, Gewinne zwischen verschiedenen Perioden zu verschieben. Dadurch kann ein Manager kurzfristig finanzielle Vorteile für sich erreichen, indem er Erträge vorzieht. Ferner setzt der Gewinn auch Anreize, möglichst nur kurzfristig erfolgswirksame Investitionen zu tätigen und besonders solche Maßnahmen zu unterlassen, die zunächst zu nichtaktivierbaren Aufwendungen und erst mit größerer zeitlicher Verzögerung zu Erträgen führen. Dies gilt z.B. für F&E- oder Ausbildungsmaßnahmen. Dies führt zu einer Fehlsteuerung. Schließlich kommt im Gewinn nicht zum Ausdruck, mit welchem Mitteleinsatz dieser erwirtschaftet wurde. Es fehlt somit die Berücksichtigung der Rentabilität. Dieses Manko wird zwar teilweise durch relative Erfolgsmaße wie die Gesamt- oder Eigenkapitalrentabilität behoben. Jedoch nutzen auch diese Maßzahlen den Gewinn als Zähler. Die anderen oben angeführten Kritikpunkte gelten somit weiter. Ferner bleibt auch für die relativen Maße unklar, ob die jeweils ermittelte Rendite aus Sicht der Investoren positiv oder negativ zu bewerten ist. Es fehlt allen bisher diskutierten Maßen ein objektiver Vergleichsmaßstab, nach dem beurteilt werden könnte, ob die jeweils beobachtete Performance als gut oder schlecht zu bewerten ist. Die rechnungswesenorientierten Maße erscheinen damit als Maßstab der Erfolgsbeurteilung aus Sicht der Investoren ungeeignet.[18] Als wesentliche Kritikpunkte an den diskutierten Maßzahlen sind also festzuhalten:

- Fehlende Berücksichtigung von Zeitpräferenzen
- Fehlende Berücksichtigung von Risikopräferenzen

---

16 Bischoff (1994), S. 16.

17 Bischoff (1994), S. 20.

18 Alternative Steuerungskonzepte wie die Ausrichtung an Erfolgspotentialen sollen hier nicht behandelt werden. Auch für diese läßt sich allerdings zeigen, daß eine Erfolgsbeurteilung aus Sicht der Investoren damit nicht möglich ist. Ausführlich hierzu z.B. Bischoff (1994), Kap. II.2.

- Fehlender Vergleichsmaßstab
- Verhaltensanreize zur Fehlsteuerung
- Verhaltensanreize zur Manipulation.

Der Shareholder Value Ansatz versucht nun, einen Erfolgsmaßstab zu bestimmen, der die genannten Nachteile vermeidet. Zur besseren Umsetzung des Konzeptes gehört auch die Frage nach der angemessenen Anbindung der Managementvergütung an die Entwicklung des Shareholder Values zu den Grundanliegen dieses Ansatzes.[19]

Seit der Publikation von Rappaport hat der Shareholder Value Ansatz in einer Vielzahl von Schriften eine intensive Diskussion erfahren.[20] Folge dieser Vielfalt ist auch eine große Anzahl von Vorschlägen, wie der Shareholder Value bzw. dessen Entwicklung gemessen werden kann. Hier sind Maßzahlen wie "Shareholder Value Creation"[21], "Economic Profit"[22], "Cash Flow Return on Investment"[23], "Added Value"[24] oder "Economic Value Added"[25] als wichtigste Vertreter zu nennen. Diese Ideen unterscheiden sich bezüglich der verwendeten Daten des Rechnungswesens, unterschiedlicher Prognosezeiträume und Annahmen und unterschiedlicher Berechnungszeiträume. Ferner wird auch jeweils eine eigene Begrifflichkeit verwendet, was auf den Versuch der die einzelnen Konzepte vertretenden Beratungsunternehmen schließen läßt, sich von der Konkurrenz abzuheben.[26] Trotz der Vielfalt einzelner Ideen zur Umsetzung des Shareholder Value Konzeptes und zur Bewertung des unternehmerischen Erfolges orientieren sich alle Arbeiten an einer grundsätzlichen Idee: Mehrwert für den Investor wird nur dort geschaffen, wo die Rendite einer Investition über deren Kapitalkosten liegt. Unter den "Kapitalkosten" wird in der neueren Literatur die von den Investoren geforderte erwartete Rendite verstanden.[27] Zur Umsetzung des Shareholder Value Ansatzes muß zunächst der Marktwert des Eigenkapitals gemessen werden.[28] Dieser wird für nicht börsennotierte Unternehmen fingiert, was mittels diskontiertem Cash Flow (DCF) geschieht. Auch für börsennotierte Unternehmen folgt man dieser Vorgehensweise, da die evtl. vorhandene Differenz zwischen DCF und Börsenkapitalisierung die Informationsasymmetrie zwischen Insidern und Marktteilnehmern widerspiegele.[29] Hierbei wird allerdings gefordert, daß die Informationsasymmetrie soweit wie möglich beseitigt werden solle.[30] Der DCF ist definiert als Barwert aller zukünftigen erwarteten Ausschüttungen zuzüglich eines evtl. vorhandenen

19 Siehe z.B. Rappaport (1986), Kap. 8, Reimann (1991), Knyphausen (1992), Klien (1995), Kap. 7.
20 Vgl. Hachmeister (1997), S. 824.
21 Vgl. Rappaport (1986).
22 Vgl. Copeland/Koller/Murrin (1994).
23 Vgl. Stelter (1997).
24 Vgl. Davis/Flanders/Star (1991).
25 Vgl. Stewart (1991).
26 Vgl. Knyphausen (1995), S. 580.
27 Vgl. Stehle (1995), Sp. 1112.
28 Ballwieser (1994), S. 1383.
29 Ballwieser (1994), S. 1383.
30 Ballwieser (1994), S. 1383.

Restwertes an die Eigentümer.[31] Er ist identisch mit dem Marktwert des Eigenkapitals und dem Shareholder Value. Er enthält in sich selbst eine Beurteilung des erreichten (bzw. geplanten) Erfolges. Wird der DCF für eine einzelne, zusätzliche Investition berechnet, so zeigt ein positiver DCF an, daß eine Investition aus Sicht der Investoren vorteilhaft ist. Wird der DCF für ein Unternehmen betrachtet, so zeigt ein Anstieg im Zeitablauf, daß Mehrwert für die Eigentümer geschaffen wurde. Der DCF vermeidet damit die oben genannten Kritikpunkte an den rechnungswesenorientierten Kenngrößen. Zunächst werden Zeitpräferenzen berücksichtigt, weil alle Zahlungsströme und deren zeitliche Verteilung im DCF berücksichtigt werden. Dadurch reduzieren sich auch die Verhaltensanreize zu kurzfristig orientiertem Handeln. Da der DCF zahlungsstromorientiert ist, entfällt auch die Bewertungsproblematik, wodurch wiederum die Manipulationsmöglichkeiten begrenzt werden. Der DCF besitzt eine "natürliche" Null, d.h. ein positiver DCF ist gleichzeitig ein objektiver Indikator dafür, daß eine Investition bei Eintreffen der Planungsannahmen aus Sicht der Investoren erfolgreich sein wird. Schließlich werden über den Diskontierungszinssatz die Risikopräferenzen der Investoren berücksichtigt. Hierauf wird unten noch näher einzugehen sein. Im Gegensatz zu herkömmlichen Erfolgsmaßen wird beim DCF auch für das Eigenkapital eine Mindestrenditeforderung berücksichtigt. Dies trägt dem Umstand Rechnung, daß auch Eigenkapitalgeber eine Mindestverzinsung ihres Kapitals erwarten. So wie Zinsen auf Fremdkapital wird auch die Mindestverzinsung des Eigenkapitals als Kapitalkosten angesetzt. Eine Investition wird aus Sicht des Investors nur dann als vorteilhaft bezeichnet, wenn die erwartete Rendite über den Kapitalkosten liegt. Zur Berechnung des DCF stehen zwei unterschiedliche Verfahren zur Verfügung. Beim "equity approach" werden lediglich die Ausschüttungen an die Eigentümer diskontiert. Dies entspricht grundsätzlich dem Ertragswertverfahren, wobei jedoch zusätzlich die Methode zur Berechnung des Kalkulationszinsfußes vorgegeben wird.[32] Beim "entity approach" wird hingegen zunächst der Marktwert des Gesamtkapitals berechnet. Dieser Ansatz besitzt derzeit in der Praxis die größte Bedeutung.[33] Der Marktwert des Eigenkapitals ergibt sich dann durch Abzug des Marktwertes des Fremdkapitals vom Marktwert des Gesamtkapitals. Beide Verfahren benötigen daher unterschiedliche Zinssätze für die Diskontierung.[34] Beim entity approach ergeben sich die Kapitalkosten aus den mit den Kapitalanteilen von Fremd- (*FK*) und Eigenkapital (*EK*) gewogenen jeweiligen Kosten dieser Kapitalarten. Dies führt zu den sog. Weighted Average Cost of Capital (*WACC*), die sich berechnen als

$$WACC = \frac{EK}{EK + FK} R_{EK} + \frac{FK}{EK + FK} R_{FK} \qquad (1)$$

---

[31] Vgl. Ballwieser (1994), S. 1383.
[32] Vgl. Ballwieser (1998), S. 81.
[33] Vgl. Ballwieser (1998), S. 81.
[34] Vgl. Ballwieser (1994), S. 1383 f.

Hierbei stehen R_{EK} für die Kosten des Eigenkapitals in Prozent und R_{FK} für die Kosten des Fremdkapitals in Prozent.[35] Erst dann, wenn eine Investition eine erwartete Rendite erbringt, die über den WACC liegt, wird Shareholder Value geschaffen und die Investition aus Sicht der Investoren als vorteilhaft bewertet. Der Wert des Eigenkapitals und damit der Unternehmenswert bzw. Shareholder Value ergibt sich nun über die Gleichung

$$EK = GK - FK = \sum_{t=1}^{T} \frac{CF_t}{(1+WACC)^t} - FK \tag{2}$$

In dieser Gleichung bezeichnet CF_t die Nettozahlungen an Eigen- und Fremdkapitalgeber in der Periode t.[36] Bei begrenztem Planungshorizont läßt sich CF_T als Endwert bzw. Restwert interpretieren. Wie sich zeigt, hängt der Wert von $WACC$ vom Wert des Eigenkapitals ab und umgekehrt. Die beiden Gleichungen sind also iterativ zu lösen oder es wird eine als konstant angenommene Zielkapitalstruktur unterstellt, die der Berechnung der $WACC$ zugrunde gelegt wird.[37] Während der Kostensatz des Fremdkapitals R_{FK} üblicherweise aufgrund von Vertragsvereinbarungen eindeutig oder in engen Grenzen bestimmbar ist und auch der Steuersatz und die Kapitalanteile feststehen oder iterativ bestimmt werden können, ist die Höhe des Kapitalkostensatzes des Eigenkapitals nicht ohne weiteres evident. Tatsächlich ist die Bestimmung eines angemessenen Kapitalkostensatzes des Eigenkapitals eines der wesentlichen Probleme der Finanzierungstheorie. Aus diesem Grund soll der Frage der Bestimmung des Kapitalkostensatzes des Eigenkapitals unten gesondert nachgegangen werden.

Aufgrund der eingeschränkten Zielsetzung dieser Arbeit können eine Reihe bedeutender Umsetzungsprobleme des Shareholder Value Ansatzes hier ausgeklammert bleiben. So soll im Rahmen dieser Arbeit der Versuch unternommen werden, ein am Shareholder Value ausgerichtetes Vergütungsinstrument für den Vorstand börsennotierter Aktiengesellschaften zu entwickeln bzw. weiterzuentwickeln. Es reicht daher aus, den Shareholder Value nur auf der Ebene des Gesamtunternehmens zu berechnen. Für die Zielsetzung der vorliegenden Arbeit erscheint es dabei sinnvoll, von dem eigentlichen Shareholder Value Ansatz insofern abzurücken, daß nicht mehr der DCF, sondern eben doch die Börsenkapitalisierung als Maß des Wertes des Eigenkapitals herangezogen wird. Wird der Empfehlung des Shareholder Value Ansatzes zu einer möglichst offenen Informationspolitik gefolgt[38], so sollten die Unterschiede zwischen DCF und Börsenwert ohnehin in einem akzeptablen Rahmen bleiben. Ferner hat die

---

[35] Vgl. Ballwieser (1998), S. 91. Die in der US-amerikanischen Literatur zu findende Korrektur des Fremdkapitalterms mit dem Faktor (1-s) entfällt hier, da die Körperschaftsteuer für thesaurierte Gewinne in der Bundesrepublik aufgrund des Anrechnungsverfahrens für anrechnungsberechtigte Anleger nicht verloren ist, sondern bei (späterer) Ausschüttung als Ertragsanteil anzusehen ist.

[36] Vgl. Ballwieser (1994), S. 1384. Dieser Cash-flow wird nicht wie in den USA üblich unter der Fiktion der vollständigen Eigenfinanzierung bestimmt, sondern erfaßt die tatsächlichen Steuerzahlungen des Unternehmens abzüglich der Körperschaftsteuer auf ausgeschüttete Gewinne.

[37] Vgl. Ballwieser (1994), S. 1385.

[38] Vgl. z.B. Bühner (1997).

Verwendung der Börsenkapitalisierung den Vorteil, unmittelbar vermögensrelevant für die Eigentümer zu sein. Schließlich ergibt sich auch unter Berücksichtigung des Verhaltensaspektes, daß die Ausrichtung an der Börsenkapitalisierung vorteilhaft sein dürfte. Denn eine sachgerechte Belohnung des Managements setzt voraus, daß der Erfolgsmaßstab möglichst wenig manipulierbar sein darf. Dies gilt für die Börsenkapitalisierung jedoch eher als für die Berechnung diskontierter Cash Flows auf Basis unternehmensinterner Planungsdaten. Manager würden sonst für Erfolge bezahlt, deren Eintreffen in der Zukunft sie lediglich behaupten würden.[39] Da lediglich der Vorstand für den Erfolg des Gesamtunternehmens belohnt werden soll, entfallen ferner alle Probleme, die sich bei der Übertragung z.B. auf einzelne Geschäftsbereiche ergeben würden. Hier treten z.B. dann erhebliche Probleme auf, wenn innerhalb des Unternehmens Verbundeffekte existieren, die eine sachgerechte Zuordnung von Cash Flows verhindern.[40] Daneben soll der Ansatz im Rahmen dieser Arbeit nur für die ex post Bewertung der Managementleistungen herangezogen werden. Die Probleme, die sich aus der ex ante Berechnung des Shareholder Value als Entscheidungsgrundlage ergeben, können somit ebenso übergangen werden.[41] Das zu lösende Problem reduziert sich damit auf die Bestimmung der Rendite, die die Aktionäre über die Laufzeit eines Optionsplanes hätten erwarten können (Eigenkapitalkosten), die Feststellung, ob bzw. wieviel Mehrwert über diesen Kostensatz hinaus geschaffen wurde und wie hoch die Mehrwertschaffung belohnt werden soll. Dem zentralen Problem hierbei, der Bestimmung der Eigenkapitalkosten, soll im folgenden nachgegangen werden.

1.2. Bestimmung der Eigenkapitalkosten

Das zentrale Problem bei der Ermittlung des Shareholder Value bzw. bei der Bewertung, ob Shareholder Value geschaffen wurde, besteht in der Ermittlung der Eigenkapitalkosten. Diese sind definiert als die Verzinsung, die die Investoren mindestens erwarten. Es muß also ermittelt werden, ob sich die Anlage in Aktien eines bestimmten Unternehmens für die Aktionäre ex post gelohnt hat. Damit ist zunächst zu bestimmen, wie hoch die Kapitalkosten ex post gewesen sind. Nur wenn die tatsächliche Verzinsung ihrer Investition die Kapitalkosten überschritten hat, ist dies eine Rechtfertigung für eine erfolgsabhängige Belohnung des Managements. Die Finanzierungstheorie diskutiert nun zwei unterschiedliche theoretische Ansätze zur Bestimmung der Eigenkapitalkosten. Diese Ansätze sind das Capital Asset Pricing Model (CAPM) und die Arbitrage Pricing Theory (APT). Daneben existieren einige weitere Ansätze, die sich jedoch nicht primär auf theoretische Argumente denn vielmehr auf empirische Befunde stützen.[42] Letztere sollen hier zunächst nicht weiter beachtet werden, finden aber

39 Vgl. Zent (1988), S. 41.
40 Vgl. Bühner/Weinberger (1991), S. 203.
41 Ausführlich hierzu z.B. Ballwieser (1994), S. 1394 ff.
42 Ross/Westerfield/Jaffe (1996), S. 307.

später bei der Kritik an CAPM und APT Berücksichtigung. CAPM und APT sind beides theoretische Konzepte, die sich aus Annahmen über die Funktionsweise von Kapitalmärkten ergeben. Beide sind ferner Risikokonzepte, die die erwartete Rendite einer Investition in Beziehung zu ihrem Risiko setzen. Prinzipiell sind beide Konzepte sowohl auf Wertpapiere als auch auf Realinvestitionen anwendbar. Aufgrund des Themas dieser Arbeit wird die folgende Argumentation aber auf Wertpapiere beschränkt. Ziel ist es schließlich, diejenige Eigenkapitalrendite zu bestimmen, die ein Investor von der Anlage in Aktien eines bestimmten Unternehmens erwarten kann. Gemäß des Shareholder Value Konzeptes wird Shareholder Value nur dann geschaffen, wenn die tatsächliche Rendite einer Aktie über der so bestimmten Mindestrendite liegt. Da das CAPM noch immer das populärste der Modelle ist, soll dieses im folgenden eingehender betrachtet werden als die APT.

1.2.1. Das Capital Asset Pricing Model

Das CAPM ermittelt die erwartete Rendite einer Aktie als Funktion der Rendite des Marktportfolios, der Rendite der risikolosen Anlage und des sog. Betafaktors. Letzterer mißt die Stärke des Zusammenhanges zwischen der Rendite der Aktie und derjenigen des Marktportfolios. Es sei $\overline{R}$ der Erwartungswert der Rendite der Aktie, R_M die Rendite des Marktportfolios, r die Rendite der risikolosen Anlage und β der Betafaktor der Aktienrendite bezüglich der Portfoliorendite. Für die Berechnung der erwarteten Rendite einer Aktie wird angenommen, daß Investoren für eine risikobehaftete Anlage einen Aufschlag (Risikoprämie) auf die erwartete Rendite gegenüber der risikolosen Anlage verlangen. Allerdings wird am Kapitalmarkt nicht jedes Risiko mit einer Prämie vergütet. Vergütet werden nur diejenigen Risiken, die nicht durch Diversifikation in eine Vielzahl verschiedener Anlagen eliminiert werden können. Die folgenden Annahmen werden über Kapitalmärkte und Investoren getroffen:[43]

- Alle Investoren sind risikoavers mit einem Zeithorizont von einer Periode und maximieren ihr Periodenendvermögen.
- Kein Investor kann die Preise von Anlagen beeinflussen.
- Jeder Investor kann beliebig viel Geld zum risikolosen Zinssatz anlegen oder aufnehmen.
- Die Mengen aller risikobehafteten Anlagemöglichkeiten sind fix.
- Alle Anlagen sind handelbar und unendlich teilbar.
- Es existieren keine Marktunvollkommenheiten wie Steuern oder Handelsbeschränkungen.
- An Märkten wird ununterbrochen gehandelt und alle Informationen sind für alle Investoren kostenlos und gleichzeitig erhältlich.
- Alle Investoren haben homogene Erwartungen bezüglich zukünftiger Renditen von Anlagen, die ihrerseits gemeinsam normalverteilt sind.

[43] Vgl. Weston/Copeland (1986), S. 463 und Reilly (1989), S. 281 f.

Aufgrund dieser Annahmen ergibt sich die erwartete Rendite der Aktie gemäß CAPM zu:[44]

$$\overline{R} = r + \beta(\overline{R}_M - r) \tag{3}$$

Der Betafaktor ist definiert als der Quotient aus der Kovarianz zwischen Aktienrendite und Portfoliorendite und der Varianz der Portfoliorendite:

$$\beta = \frac{Cov(R, R_M)}{Var(R_M)} \tag{4}$$

Der Betafaktor gibt damit an, wie stark die Rendite der Aktie auf eine Renditeänderung des Marktportfolios reagiert. Ein Betafaktor größer 1 bedeutet, daß die Rendite der Aktie um mehr als 1% zunimmt, wenn die Portfoliorendite um 1% steigt. Wie Gleichung (3) zu entnehmen ist, entspricht die erwartete Rendite einer Aktie derjenigen der risikolosen Anlage, wenn die Aktie einen Betafaktor von Null aufweist. Dies verdeutlicht die oben erwähnte Annahme, daß nur nichtdiversifizierbares Risiko vergütet wird. Eine Aktie mit einem Betafaktor von Null läßt das Risiko eines in das Marktportfolio investierten Anlegers unverändert, wenn er diese Aktie hinzukauft. Da das Risiko des vom Anleger gehaltenen Portfolios durch die zusätzliche Aufnahme der Aktie nicht steigt, kann er für die Aktie auch keinen Risikoaufschlag auf die Rendite der risikolosen Anlage verlangen.

Empirische Befunde und Kritik am CAPM

Der Arbeitskreis "Finanzierung" der Schmalenbach-Gesellschaft nimmt zum CAPM folgendermaßen Stellung: "Mit Hilfe der Betafaktoren, der langfristigen Durchschnittsrendite des Marktportfolios und der risikolosen Rendite können also die Eigenkapitalkosten börsennotierter Unternehmen unmittelbar bestimmt werden."[45] Diese Stellungnahme erweckt den Eindruck, als sei die Gültigkeit des CAPM's empirisch zweifelsfrei bewiesen. Ein Blick in die Literatur zeigt hingegen, daß dies nicht der Fall ist. So finden sich eine Reihe von Arbeiten, die das CAPM vollständig ablehnen.[46] Diese Arbeiten lehnen das CAPM teilweise schon aufgrund der angeblich unrealistischen Prämissen ab, ohne auf empirische Befunde einzugehen. Jedoch argumentieren die meisten Kritiker des CAPM's empirisch. Die ausgeprägte Diskussion in der Literatur zeigt, daß die Frage nach der empirischen Validität des CAPM's zu den umstrittensten Fragen der Finanzierungstheorie gehört. Im folgenden sollen die wesentlichen Argumente und wichtigsten Befunde zu dieser Fragestellung zusammengestellt werden.

---

44 Vgl. Ross/Westerfield/Jaffe (1996), S. 279.

45 Arbeitskreis (1996), S. 550.

46 So z.B. Frankfurter/Phillips (1996).

Zur Überprüfung des CAPM's hat sich zunächst ein Standardansatz herausgebildet. Dieser Ansatz beruht im wesentlichen auf der Zerlegung des Untersuchungszeitraumes in Teilperioden. Auf Basis der Daten der ersten Teilperiode werden mittels Zeitreihenregression die Betafaktoren aller Unternehmen ermittelt. Im zweiten Schritt werden diese Betafaktoren dann als bekannte, exogene Größen angenommen und es wird untersucht, ob die Voraussagen des CAPM's erfüllt sind.[47] Hierbei lassen sich direkte und indirekte Tests unterscheiden. Bei direkten Tests wird mittels einer Querschnittsanalyse untersucht, ob die durchschnittlichen Renditen der Wertpapiere linear von den zuerst geschätzten Betafaktoren abhängen. Das CAPM gilt als bestätigt, wenn bei der Regression der Betafaktoren auf die Durchschnittsrenditen der Wertpapiere ein Absolutglied in Höhe des risikolosen Zinssatzes und ein Steigungsparameter in Höhe der Marktrisikoprämie ermittelt wird. Bei den indirekten Tests wird hingegen untersucht, ob weitere Variablen außer dem Betafaktor einen Erklärungsbeitrag für die durchschnittlichen Renditen leisten. Das CAPM gilt als bestätigt, wenn dies nicht der Fall ist, da gemäß CAPM lediglich das durch den Betafaktor gemessene Risiko vom Markt entgolten werden darf, während andere Faktoren keine Rolle spielen dürften.[48]

Die beschriebenen Testverfahren können allerdings nur dann zu sinnvollen Ergebnissen führen, wenn sich die relevanten Parameter im Zeitablauf nicht verändern. Beispielsweise muß angenommen werden, daß die Betafaktoren im Zeitablauf konstant sind. Befunde, die im Widerspruch zum CAPM stehen, können also nicht automatisch als Widerlegung des Modells interpretiert werden, sondern könnten auch auf eine Verletzung der Annahmen zurückzuführen sein, die empirischen Tests zugrundegelegt werden. Ferner muß zur Ermittlung der Marktrisikoprämie das tatsächliche Marktportfolio bekannt sein.

Die empirischen Untersuchungen des CAPM's vermitteln ein sehr uneinheitliches Bild. Bereits in frühen Studien lassen sich Befunde für und gegen die Gültigkeit des CAPM's finden. So kommen die Studien von Lintner (1965), Friend/Blume (1970), Miller/Scholes (1972) und Black/Jensen/Scholes (1972) tendenziell zu einer Ablehnung des CAPM's. Hingegen kommen Fama/MacBeth (1973) und Blume/Friend (1973) zu einer partiellen Bestätigung des Modells. Alle diese Studien erschienen allerdings im Nachhinein als eher fragwürdig, da Roll in verschiedenen Aufsätzen eine sehr harte methodische Kritik an den Studien vorbrachte.[49] Im Kern läuft Roll's Kritik darauf hinaus, daß mit der eingeschlagenen Vorgehensweise der empirischen Studien letztlich keine Bestätigung oder Ablehnung des CAPM's möglich ist, sondern die Ergebnisse jeweils nur als Aussage über die Effizienz des verwendeten Marktportfolios verstanden werden können. Wird eine exakte lineare Beziehung zwischen Betafaktor und Rendite gefunden, heißt das lediglich, daß das verwendete Marktportfolio effizient ist. Für diesen Fall kann Roll zeigen, daß in einer Querschnittsanalyse die Rendite

[47] Ulschmid (1994), S. 95 f.
[48] Ulschmid (1994), S. 97.
[49] Vgl. Roll (1977) und (1978).

einer Anlage eine exakt lineare Funktion des Betafaktors sein muß.[50] Eine Aussage darüber, ob das "echte" Marktportfolio gefunden und in den Schätzungen verwendet wurde, ist hingegen nicht möglich. Damit bleibt letztlich aber auch die Testbarkeit des CAPM's fraglich.

Spätere Arbeiten haben versucht, die Kritik von Roll zu berücksichtigen. Hierbei wurden verschiedene methodische Wege eingeschlagen. Allerdings kam es auch bei diesen Arbeiten zu gemischten Befunden. So kamen Friend/Westerfield/Granito (1978), Reinganum (1981b) und Gibbons (1982) ebenfalls zu einer Ablehnung des CAPM's, während Stammbaugh (1982) zu einer Bestätigung des Modells kommt. Ein Ähnliches Bild zeigt sich für Studien des deutschen Kapitalmarktes.[51]

Auch neueste Arbeiten kommen zu sehr unterschiedlichen Bewertungen der empirischen Validität des CAPM's. Die Kritik beruht dabei im wesentlichen darauf, daß andere Faktoren als der Betafaktor gefunden wurden, die einen Erklärungsbeitrag für die Renditen erbrachten. Da es gemäß CAPM solche Faktoren nicht geben dürfte, wird dies als fundierter Hinweis gegen die Validität des CAPM's gedeutet. So fand bereits Banz einen Größeneffekt, der auch als Size- oder Small-Firm-Effekt bezeichnet wird: Die Rendite kleiner Unternehmen (gemessen am Marktwert) ist für ihr gegebenes β zu hoch, die Rendite großer Unternehmen entsprechend zu niedrig.[52] Der Size-Effekt wurde später wiederholt in empirischen Arbeiten bestätigt.[53] Auch für Deutschland kann dieser Effekt nachgewiesen werden. So findet Stehle für den Zeitraum 1954-1990 eine Differenz der jährlichen Überrenditen zwischen dem Aktienportefeuille mit der niedrigsten und demjenigen mit der höchsten Marktkapitalisierung von 4,86%.[54] Weitere Studien fanden für die USA einen positiven Zusammenhang zwischen der durchschnittlichen Rendite von Aktien und dem Verhältnis von Buchwert zu Marktwert.[55] Dieser Effekt wird auch in einer Studie über japanische Aktien bestätigt.[56] Während diese Studien den Betafaktor als erklärende Variable "nur" durch weitere Variablen ergänzen, ist auch untersucht worden, ob der Betafaktor bei Verwendung anderer Variablen überhaupt noch einen Erklärungsgehalt für die Renditen hat. Die massivste empirische Kritik erfährt das CAPM in den Arbeiten von Fama und French.[57] So geben die Autoren in ihrem ersten Aufsatz an, daß der Betafaktor keinen Erklärungsgehalt für durchschnittliche Renditen besitzt.[58] Statt dessen finden die Autoren die Unternehmensgröße und das Buchwert-/Marktwertverhältnis als wesentliche Determinanten von Durchschnittsrenditen.[59] Zwar finden die Autoren zunächst auch den

50 Vgl. Ulschmid (1994), S. 99-104.
51 Vgl. Ulschmid (1994), S. 128-137.
52 Banz (1981).
53 Vgl. Stehle (1997), S. 238.
54 Vgl. Stehle (1997), S. 251.
55 So z.B. Rosenberg/Reid/Lanstein (1985).
56 Chan/Hamao/Lakonishok (1991).
57 Siehe Fama/French (1992), (1993) und (1996).
58 Fama/French (1992), S. 428.
59 Fama/French (1992), S. 429.

Betafaktor als signifikante Determinante der Rendite. Doch schließen sie, daß es sich um eine Scheinkorrelation handelt, die sofort verschwindet, wenn man den Effekt der Unternehmensgröße eliminiert, die ihrerseits stark mit dem Betafaktor korreliert ist.[60] Auch in ihrem 93'er Aufsatz finden Fama/French eine Bestätigung des Einflusses von Buchwert/Marktwert und Unternehmensgröße auf die Rendite von Aktien. Im folgenden Aufsatz schlagen die Autoren dann ein Modell mit drei Variablen vor.[61] Demnach erklärt sich die erwartete Rendite eines Wertpapiers aus dem risikolosen Zinssatz und den Variablen "Risikoprämie des Marktes", "Renditedifferenz zwischen kleinen und großen Unternehmen" und "Renditedifferenz zwischen Unternehmen mit kleinem zu großem Buchwert/Marktwert". Später führen die Autoren dann noch aus, daß auch je drei alternative, möglichst unkorrelierte Variablen die gleiche Erklärungskraft besitzen.[62] Aufgrund dieser Befunde lehnen die Autoren das einfache CAPM ab. Sie geben vielmehr an, daß ihre Befunde eher als eine Bestätigung der Arbitrage Pricing Theory oder des sogenannten Intertemporal CAPM's interpretiert werden können. Die Befunde von Fama und French werden für Deutschland auch in einer neueren Untersuchung von Stehle u.a. gestützt.[63] Hier zeigte sich insbesondere das Buchwert-/Marktwertverhältnis als signifikante Erklärungsvariable der Aktienrendite.[64]

Der heftigen Kritik von Fama und French am CAPM ist indessen auch widersprochen worden. Der wesentliche Einwand gegen die Kritik von Fama und French bezieht sich dabei auf die Annahme stabiler Betafaktoren. Da das CAPM als einperiodiges Modell formuliert ist, die empirischen Untersuchungen aber sehr lange Zeiträume erfassen, hängen die Ergebnisse sehr stark davon ab, ob stabile oder instabile Betafaktoren vorliegen. In seiner Zusammenfassung früher Studien kommt Reilly zu dem Schluß, daß die Betafaktoren einzelner Unternehmen im Zeitablauf nicht stabil sind.[65] Eine höhere Stabilität zeigt sich allerdings bei Portfolios und bei Verwendung langer Zeiträume.[66] Dies bestätigt für Deutschland auch Ulschmid.[67] Auf Basis einzelner Unternehmen zeigt sich, daß es sowohl Unternehmen mit stabilem als auch Unternehmen mit instabilem Betafaktor gibt. So zeigt sich z.B. für den Zeitraum 1979 bis 1991 ein Betafaktor auf Jahresbasis von 1 bis 1,4 für Daimler Benz, während sich für den selben Zeitraum bei AEG ein Betafaktor zwischen 0,2 und 2 ergibt.[68] Eine Reihe von Studien findet denn auch eine statistisch signifikante Variation von Betafaktoren über die Zeit.[69]

---

60 Fama/French (1992), S. 432.
61 Fama/French (1996), S. 55.
62 Fama/French (1996), S. 72.
63 Siehe Stehle/Bunke/Sommerfeld (1998).
64 Vgl. Stehle/Bunke/Sommerfeld (1998), S. 9.
65 Vgl. Reilly (1989), S. 703.
66 Vgl. Reilly (1989), S. 703.
67 Siehe Ulschmid (1994), S. 314 ff.
68 Vgl. Baetge/Krause (1994), S. 444.
69 Vgl. Harvey (1989), Ferson/Harvey (1991) und (1993).

Die Betafaktoren können mithin nicht ohne weiteres als stabil angenommen werden. Dies impliziert aber, daß empirische Methoden zur Überprüfung des CAPM's die mögliche Instabilität berücksichtigen müssen. Studien, die dies explizit tun, kommen denn auch zu "günstigeren" Befunden im Sinne einer stärkeren Bestätigung des CAPM's. So gehen Jaganathan und Wang davon aus, daß sich die Betafaktoren über den Konjunkturzyklus verändern können.[70] Unter Berücksichtigung dieser Möglichkeit leiten sie eine konditionelle Version des CAPM's her, die die Möglichkeit variierender Betafaktoren in einem empirischen Schätzmodell zuläßt. Auf Basis der Schätzergebnisse kommen sie zu dem Schluß, daß das konditionelle CAPM sehr viel besser geeignet ist, die Variation von Durchschnittsrenditen zu erfassen, da etwa 30% der Varianz der Durchschnittsrenditen erklärt werden können.[71] Derartige Modelle, die eine Variation der Betafaktoren in der Zeit zulassen, werden üblicherweise als Conditional CAPM's bezeichnet. Ghysels, der ebenfalls eine Variation der Betafaktoren findet, kommt allerdings zu dem Schluß, daß diese Modelle bisher noch weit von einer befriedigenden Spezifikation entfernt sind und kaum bessere Resultate als das einfache CAPM erbringen.[72]

Daneben existieren Hinweise, daß auch weitere ökonometrische Details bei der Behandlung der Daten einen starken Einfluß auf die Schätzergebnisse haben. So untersucht Kim den Einfluß von Methodenproblemen auf die empirischen Schätzergebnisse.[73] Insbesondere geht er der Frage nach, ob ein Stichprobenbias oder ein "Fehler in den Variablen" - Problem ursächlich für die Befunde sein könnte. Da sich die meisten Untersuchungen auf COMPUSTAT-Daten beziehen, untersucht Kim, ob die Art der Datenerfassung, die in die COMPUSTAT-Dateien aufgenommen werden, ursächlich für die bisherigen empirischen Befunde sein könnte. Hier kommt der Autor aber zu dem Schluß, daß der Einfluß des Verhältnisses Buchwert/Marktwert auf die Rendite kein Artefakt eines Selektionsbias ist.[74] Ein direkter Widerspruch zu den Ergebnissen von Fama und French[75] ergibt sich jedoch bei der Berücksichtigung des "Fehler in den Variablen"-Problems. So hat bereits Berk darauf hingewiesen, daß größenverwandte Variablen immer jede Form nichtgemessenen Risikos abbilden, so daß der in früheren Studien gefundene Größeneffekt eher als Fehlspezifikation der Modelle denn als Widerspruch zum CAPM interpretiert werden muß.[76] Kim hingegen kritisiert die bisherigen Befunde, weil für die Schätzung des Zusammenhanges zwischen Betafaktor und Rendite der Betafaktor als unabhängige Variable bekannt sein müßte, aber nicht ist. Die bisherigen Studien verwenden den aus Vergangenheitsdaten geschätzten Betafaktor als Proxyvariable für den wahren

70 Vgl. Jagannathan/Wang (1996), S. 4-5.
71 Vgl. Jagannathan/Wang (1996), S. 5.
72 Ghysels (1998), S. 572.
73 Siehe Kim (1997).
74 Vgl. Kim (1997), S. 476.
75 Siehe Fama/French (1992), (1993) und (1996).
76 Vgl. Berk (1995).

Betafaktor, ohne mögliche, hierdurch induzierte Meßfehler zu berücksichtigen.[77] Nach Korrektur des Meßfehlerproblems kommt Kim zu einer klaren Bestätigung der Erklärungskraft des Betafaktors und zeigt auch, daß ohne Korrektur ein zu geringer und statistisch insignifikanter Einfluß berechnet wird.[78] Ferner zeigt sich, daß die Unternehmensgröße als Einflußfaktor insignifikant wird, wenn Dreimonatsrenditen untersucht werden.[79] Beide Befunde sprechen deutlich für das CAPM. Einzig der Einfluß des Buchwert-/Marktwertverhältnisses auf die Rendite bleibt auch nach Meßfehlerkorrektur erhalten. Schließlich bleibt anzumerken, daß Kim seine Variablen auf Basis einzelner Wertpapiere und nicht wie die meisten anderen Autoren auf Basis zusammengefaßter Portfolios spezifiziert hat. Dies vermeidet den Willkürakt der Portfoliobildung, der dazu geführt hat, daß sich die Ergebnisse verschiedener Autoren je nach Portfoliobildung unterscheiden.[80] Daneben werden durch die Verwendung individueller Daten mehr Informationen als bei Aggregation zu Portfolios genutzt.

Ein weiteres Problem bei der empirischen Schätzung des CAPM's besteht wie bereits erwähnt darin, daß das Marktportfolio prinzipiell alle Anlagemöglichkeiten der Wirtschaft enthalten muß. Hierzu gehören nicht nur Aktien und Anleihen, sondern auch Grundstücke, Münzen, Gold usw.[81] Diese müssen zudem im Verhältnis ihres Marktwertes im Marktportfolio gewichtet sein. Ein solches Marktportfolio zu berechnen, dürfte empirisch aber nicht möglich sein. Üblicherweise wird angenommen, daß der Fehler, der sich aus der Verwendung eines Aktienindex statt eines echten Marktportfolios ergibt, nicht schwerwiegend ist. Diese Annahme muß aber nicht gerechtfertigt sein. Vielmehr kann die Verwendung eines falschen Portfolios massive Auswirkungen auf die Brauchbarkeit von empirischen Tests des CAPM's haben.[82] In der Tat zeigt sich, daß die Befunde vom gewählten Portfolio abhängen können. Beispielsweise integrieren Jagannathan und Wang einen Humankapitalfaktor in ihre Schätzungen, wodurch sich die Erklärungskraft gegenüber der ausschließlichen Verwendung eines Aktienindex als Marktportefeuille deutlich verbessert.[83]

1.2.2. Die Arbitrage Pricing Theory

Die Arbitrage Pricing Theory erklärt die Rendite einer Aktie durch eine Reihe von unabhängigen Variablen (Faktoren). Zwar geht auch das CAPM von der Möglichkeit der Korrelation von Renditen verschiedener Wertpapiere aus, jedoch unterbleibt dort eine

---

77 Vgl. Kim (1997), S. 464.
78 Vgl. Kim (1997), S. 479 f.
79 Vgl. Kim (1997), S. 481.
80 Vgl. Kim (1997), S. 464.
81 Vgl. Reilly (1989), S. 705.
82 Vgl. Reilly (1989), S. 707.
83 Vgl. Jagannathan/Wang (1996), S. 3.

Aufdeckung der Ursachen dieser Korrelation. In der APT hingegen ist die Korrelation zwischen Renditen verschiedener Aktien erklärbar. Korrelation entsteht immer dann, wenn zwei Aktienrenditen von einem oder mehreren gemeinsamen Faktoren abhängen. Allgemein läßt sich die tatsächliche Rendite einer Aktie gemäß eines k-Faktoren Modells angeben als:

$$R = \overline{R} + \beta_1 F_1 + \ldots + \beta_k F_k + \varepsilon \qquad (5)$$

Hierbei ist die Variable F_i $i = 1,\ldots k$ als Überraschung im Wert des Faktors i definiert, d.h. F_i = (tatsächlicher Wert des Faktors i) - (erwarteter Wert des Faktors i). β_i gibt damit an, um wieviel sich die Rendite einer Aktie gegenüber ihrem Erwartungswert ändert, wenn im Faktor i eine Überraschung in Höhe von F_i eintritt. Der Term ε bezeichnet einen spezifischen, nur die Rendite der betrachteten Aktie beeinflussenden Zufallsfaktor mit Erwartungswert Null. Häufig wird die Betrachtung auf einen Faktor reduziert, nämlich auf die Rendite des Marktportfolios. In diesem Fall läßt sich obige Gleichung umschreiben zu $R = \overline{R} + \beta(R_M - \overline{R}_M) + \varepsilon$ und man spricht von einem Marktmodell. Mittels Arbitrageargumenten kann nun gezeigt werden, daß die erwartete Rendite eines Wertpapiers im Marktmodell der APT ebenso wie im CAPM durch die Gleichung

$$\overline{R} = r + \beta(\overline{R}_M - r) \qquad (6)$$

angegeben werden kann.

Empirische Befunde und Kritik zur APT

Die APT ist eine relativ junge Theorie, die in den 70'er Jahren von Ross vorgeschlagen wurde.[84] Inzwischen liegen jedoch auch zu diesem Ansatz umfangreiche empirische Arbeiten vor. Dabei ist das methodische Vorgehen dem der Überprüfung des CAPM sehr ähnlich. In einem ersten Schritt werden mittels Faktoranalyse die Faktoren und deren Anzahl aus einer Teilstichprobe ermittelt. Anschließend wird untersucht, ob die so bestimmten Faktoren einen Erklärungsbeitrag für die durchschnittlichen Renditen in einer Querschnittsanalyse haben.[85] Die Gültigkeit der APT wird akzeptiert, wenn die extrahierten Faktoren, und nur diese, einen Erklärungsgehalt bezüglich der Renditen besitzen. Bei den Tests kann noch danach unterschieden werden, ob die Gesamtheit aller oder ob einzelne Faktoren einen Erklärungsbeitrag leisten.[86] Da die empirischen Befunde zur APT ebenso wie diejenigen zum CAPM sehr heterogen ausfallen und auch für diese Theorie Zweifel[87] an der empirischen Testbarkeit bestehen, sollen die weiteren Ausführungen hier nur sehr knapp gehalten werden.

---

84 Siehe Ross (1976).
85 Vgl. Ulschmid (1994), S. 139.
86 Vgl. Ulschmid (1994), S. 143.
87 Siehe z.B. Shanken (1982).

In älteren Studien kommen Roll/Ross (1980), Chen (1983), Pari/Chen (1984), Cho (1984) tendenziell zu einer Bestätigung der APT. Dem schließen sich für Deutschland Winkelmann (1984) und Peters (1987) an. Hingegen sehen Reinganum (1981a, 1981b) und Dhrymes u.a. (1985) ihre Befunde als nicht vereinbar mit der APT an. Für die Bundesrepublik kommt Ulschmid zu einer eher ablehnenden Haltung bezüglich der APT.[88] Frantzmann sieht die Verletzungen der APT in seinen Befunden dagegen als ökonomisch nicht signifikant an, schließt jedoch, daß die APT keinen höheren Erklärungsgehalt als das CAPM besitzt.[89]

Weitere Studien haben eine andere Herangehensweise gewählt. In diesen Studien werden die Faktoren explizit vorgegeben. So finden sich Faktoren wie das Kurs-/Gewinnverhältnis, die Unternehmensgröße, das Buchwert-/Marktwertverhältnis und andere Variablen in den Studien. Diese Studien sind allerdings nicht als direkter Test der APT zu verstehen, da die Theorie die inhaltliche Bedeutung und die Anzahl der Faktoren nicht vorgibt. Studien, die sich klar definierte Faktoren vorgeben, können daher eher als empirische Modelle angesehen werden.[90] Da andererseits diese Faktoren und deren inhaltliche Interpretation von der APT aber auch nicht ausgeschlossen werden, sind die Übergänge eher fließend. So können die bereits diskutierten Arbeiten von Fama/French (1992, 1993 und 1996) als solche Grenzfälle angesehen werden. Die Autoren betonen denn auch selbst, daß die von ihnen gefundenen statistisch signifikanten Variablen Buchwert-/Marktwertverhältnis und Unternehmensgröße als Bestätigung der APT interpretiert werden können.[91] Ebenso wie beim CAPM scheint auch bei der APT ein Stabilitätsproblem zu bestehen. Auch hier finden sich Hinweise, daß die Faktoren im Zeitablauf nicht konstant wirken.[92]

1.2.3. Vergleichende Kritik von CAPM und APT

Sowohl CAPM als auch APT sind eingehender theoretischer und empirischer Kritik unterzogen worden. Theoretische Kritikpunkte ergeben sich insbesondere aus einem Vergleich von CAPM und APT. Es zeigt sich, daß die APT mit weniger restriktiven Annahmen auskommt als das CAPM. So benötigt die APT lediglich die Annahmen eines Kapitalmarktes mit vollständigem Wettbewerb, positivem Nutzen des Geldes und der Erklärbarkeit der Rendite durch ein k-Faktorenmodell.[93] Hingegen werden die im CAPM benötigten Annahmen über die empirische Verteilung von Renditen, die genaue Form der Nutzenfunktion oder die

88 Siehe Ulschmid (1994), S. 365.
89 Siehe Frantzmann (1989).
90 Ross/Westerfield/Jaffe (1996), S. 307.
91 Siehe Fama/French (1996), S. 55.
92 Vgl. Ghysels (1998), S. 565.
93 Reilly (1989), S. 710.

Zusammensetzung des Marktportfolios nicht benötigt.[94] Die APT erscheint daher als die robustere Theorie. Ferner kann das CAPM mit seinen zusätzlichen Annahmen als ein Spezialfall der APT angesehen werden. Andererseits trifft die APT keine Aussagen darüber, welche und wieviele Faktoren die Rendite einer Anlage beeinflussen. Dies muß sicherlich als Schwäche angesehen werden, weil die renditebestimmenden Faktoren erst empirisch ermittelt oder durch andere Theorien vorgeschlagen werden müssen. So haben die oben diskutierten empirischen Untersuchungen jeweils eine sehr unterschiedliche Anzahl von relevanten Faktoren extrahiert.

Beide Ansätze haben neben den teilweise restriktiven Annahmen weitere Schwächen. Insbesondere treten bei der empirischen Überprüfung ökonometrische Probleme auf, die derzeit noch nicht als gelöst angesehen werden können. Da derartige Probleme bei beiden Theorien auftreten, und für beide noch keine befriedigende Lösung gefunden wurde, kann auf Basis dieses Arguments auch keiner der beiden Theorien der Vorzug gegeben werden. Das entscheidende Qualitätsmerkmal beider Theorien wäre aber deren empirische Validierung. Wie oben jedoch ausgeführt wurde, kann derzeit keine der beiden Theorien als eindeutig widerlegt oder hinreichend bestätigt angesehen werden.

Es verbleibt somit nur, die bisherigen Ergebnisse daraufhin zu überprüfen, inwieweit die diskutierten Theorien trotz der theoretischen und empirischen Einwände geeignet sein könnten, eine Ermittlung der Eigenkapitalkosten zuzulassen. Hierbei kann insbesondere auch auf komparative Argumente zurückgegriffen werden, die die APT und das CAPM in wesentlich günstigerem Licht erscheinen lassen. Denn es muß berücksichtigt werden, daß die Abschätzung von Eigenkapitalkosten mittels eines möglichst objektiven Verfahrens unumgänglich ist. Will man also auf die Heranziehung von CAPM oder APT verzichten, so muß ein anderes Verfahren zur Bestimmung der Eigenkapitalkosten herangezogen werden und dieses muß zudem verläßlichere Ergebnisse erbringen. Ein Blick in die Lehrbücher zur Finanzierungstheorie macht hier aber schnell deutlich, daß ein solches Alternativmodell, welches zudem empirisch bestätigt sein müßte, nicht existiert.[95] Es ist damit nicht zu sehen, weshalb Kapitalmarktdaten, insbesondere wenn diese stabil und verwendbar erscheinen, nicht genutzt werden sollten.[96] Eigenkapitalkosten sind nun einmal Opportunitätskosten, die wegen ihres Residualcharakters nicht vertraglich spezifiziert sind. Aus pragmatischer Sicht erscheint eine Verwendung von CAPM oder APT damit kaum zu umgehen. Da beide Theorien bezüglich der empirischen Bewertung etwa gleich abschneiden, das CAPM aber einen wesentlich höheren Bekanntheitsgrad aufweist und daher in der Vergütungsbestimmung leichter kommunizierbar ist, soll diesem Modell im folgenden der Vorzug gegeben werden.

---

94 Weston/Copeland (1986), S. 469 f.

95 Siehe z.B. Ross/Westerfield/Jaffe (1996), Brealy/Myers (1988), Weston/Copeland (1986), Reilly (1989).

96 Ballwieser (1998), S. 83.

Ferner läßt sich argumentieren, daß die APT empirisch in Deutschland noch weit weniger untersucht ist als das CAPM.[97]

Detailprobleme bei der Schätzung der Eigenkapitalkosten zur Erfolgsmessung

Der Zweck der vorangegangenen Betrachtungen lag in der Ermittlung eines Eigenkapitalkostensatzes. Dieser wird benötigt, um aus Sicht des Aktionärs beurteilen zu können, ob ein Unternehmen erfolgreich war und ob demnach ein Optionsplan zu erfolgsabhängigen Auszahlungen an das Management führen sollte. Erfolg wäre dann gegeben, wenn die tatsächliche Rendite über den Eigenkapitalkosten gelegen hätte. Diese Zielsetzung der Erfolgsermittlung zwecks Vergütungsbestimmung wirft einige spezielle Fragen auf, die bisher noch nicht angesprochen wurden.

Da Optionspläne einen langfristigeren Anreiz bieten sollen, weisen sie üblicherweise eine Laufzeit von mehreren Jahren auf. Es müssen also auch die Kapitalkosten für mehrere Jahre berechnet werden. Hierbei treten jedoch Probleme auf. So ist das CAPM als einperiodiges Modell angelegt. Es wird ferner angenommen, daß die Renditen aller Anlagen normalverteilt sind. Nutzt man nun aber die mittels CAPM ermittelte Rendite als jährlichen Diskontierungsfaktor des zukünftigen Unternehmenswertes und unterstellt die Wiederanlage von Erträgen, dann ist die Verteilung des zukünftigen Unternehmenswertes rechtsschief.[98] Die Schiefe nimmt zudem mit zunehmendem Zeithorizont zu. Ermittelt man nun aus dieser Unternehmenswertverteilung der Zukunft die erwartete Rendite bei Wiederanlage, dann weichen beide Renditen (erwartete einperiodige Rendite gemäß CAPM vs. erwartete mehrperiodige Rendite bei Wiederanlage bezogen auf eine Periode, d.h. geometrisches Mittel der Renditen) voneinander ab. Während die erwartete einperiodige Rendite gemäß CAPM das theoretisch korrekte Konstrukt zur Ermittlung der Kapitalkosten ist, ist die empirische Schätzung dieses Erwartungswertes mit größeren Problemen behaftet.[99] Das Auseinanderfallen von einperiodigen Erwartungswerten der Rendite und mehrperiodigen Erwartungswerten der Wiederanlagerendite führt damit zu der Frage, welche Rendite nun die richtige für die Ermittlung der Kapitalkosten einer langfristigen Anlage ist. In einer Welt mit Unsicherheit und mehrperiodigen Investitionshorizonten und der Annahme der Wiederanlage von Erträgen steht die Rechtfertigung für die Schätzung einer Diskontierungsrate als einperiodige erwartete Rendite mittels CAPM auf unsicheren Beinen.[100] Empirische Befunde erbringen denn auch größere Unterschiede in den arithmetischen und geometrischen Durchschnittsrenditen. So ermittelt Bimberg (1991) für den Zeitraum Januar 1954 bis Dezember 1988 eine Vorsteuerrendite von 15% arithmetisch und 11,9% geometrisch. Zu einem ähnlichen Ergebnis kommen Stehle/Huber/Meier (1996) und Albrecht (1997). Die Abweichung von

97 Baetge/Krause (1994), S. 437.
98 Vgl. Fama (1996), S. 416.
99 Vgl. Fama (1996), S. 419.
100 Vgl. Fama (1996), S. 419.

arithmetischem und geometrischem Mittel der Renditen ist damit erheblich. Da durch Optionspläne die langfristige Schaffung von Shareholder Value belohnt werden soll, hat man auch von einer längeren Haltephase der Aktien seitens des Aktionärs auszugehen. Schließlich soll dann eine Belohnung stattfinden, wenn langfristig ein Mehrwert geschaffen wurde. In dieser Situation ist die geometrische Durchschnittsrendite das geeignetere Maß. Dieses Konzept der geometrischen Durchschnittsrendite liegt auch dem unten noch zu diskutierenden Verfahren der Indexbindung zugrunde. Es muß allerdings angemerkt werden, daß dieses Vorgehen nicht mit dem CAPM in Einklang zu bringen ist.[101] Es handelt sich vielmehr um einen Kunstgriff, der aufgrund des notwendigerweise langfristigen Charakters der Zielsetzung der Leistungsmessung notwendig ist.

Ein weiteres zu lösendes Problem besteht in der möglichen Instabilität der Betafaktoren. Wenn diese zu sehr schwanken, würde man von Periode zu Periode sehr unterschiedliche Eigenkapitalkosten ermitteln. Dies erscheint nicht unbedingt überzeugend. In der Praxis wählt man hier häufig den Weg, die Betafaktoren nicht von einzelnen Unternehmen, sondern von Branchenportefeuilles zu berechnen und mit diesen stabileren Faktoren branchenspezifische Eigenkapitalkosten zu ermitteln, die dann für alle Unternehmen als gleich angenommen werden.[102] Problematisch hierbei ist jedoch, daß die Ermittlung von Branchenbetas durch die geringe Anzahl liquider Aktien und die geringe Besetzungsdichte in einzelnen Branchen in Deutschland stark eingeschränkt ist. Inwieweit ausländische Daten übertragen werden dürfen, ist ungeklärt.[103] Natürlich ist auch dieses Vorgehen nicht vollständig befriedigend. Allerdings erscheint ein solcher Kompromiß unumgänglich, wenn die Eigenkapitalkostenschätzung im Zeitablauf sonst zu stark schwankt.

Nicht weiter berücksichigt werden müssen hingegen die Probleme, die sich aus der Ermittlung der Marktrisikoprämie ergeben. Wird der Eigenkapitalkostensatz als Diskontierungsfaktor für zukünftige Cash Flows benötigt, um eine Investitionsentscheidung zu treffen, so muß neben dem Betafaktor auch die Marktrisikoprämie ermittelt werden. Allerdings zeigt sich auch hier, daß diese Prämie im Zeitablauf nicht konstant ist. So gibt Albrecht das 95% Konfidenzintervall für die arithmetische Rendite des DAX im Zeitraum 1954 bis 1996 mit [3,5%, 20,4%] an.[104] Bei im Verhältnis dazu nur geringfügig schwankenden Renditen der risikolosen Anlage ergibt sich mithin eine große Spanne für die Risikoprämie. Die Verwendung historisch ermittelter Risikoprämien erscheint daher sehr fragwürdig.[105] Dieses Problem tritt im hier behandelten Kontext jedoch nicht auf, da die Risikoprämie des Marktes nicht ex ante für eine Entscheidung benötigt wird, sondern lediglich ex post für die rückblickende Beurteilung des erreichten

101 Albrecht (1997), S. 574.
102 Arbeitskreis (1996), S. 552.
103 Ballwieser (1998), S. 83.
104 Siehe Albrecht (1997), S. 574.
105 Vgl. Albrecht (1997), S. 575.

Erfolges. Hierzu können dann aber die Risikoprämien Verwendung finden, die tatsächlich eingetreten sind.

Aus den bisherigen Betrachtungen läßt sich trotz einiger Einwände schließen, daß das CAPM eine brauchbare Grundlage für die Ermittlung von Eigenkapitalkosten liefert. Zwar treten insbesondere erhebliche empirische Probleme bei der Schätzung der Eigenkapitalkosten mittels CAPM auf, doch scheinen diese insgesamt beherrschbar. Dies um so mehr, als es an echten Alternativen, die theoretisch befriedigend und empirisch ausreichend überprüft sind, mangelt. Ferner ist zu bedenken, zu welchem Zweck die Eigenkapitalkostenschätzung in diesem Zusammenhang dient. Sie wird benötigt, um die Schaffung von Shareholder Value zu belohnen und die Aktionäre vor einer Vernichtung ihres Vermögens zu bewahren. Es soll ermöglicht werden, positive Verhaltensanreize für die Schaffung von Shareholder Value zu setzen. Hierzu ist die exakte Ermittlung eines Eigenkapitalkostensatzes gar nicht notwendig. In der Tat wären Kapitalmarktanomalien für die Kapitalmarkttheorie problematisch. Schon geringe Abweichungen der Kurse bzw. Renditen von ihren Gleichgewichtswerten würden die Möglichkeit von risikofreien Arbitragegewinnen mit unendlicher Rendite schaffen. Selbst marginale Abweichungen von den Gleichgewichtswerten wären in diesem Zusammenhang von größter Bedeutung. Für den Zweck der Konstruktion eines Anreizsystems auf Basis eines Optionsplanes ist eine völlige empirische Bestätigung des CAPM und die absolut korrekte Meßbarkeit der Variablen hingegen weniger bedeutsam. Vielmehr muß es in diesem Zusammenhang darum gehen, eine Bemessungsgrundlage der Vergütung zu finden, die besser als die bisherigen Bemessungsgrundlagen geeignet ist, Anreize im Sinne der Eigentümer zu setzen. Für diesen Zweck scheint das CAPM und die auf dieser Basis geschätzten Eigenkapitalkosten ausreichend. Um dieses Argument zu unterlegen, wurde in der folgenden Tabelle auf Basis der Schätzungen von Kim[106] versucht, eine empirisch fundierte Abschätzung der Fehler zu ermitteln, die sich bei der Eigenkapitalkostenschätzung mittels CAPM ergeben. Kim gibt an, wie hoch die Quartalsrendite in jedem von 20 untersuchten Portefeuilles war (Rendite pro Quartal, Spalte 2).[107] Außerdem gibt er die Residuen seiner Schätzung an (Spalte 3), die als Fehlermaß einer Schätzung der Eigenkapitalkosten mittels CAPM zu interpretieren sind. Rechnet man diese Werte auf 3 bzw. 5 Jahre hoch, was als realistische Zeiträume für Optionsprogramme angesehen werden kann, so ergeben sich die Einträge in den Spalten 4 und 7 (Rendite) bzw. 5 und 8 (Fehler absolut = hochgerechnete Residuen). Teilt man nun die so berechneten absoluten Fehler durch die hochgerechneten Renditen, so ergibt sich der jeweilige relative Fehler (Spalten 6 und 9). Wie der Tabelle zu entnehmen ist, sind absoluter und relativer Fehler im Portfolio 1 am höchsten. Doch selbst dort beträgt der relative Fehler lediglich 11,13% auf 3 Jahre bzw. 8,19% auf 5 Jahre. In allen anderen Portefeuilles ist der relative Fehler deutlich geringer.

---

[106] Kim (1997).

[107] Siehe hierzu und zu den folgenden Zahlenangaben Kim (1997), S. 483, Tabelle 5.

	Pro Quartal		Hochrechnung 3 Jahre			Hochrechnung 5 Jahre		
Portfolio Nr.	Rendite	Residuen	Rendite	Fehler absolut	Fehler relativ	Rendite	Fehler absolut	Fehler relativ
1	7,78%	1,26%	145,73%	16,21%	11,13%	347,47%	28,46%	8,19%
2	5,60%	0,09%	92,29%	1,09%	1,18%	197,36%	1,82%	0,92%
3	4,89%	-0,26%	77,34%	-3,08%	-3,98%	159,83%	-5,07%	-3,17%
4	4,63%	-0,38%	72,14%	-4,47%	-6,19%	147,24%	-7,33%	-4,98%
5	4,52%	-0,26%	69,98%	-3,08%	-4,40%	142,10%	-5,07%	-3,57%
6	4,24%	-0,40%	64,59%	-4,70%	-7,27%	129,45%	-7,70%	-5,95%
7	4,29%	-0,21%	65,54%	-2,49%	-3,80%	131,66%	-4,12%	-3,13%
8	4,32%	-0,20%	66,12%	-2,37%	-3,59%	133,00%	-3,92%	-2,95%
9	4,21%	0,05%	64,03%	0,60%	0,94%	128,13%	1,00%	0,78%
10	4,02%	-0,16%	60,47%	-1,90%	-3,15%	119,96%	-3,15%	-2,63%
11	3,95%	-0,19%	59,18%	-2,26%	-3,81%	117,02%	-3,73%	-3,19%
12	4,06%	-0,10%	61,22%	-1,19%	-1,95%	121,65%	-1,98%	-1,63%
13	4,16%	-0,42%	63,08%	-4,93%	-7,81%	125,95%	-8,07%	-6,41%
14	3,82%	-0,07%	56,81%	-0,84%	-1,47%	111,65%	-1,39%	-1,25%
15	3,54%	-0,02%	51,81%	-0,24%	-0,46%	100,52%	-0,40%	-0,40%
16	3,52%	0,04%	51,46%	0,48%	0,93%	99,75%	0,80%	0,81%
17	3,57%	0,25%	52,34%	3,04%	5,81%	101,69%	5,12%	5,04%
18	3,29%	0,23%	47,47%	2,80%	5,89%	91,06%	4,70%	5,16%
19	2,94%	0,02%	41,58%	0,24%	0,58%	78,52%	0,40%	0,51%
20	2,72%	0,08%	37,99%	0,96%	2,54%	71,04%	1,61%	2,27%

Tabelle 1

Diese Fehlerraten können für eine Anwendung wie die Belohnung der Schaffung von Shareholder Value als unproblematisch angesehen werden. Als weiterer Vorteil kann angegeben werden, daß das CAPM aufgrund seiner Einfachheit weitgehend bekannt und nachvollziehbar ist. In allen weiteren Analysen wird daher davon ausgegangen, daß die Eigenkapitalkosten mittels CAPM bestimmt werden können und somit eine Beurteilung möglich ist, ob Shareholder Value geschaffen wurde oder nicht. Es wird zu diskutieren sein, wie ein Optionsprogramm gestaltet werden muß, um tatsächlich nur die Schaffung von Shareholder Value zu belohnen.

1.3. Kritik am Shareholder Value Ansatz

Die Kritik am Shareholder Value Ansatz setzt an zwei unterschiedlichen Punkten an. Zum einen wird kritisiert, daß die Maximierung des Marktwertes des Eigenkapitals nicht unter allen Umständen auch zu einer Maximierung der Nutzenfunktion der Eigentümer führt. Die heftigste Kritik entzündet sich allerdings an der angeblich einseitigen Ausrichtung des Shareholder Value Ansatzes an den Interessen der Eigentümer (Interessenmonismus).[108] Die Zielsetzungen anderer Interessengruppen wie Arbeitnehmer, Lieferanten oder Staat würden dabei nicht

108 Vgl. Bischoff (1994), S. 168 und die dort zitierten Quellen.

ausreichend berücksichtigt. Im Rahmen des alternativen Konzeptes des Stakeholder Ansatzes wird daher gefordert, die Interessen dieser weiteren Anspruchsgruppen explizit in die Zielfunktion des Unternehmens aufzunehmen. Dieser Kritik soll hier zunächst nachgegangen werden. Dazu ist vorab zu klären, wessen Ansprüche im Rahmen der unternehmerischen Zielbildung berücksichtigt werden sollen.[109] Das oberste Ziel einer Unternehmung sei es demnach, einen optimalen Nutzen für alle Anspruchsgruppen zu schaffen, wobei der Nutzen sowohl quantitative wie auch qualitative Zielvorstellungen umfaßt.[110] Einige Vertreter des Stakeholder Ansatzes sehen die Legitimation der verschiedenen Interessen als gegeben an.[111] Unklar bleibt allerdings, welche Anspruchsgrundlagen jeweils existieren und welche Interessengruppen überhaupt berücksichtigt werden müssen (sollen).[112] Dies schafft geradezu die Voraussetzungen für eine unprofitable Unternehmenspolitik und kann als Entschuldigung für Fehlleistungen eines inkompetenten oder opportunistischen Managements herhalten.[113] Der Stakeholder Ansatz liefert nämlich keinen operationalen Zielbegriff.[114] Es bleibt unklar, ob die Unternehmensressourcen eher zu einer Subventionierung existenzgefährdeter Lieferanten oder der verbilligten Abgabe von Produkten an bedürftige Konsumenten verwendet werden sollen.[115] Bei dem Vergleich von Kontrollstrukturen auf Basis des Stakeholder Ansatzes mit denjenigen des Shareholder Value Ansatzes zeigt sich denn auch, daß ersterer aufgrund seiner fehlenden Operationalität zu wesentlich höheren Kontrollkosten führt.[116] Auch bleibt der Stakeholder Ansatz die Antwort auf die Frage schuldig, weshalb Investoren auch weiterhin ihr Kapital solchen Unternehmen zur Verfügung stellen sollten, die die Ansprüche anderer Interessengruppen über das vertragliche Maß hinaus zu befriedigen versuchen.[117] Schließlich muß auch die Stichhaltigkeit des Vorwurfes des Interessenmonismus grundsätzlich bezweifelt werden. Denn die Marktwertmaximierung im Sinne der Eigentümer hat die Interessen anderer Anspruchsgruppen natürlich als Nebenbedingungen zu beachten.[118] Fordert man hingegen eine weitergehende Berücksichtigung der Interessen anderer Marktteilnehmer, so kommt darin letztlich eine Kritik an der marktlichen Koordination wirtschaftlicher Aktivitäten zum Ausdruck.[119] Allerdings führen einige Autoren hierzu aus, daß durch Marktversagen eben nicht alle Anspruchsgruppen ihre berechtigten Interessen durchsetzen können. Hieraus würde sich die Legitimität der Forderung nach einer besonderen Berücksichtigung dieser Interessen ergeben.[120] Dem kann aber entgegengehalten werden, daß selbst wenn dies zutrifft, nicht geklärt ist, weshalb es gerade die Unternehmen selbst bzw. die Eigentümer sein sollten, die

---

[109] Bischoff (1994), S. 168.
[110] Vgl. Janisch (1993), zitiert nach Ballwieser (1994), S. 1389.
[111] Vgl. Bischoff (1994), S. 169.
[112] Vgl. Ballwieser (1994), S. 1390 und Bischoff (1994), S. 170.
[113] Vgl. Bischoff (1994), S. 170 f.
[114] Vgl. Ballwieser (1994), S. 1390.
[115] Vgl. Wagner (1997), S. 478.
[116] Vgl. Bühner/Tuschke (1997).
[117] Vgl. Ballwieser (1994), S. 1390 und Bischoff (1994), S. 172 f.
[118] Vgl. Ballwieser (1994), S. 1390.
[119] Vgl. Wagner (1997), S. 479.
[120] Vgl. Bischoff (1994) S. 175 und die dort angegebenen Quellen.

freiwillig eine Ausgleichszahlung für ein Marktversagen leisten. Es soll damit nicht bestritten werden, daß immer dann, wenn klare rechtliche Normen fehlen, die Verfolgung der Marktwertmaximierung zu Entscheidungen führen kann, die nicht im Gemeinwohl liegen.[121] Aber in diesem Fall kann argumentiert werden, daß es die Rolle des Staates wäre, bei unerwünschten Ausmaßen von Marktversagen rechtliche Normen zu setzen oder Transferzahlungen zu veranlassen, die dem Marktversagen und der Übervorteilung einzelner Anspruchsgruppen entgegenwirken. Dies geschieht schließlich in praxi auch tatsächlich z.B. in Form von Umweltschutzauflagen oder arbeitsrechtlichen Schutzbestimmungen.[122]

Folgend soll noch auf den zweiten Kritikpunkt am Shareholder Value Ansatz eingegangen werden. Dieser Kritik zufolge führt die Maximierung des Marktwertes nicht unbedingt zur Maximierung des Nutzens der Eigentümer. Identität von Nutzen- und Marktwertmaximierung ist nur dann gegeben, wenn bestimmte Bedingungen erfüllt sind. Die Eigentümer sind an einer Maximierung des Nutzens bezüglich des Auszahlungsstromes über die Zeit interessiert. In den klassischen Arbeiten zu Investitionsentscheidungen unter Sicherheit ergibt sich, daß der Kapitalwert die geeignete Zielfunktion liefert.[123] Dieser muß aber nicht in jedem Fall dem Marktwert entsprechen. Allerdings gilt für vollkommene, arbitragefreie Märkte mit sicheren Erwartungen, daß "optimale Investitionsprogramme durch das Maximum des Kapitalwertes und damit durch das Maximum des Marktwertes gekennzeichnet..." sind.[124] "Aus Effizienzgründen ergibt sich, daß das Kapitalwertkriterium die Investitionsentscheidungen objektiv optimal steuert, aus Arbitragegründen gleich dem (hypothetischen) Marktwert ist und daher schließlich ersatzweise das Marktwertkriterium für das Kapitalwertkriterium eintreten kann."[125] In dieser Situation wäre das Marktwertkriterium für alle Investoren ohne Einschränkungen akzeptabel. Dies ändert sich jedoch, wenn unsichere Erwartungen unterstellt werden.[126] Unter Unsicherheit stimmen Kapital- und Marktwertkalkül nur dann überein, wenn

- a) die Einführung von Realinvestitionen das Bewertungssystem für zustandsabhängige Ansprüche nicht verändert ("competitivity assumption") und
- b) die zustandsabhängigen Rückzahlungen aus Realinvestitionen über gehandelte Finanztitel rekonstruiert werden können ("spanning property").

Auf eine Wiedergabe der Herleitung dieser Bedingungen soll hier verzichtet und auf Wilhelm (1983) verwiesen werden. Vielmehr soll hier das Augenmerk auf die Schlußfolgerungen aus dieser Argumentation gelegt werden. Die Bedingung a) bringt zum Ausdruck, daß eine Investition 2, die zu einer Verdoppelung der Zahlungen an den Investor gegenüber einer Investition 1 führt, auch den doppelten Marktwert besitzt. Es werden also mengenabhängige

121 Vgl. Stehle (1995), Sp. 1121.
122 Vgl. Schilling (1997), S. 381.
123 Wilhelm (1983), S. 516.
124 Wilhelm (1983), S. 526.
125 Wilhelm (1983), S. 526.
126 Vgl. im folgenden Wilhelm (1983), S. 527 ff.

Bewertungsänderungen ausgeschlossen.[127] Diese Annahme erscheint weniger problematisch. Zur Bedingung b) führt Wilhelm selbst zunächst aus, daß diese für die Masse "... gewissermaßen konventioneller Investitionsentscheidungen, die in Hinsicht auf die Risikoallokationsmöglichkeiten nicht in Neuland vorstoßen"[128] als erfüllt anzusehen sei. Nur bei Investitionen, die Diversifikationsmöglichkeiten schaffen, die bisher noch nicht zu erreichen waren, könnte es unmöglich sein, einen Konsens über die Vorteilhaftigkeit dieser Investitionen zu erzielen. Doch selbst in diesem Fall führt Ballwieser zutreffend aus, daß es aus Sicht des Managements keine operationale Alternative zur Marktwertmaximierung gibt. Als Fazit kann also festgehalten werden, daß die Maximierung des Marktwertes sowohl eine operationale als auch eine in den meisten Fällen objektiv richtige Zielfunktion liefert.[129]

Weniger gegen den Shareholder Value selbst als gegen die Verknüpfung desselben mit der Managementvergütung lassen sich schließlich die allgemein diskutierten Einwände gegen ergebnisabhängige Vergütungsformen vorbringen. So ist im Rahmen der Agencytheorie aufgezeigt worden, daß ergebnisabhängige Vergütungsformen zu einer ungünstigen Risikoaufteilung führen, wenn die Manager stärker risikoavers sind als die Eigentümer. Die Notwendigkeit einer auf Motivation abzielenden Vergütung führt dann nämlich dazu, daß die risikoaverseren Manager einen Teil des Unternehmensrisikos tragen müssen, wozu sie nur gegen Zahlung einer Risikoprämie bereit sind.[130] Dies führt im Ergebnis dazu, daß die ergebnisabhängige Vergütung Wohlfahrtsverluste in der Eigentümer-Manager-Beziehung verursacht. Dieser Einwand soll hier jedoch nicht weiter vertieft werden. Zwar ist der Einwand gegen ergebnisabhängige Vergütungsformen grundsätzlich richtig. Jedoch führen alle ergebnisabhängigen Vergütungsformen zu diesem Problem. Aufgrund der aus Eigentümersicht vorzuziehenden Eigenschaften einer Ausrichtung der Vergütung am Shareholder Value gegenüber anderen Formen der Ergebnisbeteiligung dürfte der oben vorgetragene Einwand somit stark zu relativieren sein. Die Alternative, nämlich die Managementvergütung an nicht validen Verhaltensindikatoren festzumachen, um somit die ungünstige Risikoteilung zu vermeiden, erscheint hingegen noch viel unbefriedigender.[131]

Daneben finden sich in der Literatur noch eine Reihe "kleinerer" Einwände gegen den Shareholder Value Ansatz, die aber als wenig fundiert erscheinen. So wird wiederholt kritisiert, daß der Shareholder Value Ansatz das Kurzfristdenken fördere.[132] Dies beruht aber auf einem völligen Mißverständnis des Ansatzes. Dieser versucht gerade, den Wert langfristiger Entscheidungen zu bewerten. Diese Kritik gründet sich wohl eher auf der Befürchtung, daß Investitionen in weiche Faktoren wie Humankapital oder F&E unterbleiben, weil deren

[127] Vgl. Wilhelm (1983), S. 528.
[128] Wilhelm (1983), S. 531.
[129] Vgl. Wilhelm (1983), S. 531.
[130] Vgl. hierzu z.B. Elschen (1991).
[131] Vgl. ausführlich hierzu Winter (1996), Abschnitt 1.5.2., S. 108 ff.
[132] So z.B. Gaugler (1997), S. 170.

Erfolgsbeitrag nicht hinreichend genau bestimmt werden kann. Sollte es aber tatsächlich dazu kommen, so ist dies lediglich eine Fehlentscheidung, die dem Ansatz nicht systemimmanent ist, sondern bei allen Formen quantifizierter Erfolgsbewertung möglich ist. Daneben wird gelegentlich der Standpunkt vertreten, der Shareholder Value Ansatz ignoriere unterschiedliche Risikopräferenzen und Besteuerungssituationen einzelner Anleger.[133] Während ersterer Einwand bei einem Marktwertkalkül nicht gilt, weil effiziente Kapitalmärkte gerade zu einer präferenzfreien Bewertung führen und der Anleger seine Risikoneigung durch entsprechende Portfoliobildung berücksichtigen kann, überzeugt auch der Hinweis auf die sonstigen individuellen Unterschiede der Anleger nicht. Zwar kann nicht bestritten werden, daß unterschiedliche Besteuerungssituationen einzelner Anleger zu unterschiedlichen Bewertungen von Entscheidungen führen können. Allerdings bleibt dann fraglich, wie für Publikumsgesellschaften überhaupt noch Entscheidungen hergeleitet werden sollen. Es erscheint daher durchaus zulässig, von einem "durchschnittlichen" Anleger auszugehen.

Schließlich soll noch kurz auf mögliche aktienrechtliche Kritikpunkte an der Verfolgung des Shareholder Values als primärem Unternehmensziel eingegangen werden. Während der Shareholder Value Ansatz von den Interessen individueller, diversifizierter Anleger ausgeht, unterstellt das Aktienrecht die Gesellschaft als überindividuell verfaßten Verbandszweck.[134] Nach geltendem Aktienrecht ist die AG zu interpretieren als verfaßter Zweck eines Personenverbandes und die Organe unterliegen einer uneingeschränkten Bindung an diesen Zweck. Dieser Zweck läßt sich für AG's mit erwerbswirtschaftlicher Zielsetzung als Ziel der langfristigen Gewinnmaximierung zugunsten der vorhandenen Aktionäre konkretisieren.[135] Daraus läßt sich ableiten, daß sich die Organe der AG bei ihrer Tätigkeit am Ziel der Gewinnmaximierung auszurichten haben.[136] Daneben führt Wagner aus, daß im juristischen Schrifttum von einigen Autoren angeführt wird, daß es ein "Unternehmensinteresse" gebe, welches sich aus der Bündelung der Interessen aller am Unternehmen im weitesten Sinne Beteiligten ergeben würde.[137] Mülbert zeigt aber treffend auf, daß aus dem Aktienrecht keine Verpflichtung der Organe auf ein wie auch immer zu bestimmendes Unternehmensinteresse ableitbar ist.[138] Dennoch kommt Mülbert zu dem Schluß, daß das verbandsrechtlich konzipierte Aktienrecht der konsequenten Umsetzung des am Individualismus orientierten Shareholder Value Ansatzes entgegensteht. In der Praxis dürfte dieses Ergebnis jedoch nur von untergeordneter Bedeutung sein, da sich auch aus der verbandsrechtlichen Perspektive Gründe für die Billigung des Shareholder Value Ansatzes finden ließen.[139] Zu einem ähnlichen Ergebnis

---

133 So z.B. Oehler (1997), S. 180.
134 Vgl. Mülbert (1997), S. 131.
135 Vgl. Mülbert (1997), S. 141.
136 Vgl. Mülbert (1997), S. 141.
137 Vgl. Wagner (1997), S. 491.
138 Vgl. Mülbert (1997), S. 156.
139 Vgl. Mülbert (1997), S. 172.

kommt auch Schilling[140] für den eventuellen Konflikt zwischen Arbeitnehmerinteressen am Arbeitsplatzerhalt und der Verfolgung der Marktwertmaximierung. So dürfe nicht übersehen werden, daß, selbst wenn man ein Unternehmensinteresse am reinen "Erhalt" postuliert und selbst wenn man eine Verpflichtung der Organe auf dieses Interesse annehme, auch der Erhalt langfristig nur bei ausreichender Rentabilität möglich sei.[141] Rationalisierungsmaßnahmen und Teilstillegungen seien damit auch von diesem Erhaltspostulat gedeckt. Von daher sei die Verfolgung des Shareholder Value Strebens auch von den Arbeitnehmern zu akzeptieren.[142] Ergänzend kann hierzu ausgeführt werden, daß im Rahmen dieser Arbeit auch letztlich nur die Zulässigkeit der Ausrichtung der Vergütung am Shareholder Value mittels Optionsprogrammen zu prüfen ist. Hier ergibt sich jedoch nach herrschender Meinung kein ernsthafter aktienrechtlicher Hinderungsgrund. Dies wird weiter unten näher ausgeführt.

1.4. Fazit

Es konnte gezeigt werden, daß der Shareholder Value eine angemessene Zielfunktion für die Aktionäre liefert. Er weist gegenüber anderen Maßen des Unternehmenserfolges eine Reihe wesentlicher Vorzüge auf. Er berücksichtigt ausschließlich Zahlungsströme und vermeidet damit einen großen Teil der Bewertungsprobleme herkömmlicher Erfolgsmaße. Er bezieht die zeitliche Verteilung von Zahlungsströmen und das mit ihnen verbundene Risiko in seine Betrachtungen ein. Er liefert ferner einen objektiveren "Eichstrich" für den erreichten Erfolg, da er die Kapitalkosten der Eigentümer an Marktwerten festmacht. In leichter Abwandlung zum eigentlichen Shareholder Value Ansatz wird im weiteren davon ausgegangen, daß der Shareholder Value bzw. seine Veränderung über die Zeit an der Börsenkapitalisierung gemessen wird. Auf einen Rückgriff auf den aufgrund interner Unternehmensplanungen errechneten DCF wird verzichtet. Dies vernachlässigt zwar die Berücksichtigung evtl. vorhandener Insiderinformationen, hat aber den Vorteil, aus Sicht der Aktionäre zweifelsfrei nachprüfbar zu sein. Dies begrenzt den Manipulationsspielraum, was als Qualitätsmerkmal jeder Bemessungsgrundlage der Managementvergütung wünschenswert ist. Eventuelle Abweichungen zwischen Börsenkapitalisierung und DCF können auch deshalb als weniger problematisch angesehen werden, weil sich Optionsprogramme auf längere Zeiträume erstrecken. Mögliche Insiderinformationen werden damit aber üblicherweise noch während der Laufzeit eines Optionsprogrammes öffentlich bekannt.

Es konnte ferner gezeigt werden, daß die zu berücksichtigenden Eigenkapitalkosten über Marktwertmodelle auch empirisch geschätzt werden können, der Ansatz also operationalisierbar ist. Allerdings muß eingeräumt werden, daß die empirische Bestimmung der

140 Schilling (1997).
141 Vgl. Schilling (1997).
142 Schilling (1997), S. 381.

Eigenkapitalkosten mit deutlichen Problemen behaftet ist. Aber auch hier hat man zu bedenken, daß Alternativen zum Shareholder Value Ansatz keine Verbesserung der Anreizsituation erwarten lassen. Daher erscheint es gerechtfertigt, den Shareholder Value trotz der problematischen Bestimmung der Eigenkapitalkosten anderen Erfolgsmaßen vorzuziehen.

Schließlich wurde ausgeführt, daß die weiteren Kritikpunkte am Shareholder Value Ansatz nicht durchschlagen. Insbesondere das am Stakeholder Value orientierte Konzept des Unternehmenserfolges erscheint völlig unbrauchbar. Ihm fehlen sowohl die theoretische Fundierung als auch eine auch nur ansatzweise zu erkennende Operationalisierbarkeit.

Es kann somit festgehalten werden, daß der Shareholder Value Ansatz einen geeigneten Rahmen zur Entwicklung eines wertorientierten Optionsprogrammes liefert. Dabei wird nicht verkannt, daß der Ansatz mit ernsten Problemen bei der Umsetzung in die Praxis zu kämpfen hat. Diese Probleme sind jedoch zum größten Teil nicht dem Ansatz immanent, sondern fallen bei allen Erfolgsmeßverfahren an. Somit kann die Brauchbarkeit des Shareholder Value Ansatzes nur im Vergleich mit alternativen Erfolgsmeßkonzepten beurteilt werden.[143] Hierbei zeigt sich aber seine Überlegenheit.

---

143 Vgl. Buchner (1994), S. 513.

2. Optionspläne

2.1. Zum Optionsplanbegriff

Zunächst soll an dieser Stelle eine Arbeitsdefinition des Begriffes "Optionsplan" vorgenommen werden. Der Begriff "Optionsplan" bezeichne einen Vergütungsvertrag y, bei welchem die Höhe der Vergütung vom Aktienkurs v oder der Aktienrendite R und evtl. von weiteren Parametern abhängt, d.h. $y = f(v, R, ...)$. Die Höhe der Vergütung ist ferner eine schwach monoton steigende Funktion von v bzw. R, d.h. $dy/dv \geq 0$ bzw. $dy/dR \geq 0$. In den folgenden Ausführungen wird aus Vereinfachungsgründen nur auf die Definition über den Kurs v zurückgegriffen. Die Aussagen gelten analog auch für die Definition über die Rendite R. Ferner sei von anderen Determinanten als v bzw. R zunächst abgesehen. Als weiteres typisches Merkmal besitzt ein Optionsplan eine geknickte Zahlungscharakteristik. Für ein bestimmtes Aktienkursintervall unterhalb eines Mindestwertes β wird die (marginale) Vergütung bei Variation des Aktienkurses Null. Wird diese Untergrenze überschritten, wird die (marginale) Vergütung in einem ebenfalls bestimmten, evtl. nach oben offenen Intervall echt positiv. Im einfachsten Fall besitzt ein Optionsplan damit folgende Zahlungscharakteristik:

$$y = \begin{cases} g(v - \beta) & \text{für } v \geq \beta, g' > 0 \\ 0 & \text{sonst} \end{cases}$$

Dies Charakterisierung umfaßt das Minimum an Spezifikation eines Optionsplanes. Weitere Eigenschaften können hinzukommen. So ist die Funktion g bis auf die Eigenschaft $g' > 0$ nicht weiter bestimmt. Insbesondere muß g nicht notwendigerweise linear sein. Falls dies, wie in der Praxis häufig anzutreffen, doch der Fall ist, kann ein Optionsplan auch in der Maximumschreibweise $y = \alpha \max[v - \beta, 0]$ notiert werden. Dabei kann die Konstante α als Anzahl der gewährten Optionen interpretiert werden.[144]

Der so definierte Optionsplanbegriff kann nun auf unterschiedliche empirische Gestaltungsalternativen angewendet werden. Eine Alternative besteht darin, daß die Optionen ein Recht zum Bezug echter Aktien gewähren. In diesem Fall soll von einem "Aktienoptionsplan" gesprochen werden. Die Zahl α gibt dann an, wieviele Aktien der Berechtigte im Rahmen des Optionsplanes erwerben kann. Die Untergrenze β ist dann zu interpretieren als Bezugskurs, d.h. als derjenige Zuzahlungsbetrag, den der Manager bei Ausübung der Optionen noch aufzuwenden hat, um die Aktien zu erwerben. Alternativ kann ein Optionsplan aber auch ohne

[144] In späteren Ausführungen wird es sich als zweckmäßig erweisen, v nicht als Kurs einer Aktie, sondern als Wert des gesamten Unternehmens zu definieren. In diesem Fall ist α nicht als Anzahl der gewährten Optionen, sondern als Anteil der durch Optionen anfallenden Vergütung im Verhältnis zum Marktwert des Unternehmens abzüglich der Untergrenze zu interpretieren.

Einschaltung echter Aktien abgewickelt werden. Vielmehr gewährt jede Option dann nur das Recht, sich die Differenz zwischen Aktienkurs ν und Untergrenze β auszahlen zu lassen. In diesem Fall soll von dem üblichen Begriff der "Stock Appreciation Rights" Gebrauch gemacht werden. Alternative Bezeichnungen sind "Virtuelle Optionen" bzw. "Virtuelles Optionsprogram". Bei SAR's kann β strenggenommen nicht als Bezugskurs bezeichnet werden, da der Bezugsberechtigte lediglich eine Nettozahlung erhält, ohne zunächst eine eigene Zahlung leisten zu müssen. Aus Vereinfachungsgründen wird die Transaktion der Nettozahlung aber als Zusammensetzung der Zahlungen "Kurswert je Aktie" an den Bezugsberechtigen und "Bezugskurs je Aktie" vom Bezugsberechtigten gedacht, wodurch eine Beibehaltung des Bezugskursbegriffes angebracht erscheint. Der Begriff "Optionsplan" ist damit als Oberbegriff der Begriffe "Aktienoptionsplan" und "Stock Appreciation Rights" (SAR's) zu verstehen. Die ökonomischen Wirkungen von Aktienoptionsplänen und SAR's sind ökonomisch zunächst identisch. In der Praxis können sich hingegen Unterschiede bezüglich möglicher Transaktionskosten und Steuern ergeben, auf die jedoch erst später eingegangen wird.

Eventuelle Erweiterungen des Optionsplanbegriffes sind möglich. So ist denkbar, daß ein Optionsplan die Gewährung mehrerer Tranchen von Optionen zu möglicherweise unterschiedlichen Konditionen und zu unterschiedlichen Zeitpunkten vorsieht. In diesem Fall ist es zweckmäßig, die Bezeichnungen y, ν, β und α als Vektoren zu interpretieren, deren einzelne Komponenten aus den obigen, jedoch zeitindizierten Variablen bestehen. Auf eine genauere formale Darstellung soll hier zunächst verzichtet werden.

Es sei hier angemerkt, daß die vorgeschlagene Definition eines Optionsplanes anhand seiner Zahlungscharakteristik auf viele kapitalmarktbasierte Anreizmodelle zutrifft. Der Vertrag y beschreibt also nicht nur Optionspläne im eigentlichen Sinn, sondern auch herkömmliche einfache Kapitalbeteiligungsmodelle. Erhält der Manager statt Optionen Aktien seines Unternehmens, so sind diese dem vollen Kursrisiko ausgesetzt, ihr Wert kann im ungünstigsten Fall auf Null zurückgehen. Eine vorherige Verlustbegrenzung in Höhe eines Caps, der größer als Null ist, existiert also nicht. Bei einer direkten Kapitalbeteiligung kann man also auch von einer Option mit einem Cap bzw. Bezugskurs in Höhe von $\beta = 0$ sprechen.

Für die weiteren Ausführungen erscheint es weiterhin zweckmäßig, den Begriff eines "Standardoptionsplanes" bzw. "Standardplanes" einzuführen. Wie sich zeigen wird, hängt die Bewertung der Eignung von Optionsplänen als Instrument einer am Shareholder Value orientierten Vergütungsform zentral von der spezifischen Ausgestaltung des Optionsplanes ab. Um jedoch einzelne Merkmale von Optionsplänen angemessen beurteilen zu können, erscheint es zweckmäßig, zunächst eine Art Grundversion zu definieren, die als Referenz für vergleichende Analysen unterschiedlicher Gestaltungsalternativen fungieren kann. Dieser "Standardplan" enthält "typische" Regelungen, wie sie bei einer Vielzahl von Optionsplänen in den USA zu finden sind. Der Standardplan enthält folgende Regelungen:

- Der Bezugskurs wird auf den Aktienkurs am Tag des Laufzeitbeginns der Optionen gelegt und ist bis zum Laufzeitende unveränderlich.
- Die Laufzeit beträgt mehrere Jahre (i. d. R. 5-10 Jahre).
- Die Option darf frühestens nach Ablauf einer festgelegten Sperrfrist ausgeübt werden (üblicherweise nach 2 bis 3 Jahren).
- Die Anzahl der pro Führungskraft zu beziehenden Aktien wird zu Beginn vom Aufsichtsgremium festgelegt.

Zum Beispiel könnte der Standardplan für den Vorstandsvorsitzenden der BSP AG folgendermaßen aussehen. Der Aufsichtsrat bestimmt, daß der Vorstandsvorsitzende Optionen auf 10.000 Aktien erhält. Die zu beziehenden Aktien werden durch Kapitalerhöhung geschaffen.[145] Die Laufzeit der Optionen beginnt am 01.01.1999 und beträgt 10 Jahre, wobei die Optionen in den ersten zwei Jahren nicht ausgeübt werden dürfen. Der Kassakurs an der Frankfurter Börse betrage am 01.01.1999 genau 100,- DM. Der Vorstandsvorsitzende kann somit bis zum 31.12.2008 10.000 Aktien zum Bezugskurs von 100,- DM beziehen. Aufgrund der zweijährigen Sperrfrist können die Optionen frühestens am 01.01.2001 ausgeübt werden.

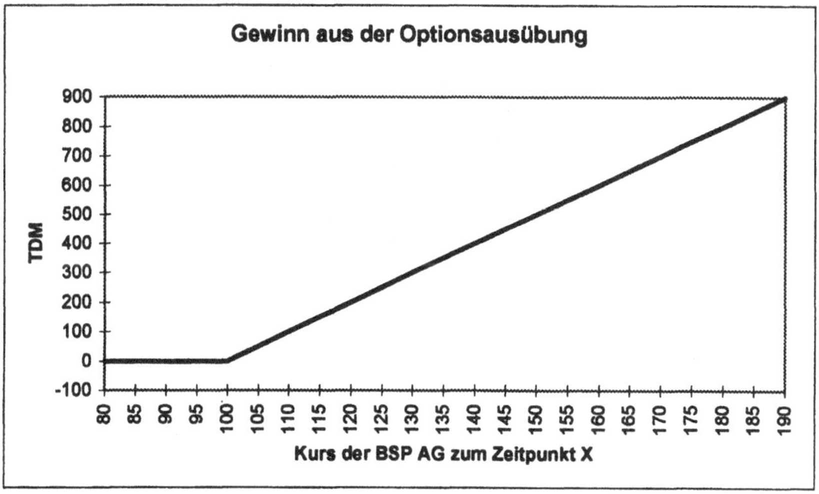

Abb. 1: Gewinn aus der Optionsausübung

[145] Auf rechtliche Einzelheiten wird weiter unten eingegangen.

In Abhängigkeit vom Kurs zum Zeitpunkt X ergibt sich damit für den Vorstandsvorsitzenden der Ausübungsgewinn gemäß der obigen Abbildung 1.[146]

Dieser Standardplan faßt einige wesentliche Ideen von Optionsplänen zusammen: Der Manager wird am Erfolg der Marktwertentwicklung seines Unternehmens beteiligt. Diese Beteiligung weist eine asymmetrische Zahlungscharakterisitk auf, da die Erfolgsbeteiligung allenfalls auf Null zurückgehen, aber nicht negativ werden kann. Hingegen ist die Beteiligung am Erfolg nach oben unbeschränkt.

2.2. Vorteile und Probleme von Optionsplänen

Befürworter und Gegner von Optionsplänen führen jeweils eine Reihe von Argumenten für und gegen die Einführung von Optionsprogrammen ins Feld. Insbesondere in der öffentlichen Diskussion treffen oft Wunschdenken und Polemik aufeinander. An dieser Stelle soll daher zunächst der Versuch unternommen werden, die Diskussion zu systematisieren und auf ihre wesentlichen Argumente zu verdichten.

Für den Einsatz von Optionsprogrammen sprechen im wesentlichen drei Argumente. Sie reduzieren mögliche Zielkonflikte zwischen Managern und Aktionären. Sie verringern das Zeithorizontproblem und führen zu einer Erhöhung der Risikobereitschaft der Manager. Gegen Optionspläne sprechen indessen der mangelnde Individualbezug, die geringe Beeinflußbarkeit des Marktwertes durch das Management und mögliche Insiderprobleme. Ferner werden Manipulationsmöglichkeiten und die Gefahr der Überbezahlung gesehen. Schließlich wird eine zu hohe Risikobereitschaft des Managements befürchtet.

2.2.1. Vorteile von Optionsplänen

2.2.1.1. Verringerung der Zielkonflikte

Mit ihrer wegweisenden Arbeit haben bereits Berle und Means[147] auf mögliche Interessenkonflikte zwischen angestelltem Management und Aktionären hingewiesen. Der Konflikt beruht dabei auf der asymmetrischen Aufteilung der Konsequenzen des Managementhandelns. Je weniger die Manager selbst am Kapital des Unternehmens beteiligt sind, desto eher werden sie

[146] Hierbei wurde angenommen, daß der Anteil der für die Optionsausübung geschaffenen neuen Aktien so gering ist, daß der Börsenkurs dadurch nicht verändert wird. Auf diese Annahme wird weiter unten noch einzugehen sein.

[147] Berle/Means (1932).

bestrebt sein, Unternehmensressourcen für ihren privaten Konsum zu nutzen, da die Kosten des Konsums von allen Eigentümern getragen werden. Die (übrigen) Eigentümer ihrerseits können dieses, von ihren Interessen abweichende Verhalten begrenzen, indem sie angemessene Anreiz- und Kontrollmechanismen einsetzen.[148] Gleichwohl verursachen diese Mechanismen Kosten, die zu einem Wohlfahrtsverlust führen. Um dies zu veranschaulichen, nehme man zunächst an, der Manager sei alleiniger Unternehmenseigner.[149] Sein Nutzen U hänge ab von seinem privaten Konsum x und seinem Endvermögen w. Letzteres wiederum besteht aus dem Wert seiner Unternehmensanteile am Periodenende. Der Unternehmenswert am Periodenende sei mit v bezeichnet. Da der Manager laut Annahme alleiniger Eigentümer ist, folgt somit zunächst $w = v$. Den privaten Konsum bestreitet er aus den Unternehmensressourcen. Er ist an das Unternehmen in der Form gebunden, daß identische Konsummöglichkeiten nicht zu gleichen Preisen am Markt beschafft werden können. Sieht man von sonstigem Vermögen oder der Möglichkeit der Verschuldung ab, so ist die Budgetrestriktion des Manager-Eigentümers gegeben durch $x \leq v$, d.h. der Manager kann nicht mehr als den Unternehmenswert für seinen privaten Konsum verbrauchen. Sind sowohl x als auch v in gleichen Einheiten gemessen, so hat der Rand der Budgetrestriktion eine Steigung von -1. In der folgenden Abbildung wird der Rand durch die Gerade "Budget 100%" wiedergegeben.

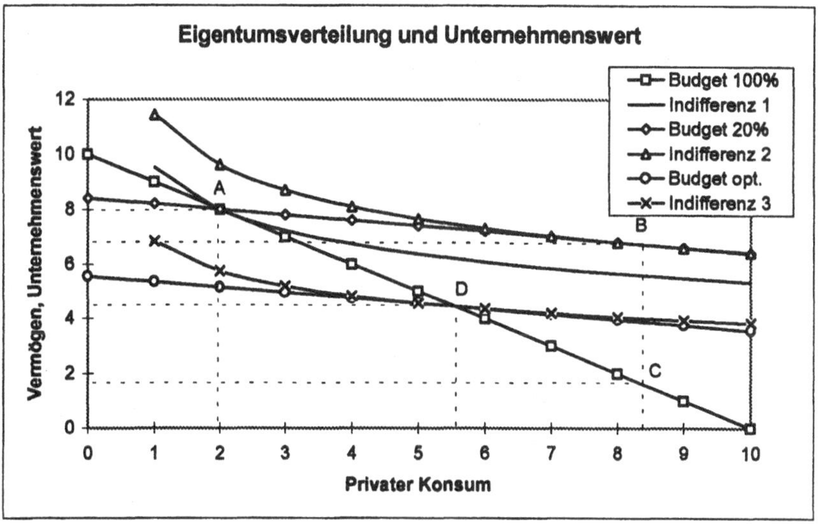

Abb. 2: Eigentumsverteilung und Unternehmenswert I

Für die der Grafik zugrundeliegenden Berechnungen wurde angenommen, daß der Unternehmenswert ohne privaten Konsum am Periodenende 10 betrüge. Ferner wurde von der Nut-

148 Jensen/Meckling (1976), S. 308.
149 Das folgende Beispiel basiert vollständig auf dem Grundmodell von Jensen/Meckling (1976), S. 314-319.

zenfunktion $U = w^{0,8}x^{0,2}$ ausgegangen. Das Nutzenmaximum ergibt sich nun dort, wo die Nutzenindifferenzkurve "Indifferenz 1" des Managers die Budgetgerade tangiert. In diesem Punkt müssen beide die gleiche Steigung, nämlich -1 haben. Die Maximierung des Nutzens unter Berücksichtigung der Budgetrestriktion $v = 10 - x$ ergibt einen optimalen Konsum von $x^* = 2$, woraus ein optimaler Unternehmenswert von $v^* = 8$ folgt, in der Abbildung durch Punkt A gekennzeichnet. Was passiert nun aber, wenn der Manager zu Periodenbeginn einen Anteil von z.B. 80% an dem Unternehmen verkauft? Angenommen er erhält dafür auch 80% des optimalen Unternehmenswertes von $v^* = 8$, d.h. er bekommt für den Verkauf seiner Anteile 6,4. In Abhängigkeit vom Unternehmensendwert ergibt sich sein Endvermögen zu $w = 6{,}4 + 0{,}2v$. Da die Verwendungsmöglichkeiten der Unternehmensressourcen weiterhin durch die Restriktion $v = 10 - x$ begrenzt werden, läßt sich das Endvermögen auch direkt als Funktion des privaten Konsums ausdrücken: $w = 8{,}4 - 0{,}2x$. Verzichtet der Manager jetzt völlig auf den privaten Konsum, so würde sein Vermögen am Periodenende also 8,4 betragen, bestehend aus 6,4 Einheiten aus dem Verkauf plus seines 20%-Anteils am Unternehmensendwert von 10. Nach dem Verkauf verschiebt sich allerdings sein Nutzenkalkül. Vor dem Verkauf mußte er jede Einheit seines privaten Konsums mit einer Einheit Vermögensverlust bezahlen. Nach dem Verkauf trägt er jedoch nur noch 20% der Kosten seines privaten Konsums. Dieses neue Austauschverhältnis führt zu einer neuen Budgetgeraden, hier als "Budget 20%" bezeichnet. Diese Budgetgerade wird aber von der Nutzenindifferenzkurve "Indifferenz 2" erst bei einem wesentlich höheren privaten Konsum tangiert, hier bei einem privaten Konsum von 8,4. Damit fällt der Endwert des Unternehmens aber auf 10-8,4=1,6. Der verkaufte 80%-Anteil hat damit ex post nur noch einen Wert von 1,28. Ein rationaler Investor würde die Anteile ex ante also nicht für 6,4 kaufen. Vielmehr würde er die Verhaltensänderung des Managers antizipieren und nur den Preis zahlen, den seine erworbenen Anteile nach Verhaltensänderung wert wären. Der Preis, den ein Investor zu zahlen bereit ist, läßt sich nun durch folgende Überlegungen herleiten. Der Investor weiß, daß der Manager nach dem Verkauf seinen privaten Konsum so wählt, daß der Betrag der Steigung der Nutzenisoquante mit dem beim Manager verbliebenen Kapitalanteil übereinstimmt, hier also 20% bzw. 0,2. Andererseits muß er sicherstellen, daß der nach Vertragsabschluß gewählte private Konsum den Unternehmenswert nicht unter das angenommene Niveau drückt. Dies war oben jedoch der Fall. Dort wurde nach Vertragsabschluß ein privater Konsum gewählt, der zu einem Absinken des Unternehmenswertes vom Niveau des Punktes A auf das Niveau des Punktes C führte. Der Investor muß also einen Preis zahlen, der dem Wert seines Anteils nach Wahl des für den Manager optimalen privaten Konsums entspricht. Dies ist dann der Fall, wenn das Optimum aus Sicht des Managers gerade auf der ursprünglichen Budgetgerade liegt. Dieser Fall liegt im Punkt D vor. In diesem Punkt schneidet die global optimale Budgetgerade "Budget opt." die ursprüngliche Budgetgerade "Budget 100%". Gleichzeitig stimmen in diesem Punkt die Steigungen der Nutzenisoquante "Indifferenz 3" und der Budgetgerade "Budget opt." überein. Im Beispiel ist dies für einen privaten Konsum in Höhe von $x = 5{,}55$ der Fall. Es ergibt sich ein Unternehmensendwert in Höhe von $v = 4{,}44$.

Wenn nun der Investor ex ante 0,8 · 4,44 = 3,55 für seine Anteile bezahlt und der Manager dann optimalerweise einen privaten Konsum in Höhe von 5,55 wählt, dann resultiert gerade der Unternehmensendwert 4,44, der den Kaufpreis von 3,55 für 80% der Unternehmensanteile rechtfertigt. Dies ist der einzige Preis, zu dem ein Investor bereit sein wird, einen 80%-Anteil am Unternehmen zu übernehmen. Mit dieser Transaktion geht nun aber eine Nutzeneinbuße des ehemaligen Eigentümer-Managers einher. Durch den Verkauf der Unternehmensanteile sinkt der Nutzen von dem durch die Isoquante "Indifferenz 1" bezeichneten Niveau von 6,06 auf das mit "Indifferenz 3" bezeichnete Niveau von 4,65 ab. Diesem Nutzenverlust stehen keine entsprechenden Gewinne auf Seiten des Anteilskäufers gegenüber. Der Nutzenverlust ist damit ein unmittelbares Maß für den gesellschaftlichen Schaden des Unternehmensverkaufs. Der Schaden entsteht durch die nach dem Verkauf disfunktionalen Anreize zu übermäßigem privatem Konsum.

Ist ein Wirtschaftssystem auf die Trennung von Eigentum und Kontrolle angewiesen, so können daraus also Wohlfahrtsverluste resultieren. In dem Fall würde es sich lohnen, Mechanismen zu entwickeln, die den privaten Konsum begrenzen. Die hieraus resultierenden Vorteile könnten zwischen den Vertragsparteien aufgeteilt werden, weshalb auch alle beteiligten Parteien einen Anreiz zum Einsatz solcher Mechanismen haben. Haugen und Senbet[150] zeigten als erste, daß einer der möglichen Mechanismen der Einsatz von Optionen ist.

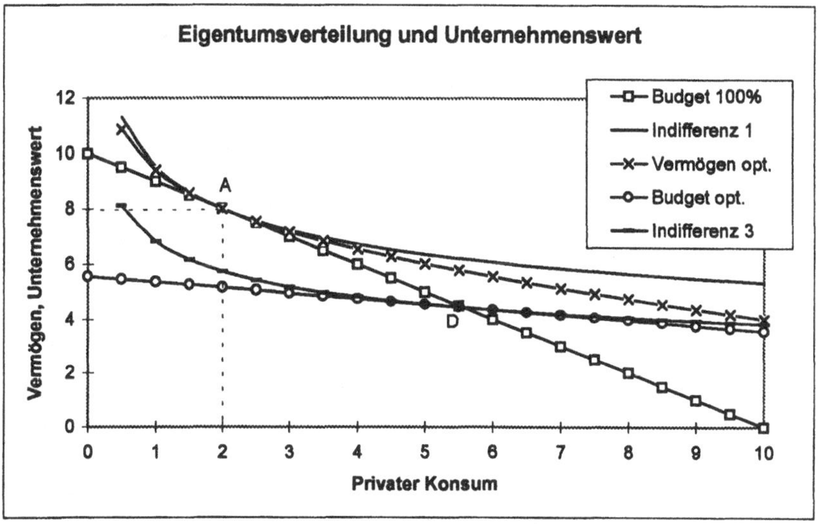

Abb. 3: Eigentumsverteilung und Unternehmenswert II

[150] Haugen/Senbet (1981).

Sie setzen direkt an der Analyse von Jensen und Meckling an und versuchen, für deren Modell eine Lösung mittels Optionen zu bestimmen. Die grundlegende Idee von Haugen und Senbet besteht darin, die Budgetgerade "Budget opt." des Managers durch den Einsatz einer Option zu verändern. Durch die Einräumung einer Option soll der Zusammenhang zwischen privatem Konsum und Vermögen des Managers so transformiert werden, daß sich die in der vorangehenden Abbildung 3 eingefügte Linie "Vermögen opt." ergibt.

Kann man den Zusammenhang zwischen privatem Konsum und Vermögen von der Funktion "Budget opt." auf "Vermögen opt." verschieben, so resultiert wieder die optimale Wahl des privaten Konsums. Man gehe wiederum zunächst davon aus, daß der Manager alleiniger Unternehmenseigner ist. Er verkaufe nun einen Anteil von (1-a) für einen Kaufpreis von P. Damit die Option das ursprüngliche Optimalverhalten garantiert, d.h. einen Level des privaten Konsums x^*, den der Manager als Alleineigentümer wählen würde, muß sie an der Stelle x^* sicherstellen, daß das Vermögen des Managers dort weiterhin das oben bestimmte Niveau von v^* annimmt. Nach dem Verkauf der Unternehmensanteile und der Einräumung der Option besteht das Vermögen des Managers aus dem Verkaufserlös, dem noch verbliebenen anteiligen Unternehmenswert und dem Wert der Option: $w = v^* = P + av^* + m$. Umgeformt ergibt sich der Wert der Option zu $m = (1-a)v^* - P$. Damit ferner die Wahl des Managers optimal ist, muß mittels Option außerdem sichergestellt werden, daß die Steigung des Vermögens in Abhängigkeit vom Unternehmenswert an der Stelle v^* wieder den Wert 1 annimmt:

$$\left.\frac{dw}{dv}\right|_{v^*} = a + \left.\frac{dm}{dv}\right|_{v^*} = 1$$

Ohne daß auf die spezifische Lösung hier eingegangen werden soll, bleibt festzuhalten, daß eine solche Option in dem beschriebenen Modell immer existiert. Der Einsatz dieser Option vermeidet jeglichen Wohlfahrtsverlust, der sonst aus der Trennung von Eigentum und Kontrolle resultieren würde.

Wenngleich das beschriebene Modell längst nicht alle Facetten des Eigentümer-Managerkonfliktes umfaßt, so bietet es doch einen guten Einblick in die Problemstruktur. Ferner darf das Modell auch nicht zu eng gefaßt werden. Insbesondere der Begriff des "privaten Konsums" umfaßt letztlich weit mehr als nur die Anschaffung teurer Büromöbel oder die Auftragsvergabe an Freunde. Man kann den Begriff auch als Synonym für alle Aktivitäten oder Unterlassungen verstehen, die dem Unternehmen (Opportunitäts-)Kosten verursachen. Somit fallen hierunter auch mangelhafter Arbeitseinsatz oder schlechte Investitionsplanungen. Damit aber kann das Modell als Grundlage der gesamten Agencytheorie angesehen werden. Als vorläufiges Fazit ergibt sich hier zunächst, daß mit der Trennung von Eigentum und Kontrolle tatsächlich Anreizprobleme verbunden sein können. Werden diese nicht adäquat gelöst, so kann daraus ein

Wohlfahrtsverlust resultieren. Nun ist es unter realen Bedingungen aber nicht möglich, die Volleigentümerlösung durchzusetzen, jeden Manager also zum Alleineigentümer zu machen. Dies verbietet sich nicht nur aus den unten noch zu diskutierenden Gründen einer ineffizienten Risikoallokation, sondern wird in der Praxis bereits an den Budgetrestriktionen der Manager scheitern, die die notwendigen finanziellen Mittel zum Kauf großer Unternehmen gar nicht aufbringen könnten. Schließlich liegt einer der wesentlichen Gründe für die Trennung von Eigentum und Kontrolle gerade in den dadurch möglichen Spezialisierungsvorteilen. Personen, die lediglich über Kapital verfügen, können dieses verwenden, ohne selbst über Managementkenntnisse verfügen zu müssen. Umgekehrt können Manager auch dann Unternehmen leiten, wenn sie selbst die nötigen Mittel zur Unternehmensfinanzierung nicht aufbringen können. Das Anreizproblem muß in der Praxis also anders als durch Volleigentum gelöst werden. Eine mögliche Lösung besteht in der Einräumung von Optionen.

2.2.1.2. Erhöhung der Risikobereitschaft

Ein weiteres wesentliches Problem zwischen Managern und Unternehmenseignern besteht in deren unterschiedlichen Risikopräferenzen. So können Unternehmenseigner ihre Finanzanlagen diversifizieren. Selbst an sich risikoaverse Aktionäre stehen bei ausreichender Diversifikation der Veränderung des Risikos eines einzelnen Unternehmens eher neutral gegenüber, können also bezüglich des spezifischen Unternehmensrisikos als risikoneutral angesehen werden. Manager hingegen bringen in das Unternehmen ihr Humankapital ein, welches sich nicht diversifizieren läßt. Insbesondere dann, wenn ein größerer Teil des Humankapitals unternehmensspezifisch ist oder aufgrund ineffizienter Arbeitsmärkte die Gefahr einer Entwertung des Humankapitals bei Arbeitsplatzwechsel droht, ist das Humankapital eines Managers einem hohen unternehmensspezifischem Risiko ausgesetzt. Als Konsequenz wird der Manager ein hohes Interesse am Überleben seines Unternehmens haben, während die Rentabilität eher von untergeordnetem Interesse ist. Die Aktionäre hingegen sind eher an der erwarteten Rendite interessiert, nicht so sehr aber am Überleben des Unternehmens als solchem. Ein einfaches Beispiel möge dies verdeutlichen. Zur Auswahl stehen zwei Investitionsprojekte, die je nach Umweltzustand zu unterschiedlichen Unternehmenswerten führen. Die folgende Tabelle enthält die jeweiligen Unternehmensendwerte.

	Zustand 1 p = 0,5	Zustand 2 1-p = 0,5
Projekt 1	0	400
Projekt 2	80	140

Der erwartete Unternehmensendwert für Projekt 1 beträgt 200 $(=0{,}5\cdot 0+0{,}5\cdot 400)$, während er für Projekt 2 bei lediglich 110 liegt $(=0{,}5\cdot 80+0{,}5\cdot 140)$. Die Aktionäre würden somit Projekt 1 präferieren. Da aber nur bei diesem Projekt ein Total- und damit Arbeitsplatzverlust eintreten kann, birgt es für den Manager ein erhebliches Risiko, welches er durch Wahl von Projekt 2 vermeiden kann. Selbst dann, wenn man von einem Humankapitalverlust absieht und lediglich unterstellt, daß der Manager über seine Vergütung einen proportionalen Anteil am Unternehmenswert erhält, kann die Wahl von Projekt 2 für einen risikoaversen Manager optimal sein. Erhält er bspw. 20% des resultierenden Unternehmenswertes als alleinige Vergütung und lautet seine Nutzenfunktion U in Abhängigkeit der Vergütung y $U(y) = y^{0,5}$, so ergibt sich für Projekt 1 ein Erwartungsnutzen von

$$E(U(y_1)) = 0{,}5\sqrt{0{,}2 \cdot 0} + 0{,}5\sqrt{0{,}2 \cdot 400} = 4{,}47.$$

Bei Projekt 2 ergibt sich dagegen

$$E(U(y_2)) = 0{,}5\sqrt{0{,}2 \cdot 80} + 0{,}5\sqrt{0{,}2 \cdot 140} = 4{,}65$$

Der Manager wird also auch in dieser Situation das Projekt 2 präferieren. Dieses Kalkül ändert sich, wenn der Manager mittels Optionen bezahlt wird. Bekommt er als Vergütung 20% von allem, was über 100 (Bezugskurs) liegt, dann ergibt sich für Projekt 1 ein Erwartungsnutzen von

$$E(U(y_1)) = 0{,}5\sqrt{0{,}2(400-100)} = 3{,}87,$$

während für Projekt 2 ein Erwartungsnutzen von

$$E(U(y_2)) = 0{,}5\sqrt{0{,}2(140-100)} = 1{,}41$$

resultiert. In diesem Fall wäre auch für den Manager das Projekt 1 vorteilhafter. Das Rechenbeispiel verdeutlicht eine der wesentlichen Eigenschaften von Optionen. Durch das asymmetrische Auszahlungsprofil, das eine unbegrenzte Beteiligung an Steigerungen des Unternehmenswertes vorsieht, eine Beteiligung an Wertverlusten hingegen ausschließt, wird die Wahl riskanterer Investitionsprojekte attraktiver. Der möglichen Tendenz der Manager, zu geringe Risiken einzugehen, kann damit entgegengewirkt werden.

2.2.1.3. Verminderung des Zeithorizontproblems

Das Zeithorizontproblem entsteht dann, wenn Manager und Aktionäre unterschiedliche Präferenzen bezüglich der zeitlichen Verteilung von Cash Flows haben. Während die Aktionäre an einer Maximierung der diskontierten Cash Flows des Unternehmens interessiert sind, richten sich die Manager nur nach den ihnen aus dem Unternehmen als Vergütung zufließenden Cash Flows. Konflikte können sich nun daraus ergeben, daß Manager und Aktionäre unterschiedliche Diskontierungsraten haben und/oder unterschiedliche Zeithorizonte berücksichtigen. Wird ein Manager bspw. auf Basis des Jahresgewinnes vergütet, so sind für ihn nur diejenigen Jahresgewinne interessant, die während der Zeit seiner Mitarbeit anfallen. Da er an späteren Gewinnen nicht mehr beteiligt ist, haben nachfolgende Zahlungsströme keine Bedeutung mehr für ihn. Anders die Aktionäre, die sehr wohl auch an den zukünftigen Zahlungsströmen interessiert sind. Die Vergütung des Managers auf Basis des Jahresgewinnes kann somit gegen Ende seiner Beschäftigungszeit zu einem Endspieleffekt führen: Der Manager reduziert Investitionen, um kurzfristig den Gewinn zu steigern.[151] Die langfristig negativen Folgen dieses Verhaltens tragen die Aktionäre.

Dies ist der Ansatzpunkt von Optionen. Wenn man unterstellt, daß der jeweilige Aktienkurs die beste Schätzung des diskontierten Cash Flows liefert, dann hat man einen unmittelbaren Indikator der Aktionärsinteressen. Wird der Manager nun am Aktienkurs beteiligt, so kann er seine Vergütung nur dadurch steigern, daß er den Aktienkurs und damit den diskontierten Cash Flow des Unternehmens erhöht. Auch wenn er selbst andere Diskontierungsraten und/oder Zeithorizonte besitzt, so hat dies jetzt keinen Einfluß mehr auf seine Entscheidungen. So würde ihm die Verzögerung von rentablen Investitionen keinen Vorteil mehr bringen, da hierdurch der diskontierte Cash Flow des Unternehmens und damit der Aktienkurs und seine Vergütung sinken würden. Dieses Argument gilt bis zum letzten Tag seiner Amtszeit, Endspieleffekte wären damit ausgeschlossen. In diesem Sinne können Aktienoptionen einen Beitrag zur Abmilderung des Zeithorizontproblems liefern.

Als Zwischenfazit bleibt somit festzuhalten, daß Aktienoptionen eine bessere Anpassung des Managementhandelns an die Aktionärsinteressen fördern können. Dies bezieht sich auf die Interessen bezüglich des privaten Konsums (Büroausstattung, Arbeitsleistung...), des Risikoverhaltens und des Zeithorizontes. Im folgenden wird nun zu prüfen sein, welche Probleme mit dem Einsatz von Optionen verbunden sein können.

2.2.2. Probleme von Optionsplänen

2.2.2.1. Mangelnder Individualbezug

Der Wert von Optionen hängt zentral von der Höhe des Unternehmenswertes ab. Dieser jedoch ist nicht Ergebnis der Leistung eines einzelnen Managers, sondern der gesamten Beleg-

---

[151] Vgl. Baums (1997), S. 20.

schaft. Nun läßt sich argumentieren, daß das Topmanagement durch seine Weisungs- und Gestaltungsbefugnisse in der Lage ist, die Anreizsituation nachgelagerter Hierarchiestufen vorzugeben. Damit ist das Topmanagement aber auch unmittelbar für das Leistungsniveau der unteren Hierarchiestufen verantwortlich. Indirekt kann deshalb die Verantwortung für das Leistungsniveau des gesamten Unternehmens beim Topmanagement gesehen werden. Innerhalb des Topmanagements läßt sich diese Verantwortung jedoch nicht weiter auf eine einzelne Person verdichten. Die Wertentwicklung des Unternehmens fällt damit aber in die Verantwortung einer Personenmehrheit. Der Einzelne hat demnach nur einen anteiligen Einfluß auf den Unternehmenswert. Wird nun jeder dieser Manager in Abhängigkeit vom Unternehmenswert bezahlt, so erhält er einerseits nur einen Bruchteil des Wertbeitrages seiner eigenen Leistung. Andererseits erhalten andere ebenfalls einen Anteil, auch ohne entsprechende Leistungen erbracht zu haben. Dadurch jedoch entsteht ein Free Rider Problem zwischen den Managern. Nimmt man an, daß jeder Manager die gleiche Anzahl von Optionen mit den gleichen Bezugsbedingungen erhält, so wird er ein Leistungsniveau wählen, bei welchem sich der Grenznutzen seines Anteils an der Unternehmenswertsteigerung und die Grenzkosten seiner Leistung entsprechen. Es sei n die Anzahl der Manager. Jeder Manager i erhalte einen Anteil von $1/n$ am erzielten Endwert v des Unternehmens. Dieser hängt von den Leistungsniveaus e_i aller Manager ab, d.h. $v = v(e_1,...,e_n)$. Es sei v_i' die Ableitung des Unternehmenswertes nach der Leistung e_i und es gelte $v_i' \geq 0$ und $v_i'' \leq 0$. Die Leistungserbringung verursache den Managern persönliche Kosten in Höhe von $K(e_i)$ mit $K' \geq 0$ und $K'' > 0$. Da hier nur der Free Rider Effekt gezeigt werden soll, nehme man an, daß die Manager risikoneutral sind. In diesem Fall wählt jeder Manager sein Leistungsniveau gemäß

$$\frac{v_i'}{n} = K'$$

Die hierdurch implizit bestimmte Optimalleistung sei mit e_i^{*n} bezeichnet. Im sozialen Optimum würde hingegen ein Leistungsniveau gewählt, bei welchem sozialer Grenzertrag v_i' und persönliche Grenzkosten übereinstimmen, also

$$v_i' = K'$$

Aus den angenommenen Eigenschaften der Funktionen v und K folgt sofort, daß die hierdurch bestimmte Optimalleistung e_i^* größer ist, als die Optimalleistung bei Bezahlung nach anteiligem Unternehmenswert, d.h. $e_i^* > e_i^{*n}$. In diesem Sinne ist ein Optionsvertrag kein optimaler Vergütungsvertrag, weil er keine individuell angemessenen Anreize setzt.

2.2.2.2. Beeinflußbarkeitsproblem

Aus der theoretischen Vergütungsliteratur ist bekannt, daß variable Vergütungen nur unter bestimmten Bedingungen und in bestimmten Formen zweckmäßig sind.[152] Eine zu erfüllende Bedingung dabei ist, daß die Bemessungsgrundlage beeinflußbar sein muß und gleichzeitig Aufschluß über die erbrachte Leistung gibt.[153] Diese Bedingung ist beim Marktwert als Bemessungsgrundlage nicht unmittelbar gegeben. Vielmehr hängt der Marktwert von einer ganzen Reihe von Faktoren ab, die nicht durch das Management beeinflußt werden können. Die Messung der Managementleistung über den Marktwert ist damit sehr ungenau. Umgekehrt bedeutet diese Ungenauigkeit eben auch, daß der Marktwert aus Sicht des Managements nur in engen Grenzen beeinflußbar ist. Eine Reihe empirischer Befunde belegen denn auch, daß die Marktwertentwicklung eines Unternehmens in starkem Maße durch unternehmensexterne Faktoren beeinflußt wird.

Unternehmen	Korrelation 30 Tage	Korrelation 250 Tage
Allianz	0,5911	0,7886
BASF	0,5971	0,7930
Bayer	0,6995	0,7975
Bayrische Hypo	0,4730	0,5841
Bayrische V.-Bk.	0,4694	0,5912
BMW	0,3175	0,7378
Commerzbank	0,6543	0,6654
Daimler	0,6031	0,7846
Degussa	0,6565	0,5936
Deutsche Bank	0,7783	0,7571
Deutsche Telekom	0,3265	0,5345
Dresdner Bank	0,6237	0,7319
Henkel	0,5715	0,7027
Hoechst	0,4712	0,6897
Karstadt	0,1865	0,5788
Linde	0,4018	0,6612
Lufthansa	0,4451	0,5993
MAN	0,6386	0,6397
Mannesmann	0,4520	0,6254
Metro	0,5736	0,5790
Münchner Rück	0,4686	0,7313
Preussag	0,2595	0,5354
RWE	0,4528	0,6689
SAP	0,4010	0,6809
Schering	0,6365	0,7092
Siemens	0,5504	0,7986
Thyssen	0,4725	0,6900
Veba	0,5918	0,7231
VIAG	0,6327	0,6402
Volkswagen	0,5335	0,6765

Tabelle 2

[152] Vgl. Milgrom/Roberts (1992), S. 214 ff.
[153] Milgrom/Roberts (1992), S. 221.

So läßt sich bspw. eine starke Korrelation zwischen der Wertentwicklung einzelner Aktien und den entsprechenden Indizes nachweisen. Die voranstehende Tabelle 2 gibt eine Übersicht der Korrelationen der Tagesrenditen der im Deutschen Aktienindex DAX vertretenen Aktien mit eben diesem wieder.[154] Wie sich zeigt, sind alle Renditen mittel bis hoch mit dem DAX korreliert. Dies ist ein Hinweis darauf, daß gesamtwirtschaftlich wirkende Faktoren den Kursverlauf aller dieser Aktien in der gleichen Richtung beeinflussen. Die Bewertung der individuellen Managementleistung ist daher anhand des Marktwertes kaum möglich. Bleiben hier die gemeinsam kursbeeinflussenden Faktoren noch relativ diffus, können für bestimmte Aktien die kursbeeinflussenden Faktoren sehr genau bestimmt werden. Ein besonders gutes Beispiel sind die Aktien von Unternehmen in der Rohstoffgewinnung. Hier zeigt sich z.B. ein besonders ausgeprägter Zusammenhang zwischen dem Goldpreis und dem Kursniveau von Goldminenaktien. Während die Kostenseite fast ausschließlich durch eine branchenweit bekannte Abbautechnologie, die Ergiebigkeit und Zugänglichkeit des Erzes und das Lohnniveau bestimmt wird, hängt die Umsatzseite fast nur vom Goldpreis ab. Damit aber können weder die Kosten noch die Umsätze sonderlich stark vom Management beeinflußt werden. Somit ist der Unternehmenswert in diesem Fall kein verläßlicher Indikator der Managementleistung. Diese beeinflußt den Unternehmenswert allenfalls um wenige Prozentpunkte, während eine Veränderung des Goldpreises den Kurs um 100% reduzieren oder mehrere 100% steigern kann. Die Verbindung der Managementvergütung mit dem Marktwert ist in diesem Fall eher ein Glücksspiel denn ein effektiver Anreizmechanismus.

2.2.2.3. Risikoverhalten

Wie oben bereits angesprochen wurde, können Optionen Managern einen Anreiz zur Wahl riskanterer Strategien geben. Dies ist nur dann von Vorteil für die Eigentümer, wenn mit dem höheren Risiko eine höhere erwartete Rendite einhergeht. Dies muß jedoch keineswegs so sein. Ist die erwartete Rendite jedoch negativ mit dem Risiko korreliert, kann der Einsatz von Optionen zur Auswahl von Investitionsprojekten führen, die eine vergleichsweise geringere erwartete Rendite aufweisen. Zur Verdeutlichung diene wieder das oben aufgeführte Beispiel. Die folgende Tabelle enthält wiederum die jeweiligen Unternehmensendwerte. Im Vergleich zu oben hat sich lediglich die Wahrscheinlichkeitsverteilung für die Umweltzustände verschoben.

	Zustand 1 p = 0,9	Zustand 2 1-p = 0,1
Projekt 1	0	400
Projekt 2	80	140

[154] Daten entnommen aus: Handelsblatt vom 21.04.1998, S. 38.

Der erwartete Unternehmensendwert für Projekt 1 beträgt jetzt 40 $(0{,}9 \cdot 0 + 0{,}1 \cdot 400)$ während er für Projekt 2 bei 86 $(0{,}9 \cdot 80 + 0{,}1 \cdot 140)$ liegt. Die Eigentümer würden somit Projekt 2 bevorzugen. Erhält der Manager wiederum 20% des resultierenden Unternehmensendwertes als alleinige Vergütung und lautet seine Nutzenfunktion U weiterhin $U(y) = y^{0,5}$, so resultiert für Projekt 1 ein Erwartungsnutzen von $E(U(y_1)) = 0{,}9\sqrt{0{,}2 \cdot 0} + 0{,}1\sqrt{0{,}2 \cdot 400} = 0{,}89$. Bei Projekt 2 ergibt sich dagegen $E(U(y_2)) = 0{,}9\sqrt{0{,}2 \cdot 80} + 0{,}1\sqrt{0{,}2 \cdot 140} = 4{,}13$. Der Manager wird also Projekt 2 präferieren, was ebenfalls im Sinne der Eigentümer ist. Erhält der Manager nun aber Optionen wie oben beschrieben, so ändert sich natürlich sein Kalkül. Bekommt er als Vergütung wieder 20% von allem, was über 100 (Bezugskurs) liegt, dann ergibt sich für Projekt 1 ein Erwartungsnutzen von $E(U(y_1)) = 0{,}1\sqrt{0{,}2(400-100)} = 0{,}77$, während sich für Projekt 2 ein Erwartungsnutzen von $E(U(y_2)) = 0{,}1\sqrt{0{,}2(140-100)} = 0{,}28$ ergibt. In diesem Fall wäre für den Manager das Projekt 1 vorteilhafter. Dieses bietet im Umweltzustand 2 einen höheren Payoff als das Projekt 1. Im Umweltzustand 1 bleibt der Unternehmenswert immer unterhalb des Bezugskurses, weshalb die Option bei beiden Projekten wertlos verfallen würde. Wie stark der Unternehmenswert unter dem Bezugskurs bleibt, ist für den Manager dann egal. Durch die Optionen wird in diesem Fall also ein Anreiz gesetzt, ein an der Rendite gemessen überhöhtes Risiko einzugehen. Die Steigerung der Risikobereitschaft des Managements durch Aktienoptionen ist daher nicht automatisch begrenzt auf das optimale Niveau. Vielmehr kann auch risikofreudiges Verhalten induziert werden, welches nicht im Eigentümerinteresse liegt. Die asymmetrische Zahlungscharakteristik der Optionen wirkt wie eine Versicherung für den Manager. Im Schadensfall (Wert bleibt unter Bezugskurs) ist die Schadenshöhe dann irrelevant.

2.2.2.4. Insiderprobleme und Manipulationsgefahren

Optionspläne beruhen auf dem Marktwert von Unternehmen. Ohne Insiderhandel bildet sich dieser auf Basis öffentlich verfügbarer Informationen. Dies schließt jedoch nicht aus, daß Insiderwissen durchaus geeignet sein kann, dem Besitzer des Wissens Vorteile zu verschaffen. Daß dies auch ein reales Phänomen ist, belegen Insiderskandale. Schließlich deutet auch die Existenz von Insiderhandelsgesetzen darauf hin, daß tatsächlich ein mögliches Problemfeld besteht. Da nun die Manager eines Unternehmens zu den Insidern zählen, werden diese durch die Einführung eines Optionsplanes möglicherweise erst in eine rechtlich oder zumindest ethisch relevante Insidersituation gebracht.[155] Auf der einen Seite sollte man von ihnen fordern, daß sie ihr Wissen nicht zum eigenen Vorteil und auf Kosten der sonstigen Aktionäre nutzen, auf der anderen Seite verlangt man dann aber gleichzeitig, daß sie sich wider eigenes Wissen selbst schädigen. Dieses Problem träte nicht auf, würde man die Manager nicht mittels Optionsplan in eine entsprechende Situation bringen. Im Extremfall wäre denkbar, daß ein Manager aufgrund interner Informationen den Zusammenbruch seines Unternehmens voraus-

[155] Auf die insiderrechtliche Situation wird im Kapitel 4 näher eingegangen.

sehen kann. Besitzt er nun Optionen, die zur betreffenden Zeit noch mit Gewinn ausgeübt werden können, kann er entweder die Information zurückhalten und den Gewinn realisieren oder die Informationen offenlegen und sich damit selbst des möglichen Gewinns berauben. Ein Beispiel hierfür ist der Fall von Stephen Case von America Online, der Gewinne aus Optionen im Wert von 27,4 Mio. US$ realisierte, kurz bevor die Aktienkurse von AOL aufgrund interner Probleme einbrachen.[156] Weitere Probleme entstehen dann, wenn die Manager selbst einen Einfluß auf die Ausgestaltung der Optionspläne nehmen können. Ein auch empirisch dokumentiertes Problem, auf das weiter unten eingegangen wird, entsteht z.B. dann, wenn Manager einen Einfluß auf den Startzeitpunkt von Optionsplänen nehmen können. Sie werden dann bestrebt sein, den Zeitpunkt so zu wählen, daß positive Informationen, die ihnen bereits vorliegen, dem Markt noch nicht bekannt sind. Bei Bekanntwerden am Markt erhöht sich der Marktwert des Unternehmens und damit auch der Wert der Optionen, obwohl der Wertzuwachs am Markt in diesem Fall nicht Ergebnis einer guten Managementleistung ist. Damit ist klar, daß auch bei Optionsplänen Manipulations- und Insiderprobleme bestehen können.

2.2.2.5. Überbezahlung

Die Entwicklung der Managementgehälter im Zeitablauf zeigt einen stetigen Aufwärtstrend und übertrifft die Steigerungsraten der Vergütung in anderen Hierarchiestufen oft bei weitem. Aufgrund der besseren Datenverfügbarkeit kann dieser Trend insbesondere für die USA nachgewiesen werden. So betrug der Einkommenszuwachs für CEO's in den USA 1995 30% und 1996 gar 54%, während sich einfache Arbeiter und Angestellte mit etwa 3% in 1996 zufrieden geben mußten.[157] In den letzten Jahren nun zeigt sich, daß die Steigerungen der Managementvergütungen vornehmlich auf Gewinne aus Aktienoptionen zurückzuführen sind. Während andere Vergütungskomponenten nur noch relativ geringe Steigerungsraten aufweisen, nehmen die Ausübungsgewinne aus Optionen schnell zu. Hierbei kommt es in Einzelfällen zu Vergütungshöhen, die kaum noch nachvollziehbar erscheinen. Überschriften wie "Executive Pay: Tying pay to performance is a great idea. But stock-option deals have compensation out of control"[158] verleihen dieser Kritik Ausdruck. Die jährlichen Gehaltsübersichten in der Managementpresse sind seit Jahren eine einzige Tabellierung von Multimillionenbeträgen. Die folgende Tabelle enthält die Vergütungen der zehn höchstbezahlten Manager der USA des Jahres 1996.[159]

[156] Vgl. Business Week, 21.04.1997, S. 37.
[157] Business Week, 21.04.1997, S. 35.
[158] Business Week, 21.04.1997, S. 34 f.
[159] Quelle der Daten: Business Week, 21.04.1997, S. 34 f.

Name Unternehmen	Fixgehalt und Bonus in 1000 US$	Langfristige Komponenten in 1000 US$	Gesamt in 1000 US$
1 Lawrence Coss Green Tree Financial	102.449	-	102.449
2 Andrew Grove Intel	3.003	94.587	97.590
3 Sanford Weill Travelers Group	6.330	87.828	94.157
4 Theodore Waitt Gateway 2000	965	80.361	81.326
5 Anthony O'Reilly H.J. Heinz	2.736	61.500	64.236
6 Sterling Williams Sterling Software	1.448	56.801	58.249
7 John Reed Citicorp	3.467	40.143	43.610
8 Stephen Hilbert Conseco	13.962	23.450	37.412
9 Casey Cowell U.S. Robotics	3.430	30.522	33.952
10 James Moffet Freeport-McMoran C&G	6.956	26.776	33.732

Tabelle 3

Addiert man hierzu noch den Wert von Optionen, die noch nicht ausgeübt wurden, so werden die Summen in Einzelfällen geradezu astronomisch, wie bei Disneys CEO Eisner: 364,4 Mio. US$ oder HFS's CEO Silverman: 544,3 Mio. US$ in 1996.[160] Vergütungen dieses Umfangs werfen fast zwangsläufig die Frage nach ihrer Berechtigung auf. Besonders entzündet sich die Kritik an Fällen, in denen schlechte Renditen der Aktionäre mit exorbitanten Ausübungsgewinnen einzelner Manager einhergingen. So bei Stephen Case von America Online mit einer Gesamtvergütung von 33,46 Mio. US$ bei einer Eigenkapitalrendite von minus 413% und einbrechenden Aktienkursen.[161] Wenngleich von Praktikern und Theoretikern häufig betont wird, daß nicht die Höhe der Vergütung sondern das "Wie" und "Wofür" die wichtigeren Bewertungskriterien sind[162], so ist nicht zu leugnen, daß in vielen Fällen sehr hoher Managementvergütung eben auch dieses "Wofür" fraglich geblieben ist. Dieses "Wofür" läßt sich zu Recht auch an einigen deutschen Optionsprogrammen kritisieren.[163] Ferner läßt sich auch das Marktargument, daß der Arbeitsmarkt die Höhe der Vergütung regelt, in diesem Zusammenhang nicht als Rechtfertigung heranziehen. Dies liegt zum einen an Marktunvollkommenheiten im Arbeitsmarkt für Manager.[164] Das wäre jedoch nicht weiter beachtlich, wenn die Marktunvollkommenheiten durch entsprechende Aufsichtsstrukturen in den Unternehmen ausgeglichen

160 Business Week, 21.04.1997, S. 39.
161 Business Week, 21.04.1997, S. 37.
162 So z.B. Jensen/Murphy (1990) in ihrem vielzitierten Aufsatz "CEO Incentives - It's not how much you pay, but how".
163 Treffend z.B. Wenger (1997) bezüglich der Pläne von Daimler Benz, Deutsche Bank und VW.
164 Vgl. Finkelstein/Hambrick (1988) und (1989).

würden. Die umfangreiche Literatur zur Corporate Governance legt aber vielmehr die Vermutung nahe, daß Manager in vielen Unternehmen hohe diskretionäre Spielräume haben. Die Tatsache, daß diese offensichtlich auch zur Steigerung des eigenen Einkommens genutzt werden, vermag da kaum zu überraschen. Tatsache bleibt aber, daß der rasante Anstieg der Managementvergütung im wesentlichen auf den vermehrten Einsatz von Optionen und den daraus resultierenden Ausübungsgewinnen zurückgeht.

2.2.3. Fazit

Der Einsatz von Aktienoptionen bietet eine Reihe von Vorzügen und Nachteilen. Diese sind jedoch nicht absolut zu begreifen, sondern ergeben sich aus einem Vergleich mit anderen Möglichkeiten der variablen Managemententlohnung. Zu den Vorteilen zählt, daß Aktienoptionen den Zielkonflikt zwischen Management und Eigentümern entschärfen können. Gegenüber anderen, nicht marktwertbezogenen Vergütungssystemen besteht hier der Vorteil, daß der Manager nur dann eine Einkommenssteigerung erreichen kann, wenn auch die Eigentümer eine Vermögensvermehrung erfahren. Aktienoptionen können damit zunächst prinzipiell als anreizkompatibel bezeichnet werden. Ein weiterer wesentlicher Vorteil aller kapitalmarktbasierter variabler Vergütungskomponenten besteht in der Entschärfung des Zeithorizontproblemes. Da der Marktwert eines Unternehmens ein gutes Maß für den diskontierten Cash Flow ist, kann der Manager nur dann sein Einkommen steigern, wenn es ihm gelingt, eben diesen zu steigern. Zeitaspekte werden hier durch die vom Markt festgelegte Diskontierungsrate berücksichtigt. Für den Manager entfällt damit die Möglichkeit, aber auch die Notwendigkeit, durch eine Überbetonung kurzfristiger Cash Flows sein Einkommen zu steigern. Vielmehr kann er auch bei begrenztem eigenem Planungshorizont Maßnahmen durchführen, die im langfristigen Unternehmensinteresse liegen. Während diese Argumente für den Einsatz jeglicher Form von kapitalmarktbasierten Vergütungssystemen sprechen, spricht das Argument des Risikoanreizes ausschließlich für Optionsverträge. Bei einfachen kapitalmarktbasierten Systemen wie der einfachen Kapitalbeteiligung halten sich mögliche Gewinne und Verluste in etwa die Waage. Bei ungünstiger Entwicklung kann der Manager einen relativ hohen Betrag verlieren. Ist er stark risikoavers, kann er versucht sein, größere Geschäftsrisiken zu vermeiden, um dadurch seinen möglichen Einkommensverlust zu begrenzen. Hier setzen Optionsverträge an. Durch ihre asymmetrische Auszahlungsstruktur ist das Risiko des Verlustes auf den Verfall der Optionen beschränkt. Die Einkommenschancen bei Erfolg sind daher viel größer als die Einkommensrisiken. Dies bietet auch für einen risikoaversen Manager einen Anreiz, in riskantere Felder zu investieren. An dieser Stelle setzt nun allerdings auch die Kritik an. Denn der Anreiz, Risiken einzugehen, ist nicht auf "gute" Risiken beschränkt. Vielmehr kann auch ein Anreiz entstehen, hochriskante Investitionen vorzunehmen, selbst wenn deren erwartete Rendite gering oder gar negativ ist. Sollten die Investitionen nämlich scheitern, so trägt der Manager dieses Risiko nicht mit, da seine Optionen allenfalls wertlos verfallen können. Mit dem Vorteil der Motivation zu höheren Risiken geht also auch ein entsprechender Nachteil einher. Dies ist deswegen problematisch, weil die Entscheidungen der Manager aufgrund von Insiderwissen gefällt werden und es auch ex post in aller Regel nicht möglich sein wird, die Qualität einer getroffenen Entscheidung rückwirkend zu beurteilen. Dieser mögliche Konflikt dürfte prinzipiell nicht vollständig lösbar sein, unabhängig von der spezifischen Ausgestaltung des Optionsplanes. Viele der weiteren Kritikpunkte an Optionsplänen erscheinen hingegen eher als Kritik an der spezifischen Ausgestaltung von praktizierten Optionsplänen denn an der Idee der Optionspläne als solcher. Einzig der mangelnde Individualbezug ist noch systemimmanent. Bei einem Vergleich mit anderen möglichen Bezugsgrößen verliert dieser Einwand jedoch an Gewicht. Denn auch für die Bezahlung nach Dividendenhöhe oder Bilanzgewinn fehlt der Individualbezug. Bemessungsgrundlagen hingegen, die einen engeren Individualbezug aufweisen, sind meist nicht unmittelbar vermögensrelevant für die Eigentümer und implizieren damit die Gefahr der Fehlsteuerung. Außerdem scheint es grundsätzlich möglich, eine Abstufung z.B. in der Anzahl der gewährten Optionen vorzunehmen und damit einen engeren individuellen Bezug herzustellen. Schließlich bleibt noch anzumerken, daß der mangelnde Individualbezug nicht unbedingt nachteilig wirken muß. So kann es durch die Teambezogenheit der Vergütung zu gegenseitiger Überwachung und zu sozialem Druck in Richtung auf die Erbringung einer ausreichenden Leistung kommen.[165] Die weiteren angeführten Probleme erscheinen indessen als reine Ausgestaltungsprobleme, die durch entsprechende Regelungen behoben werden können. So z.B. das Beeinflußbarkeitsproblem. Zwar ist richtig, daß die Wertentwicklung von Unternehmen in starkem Maße von externen Faktoren abhängt. Es ist aber kein Naturgesetz, daß Optionspläne diese Tatsache ignorieren müssen. Vielmehr erscheint es möglich, die externen Faktoren zumindest zu einem großen Teil zu eliminieren. Dies kann geschehen, indem die Bezugsbedingungen nicht nur vom Marktwert des Unternehmens abhängen, sondern die externen Faktoren explizit berücksichtigen. Eine Möglichkeit, dies zu erreichen, besteht in der Indexbindung von Optionen. Diese wird später noch sehr ausführlich diskutiert. Das Problem der Überbezahlung ist ebenfalls nicht systemimmanent. Wenn es tatsächlich zu Optionsverträgen kommt, die die Manager zu Multimillionären machen, ohne daß sie entsprechende Leistungen erbracht haben, dann ist dies ein Versagen der Corporate Governance und nicht ein Versagen von Optionsplänen. Überbezahlung kann leicht vermieden werden, indem die Optionsbedingungen anspruchsvoll gestaltet und/oder die möglichen Ausübungsgewinne z.B. pro Periode auf Höchstbeträge begrenzt werden. Für die durch Optionspläne induzierten möglichen Insiderprobleme können zum größten Teil ebenfalls Lösungen gefunden werden. Da sich die Probleme im wesentlichen bei mangelhafter Information der Anleger ergeben, kann eine offene Informationspolitik Abhilfe schaffen. Dies ist aber wiederum ein Problem der Corporate Governance und nicht so sehr ein spezifisches Optionsplanproblem.

---

[165] Vgl. Kandel/Lazear (1992).

Als Fazit kann somit festgehalten werden, daß Optionspläne bei entsprechender Gestaltung ein brauchbares Instrument der Managementvergütung darstellen dürften. Insbesondere bei einem Vergleich mit anderen möglichen Bemessungsgrundlagen wird deutlich, daß Optionspläne hier klare Vorteile aufweisen. Die mit den Plänen verbundenen Kritikpunkte sind eher als empirisches Gestaltungsproblem denn als ernsthafte theoretisch begründete Einwände anzusehen. Wie entsprechende Gestaltungsvorschläge aussehen könnten, ist Thema der folgenden Kapitel.

3. Ökonomische Analysen der Optionsplangestaltung

Im folgenden Kapitel soll der Frage einer effizienten Optionsplangestaltung mittels mikroökonomischer Modellanalysen nachgegangen werden. Hierbei wird der Standardansatz der Agencytheorie gewählt, wobei angenommen wird, daß die Manager als Optionsinhaber ihren eigenen Nutzen für einen gegebenen Optionsvertrag maximieren. Unternehmen, stellvertretend für die Eigentümer, sind nun bestrebt, solche Verträge zu bestimmen, die unter Berücksichtigung des Maximierungsverhaltens der Manager zur Maximierung des Marktwertes der Unternehmen führen. Während die Agencytheorie bisher eine ganze Reihe von allgemeinen Arbeiten über die Form von Vergütungsverträgen hervorgebracht hat, fehlen z. Zt. geschlossene Analysen von Optionsverträgen mit ihren charakteristischen Eigenschaften. In Umkehrung der gewöhnlichen Vorgehensweise sollen jedoch zunächst die empirischen Befunde zu Wirkungen von Optionsplänen diskutiert werden. Dies erscheint aus zwei Gründen zweckmäßig:

- Aus den Befunden können wertvolle Hinweise gewonnen werden, welche Probleme bei Optionsprogrammen auftreten können. Diese Hinweise können für die Theoriebildung nutzbar gemacht werden.
- Die bestehenden empirischen Untersuchungen sind nicht auf die noch zu entwickelnde Theorie zugeschnitten, erlauben also keine Schlußfolgerungen über die Brauchbarkeit der noch folgenden theoretischen Überlegungen.

Daher sollen erst im Anschluß und aufbauend auf den empirischen Befunden eigene Modelle des Optionsplandesigns entwickelt und Gestaltungsrückschlüsse gezogen werden.

3.1. Empirische Befunde zu Optionsplänen

Im folgenden Abschnitt soll untersucht werden, inwieweit sich die Wirksamkeit von Optionsprogrammen bisher empirisch nachweisen läßt. Hierbei werden vornehmlich Aktienoptionspläne zu berücksichtigen sein, weil Optionspläne auf Basis von SAR's weniger verbreitet und Informationen über solche Pläne schwerer verfügbar sind. Bei dem Versuch, die Frage der Wirksamkeit von Optionsplänen zu beantworten, sind bisher zwei unterschiedliche Richtungen eingeschlagen worden. Ein Literaturstrang geht dabei der Frage nach, ob und in welchem Umfang sich Verhaltensänderungen in der Folge von Optionsplänen nachweisen lassen. Im Vordergrund des Interesses steht hier nachzuweisen, ob Aktienoptionspläne tatsächlich die gewünschten und auf Basis der Theorie zu erwartenden Verhaltensreaktionen bei den Managern hervorrufen. Hieraus könnte dann auf die Zweckmäßigkeit von Optionsplänen geschlossen werden. Die zweite Forschungsrichtung betrachtet das durch die Pläne hervorgerufene Verhalten als Black Box und übergeht dessen Analyse. Vielmehr wird direkt der Frage nachgegangen, ob sich nach Einführung von Optionsplänen positive Auswirkungen auf den Unternehmenserfolg feststellen lassen. Hierbei wird der Unternehmenserfolg meistens über die Kapitalmarktperformance operationalisiert. Die wesentlichen Ergebnisse beider Forschungsrichtungen sollen im folgenden diskutiert werden, wobei zunächst die Studien der Verhaltenswirkungen betrachtet werden.

3.1.1. Verhaltenswirkungen von Optionsplänen

3.1.1.1. Befunde

Die bisher vorliegenden Studien, die sich mit den Verhaltenswirkungen von Optionsprogrammen befassen, lassen sich grob in zwei Kategorien einteilen, nämlich in

- Studien, die sich mit der Auswirkung von Optionsplänen auf verschiedene Aspekte der Unternehmenspolitik befassen und
- Studien, die das Zustandekommen der Pläne selbst untersuchen.

Die Untersuchungen zu Auswirkungen auf die Unternehmenspolitik befassen sich insbesondere mit der Dividenden- und Informationspolitik. Zum Zustandekommen der Pläne selbst liegt bisher erst eine Studie vor, die sich mit dem Timing von Optionsplänen beschäftigt und hier der Frage nachgeht, ob sich am Timing die Nutzung von Insiderwissen nachweisen läßt. Zunächst sollen die Studien zu Auswirkungen auf die Unternehmenspolitik diskutiert werden.

DeFusco u.a.[166] untersuchten die Entwicklung betrieblicher Kennzahlen in der Folge der Einführung von Optionsplänen. Neben den Auswirkungen auf den Kapitalmarkt, die weiter unten näher betrachtet werden, wurden Einflüsse auf finanzielle (Kapitalstruktur und Dividenden) und reale (z.B. Investitionsquoten, F&E, Marketingaufwand) Größen betrachtet. Sollten Optionspläne die gewünschten Verhaltenswirkungen haben, wäre zu erwarten, daß langfristig wertsteigernde Maßnahmen wie Forschungs- und Entwicklungsaktivitäten zunehmen, während z.B. der Verwaltungsaufwand zurückgehen müßte. Als Vergleichsbasis zogen die Autoren den Fünfjahresdurchschnitt vor und nach Einführung der Optionspläne heran. In Übereinstimmung mit den Erwartungen zeigte sich ein signifikanter Anstieg des Verschuldungsgrades.[167] Da bei steigendem Verschuldungsgrad der Leverage des Gewinns auf die Eigenkapitalrendite zunimmt, bedeutet der höhere Verschuldungsgrad eine höhere Gewinnchance im Wert der Optionen. Aufgrund der asymmetrischen Zahlungscharakteristik der Optionen wären die Manager im Fall einer ungünstigen Geschäftsentwicklung vor den negativen Folgen des erhöhten Leverages geschützt. Entgegen der Erwartungen zeigte sich jedoch auch ein signifikanter Anstieg der Dividendenzahlungen und der Dividendenrendite.[168] Da Auszahlungen c.p. den

---

[166] DeFusco/Zorn/Johnson (1991).
[167] DeFusco/Zorn/Johnson (1991), S. 41.
[168] DeFusco/Zorn/Johnson (1991), S. 41.

Unternehmenswert und damit den Optionswert schmälern, ist dieses Ergebnis zunächst überraschend. Auf mögliche Erklärungsansätze wird weiter unten bei dem Vergleich mit anderen Studien näher eingegangen. Auch bei der Entwicklung der realen Kenngrößen zeigten sich Widersprüche gegenüber den Erwartungen. Während die wertschöpfenden Aktivitäten, gemessen über die Marketing- und F&E-Intensität, zurückgingen, ließ sich gleichzeitig ein Anstieg des allgemeinen und des Verwaltungsaufwandes feststellen.[169] Dieses Ergebnis läßt sich nun in der Tat schwer mit den Anreizwirkungen von Optionsplänen in Einklang bringen. Insgesamt bleibt als Fazit dieser Studie festzuhalten, daß ein simpler Determinismus zwischen Optionsplaneinführung und an Wertsteigerungen ausgerichtetem Verhalten nicht feststellbar ist. Dies kann als erste empirische Warnung vor zu hohen Erwartungen in die Wirksamkeit von Optionsplänen verstanden werden.

Die Auswirkungen von Optionsplänen auf die Höhe von Dividendenzahlungen sind Thema der Untersuchung von Lambert u.a.[170]. Auch hier ist die Untersuchungshypothese, daß die Neueinführung eines Optionsplanes einen Anreiz schafft, die Dividendenzahlungen zu reduzieren, da die Optionsbedingungen üblicherweise keinen Dividendenschutz[171] enthalten. Untersucht wurden 221 Unternehmen, die in den Jahren 1949 bis 1978 neue Optionspläne für ihre Manager einführten.[172] Um den Effekt auf die Dividendenpolitik zu ermitteln, haben die Autoren zunächst ein Prognosemodell entwickelt, auf dessen Basis die erwarteten Dividenden in der Zukunft aus der Dividendenpolitik der Vergangenheit geschätzt werden. Kalibriert wurde das Modell mit den Dividendenzahlungen in den 20 Jahren vor Einführung der Optionspläne. Hierauf aufbauend wurden die erwarteten Dividenden für die fünf Jahre nach Optionsplaneinführung geschätzt. Die Abweichung zu den tatsächlich beobachteten Dividenden ergab den Prognosefehler. Je nach Testverfahren dürfte der Durchschnitt oder der Median der Prognosefehler nicht signifikant von Null abweichen. Um den Einfluß möglicher marktweiter Änderungen der Dividendenpolitik zu überprüfen, wurde das Verfahren auch auf den Gesamtmarkt angewendet. Die Differenz der Prognosefehler zwischen Unternehmen und Gesamtmarkt ist dann ein Maß für die marktbereinigte Abweichung der tatsächlichen Dividendenpolitik des Unternehmens von der erwarteten.[173] In der Tat zeigt sich, daß die marktbereinigten Erwartungen signifikant für alle fünf Prognosejahre über den tatsächlichen Dividendenzahlungen lagen. Dies galt sowohl für den Durchschnitt als auch für den Median.[174] In einer anschließenden Querschnittsuntersuchung gingen die Autoren dann noch der Frage nach, ob die Höhe der Dividendenreduktion mit dem Umfang des Optionsprogrammes korreliert. Es wäre zu erwarten, daß die Dividendenzahlungen dort am stärksten reduziert

---

[169] DeFusco/Zorn/Johnson (1991), S. 41.
[170] Lambert/Lanen/Larcker (1989).
[171] Von den Fortune 200 Unternehmen hatten im Jahre 1987 insgesamt 193 Optionsprogramme. Von diesen sahen lediglich 9 einen expliziten Dividendenschutz vor. Siehe Lambert/Lanen/Larcker (1989), S. 412.
[172] Lambert/Lanen/Larcker (1989), S. 414.
[173] Lambert/Lanen/Larcker (1989), S. 417 f.
[174] Lambert/Lanen/Larcker (1989), S. 421.

werden, wo die meisten Optionen im Spiel sind. Die Parameterschätzungen stehen hier zwar im Einklang mit der Hypothese, sind für die verschiedenen spezifizierten Modelle aber überwiegend nicht signifikant. Insgesamt bestätigt die Studie aber die zu erwartende Verhaltensreaktion einer Reduzierung der Dividendenhöhe. Auf den Widerspruch zu den Ergebnissen der Studie von DeFusco u.a. (1991) wird unten noch einzugehen sein.

Auch Jolls (1996) geht der Frage nach, wie sich Optionsprogramme auf die Dividendenpolitik von Unternehmen auswirken. Insbesondere wird untersucht, ob ein Zusammenhang zwischen der Existenz von Optionsprogrammen und der Wahl zwischen Dividendenzahlungen oder Aktienrückkäufen besteht. Da ein Rückkauf eigener Aktien im Gegensatz zu einer Dividendenzahlung den Wert pro Aktie nicht reduziert, kann angenommen werden, daß Manager, die mittels Optionen vergütet werden, eher geneigt sind, freie Cash Flows für Aktienrückkäufe denn für Dividendenzahlungen zu nutzen.[175] Untersucht wurden die Dividenden- bzw. Rückkaufentscheidungen von 324 Unternehmen im Fiskaljahr 1993.[176] Mittels eines multinomialen Logitmodells wird geschätzt, wie die Wahrscheinlichkeit für die Wahl einer der Entscheidungsalternativen Dividendenerhöhung, Aktienrückkauf, beider oder keiner von beiden von der Existenz und Ausgestaltung von Optionsplänen und weiterer (Kontroll-)Variablen abhängt. Bei der empirischen Schätzung zeigte sich der erwartete Effekt: Die Existenz und der Umfang von Aktienoptionsplänen hat einen positiven Einfluß auf die Rückkaufwahrscheinlichkeit. Ausgehend von der mittleren Optionsanzahl von 116.060 führt eine Erhöhung der Optionsanzahl um 10% zu einem Anstieg der Wahrscheinlichkeit für einen Aktienrückkauf um 0,8 Prozentpunkte. Bezogen auf die ohnehin relativ kleine Rückkaufwahrscheinlichkeit in der Gesamtstichprobe von 3,2% ergibt sich mithin ein relativer Anstieg der Rückkaufwahrscheinlichkeit von 0,8/3,2 = 25%.[177] Jolls folgert daraus, daß die zunehmende Verbreitung von Optionsplänen eine der Ursachen für die parallel festzustellende Zunahme von Aktienrückkäufen sein dürfte.[178] Bei der Schätzung des Vermögenseffektes ermittelt Jolls einen Betrag von 293.601 US$, den jeder Manager im Durchschnitt dadurch gewinnt, daß sein Unternehmen Aktien zurückkauft statt den gleichen Betrag in Form von Dividenden auszuzahlen.[179] Schließlich überprüft die Autorin noch die Tendenz zur Einbehaltung von Gewinnen. Ebenso wie der Aktienrückkauf ist die Einbehaltung von Gewinnen gegenüber der Ausschüttung von Dividenden für einen Optionsbesitzer vorteilhaft, da der Wert pro Aktie c.p. höher bleibt, wenn Gewinne nicht ausgeschüttet werden. Auch diese Verhaltenstendenz läßt sich empirisch belegen. Damit ist der Zeittrend einer abnehmenden Ausschüttungsquote ebenfalls mit der zunehmenden Verbreitung von Optionsprogrammen erklärbar.[180] Spezifikationstests bestätigen schließlich, daß die gefundenen Ergebnisse nicht auf Fehlspezifikationen beruhen.

---

[175] Jolls (1996), S. 2.
[176] Jolls (1996), S. 13 f.
[177] Jolls (1996), S. 18.
[178] Jolls (1996), S. 19.
[179] Jolls (1996), S. 20.
[180] Jolls (1996), S. 20 f.

Nicht mit der Dividenden-, sondern mit der Informationspolitik befassen sich Chauvin/Shenoy[181] in ihrer Untersuchung. Sie gehen dabei der Frage nach, ob sich eine absichtlich verzerrende Informationspolitik der Manager nachweisen läßt. Da der Bezugskurs üblicherweise auf den Aktienkurs am Tag des Laufzeitbeginns gelegt wird, besteht ein Anreiz seitens der Manager, den Aktienkurs bis zum Laufzeitbeginn der Optionen zu drücken.[182] Dazu ist natürlich erforderlich, daß die Manager den Laufzeitbeginn der Optionen vorher kennen, was durch institutionelle Gegebenheiten aber als gesichert angenommen werden kann. So beginnt die Laufzeit meist am Tag des Board Meetings, auf welchem über die Gewährung von Optionen beschlossen wird. Dieses Datum steht aber bereits länger vorher fest und ist teilweise sogar immer am gleichen Tag im Jahr.[183] Untersucht werden die kumulierten Überrenditen von 783 Unternehmen um den Tag des Laufzeitbeginns herum. Für die Tage -10 bis +10 um den Laufzeitbeginn ergeben sich die kumulierten Überrenditen wie in der folgenden Abbildung dargestellt.

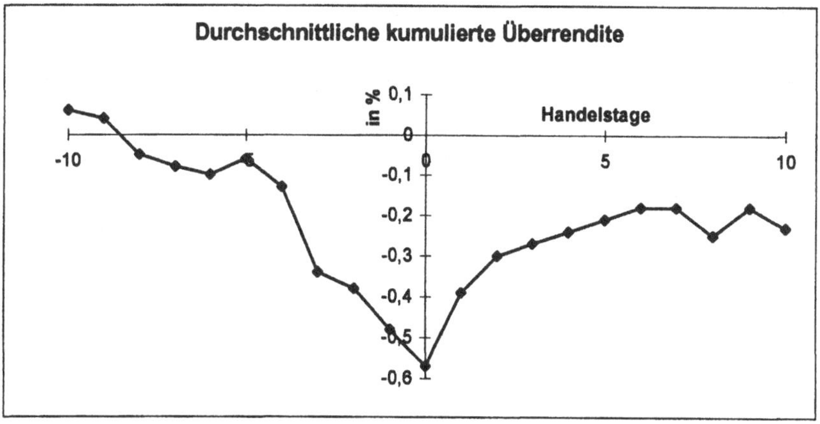

Abb. 4: Durchschnittliche kumulierte Überrendite[184]

Die negative kumulierte Überrendite vom Tag -10 bis zum Tag 0 zeigte sich signifikant auf dem 1%-Niveau, während die positive kumulierte Überrendite im Zeitraum von Tag 1 bis 10 insignifikant war.[185] Diese Ergebnisse interpretieren die Autoren als indirekten Beleg dafür, daß Informationsmanipulation tatsächlich stattgefunden haben könnte. Als Vermögensgewinn durch die Reduktion des Bezugskurses ergibt sich ein Durchschnitt von 20.000 US$ pro CEO. Bei der Interpretation dieses relativ geringen Betrages ist aber zu bedenken, daß oft viele

[181] Chauvin/Shenoy (1997), S. 1.
[182] Chauvin/Shenoy (1997), S. 1.
[183] Chauvin/Shenoy (1997), S. 4.
[184] Eigene Darstellung. Daten entnommen aus: Chauvin/Shenoy (1997), S. 21, Tabelle 2.
[185] Chauvin/Shenoy (1997), S. 21.

Manager gleichzeitig Optionen erhalten und der Gesamtbetrag aus Sicht der Aktionäre damit wesentlich höher liegt. Ferner dürfte es viele Manager geben, die gar keine Manipulationen vornehmen, sei es, daß sie dies nicht wollen oder daß keine glaubwürdig manipulierbaren Informationen verfügbar sind. Aus diesem Grund ist davon auszugehen, daß dort, wo wirklich manipuliert wird, der Schaden für die Aktionäre deutlich höher liegt. Gestützt wird dies durch den Befund, daß in der Tat einige Ausreißer deutlich höhere Vorteile als 20.000 US$ aus den Kursrückgängen vor dem Laufzeitbeginn ziehen.[186]

Im Gegensatz zu den bisher diskutierten Studien befaßt sich Yermack[187] mit der Durchführung der Optionspläne selbst. Er untersucht die Kapitalmarktreaktion bei Laufzeitbeginn von Optionstranchen innerhalb bestehender Optionspläne. Im Gegensatz zu den unten noch zu diskutierenden Studien von Brickley u.a. (1985) und DeFusco u.a. (1990 und 1991) geht Yermack explizit der Frage nach, ob Manager ihre Vergütungskontrakte in einer für sie vorteilhaften Weise beeinflussen. Sollte dies der Fall sein, so wäre zu erwarten, daß sie Optionsprogramme einführen oder die Gewährung neuer Optionen an sich selbst durchzusetzen versuchen, kurz bevor vorteilhafte Informationen über das Unternehmen an den Markt gelangen und die Kurse positiv beeinflussen.[188]

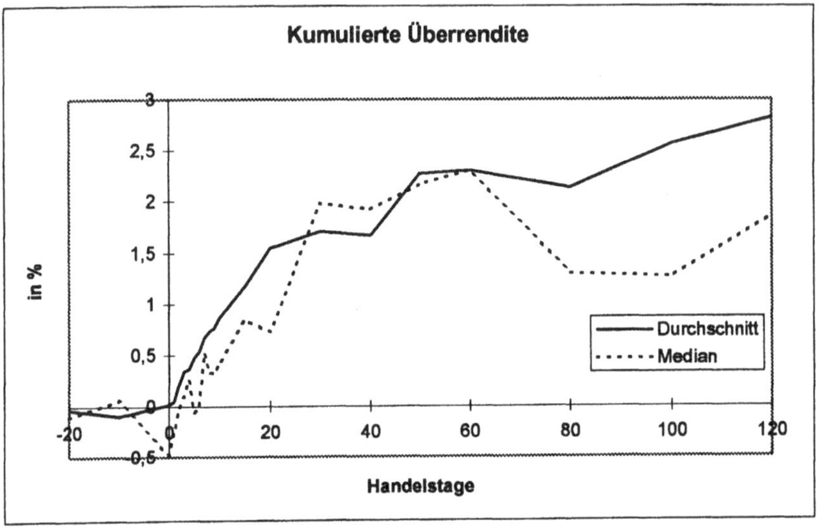

Abb. 5: Kumulierte Überrendite[189]

[186] Chauvin/Shenoy (1997), S. 13.
[187] Yermack (1997).
[188] Yermack (1997), S. 449/50.
[189] Eigene Darstellung, Daten entnommen aus: Yermack (1997), S. 456, Tabelle 1.

Untersucht werden 620 Optionseinräumungen an CEO's der Fortune 500 Unternehmen in der Zeit von 1992-1994. Analysiert wird aber nicht der Zeitpunkt, zu dem die Programme am Markt bekannt werden, sondern der jeweilige Zeitpunkt, zu dem die Laufzeit neu gewährter Optionen beginnt. Bei der Untersuchung der Kapitalmarktreaktionen um diesen Zeitpunkt herum ergaben sich die kumulierten Überrenditen wie in der obigen Abbildung 5 dargestellt. Ab dem 10. Handelstag nach Laufzeitbeginn (Tag 0) sind sowohl der Durchschnitt als auch der Median der kumulierten Überrendite mindestens auf dem 5%-Niveau signifikant.[190] Nach 120 Handelstagen steigt die kumulierte Überrendite nicht weiter an, sinkt aber auch nicht wieder ab. Dieser einmalige Effekt bleibt damit in den Kursen enthalten. Es ist wichtig, hier festzuhalten, daß mit großer Sicherheit davon ausgegangen werden kann, daß die Optionsgewährungen in dem hier untersuchten Zeitraum dem Anlegerpublikum noch nicht bekannt waren.[191] Da auch keine Anzeichen für Insiderhandel feststellbar waren (z.B. erhöhte Handelsvolumina), kann die Kapitalmarktreaktion weder auf den vermeintlichen Motivationseffekt noch auf eine durch die Optionsgewährung begründete Informationsaufdeckung zurückgeführt werden.[192] Vielmehr erklärt Yermack die positive Kapitalmarktreaktion damit, daß die Manager den Startzeitpunkt ihrer Optionen in der Weise günstig wählen, daß sofort nach Laufzeitbeginn positive Nachrichten über den Geschäftsverlauf ihrer Unternehmen an die Börse gelangen. Hierbei ist zu berücksichtigen, daß der Bezugskurs fast ausschließlich auf den Aktienkurs am Tag des Laufzeitbeginns der Optionen festgelegt wird. Diese These von der zeitlichen Optimierung des Laufzeitbeginns wird empirisch durch eine Analyse der zeitlichen Abfolge von Optionseinräumungen und der Veröffentlichung von Unternehmensgewinnen untermauert. Es zeigt sich, daß negative Überraschungen bei der Gewinnentwicklung eher vor dem Laufzeitbeginn von Optionen liegen, während positive Überraschungen bei der Gewinnentwicklung eher nach dem Beginn der Laufzeit veröffentlicht werden.[193] Als Überraschungen werden hierbei solche Gewinnveröffentlichungen gewertet, die deutlich (zwei Standardabweichungen) von den durchschnittlichen Gewinnschätzungen der Analysten abweichen. Der ungefähre Vermögensvorteil, der sich für einen CEO aus der kumulierten Überrendite nach Laufzeitbeginn seiner Optionen ergibt, beträgt im Durchschnitt 48.900 (Median: 15.600) US$. Da jedoch in aller Regel außer dem CEO auch viele weitere Manager eines Unternehmens zu einem Zeitpunkt Optionen bekommen, ist der negative Vermögenseffekt für die Aktionäre weitaus größer.[194] Weitere Analysen stützen die These von den Managern, die ihre Vergütung selbst positiv manipulieren. So zeigt sich, daß dort, wo Optionen zu regelmäßigen Zeitpunkten gewährt werden, die kumulierte Überrendite vergleichsweise geringer ausfällt gegenüber den Fällen, bei denen die Optionen eher auf einer ad hoc Basis vergeben werden. Auch dies stützt den Verdacht, daß Freiheitsgrade

[190] Yermack (1997), S. 456.
[191] Yermack (1997), S. 450.
[192] Yermack (1997), S. 470.
[193] Yermack (1997), S. 462 ff.
[194] Yermack (1997), S. 458.

opportunistisch genutzt werden. Schließlich zeigte sich noch, daß Unternehmen, deren CEO's Mitglieder ihrer eigenen Vergütungskommitees sind, die höchsten kumulierten Überrenditen im Anschluß an den Laufzeitbeginn ihrer Optionen aufweisen, im Durchschnitt 11,2% innerhalb von 50 Tagen. Damit liegt der Bereicherungseffekt um etwa das fünffache über dem Stichprobendurchschnitt, also bei etwa 250.000 US$ nur für den CEO. Insgesamt wird damit die These gestützt, daß Manager den Laufzeitbeginn von Optionsen in ihrem Sinne beeinflussen und das um so stärker, je größere Freiheitsgrade sie bei ihren Beeinflussungsmöglichkeiten haben. Schließlich überprüft Yermack noch die Frage, ob die Manager die Informationspolitik gegenüber der Öffentlichkeit zu Manipulationen nutzen. Dies könnte geschehen, indem sie zunächst negative Nachrichten lancieren und positive zurückhalten, um erst dann ein Optionsprogramm zu starten. Dies würde den Aktienkurs und damit den Bezugskurs drücken. Später veröffentlichte positive Nachrichten würden die Optionen alsdann sofort in die Gewinnzone bringen. Hierzu müßten die kumulativen Überrenditen vor dem Laufzeitbeginn jedoch negativ sein, was aber nicht bestätigt werden konnte.[195] Die These von der Manipulation der Informationspolitik kann also nicht aufrecht erhalten werden. Damit widerspricht Yermack den Ergebnissen von Chauvin/Shenoy (1997).

3.1.1.2. Kritik und Schlußfolgerungen

Bei einem Vergleich der oben diskutierten Studien fällt zunächst die Widersprüchlichkeit der Befunde auf. So findet sich bei DeFusco u.a. (1991) ein Anstieg der Dividendenzahlungen in der Folge von Optionsplänen, während sich aus Larcker u.a. (1985) und Jolls (1996) auf einen Rückgang der Dividendenneigung schließen läßt. Unabhängig davon, welches der Ergebnisse nun "richtig" ist, müssen verschiedene mögliche Interpretationen in Betracht gezogen werden. So ist z.B. denkbar, daß zusätzlich zur Einführung eines Optionsprogrammes noch weitere Änderungen im Vergütungssystem der Manager stattgefunden haben. Wird z.B. gleichzeitig oder in der Folge auch ein Bonussystem auf Dividendenbasis eingeführt bzw. verändert, so kann dies den Effekt des Optionsplanes überlagern. In der Studie von DeFusco u.a. (1991) findet sich aber keine Kontrolle bezüglich dieser Möglichkeit. Daneben kann auch unabhängig von einem dividendenbezogenen Bonussystem eine Anhebung der Dividende rational sein. Dies gilt nämlich immer dann, wenn durch die Dividendenerhöhung signalisiert werden kann, daß das Unternehmen in Zukunft eine effizientere Verwendung von freien Cash Flows beabsichtigt. In diesem Fall kann der von den Managern erhoffte Signallingeffekt größer sein als der Dividendenabschlag. Somit kann sich die Anhebung von Dividendenzahlungen auch dann lohnen, wenn die Optionen des Managers nicht dividendenbereinigt sind.

---

[195] Yermack (1997), S. 457.

Vergleicht man die Studien von Yermack (1997) und Chauvin/Shenoy (1997), so fällt zunächst die Widersprüchlichkeit der Ergebnisse für den Zeitraum vor dem Laufzeitbeginn auf. Während Chauvin/Shenoy hier eine negative kumulierte Überrendite finden, auf deren Basis sie ihre Manipulationshypothese stützen, verneint Yermack diese Möglichkeit explizit.[196] Chauvin/Shenoy weisen zwar selbst darauf hin, daß Yermack keine direkt vergleichbaren Zahlen liefert[197], dennoch bleibt -wenngleich kein statistisch nachgewiesener- doch ein inhaltlich bemerkenswerter Widerspruch erhalten. Zum Teil dürften hierfür wohl die unterschiedlichen Stichproben verantwortlich sein. Beide Studien liefern aber Hinweise dafür, daß Manager die Ausgestaltung ihrer Vergütung in ihrem eigenen Sinne und gemäß ihres eigenen Insiderwissens beeinflussen.

Aus den Ergebnissen dieser Studien können direkt Vorschläge für die Gestaltung von Optionsprogrammen abgeleitet werden. Aus der Studie von Yermack (1997) läßt sich folgern, daß der Zeitpunkt des Laufzeitbeginns nicht in das Ermessen der betroffenen Manager gestellt werden sollte.[198] Dies reduziert für die Manager die Möglichkeit, durch ein lediglich gutes Timing bereits in den Genuß von Vermögensvorteilen auf Kosten der Aktionäre zu gelangen. Aber selbst wenn der Zeitpunkt des Laufzeitbeginns feststeht, besteht immer noch die Gefahr einer manipulierten Informationspolitik. Um diese Gefahr zu verringern, schlagen Chauvin/Shenoy vor, entweder den Beginn der Laufzeit per Zufallsmechanismus festzulegen oder aber den Bezugskurs nicht als Stichtagskurs, sondern als Durchschnittskurs eines längeren Zeitraumes zu wählen.[199] Beide Vorschläge würden auch das Timingproblem von Yermack lösen. Gegen die Zufallsauswahl des Laufzeitbeginns spricht allerdings, daß hier auch sehr ungünstige Tage gezogen werden könnten, die die Manager in eine sehr ungünstige Position bringen könnten. Ein solches Ergebnis würde sicherlich auf Widerstand und Unmut stoßen. Aus diesem Grund dürfte die Festlegung eines Bezugskurses auf Basis eines längerfristigen Durchschnittskurses vorzuziehen sein. Dieses Vorgehen dürfte sowohl für die Manager als auch für die Aktionäre akzeptabel sein. Mit gleicher Logik kann gefordert werden, daß auch Maßnahmen gegen eine Manipulation des Timings und der Informationspolitik bei Ausübung der Optionen vorgesehen werden sollten. Hier besteht die Gefahr, daß die Manager zunächst schlechte Informationen zurückhalten bzw. ihre Optionen ausüben, bevor schlechte Nachrichten den Markt erreichen. Um dies zu verhindern, findet sich häufiger die Regelung, daß Optionen nur innerhalb kurzer Zeitspannen nach der Veröffentlichung von Jahres- oder Zwischenberichten ausgeübt werden dürfen. Begründet wird dies damit, daß zu diesen Zeitpunkten die Informationsasymmetrie zwischen Managern und Eigentümern am geringsten sei. Wenngleich dem prinzipiell zuzustimmen ist, bleibt immer noch die Möglichkeit, tendenziöse Informationen zu lancieren, um den Kurs kurzfristig zu beeinflussen. Eine bessere Schutzregelung für die Aktionäre wäre,

---

[196] Yermack (1997), S. 451.
[197] Chauvin/Shenoy (1997), S. 8.
[198] Yermack (1997), S. 454.
[199] Chauvin/Shenoy (1997), S. 16.

wenn die Ausübung der Optionen vorher angemeldet werden müßte. Würde sich hier zeigen, daß die Manager eines Unternehmen ganz massiv Optionen ausüben wollen, könnten die Aktionäre hieraus auf negative Insiderinformationen schließen und selbst noch verkaufen, ehe die Manager ausüben können. Diese Regelung, zusammen mit der Begrenzung der Ausübungstermine, wäre ein echter Schutz der Aktionäre gegen den Mißbrauch von Insiderinformationen. Inwieweit weitere diesbezügliche Verfahrensverbesserungen möglich sind, wird bei der Diskussion der Insiderproblematik im 4. Kapitel noch näher zu erläutern sein.

Aus den Studien zu den Auswirkungen auf die Dividendenpolitik kann die Forderung nach einer Berücksichtigung von Dividendenzahlungen bei der Gestaltung eines Optionsprogrammes abgeleitet werden. Es ist hier gar nicht zu untersuchen, ob eine Senkung, Beibehaltung oder Anhebung der Dividenden per se zweckmäßig ist. Wichtig erscheint viel mehr, daß die Existenz eines Optionsplanes die Entscheidung über die Dividendenhöhe nicht beeinflussen sollte. Vielmehr sollte die Dividendenpolitik eine unter Berücksichtigung steuerlicher Aspekte effiziente Verwendung von freien Cash Flows bewirken. Sachfremde Erwägungen -wie z.B. die Auswirkungen auf die Vergütung des Managements- sollten aus der Dividendenpolitik möglichst herausgehalten werden. Dies wird erreicht, wenn Optionsprogramme Dividendenzahlungen explizit berücksichtigen. Da eine Dividendenzahlung c.p. den Wert je Aktie und damit den Wert je Option reduziert, muß ein Dividendenschutz von Optionen für jede Dividendenzahlung eine Verbesserung der Bezugsbedingungen enthalten. Dies kann geschehen, indem die Anzahl der gewährten Optionen erhöht oder der Bezugskurs reduziert wird. Beide Möglichkeiten haben Vor- und Nachteile, die später noch zu analysieren sein werden. Die Forderung nach eine Dividendenkorrektur von Optionsprogrammen kann auf alle Maßnahmen ausgedehnt werden, die den Wert je Aktie beeinflussen. Dies gilt insbesondere auch für Kapitalerhöhungen. Da bei diesen die neuen Aktien in aller Regel deutlich unter dem Börsenkurs ausgegeben werden, bildet sich nach Durchführung der Kapitalerhöhung ein gewogener Durchschnittskurs aus Emmisionskurs der neuen Aktien und altem Börsenkurs. Da dieser unter dem alten Börsenkurs liegt, würde eine Kapitalerhöhung den Wert von Optionen reduzieren, wenn diese nicht eine entsprechende Korrektur vorsehen. Daher ist für den Fall der Kapitalerhöhungen prinzipiell eine Korrektur der Optionsbedingungen vorzusehen. Derartige Bereinigungen stehen auch im Einklang mit den Forderungen des Shareholder Value Ansatzes. Da sowohl Dividenden als auch Bezugsrechte dem Aktionär zufließen und damit seine Rendite ebenso mitbestimmen wie die Kursentwicklung, müssen diese Zahlungen bei der Berechnung des Shareholder Values berücksichtigt werden. Nur so kann sichergestellt werden, daß ein Optionsprogramm tatsächlich zur Belohnung geschaffenen Shareholder Values führt.

3.1.2. Erfolgswirkungen von Optionsplänen

3.1.2.1. Befunde

Sollten Optionspläne tatsächlich die ihnen zugesprochenen Motivationskräfte besitzen, so wäre zu erwarten, daß die Marktperformance von Unternehmen mit Optionsplänen über derjenigen von Unternehmen ohne Optionspläne liegt. In informationseffizienten Kapitalmärkten müßte die auf die Motivationswirkung zurückzuführende Überrendite zudem innerhalb einer sehr kurzen Zeit nach Bekanntwerden des Optionsplanes realisiert werden. Als Methode zur Untersuchung derartiger Fragestellungen kommt im wesentlichen die Methode der Ereignisanalyse (Event Study) in Frage. Hiermit kann untersucht werden, ob und in welchem Umfang tatsächlich Überrenditen zu dem Zeitpunkt realisiert werden, zu dem die Einführung eines Optionsplanes bekannt wird. Die Vorgehensweise bei Ereignisanalysen läßt sich idealtypisch etwa in folgende Schritte einteilen:[200]

- Definition des zu untersuchenden Ereignisses (hier: Einführung eines Optionsplanes).
- Bestimmung des Ereigniszeitpunktes (hier: Bekanntwerden des Optionsplanes).
- Berechnung der Renditen am bzw. kurz nach dem Ereigniszeitpunkt.
- Berechnung der erwarteten Renditen unter der Nullhypothese, daß das Ereignis keinen Einfluß auf die Rendite hat.
- Signifikanztest der tatsächlichen Renditen unter der Nullhypothese.
- Schlußfolgerung aus dem Test: Signifikante Abweichungen der Renditen von den erwarteten Renditen werden als Effekt des Ereignisses interpretiert.

Zur Bestimmung des Effektes des zu untersuchenden Ereignisses müssen zunächst andere mögliche Einflüsse eliminiert werden.[201] Können zum Ereigniszeitpunkt weitere Ereignisse identifiziert werden, wird der entsprechende Fall üblicherweise aus der weiteren Analyse ausgeschlossen oder es werden entsprechende Bereinigungsverfahren angewendet.[202] Bei Unsicherheit über den genauen Ereigniszeitpunkt untersucht man kumulierte Renditen über mehrere Tage (Ereignisfenster) und vergleicht diese mit ihren Erwartungswerten. Dabei werden auch ein oder einige Tage vor dem identifizierten Ereigniszeitpunkt einbezogen. Dies soll dem Umstand Rechnung tragen, daß evtl. erste Informationen über das Ereignis bereits vorher über nicht identifizierte Kanäle an die Öffentlichkeit gelangt sind.[203] Zur Bestimmung der erwarteten Rendite können verschiedene Annahmen getroffen werden. Üblicherweise geht man entweder von konstanten Renditen aus oder man unterstellt ein Marktmodell. Bei Annahme konstanter Renditen ermittelt man aus den Renditedaten vor Eintritt des Ereignisses eine Durchschnittsrendite und nimmt an, daß diese Rendite auch für den Ereigniszeitpunkt zu

---

[200] Vgl. hierzu MacKinlay (1997).
[201] Vgl. McWilliams/Siegel (1997), S. 634.
[202] Vgl. McWilliams/Siegel (1997), S. 636.
[203] Vgl. McWilliams/Siegel (1997), S. 636.

erwarten wäre. Beim Marktmodell unterstellt man hingegen, daß die Rendite eines Wertpapieres eine lineare Funktion der Rendite eines Marktportfolios ist. Die lineare Funktion wird wiederum aus Renditedaten vor Eintritt des Ereignisses geschätzt. Die erwartete Rendite im Ereigniszeitpunkt ergibt sich dann, indem die Marktrendite dieses Zeitpunktes in die geschätzte lineare Funktion eingesetzt wird. Weichen die tatsächlichen Renditen von den so berechneten erwarteten Renditen statistisch signifikant ab, wird dieses Ergebnis als Effekt des Ereignisses interpretiert.[204] Bei der Untersuchung des Effektes von Optionsplänen nimmt man als Nullhypothese an, daß die Einführung eines Optionsplanes keinen Effekt auf die Rendite der Aktien des betreffenden Unternehmens hat. Dies kommt der Aussage gleich, daß Optionspläne keinen positiven Nettoeffekt (gesteigerte Motivation minus Kosten des Optionsplanes) haben, aus Sicht der Eigentümer also sinnlos sind. Findet man hingegen positive, statistisch signifikante Abweichungen von der Nullhypothese, schließt man auf positive, über den Kosten liegende Motivationseffekte, die im Sinne der Eigentümer sind. Auf mögliche Probleme dieser Methodik und die daraus folgenden Konsequenzen bei der Interpretation der Ergebnisse ist unten noch näher einzugehen.

Der Frage nach möglichen Renditeeffekten der Einführung von Optionsplänen sind eine Reihe vorwiegend US-amerikanischer Studien nachgegangen. Diese Studien sollen im folgenden zunächst zusammengefaßt werden, um einen ersten Eindruck von den möglichen Wirkungen der Einführung von Optionsplänen zu erhalten.

In einer frühen Studie untersuchte Masson[205] bereits 1971 den Zusammenhang zwischen Vergütungsmix und Unternehmenserfolg. Wenngleich Masson sich nicht speziell mit Aktienoptionsplänen befaßt, sondern allgemein auf kapitalmarktbasierte Vergütungskomponenten abstellt, soll die Studie hier Erwähnung finden, da -wie bereits angesprochen- z.B. auch Aktienbesitz als eine spezielle Form der Optionsgestaltung interpretiert werden kann. Ein weiterer Unterschied zu den später noch zu behandelnden Studien besteht darin, daß hier keine Ereignisstudie durchgeführt wird, sondern ein langfristiger Erfolgsvergleich von Unternehmen vorgenommen wird. Untersucht wird der Zusammenhang zwischen der Vergütung der drei bis fünf ranghöchsten Manager und der Kapitalmarktperformance in den Jahren 1947-1966 für 39 Unternehmen aus den Bereichen Elektronik, Luftfahrt und Chemie.[206] In einem ersten Untersuchungsschritt ergab sich, daß die Kapitalmarktperformance in den meisten der untersuchten Unternehmen einen positiven Einfluß auf das Vermögen der Manager ausübt. Mit einer Irrtumswahrscheinlichkeit kleiner als 0,1 ließ sich auch folgern, daß die Kapitalmarktperformance stärker auf die Vergütung einwirkt als andere variable Vergütungskomponenten.[207] Das eigentlich interessierende Ziel der

[204] Vgl. hierzu MacKinlay (1997).
[205] Masson (1971).
[206] Masson (1971), S. 1283.
[207] Masson (1971), S. 1285.

Untersuchung besteht aber in der umgekehrten Frage, ob die langfristige Performance eines Unternehmens positiv beeinflußt wird, wenn das Vermögen des Managers relativ stark von der Marktwertentwicklung abhängt. Diese Frage muß jedoch aufgrund der Befunde verneint werden. Der Koeffizient der erklärenden Variable "relative Wichtigkeit der Marktperformance auf die Vergütung" bei der Regression auf die langfristige Kapitalmarktperformance wies einen t-Wert von 0,18 auf.[208] Bei der Regression auf andere Erfolgsmaße wie z.B. die Gewinnsteigerung ergab sich ein ähnliches Bild. Als Ergebnis dieser Studie müßte ein deutlicher Einfluß der Abhängigkeit der Marktperformance von der Zusammensetzung der Vergütung bezweifelt werden. Hierbei sind aber die methodischen Schwachpunkte der referierten Studie zu berücksichtigen. Zunächst bedingt der lange Beobachtungszeitraum, daß viele verschiedene kursbeeinflussende Faktoren auf die Marktperformance eingewirkt haben dürften, ohne daß diese Einflüsse ökonometrisch korrigiert wurden. Ein mindestens ebenso schweres Problem liegt in der Annahme, daß im Basisjahr 1947 die Informationen über die Wirkungen unterschiedlicher Vergütungskomponenten noch nicht in den Kursen eskomptiert gewesen seien.[209] Diese Annahme begründet der Autor lediglich damit, daß neue Vergütungsinstrumente zu diesem Zeitpunkt noch nicht getestet waren und der Kapitalmarkt daher keine angemessene Bewertung vornehmen konnte. Diese letzte Aussage jedoch wird weder begründet noch überhaupt diskutiert. Wenn der Autor aber von einer fehlenden Bewertungsmöglichkeit ausgeht, dann kann schließlich auch nicht ausgeschlossen werden, daß in den Kursen von 1947 falsche Bewertungen enthalten sein könnten. So könnte im Kurs 1947 z.B. enthalten sein, daß ein kapitalmarktorientierter Vergütungsplan den Unternehmenserfolg (z.B. gemessen am diskontierten Cash Flow) langfristig um 20 % verbessert. Tritt dann langfristig nur eine Verbesserung von 10 % ein, so ergäbe sich im Anschluß an 1947 eine Unterperformance der Aktie. Dies würde in der von Masson gewählten Vorgehensweise dazu führen, daß für kapitalmarktbasierte Vergütungspläne ein negativer Einfluß auf die Marktperformance ausgewiesen wird, was aber ersichtlicherweise falsch ist. Aufgrund dieser methodischen Probleme muß das Ergebnis von Masson mit äußerster Zurückhaltung interpretiert werden.

Die erste Studie, die explizit auf die Auswirkungen der Einführung von Aktienoptionsplänen eingeht, ist die von Brickley u.a.[210] von 1985. Neben Aktienoptionsplänen werden auch andere langfristige Vergütungspläne in die Analyse einbezogen. Mittels Ereignisanalyse wird für jede Form von Vergütungsplänen die Marktreaktion auf die Ankündigung des Planes untersucht. Insgesamt werden fünf unterschiedliche Typen von Vergütungsplänen untersucht:

- Aktienoptionspläne (stock option plans), die den Bezug echter Aktien vorsehen,
- virtuelle Aktienoptionspläne (Stock Appreciation Rights), die eine Barauszahlung der Differenz zwischen aktuellem Aktienkurs und Bezugskurs vorsehen,

208 Masson (1971), S. 1289.
209 Masson (1971), S. 1287.
210 Brickley/Bhagat/Lease (1985).

- Kapitalbeteiligungsmodelle (restricted stock plans), bei denen Manager Aktien erhalten, über die sie innerhalb bestimmter Fristen nicht frei verfügen können,
- virtuelle Kapitalbeteiligungsmodelle (phantom stock plans), die die Zahlungsströme echter Kapitalbeteiligungen durch Bartransaktionen zwischen Manager und Unternehmen ersetzen und
- Buchführungsorientierte Pläne (performance plans), bei denen die langfristige Zielerreichung bei bestimmten Kennzahlen der Buchführung belohnt wird.

Einzig der letzte der angesprochenen Typen basiert damit nicht auf der Kapitalmarktperformance des jeweiligen Unternehmens. Insgesamt untersuchten die Autoren die Kapitalmarktreaktion auf die Ankündigung von 175 langfristigen Vergütungsplänen der Jahre 1979 bis 1982. Von diesen Plänen waren 44 reine Aktienoptionspläne und weitere 78 waren gemischte Pläne, die zumindest eine Optionskomponente enthielten. Lediglich 23 Pläne waren buchführungsorientierte Pläne und damit unabhängig von der Marktperformance. Aufgrund der Unsicherheit, zu welchem Zeitpunkt der Kapitalmarkt auf Informationen über die Vergütungspläne reagiert, wurden verschiedene Tage als Ereigniszeitpunkte ausgewählt. Untersucht wurde der Tag, an dem der Board of Directors den Plan vorschlägt, der Tag des Proxy Statements, der Tag des Eingangsstempels der Security an Exchange Commision (SEC) und der Tag der Aktionärsabstimmung. In einem ersten Schritt wird für jeden dieser vier Zeitpunkte untersucht, wie der Markt innerhalb von zwei Handelstagen auf den jeweiligen Plan reagiert. Hierbei zeigt sich, daß für keinen der vier untersuchten Zeitpunkte eine signifikante Überrendite festzustellen ist.[211] Dieses Ergebnis kann bedeuten, daß die Vergütungspläne tatsächlich keine Auswirkungen auf die Marktperformance der Unternehmen haben oder daß die Informationen über die Pläne nicht zu den untersuchten Zeitpunkten an den Markt gelangen.[212] Aus diesem Grund untersuchen die Autoren im folgenden den kumulierten Effekt eines längeren Zeitraums, nämlich den Zeitraum zwischen Board Meeting und Eingang bei der SEC. Für diesen Zeitraum zeigt sich eine durchschnittliche kumulierte Überrendite über alle Plantypen von 2,4% bezogen auf durchschnittlich etwa 60 Handelstage. In 59% aller Fälle war die kumulierte Überrendite positiv.[213] Aus diesem Ergebnis schließen die Autoren, daß langfristige Vergütungspläne einen positiven Einfluß auf die Entwicklung des Aktionärsvermögens haben, sei es durch Anreiz- oder Steuerspareffekte. Bei einer abschließenden Varianzanalyse konnten keine signifikanten Unterschiede der Marktreaktion auf unterschiedliche Plantypen festgestellt werden. Zwar lag die durchschnittliche kumulierte Überrendite bei Plänen mit Optionskomponente mit 1,46% deutlich unter den 4,23% derjenigen Pläne ohne Optionsbestandteil, jedoch war dieser Unterschied statistisch nicht

---

211 Brickley/Bhagat/Lease (1985), S. 124.
212 Brickley/Bhagat/Lease (1985), S. 124.
213 Brickley/Bhagat/Lease (1985), S. 125.

signifikant.[214] Die Autoren ziehen hieraus den Schluß, daß Unternehmen den zu ihren Charakteristika passenden Vergütungsplan auswählen.[215]

DeFusco[216] u.a. gehen in ihrer Fragestellung noch über den Ansatz der vorgenannten Studie von Brickley u.a. (1985) hinaus. Es wird nicht nur der Effekt einer Änderung der Managementvergütung auf das Aktionärsvermögen untersucht, sondern auch der Effekt auf das Vermögen der Fremdkapitalgeber. Ferner werden die Volatilitäten der betrachteten Wertpapierkategorien analysiert. Die Autoren vermuten, daß Optionen aufgrund ihrer asymmetrischen Zahlungscharakteristik einen Anreiz für die Wahl riskanterer Strategien geben.[217] Da Fremdkapitalgeber hiervon nur im Fall des Mißerfolges betroffen sind, ist mit der Einführung eines Optionsplanes mit einer Entwertung des Fremdkapitals zu rechnen. Ferner müßte die Volatilität der Renditen des Eigenkapitals zunehmen. Untersucht werden ausschließlich 641 Optionsprogramme von 537 verschiedenen Unternehmen aus den Jahren 1978 bis 1982. In einem ersten Schritt untersuchen die Autoren die Veränderung der impliziten Varianz. Bei diesem Verfahren werden die am Markt beobachteten Preise gehandelter Optionen als gegeben angenommen. Man nimmt ferner an, daß der Optionswert mittels Black-Scholes-Formel korrekt ermittelt werden kann. Man setzt also Black-Scholes-Wert und beobachteten Marktpreis der Optionen gleich und löst nach der gesuchten Varianz bzw. Volatilität auf. Der so ermittelte Wert ist die implizite Varianz. Diese Berechnung gilt als bessere Schätzung der zukünftigen Volatilität als eine Schätzung auf Basis von Vergangenheitsdaten.[218] Verglichen wurden die impliziten Varianzen sechs Monate vor und sechs Monate nach dem Tag des Proxy Statements. Im Durchschnitt ergab sich ein Anstieg der Varianz um 15,96%. Von den mit dieser Methode untersuchten 59 Unternehmen wiesen 35 einen Varianzanstieg und 24 einen Rückgang auf. Der Vorzeichen-Rangtest auf Gleichheit in beiden Gruppen war auf dem 1% Niveau signifikant. Dieses Ergebnis wurde anschließend bestätigt, indem die tatsächlich beobachtbaren Varianzen einem Vorher-Nachher-Vergleich unterzogen wurden. Hierbei zeigte sich ebenfalls ein Varianzanstieg zwischen 5 und 20%, je nach zeitlichem Abstand der Vergleichszeiträume und in Abhängigkeit davon, ob die Werte um Markteinflüsse bereinigt wurden oder nicht.[219] Insgesamt untermauern diese Ergebnisse die These, daß Aktienoptionen Managern einen Anreiz zur Wahl riskanterer Strategien geben. Anschließend gehen die Autoren der Frage nach, wie sich der Wert von Fremd- und Eigenkapital in der Folge eines Optionsplanes verändert. Für das Eigenkapital fanden die Autoren eine 2-Tages-Überrendite für den Tag des Posteingangs des Proxy Statements bei der SEC und den Folgetag in Höhe von 0,68%. Als durchschnittliche kumulierte Überrendite für den Zeitraum vom Board Meeting bis einen Tag nach

[214] Brickley/Bhagat/Lease (1985), S. 128.
[215] Brickley/Bhagat/Lease (1985), S. 129.
[216] DeFusco/Johnson/Zorn (1990).
[217] DeFusco/Johnson/Zorn (1990), S. 618.
[218] Vgl. zu diesen Ausführungen Dubofsky (1992), S. 193.
[219] DeFusco/Johnson/Zorn (1990), S. 621.

Posteingang SEC ergab sich ein Wert von 4%, der auf dem 5% Niveau signifikant ist.[220] In diesem Zeitraum verzeichneten 66% der einbezogenen 53 Unternehmen eine positive Überrendite. Ein etwas differenzierteres Bild zeichnete sich für das Fremdkapital ab. Hier fand sich für den Zeitraum vom Board Meeting bis einen Tag nach Posteingang SEC zwar eine durchschnittlich negative kumulierte Überrendite von 0,12%, die statistisch aber nicht signifikant ist. Lediglich die Überrendite von 0,4% am Tag vor dem Posteingang bei der SEC war statistisch signifikant. Die These von der Umverteilung des Vermögens von Fremd- auf Eigenkapitalgeber in der Folge eines Optionsplanes kann damit nur bedingt gestützt werden.

In einer Folgestudie untersuchten die selben Autoren[221] weitere Effekte der Einführung von Optionsplänen. Untersucht wurden 562 Optionspläne von Unternehmen aus 17 verschiedenen Branchen. Neben der langfristigen Kapitalmarktreaktion wurden auch Effekte auf Unternehmenskennziffern und Indikatoren des Managementverhaltens wie z.B. Investitionsquoten und Forschungsintensitäten untersucht. An dieser Stelle soll jedoch zunächst nur auf die Auswirkungen der Optionspläne auf die Erfolgsmaße des Unternehmens eingegangen werden. Bei der Analyse der Erfolgskennzahlen zeigte sich, daß der Median des Return on Assets im Fünfjahresdurchschnitt in der Zeit vor Einführung des Optionsplanes von 12,45 auf 8,63 danach absank. Auch die branchenadjustierten ROA's gingen von 102% des jeweiligen Branchendurchschnitts auf 92% zurück. Das Ergebnis war hochsignifikant ($z = -4{,}15$).[222] Ebenso zeigte sich ein deutlicher Anstieg in der Varianz der ROA's. Dieses Ergebnis steht damit zunächst in einem gewissen Widerspruch zu den positiven Kapitalmarktreaktionen, die in den bereits angesprochenen Studien gefunden wurden. Die Autoren geben hierzu an, daß der Markt die negative Entwicklung der ROA's in den Aktienkursen jedoch schon vorweggenommen haben könnte und die Einführung eines Optionsplanes zu einer Verbesserung gegenüber den Erwartungen führt, selbst wenn diese Erwartungen immer noch von einer negativen Entwicklung der ROA's ausgehen.[223] Um diese Möglichkeit zu überprüfen, testen auch DeFusco u.a. die Kapitalmarktreaktion in ihrer Stichprobe. Im Einklang mit den Befunden zur Entwicklung des ROA's und im Widerspruch zu den anderen Studien finden die Autoren jedoch negative kumulierte Überrenditen in einem Zeitraum von bis zu fünf Jahren nach Einführung der Optionspläne. Die kumulierte Überrendite im ersten Jahr betrug -6,66% und sank weiter auf -14,17%, -18,58%, -25,89% und -29,41% in den Jahren 2 bis 5. Selbst bei Branchenadjustierung blieb eine negative Entwicklung von -3,18% bis -14,65% in den Jahren 1 bis 5 bestehen. Allerdings war keine dieser negativen kumulierten Überrenditen auf Basis eines einfachen t-Tests signifikant. Dennoch zeigte sich, daß 2/3 aller Unternehmen negative kumulierte Überrenditen aufwiesen. Dieses Ergebnis ist beim Vorzeichenrangtest auf einem Niveau von 5% signifikant. Einzig bei der Dividendenrendite kam es zu einem signifikanten Anstieg sowohl absolut als

220 DeFusco/Johnson/Zorn (1990), S. 623.
221 DeFusco/Zorn/Johnson (1991).
222 DeFusco/Zorn/Johnson (1991), S. 39.
223 DeFusco/Zorn/Johnson (1991), S. 40.

auch im Verhältnis zum jeweiligen Branchendurchschnitt.[224] Insgesamt widerspricht diese Studie damit den anderen, zuvor diskutieren Untersuchungen, da keine positive Marktreaktion auf die Einführung von Optionsplänen feststellbar war. Für den Zusammenhang zwischen sinkendem ROA und der Einführung von Optionsplänen ist eine interessante Interpretation möglich. Da das Absinken des ROA für viele Manager kaum überraschend kommen dürfte, ist es möglich, daß sie versuchen, auf kapitalmarktbasierte Vergütungsmechanismen auszuweichen. Eine Erhöhung der Vergütung auf Basis von Unternehmenskennzahlen dürfte den Unternehmenseignern nur schwer zu vermitteln sein, wenn ein starker Rückgang des ROA beobachtet wird. Steigen die Manager aber auf Optionspläne um, dann können sie zumindest hoffen, daß der Unternehmenswert am Kapitalmarkt z.B. aufgrund eines allgemeinen Börsenaufschwunges trotzdem steigt. Es wäre ihnen damit gelungen, eine weitere Einkommensquelle zu erschließen. Die Tatsache, daß die betreffenden Unternehmen auch am Kapitalmarkt negative Überrenditen erzielten, steht dieser Vermutung nicht im Wege. Denn da die meisten Optionsprogramme nicht indexgebunden sind, es also auch dann zu Ausübungsgewinnen kommen kann, wenn die Entwicklung des eigenen Unternehmens hinter der Markt- bzw. Branchenentwicklung zurückbleibt, ist es möglich, daß die Manager aus den Optionsprogrammen Vermögensgewinne realisieren konnten. Der alternative Weg über kennzahlenorientierte Bonussysteme wäre aufgrund der ungünstigen Unternehmensentwicklung evtl. nicht durchsetzbar gewesen. Und selbst dann, wenn die Manager die Wahrscheinlichkeit für eine positive Marktwertentwicklung eher gering eingeschätzt hätten, hätten sie mit der Einführung von Optionsplänen aufgrund der asymmetrischen Zahlungscharakteristik nichts zu verlieren gehabt.

3.1.2.2. Kritik und Schlußfolgerungen

Auch wenn die Anzahl der hier referierten Studien relativ gering ist, so sind doch die untersuchten Fallzahlen groß genug, um erste gesicherte Rückschlüsse zu ziehen. Ein erstes Fazit kann daher lauten, daß die Auswirkungen der Einführung von Optionsplänen auf die Marktperformance der betreffenden Unternehmen doch eher begrenzt ist. Die nichtsignifikante negative Überrendite in der Studie von DeFusco u.a. (1991) bis zu dem höchsten Ergebnis von 4% Überrendite bei DeFusco u.a. (1990) sprechen beide nicht für einen besonders ausgeprägten Motivationsschub für die Manager. Dieses Fazit gilt selbst dann, wenn man die Schwächen der Ereignisanalysetechnik berücksichtigt. Die referierten Studien hatten alle mit dem Problem zu kämpfen, daß der Ereigniszeitpunkt nicht zweifelsfrei bestimmt werden kann. Daher mußte für die statistischen Tests auf kumulierte Überrenditen über mehrere Tage zurückgegriffen werden. Hierunter leidet aber die Güte des Testverfahrens, weil der Effekt des Ereignisses durch die Durchschnittsbildung verwässert wird.[225] Dieses Argument spricht zwar zunächst dafür, die

224 DeFusco/Zorn/Johnson (1991), S. 41.
225 Vgl. MacKinlay (1997), S. 34.

gefundenen Signifikanzen als Untergrenze anzusehen und anzunehmen, daß der tatsächliche Ereigniseffekt höher signifikant ist. Dies ändert aber nichts an der Tatsache, daß die Höhe des Effektes doch eher bescheiden bleibt. Weiterhin ist zu berücksichtigen, daß die Anreizwirkung allein ohnehin nicht beurteilt werden kann, da mit der Einführung eines Optionsplanes in aller Regel auch steuerrechtliche Konsequenzen einhergehen, die für Manager und/oder Unternehmen vorteilhaft sein können.[226] Selbst dort, wo positive Marktreaktionen feststellbar sind, könnten diese zumindest teilweise auf einem Steuervorteil beruhen, was analytisch kaum getrennt werden kann.[227] Dieses Argument spricht allerdings nicht gegen die Einführung von Optionsplänen, da auch die Realisation möglicher Steuervorteile im Sinne der Eigentümer liegt.

Ein weiterer wichtiger Einwand gegen die Interpretation der Marktreaktion als Indiz für eine gestiegene Motivation der Manager kann aus den institutionellen Gegebenheiten abgeleitet werden, nach denen Vergütungskontrakte zustande kommen. So ist festzustellen, daß vorgeschlagene Änderungen bei der Managementvergütung fast ausnahmslos von den Aktionären akzeptiert werden. DeFusco u.a. zitieren einen Analysten, demzufolge in der Zeit von 1979 bis 1982 keine einzige Vorlage des Managements zu diesem Thema abgelehnt wurde.[228] Gerade dieser Zeitraum wurde aber in den angesprochenen Studien untersucht. Es kann damit gefolgert werden, daß die eingeführten Optionspläne im wesentlichen durch das Management selbst entwickelt und vorgeschlagen wurden. Wenn dies aber so ist, dann kann man annehmen, daß Manager genau dann Optionsprogramme (oder andere Vergütungspläne) einführen, wenn sie aufgrund ihrer Insiderinformationen eine positive Entwicklung erwarten. In diesem Fall ist die Einführung eines Optionsplanes ein positives Signal über Insiderinformationen. Ein Kursanstieg ist dann lediglich in der Aufdeckung der Insiderinformationen begründet und nicht in einem vermeintlichen Anreizeffekt.

Weitere Einwände gegen die oben diskutierten Befunde ergeben sich ebenfalls aus der Methodik der Studien. Zunächst ist hierzu anzumerken, daß nur die grobe Unterscheidung Optionsplan Ja/Nein Gegenstand der Untersuchungen war. Es fehlt jegliche Berücksichtigung der spezifischen Ausgestaltung der Pläne. Es wird kein Versuch unternommen, zwischen "guten" und "schlechten" Optionsplänen zu unterscheiden. Die sehr unterschiedlichen öffentlichen Reaktionen in der Presse auf die Einführung verschiedener Optionspläne und die Ergebnisse dieser Arbeit legen jedoch die Vermutung nahe, daß Optionsplan eben nicht gleich Optionsplan ist. Dabei ist mit Sicherheit davon auszugehen, daß erst durch die Berücksichtigung wichtiger Qualitätskriterien ein "guter" Optionsplan geschaffen werden kann.[229] In den Studien wird nicht einmal das Volumen der Optionspläne einbezogen. Dabei kann wohl kaum angenommen werden, daß ein Optionsplan im Volumen von maximal 5% des Jahresgehaltes die selbe Wir-

---

[226] DeFusco/Zorn/Johnson (1991), S. 36.
[227] Brickley/Bhagat/Lease (1985), S 118.
[228] DeFusco/Zorn/Johnson (1991), S. 38.
[229] Schwalbach/Winter/Ritter (1997), S. 17.

kung entfaltet wie ein Plan mit der Chance auf mehrere 100%. Zwar ist der Mangel an Berücksichtigung von Qualitätskriterien verständlich, weil einerseits die Fallzahlen der einzelnen Kategorien soweit sinken könnten, daß keine statistisch signifikanten Effekte mehr nachzuweisen wären und andererseits noch gar kein schlüssiges Konzept eventueller Qualitätskriterien vorhanden ist. Gleichwohl bleibt das Manko, daß hier gute und schlechte Pläne in einen Topf geworfen werden. Der daraus berechnete durchschnittliche Effekt auf die Wertentwicklung muß zwangsweise unter demjenigen der "guten" Programme liegen. Der gefundene niedrige Effekt kann daher auch nicht pauschal als Versagen von Optionsplänen als Anreizinstrument interpretiert werden.

Der schwerste forschungsmethodische Einwand liegt aber in der Stichprobenauswahl begründet. Die Einführung eines Optionsplanes ist eine bewußte und gewollte Managemententscheidung. Man wird daher davon auszugehen haben, daß in diese Entscheidung auch Überlegungen über Auswirkungen auf das Unternehmen einfließen. Damit dürften solche Unternehmen bevorzugt Optionspläne einführen, zu denen diese Vergütungsmethode besonders gut paßt, aus welchen Gründen auch immer. Die Zugehörigkeit zur Experiment- oder Kontrollgruppe im Rahmen der angesprochenen Untersuchungen ist damit aber keineswegs zufällig. Dies wäre jedoch zu verlangen, da sonst die Voraussetzungen der in den Studien durchgeführten Testverfahren gar nicht gegeben sind. Es sind eben keine zufällig gewählten Gruppen, die miteinander verglichen werden. Aus diesem Grund ist mit einem erheblichen Selbstselektionsbias zu rechnen. Keine der diskutierten Studien spricht dieses Problem überhaupt an. In der letzten Konsequenz bedeutet das Selbstselektionsproblem jedoch, daß jedes Ergebnis jede Interpretation zulassen würde. Ein Beispiel mag dies verdeutlichen. Angenommen, Unternehmen führen immer dann Optionspläne ein, wenn sie für die Zukunft Liquiditäts- oder Überschuldungsprobleme befürchten. In diesem Fall kann eine positive Kapitalmarktreaktion bedeuten, daß der Markt erkennt, daß das Unternehmen jetzt einen Weg zur Lösung eines gravierenden Problems gefunden hat. Der Optionsplan als solcher erscheint als geeignetes Anreizinstrument. Stellt man nun aber eine negative Marktreaktion fest, so kann dies bedeuten, daß der Optionsplan als schädlich für die Lösung des Problems gilt oder aber, daß dem Markt erst durch Einführung des Optionsplanes die Schwere des Liquiditätsproblems bewußt wird. Sowohl bei positiver als auch bei negativer Reaktion des Kapitalmarktes kann das Ergebnis als ein Beweis der Brauchbarkeit von Optionsplänen gewertet werden. Damit aber ist eine Beurteilung der Eignung von Optionsplänen als Anreizinstrument nicht möglich.

Aufgrund der massiven Einwände gegen die angeführten Studien soll im folgenden der Versuch unternommen werden, die Stichhaltigkeit der Einwände zu überprüfen. Hierbei soll insbesondere der Frage nachgegangen werden, inwiefern sich Manager mittels Insiderinformationen Vorteile verschaffen und inwiefern sich Abweichungen von der Annahme der Zufallsauswahl von Experiment- und Kontrollgruppe (Unternehmen mit und ohne Optionsplan) begründen lassen.

Ein direkter Vergleich der neueren Studien von Yermack (1997) und Chauvin/Shenoy (1997) mit den älteren von Brickley u.a. (1985) und DeFusco u.a. (1990) ist nicht möglich, weil erstere nur Optionsgewährungen innerhalb bestehender Pläne untersuchten, während sich letztere auf die Reaktion bei Ankündigung völlig neuer Optionsprogramme konzentrierten. Die Studien von Yermack (1997) und Chauvin/Shenoy (1997) untermauern beide den Verdacht, daß Manager Insiderinformationen nutzen, um die Bezugsbedingungen von Optionsplänen in ihrem Sinne zu beeinflussen. Wenn dies aber für die Bezugsbedingungen gilt, dann kann angenommen werden, daß auch die Ja/Nein-Entscheidung für oder gegen die Einführung von Optionsplänen unter Nutzung von Insiderinformationen gefällt wird. Damit kann für die Befunde der älteren Studien von Brickley u.a. (1985) und DeFusco u.a. (1990) nicht ausgeschlossen werden, daß ein Teil der dort gefundenen positiven Kapitalmarktreaktionen auf die Ankündigung neuer Optionspläne damit erklärbar ist, daß Anleger aus dieser Ankündigung auf positive Insiderinformationen schließen. Der mögliche Anreizeffekt fiele demnach noch geringer aus, als die gefundene Kapitalmarktreaktion zunächst nahe legen würde.

Im folgenden soll nun der Versuch unternommen werden zu klären, ob die oben diskutierten Kapitalmarktstudien methodisch überhaupt angemessen sind, oder ob eine Abweichung von der Prämisse der Zufälligkeit konstatiert werden muß, die die Verwendbarkeit der statistischen Testverfahren in Zweifel ziehen müßte. Es sollen daher im folgenden solche Studien diskutiert werden, die nach Determinanten der Gestaltung von Optionsplänen suchen. Sind solche Determinanten auffindbar, so muß die Zufälligkeit der Zugehörigkeit zur Experiment- oder Kontrollgruppe bezweifelt werden.

Matsunaga u.a.[230] gehen der Frage nach, ob sich ein Zusammenhang zwischen der steuerlichen Ausgestaltung von Optionsplänen und den Kosten reduzierter Gewinnausweise feststellen läßt. Bei der steuerlichen Ausgestaltung von Optionsplänen in den USA konnten zum Untersuchungszeitraum zwei grundsätzliche Varianten unterschieden werden. Zum einen die sog. Incentive Stock Options (ISO's), die beim Manager unterhalb des normalen Einkommenssteuertarifs besteuert wurden, beim Unternehmen aber keinen Abzug zuließen. Zum anderen die sog. Nonqualified Options (NQO's), die beim Manager zum normalen Einkommenstarif versteuert werden mußten, beim Unternehmen dafür aber auch voll abzugsfähig waren. Durch entsprechende Umwidmung konnten ISO's in NQO's umgewandelt werden, wodurch sich dann auch die steuerliche Behandlung änderte. Mit der Änderung des Steuerrechts im Jahre 1986 wurde die Umwidmung von ISO's in NQO's für viele Unternehmen interessant, weil die Nachteile beim Manager durch die Vorteile beim Unternehmen mehr als aufgewogen wurden. Somit

230 Matsunaga/Shevlin/Shores (1992).

wären die Unternehmen in der Lage gewesen, dem Manager die steuerlichen Nachteile zu ersetzen und dennoch eine Nettoersparnis zu erzielen. Auf der anderen Seite führt die Umwidmung zu NQO's zu einem verringerten Gewinnausweis in der Bilanz. Damit können jedoch eigene Kosten verbunden sein, z.B. wenn Fremdkapitalkonditionen an die Höhe des ausgewiesenen Gewinns gekoppelt sind.[231] In der Untersuchung zeigt sich denn auch, daß Unternehmen mit vermeintlich hohen impliziten Kosten eines verringerten Gewinnausweises signifikant weniger Umwidmungen von ISO's auf NQO's vornehmen als Unternehmen ohne diese Kosten.[232] Damit folgt aber, daß die Ausgestaltung von Optionsplänen kein Zufallsprozeß ist. Wenn aber die Ausgestaltung nicht zufällig ist, dann dürfte die These der Zufälligkeit auch für die Ja/Nein-Entscheidung für oder gegen die Einführung eines Optionsplanes nicht zufallsbedingt sein.

Yermack (1995) untersucht eine ganze Reihe möglicher Determinanten von Optionsplänen. Er versucht zu klären, inwieweit Agencykosten, Steuer- und Liquiditätseffekte und die bereits von Matsunaga u.a. (1992) untersuchten möglichen impliziten Kosten reduzierter Gewinnausweise für die Verwendung und den Umfang von Optionsplänen verantwortlich sind. Untersucht werden die Vergütungsverträge der CEO's von 792 Unternehmen in den Jahren 1984 bis 1991. Untersucht werden die folgenden Hypothesen:[233]

(H1) Anreize durch Optionspläne fallen mit der Höhe des Aktienbesitzes des CEO's. Begründung: Manager mit hohem Aktienbesitz müssen nicht zusätzlich zu Kurssteigerungen motiviert werden.

(H2) Anreize durch Optionspläne nehmen mit dem Alter zu. Begründung: Bei der Annäherung an das Rentenalter müssen Anreize für langfristige Investitionen aufrechterhalten werden, was durch Optionspläne besser zu bewerkstelligen ist als durch kennzahlenorientierte Bonusregelungen.

(H3) Anreize durch Optionspläne steigen mit der Höhe der Wachstumsmöglichkeiten. Begründung: In Unternehmen mit großen Wachstumsmöglichkeiten kann der Erfolg eines Managers kaum direkt beurteilt werden, weshalb eher marktwertabhängige Vergütungsformen vorgezogen werden.

(H4) Anreize durch Optionspläne nehmen mit der Ungenauigkeit bilanzieller Gewinnmaße zu. Begründung: Wenn bilanzielle Gewinnmaße die Managementleistung sehr ungenau wiedergeben (also z.B. sehr hohe Varianzen über die Zeit aufweisen), kann durch eine Vergütung auf Basis des Marktwertes ein besserer Leistungsanreiz geschaffen werden.

(H5) Anreize durch Optionspläne nehmen mit dem Verschuldungsgrad ab. Begründung: Unternehmen mit hohem Verschuldungsgrad sind bemüht, keine weiteren Anreize zur Risikosteigerung zu setzen, da sonst die Risikoprämien des Fremdkapitals weiter ansteigen würden.

---

[231] Matsunaga/Shevlin/Shores (1992), S. 50.
[232] Matsunaga/Shevlin/Shores (1992), S. 60 f.
[233] Vgl. im folgenden Yermack (1995), S. 243-247.

(H6) Anreize durch Optionspläne sinken mit dem Regulierungsgrad der Branche. Begründung: Manager in regulierten Branchen haben weniger Entscheidungsfreiheiten und damit geringere Möglichkeiten, den Marktwert zu beeinflussen.
(H7) Anreize durch Optionspläne sinken mit zunehmendem Liquiditätsgrad. Begründung: Vergütung aus Optionsplänen führt nicht zu einem Liquiditätsabfluß beim Unternehmen, was für Unternehmen mit angespannter Liquiditätslage besonders vorteilhaft ist.
(H8) Anreize durch Optionspläne steigen mit der Höhe von Verlustvorträgen. Begründung: Die fehlende steuerliche Absetzbarkeit von Optionen aus Sicht des Unternehmens ist dann kein Nachteil, wenn die Unternehmen ihre Gewinne durch Verlustvorträge ohnehin vor der Besteuerung schützen können.
(H9) Anreize durch Optionspläne steigen mit der Höhe impliziter Kosten verringerter Gewinnausweise in der Bilanz. Begründung: Geringe ausgewiesene Gewinne können implizite Kosten verursachen, z.B. wenn Fremdkapitalkonditionen einen Risikozuschlag für den Fall vorsehen, daß der ausgewiesene Gewinn unter eine bestimmte Schwelle sinkt. Diese Situation können Unternehmen verhindern, indem sie Barvergütungen durch vermehrten Einsatz von Optionsplänen ersetzen.
Bei der Datenanalyse zeigt sich jedoch, daß nur die Hypothesen (H6) und (H7) signifikant bestätigt werden konnten. Zusätzlich konnte (H4) schwach gestützt werden, mit je nach Modell aber nur schwach oder nichtsignifikanten Parameterschätzungen.[234] Interessant ist die Bestätigung von (H7), daß der Einsatz von Optionen vermehrt in den Unternehmen praktiziert wird, in denen Liquiditätsprobleme zu befürchten sind. Dies könnte bedeuten, daß die Einführung eines Optionsplanes vom Markt als ein Signal über Liquiditätsprobleme aufgefaßt wird. Jegliche Kapitalmarktreaktion wäre demnach allenfalls eine Mischung aus erwarteter Motivationswirkung und den neuen Erkenntnissen über die Liquiditätslage des Unternehmens. Allerdings ist auch die umgekehrte Interpretation möglich. Denn wenn die Entscheidung für oder gegen die Einführung von Optionsplänen von Unternehmenscharakteristika wie der Liquiditätslage abhängt, die Liquiditätslage dem Markt aber bereits bekannt ist, dann ist die Einführung eines Optionsplanes aus Sicht des Marktes keine Neuigkeit, kein Ereignis mehr, da die Investoren die Einführung mit sehr hoher Wahrscheinlichkeit ohnehin erwarten.[235] Die Ereignisanalyse ist aber lediglich für nicht erwartete Ereignisse konzipiert.[236]

Auf den ersten Blick erstaunlich ist hingegen Yermacks Befund, daß der Einsatz von Optionsplänen nicht zunimmt, wenn sich der CEO der Pensionierung nähert. Optionspläne werden demnach nicht effektiv zur Verringerung des Horizontproblems eingesetzt, oder dieses Problem existiert in dieser Form so nicht. Für das mögliche Fehlen eines Horizontproblems können denn auch eine Reihe von Gründen angeführt werden. Zunächst dürften viele Manager auch nach ihrer Pensionierung z.B. in Aufsichtsfunktionen oder als Berater aktiv bleiben. In diesem

234 Yermack (1995), S. 260 f.
235 Vgl. MacKinlay (1997), S. 33.
236 Vgl. McWilliams/Siegel (1997), S. 630-634.

Fall sind sie aber auf eine gute Reputation angewiesen, die sie nicht durch opportunistisches Verhalten am Ende ihrer CEO-Laufbahn zerstören werden. Alternativ ist anzunehmen, daß viele Manager Pensionszahlungen von ihren Unternehmen erhalten, die zumindest teilweise an den weiteren Unternehmenserfolg angelehnt sind. Schließlich ist denkbar, daß Manager gegen Ende ihrer Laufbahn eine so lange Sozialisation durchlaufen haben, daß ihnen opportunistisches Verhalten am Ende der Vertragslaufzeit gar nicht als gangbare Verhaltensalternative erscheint.

Die Studien von Brickley u.a. (1985) und DeFusco u.a. (1990) interpretieren die Entscheidung bezüglich der Einführung von Optionsplänen als Ja/Nein-Entscheidung. Bei ihren Untersuchungen der Kapitalmarktwirkungen nehmen sie keine weiteren Unterscheidungen bezüglich der Charakteristika der Optionen vor. Wie bereits angesprochen kann dies aber bedeuten, daß sehr unterschiedliche Optionspläne in der Experimentgruppe vertreten sind. Die durchschnittliche Kapitalmarktreaktion ist damit aber nur ein sehr ungenaues Maß für die Beurteilung der Qualität von Aktienoptionsplänen. Den Studien von Brickley u.a. (1985) und DeFusco u.a. (1990) liegt nämlich implizit die Hypothese zugrunde, daß Optionspläne grundsätzlich voll in Kraft treten und positive, merkliche Anreizeffekte haben. Hingegen ist bei Beschluß über Options- und andere langfristige Vergütungsverträge oft noch gar nicht geklärt, in welchem Umfang Unternehmen von den Möglichkeiten der Pläne Gebrauch machen.[237] Westphal/Zajac vermuten denn auch, daß die Einführung eines Optionsplanes auch lediglich eine symbolische Geste sein könnte.[238] Untermauert wird diese Vermutung durch den Befund, daß von den Unternehmen, die langfristige Vergütungspläne, zu denen auch Optionspläne gezählt werden, einführen, lediglich 55% auch tatsächlich entsprechende Zusagen an die Führungskräfte machen. Die übrigen 45% der Unternehmen führen lediglich offiziell ihre Pläne ein, nutzen diese aber nicht.[239] Es finden sich interessante Einsichten in die möglichen Determinanten der Entscheidung zur Optionsplaneinführung und der tatsächlichen Nutzung. So zeigt sich, daß Unternehmen mit starken CEO's eher langfristige Vergütungspläne einführen[240], diese dann aber nur unterproportional in Kraft treten lassen[241]. Ferner ergibt sich, daß Unternehmen mit einer Unterperformance eher Vergütungspläne einführen als Unternehmen, deren Performance im oder über dem Marktdurchschnitt liegt. Schließlich läßt sich auch noch ein signifikanter Zeittrend beobachten. Untersucht wurden langfristige Vergütungspläne, die im Zeitraum von 1972 bis 1990 eingeführt wurden. Dabei zeigte sich, daß die Unternehmen, die die Pläne relativ früh einführten, diese dann tendenziell auch nutzten, während die später einführenden Unternehmen die Pläne nur unterproportional in Kraft setzten.[242] Insgesamt können die Ergebnisse so interpretiert werden, daß starke CEO's gerade auch bei schlechter Performance

[237] Westphal/Zajac (1994), S. 369.
[238] Westphal/Zajac (1994), S. 370.
[239] Westphal/Zajac (1994), S. 378.
[240] Westphal/Zajac (1994), S. 378 f.
[241] Westphal/Zajac (1994), S. 380.
[242] Westphal/Zajac (1994), S. 380.

versuchen, lediglich den Schein zu wahren. Durch die Einführung und Nichtnutzung von langfristigen Vergütungsprogrammen erwecken sie einerseits den Eindruck, sich um die Aktionärsinteressen ausreichend zu bemühen, ohne andererseits einem erhöhten Vergütungsrisiko ausgesetzt zu sein.[243] Selbst für den Board of Directors kann diese Form symbolischen Managements vorteilhaft sein, da der Eindruck entsteht, daß echte Kontrolle ausgeübt und dem Management echte Aufgaben gestellt werden, der Board seinen Aufgaben also angemessen nachkommt. Der Zeittrend der abnehmenden Quote tatsächlich genutzter Vergütungspläne zeigt schließlich, daß diese eine institutionelle Entwicklung vom Problemlösungsansatz zur Modeerscheinung sine qua non durchlaufen.[244] Die implizite Annahme der Kapitalmarktstudien, daß nämlich Optionsplan gleich Optionsplan sei, kann damit so nicht aufrecht erhalten werden. Brickley u.a. (1985) untersuchten den Zeitraum von 1979-1982, DeFusco u.a. (1990, 1991) den von 1978-1982. Die untersuchten Pläne fallen damit in den Zeitraum, den auch Westphal/Zajac untersucht haben und für den diese Autoren angeben, daß etwa 20 bis 30% der Pläne nie in Kraft getreten sind.[245] Die Kapitalmarktstudien umfassen damit auch die Reaktion auf Pläne, die bedeutungslos geblieben sind. Sollte der Markt dieses antizipiert haben, dürfte die Kapitalmarktreaktion auf diese Pläne gleich Null sein. Damit müßte die durchschnittliche Kapitalmarktreaktion auf die effektiv in Kraft getretenen Pläne also um den Prozentsatz von 20-30% höher ausfallen. Dies ist nur eine Möglichkeit, weshalb die durchgeführten Studien den Effekt "guter" Optionspläne deutlich unterschätzen dürften.

Bei der Beurteilung der Studien zu den Kapitalmarktreaktionen auf die Neueinführung von Optionsplänen müssen also eine ganze Reihe wichtiger Einschränkungen dieser Studien berücksichtigt werden. So zeigte sich, daß die Einführung von Optionsplänen kein Zufallsprodukt ist. Damit verlieren die verwendeten Testverfahren in den Studien aber ihre Gültigkeit, da alle Tests unter der Nullhypothese von der Zufälligkeit der Zugehörigkeit zu Experiment- oder Kontrollgruppe ausgehen. Selbst wenn die Verletzung der Zufallsannahme in diesem Fall keine gravierenden Einflüsse auf die Testverteilungen haben sollte, so bleibt doch der inhaltliche Einwand bestehen, daß mit der Einführung eines Optionsplanes weitere Informationssignale an den Markt gegeben werden. So zeigte sich, daß die Wahrscheinlichkeit für die Einführung eines Optionsplanes von der Liquiditätslage eines Unternehmens abhängt. Damit wird die Einführung eines Optionsplanes aber auch zum Signal eines Liquiditätsengpasses. Die Kapitalmarktreaktion ist damit in keinem Fall nur eine Reaktion auf die vermeintliche Motivationswirkung eines Aktienoptionsplanes. Daneben fanden sich noch Hinweise, daß Optionspläne untereinander sehr heterogen sein können, z.B. im Umfang, in dem sie tatsächlich eingesetzt werden. Wird dieser Heterogenität nicht Rechnung getragen, müssen durchschnittliche Kapitalmarktreaktionen die Wirkung "guter" Pläne unterschätzen,

243 Westphal/Zajac (1994), S. 383.
244 Westphal/Zajac (1994), S. 385.
245 Westphal/Zajac (1994), S. 381, Abbildung 1.

während die Qualität "schlechter" Pläne überschätzt wird. Schließlich fanden sich Belege dafür, daß die Gestaltung und das Timing von Optionsplänen von den betreffenden Managern selbst zu ihren Gunsten beeinflußt wird. Damit muß auch für die Ja/Nein-Entscheidung der Einführung von Optionsplänen angenommen werden, daß diese durch Insiderwissen mitbestimmt wird. Die Einführung signalisiert dem Markt damit auch positives Insiderwissen.

Aufgrund der angeführten Problembereiche ist keine abschließende Beurteilung der Eignung von Aktienoptionsplänen auf Basis der vorliegenden Studien möglich. Die geringe Kapitalmarktreaktion auf die Einführung von Optionsplänen kann weder als Beweis für noch als Beweis gegen die Tauglichkeit von Optionsplänen als Anreizinstrument interpretiert werden.

3.2. Verhaltensmodelle

3.2.1. Zentrale Vertragsparameter

Gemäß Definition lassen sich Optionspläne als Vergütungsverträge ansehen, deren wesentliches Charakteristikum in der asymmetrischen Zahlungsstruktur liegt. Als variables Einkommen wird nur der Betrag realisiert, der sich aus der Differenz zwischen Aktienkurs und Bezugskurs multipliziert mit der Anzahl der Optionen ergibt. Damit werden die Anzahl der Optionen und die Wahl des Bezugskurses zu den zentralen Vertragsparametern. Der folgende Teil des dritten Kapitels ist daher vornehmlich der Frage gewidmet, wie die Anzahl und der Bezugskurs festgelegt werden sollten, um dem Manager einen optimalen Anreiz zur Schaffung von Shareholder Value zu geben. Dabei ist zu berücksichtigen, daß Anzahl und Bezugskurs gemeinsam den Wert und die Verhaltenswirkungen bestimmen, so daß nur eine simultane Berücksichtigung beider Parameter Rückschlüsse auf die Gestaltung von Optionsplänen zuläßt.

3.2.1.1. Bezugskurs

Wie ausgeführt hängt der potentielle Ausübungsgewinn pro Option davon ab, zu welchem Bezugskurs die Aktie erworben werden darf. Ein niedrigerer Bezugskurs führt damit c.p. zu einem höheren Ausübungsgewinn. Über die Höhe des Bezugskurses wird jedoch nicht nur der Wert der Option bestimmt, sondern auch ganz zentral die Verhaltenswirkungen. Werden beispielsweise sehr niedrige Bezugskurse unterhalb des Aktienkurses bei Gewährung gewählt, so weisen die Optionen eine eher symmetrische Zahlungscharakteristik auf. Ein risikoaverser Manager wird dann evtl. bestrebt sein, eher mögliche Kursverluste zu begrenzen als hohe Kurssteigerungen anzustreben, wenn damit höhere Risiken verbunden wären. Werden hingegen Optionen mit relativ hohem Bezugskurs gewährt, so muß evtl. erst eine hohe Kurssteigerung erreicht werden, ehe die Optionen mit Gewinn ausgeübt werden können. In diesem Fall ist die Zahlungscharakteristik stark asymmetrisch und induziert stärker risikofreudiges Verhalten.

3.2.1.2. Optionsanzahl

Die Verhaltenswirkungen von Optionsplänen werden also einerseits durch die Zahlungscharakteristik bestimmt. Diese allein reicht aber nicht aus, einen gewünschten Verhaltenseffekt zu bewirken. Vielmehr ist zur Untermauerung eine ausreichende Anzahl von Optionen notwendig. Die Variation der Optionsanzahl bewirkt eine Verstärkung oder Abschwächung der durch den Bezugskurs vorgegebenen Verhaltenstendenz. Es ist klar, daß der Verhaltenseffekt gegen Null tendiert, wenn die Anzahl der gewährten Optionen ebenfalls gegen Null strebt. In diesem Fall ist die Wahl des Bezugskurses natürlich belanglos. Da sowohl die Anzahl als auch der Bezugskurs den Wert eines Optionsprogrammes determinieren, muß es Ziel der folgenden Analysen sein, eine simultane Bestimmung beider Parameter im Sinne der Eigentümer vorzunehmen. Hierbei ist zu berücksichtigen, daß Optionspläne mit gleichem Marktwert längst nicht zu gleichen Anreizbedingungen führen müssen. Ein Optionsplan A mit sehr geringem Bezugskurs und sehr wenigen Optionen kann zwar durchaus den gleichen Marktwert wie ein Plan B haben, der eine hohe Anzahl von Optionen mit einem hohen Bezugskurs kombiniert. Die Anreizwirkungen dürften sich aber fundamental unterscheiden. Während Plan A eine symmetrische Zahlungscharakteristik bezogen auf Kurssteigerungen/-rückgänge aufweist und die möglichen Gewinne und Verluste sehr begrenzt sind, zeichnet sich Plan B durch eine stark asymmetrische Zahlungscharakteristik auf. Hier werden Kurssteigerungen sehr viel stärker belohnt als Kursrückgänge bestraft werden. Dies wiederum hat z.B. einen deutlichen Einfluß auf die Risikobereitschaft eines risikoaversen Entscheiders. Unter Plan A wird er riskante Projekte unterlassen, da ihn die Risiken voll treffen. Unter Plan B hingegen wird er riskante Projekte nicht per se ablehnen, da er nur an den Chancen partizipiert, nicht jedoch an Verlustrisiken. Ziel bei der Gestaltung eines Optionsplanes muß daher sein, das Zusammenspiel von Optionsanzahl und Bezugskurs so zu wählen, daß ein optimales Verhältnis zwischen induziertem Verhalten und Kosten des Optionsplanes erreicht wird. Wie sich zeigen wird, läßt sich zumindest heuristisch begründen, daß Optionspläne des eben beschriebenen Typs B mit hohem Bezugskurs und hoher Optionsanzahl unter verschiedensten Bedingungen brauchbare Resultate erbringen dürften. Dies gilt nicht für Pläne des Typs A, die nur unter sehr engen Bedingungen brauchbar erscheinen. Da man das Vorliegen bestimmter Bedingungen in der Realität aber nicht wird überprüfen können, kann hieraus gefolgert werden, daß ein robuster Plan des Typs B vorzuziehen ist, von dem mit hoher Wahrscheinlichkeit angenommen werden kann, daß er wünschenswerte Verhaltensreaktionen bei den Managern hervorruft.

3.2.2. Allgemeine Modellstruktur

In den Modellen des folgenden Kapitels soll der Versuch unternommen werden, die Auswirkungen einer Variation der Optionsbedingungen auf das Verhalten des Agenten zu untersuchen. Ziel hierbei wird es sein, solche Optionsbedingungen zu ermitteln, die ein Verhalten generieren, welches sich aus Eigentümersicht als optimal erweist. Um diese Analyse durchführen zu können, muß zunächst eine Annahme darüber getroffen werden, wie sich der Aktienkurs in Abhängigkeit vom Verhalten des Agenten entwickelt. Als grundlegendes Modell der Evolution des Aktienkures über die Zeit wird das Binomialmodell der Kursevolution unterstellt. Dieses Modell wurde ursprünglich von Cox et.al. (1979) als ein Modell zur Berechnung von Optionswerten vorgeschlagen. Es geht von folgenden Prämissen aus: Die Zeit wird als diskrete Variable behandelt. Zu jedem Zeitpunkt t kann der Aktienkurs nur um einen bestimmten Faktor fallen oder steigen. Um zu einer möglichst sparsamen Parametrisierung zu kommen, wird im folgenden angenommen, daß die Gesamtheit aller möglichen Kurse vollständig durch den Parameter s beschrieben werden kann. Wenn der Kurs steigt, so steigt er um den Faktor s, und wenn er fällt, so fällt er um den Faktor s^{-1}, wobei $s > 1$ vorausgesetzt wird. Für die Evolution des Aktienkurses v gilt damit, daß der Kurs bei einem Anstieg auf vs ansteigt oder bei einem Kursrückgang auf vs^{-1} fällt. Allgemein gilt damit für den Zeitpunkt $t+1$, daß sich der Aktienkurs zu diesem Zeitpunkt ergibt als $v_{t+1} = v_t s$ oder als $v_{t+1} = v_t s^{-1}$. Die Evolution des Aktienkurses v über die Zeit läßt sich damit wie in folgender Abbildung darstellen:

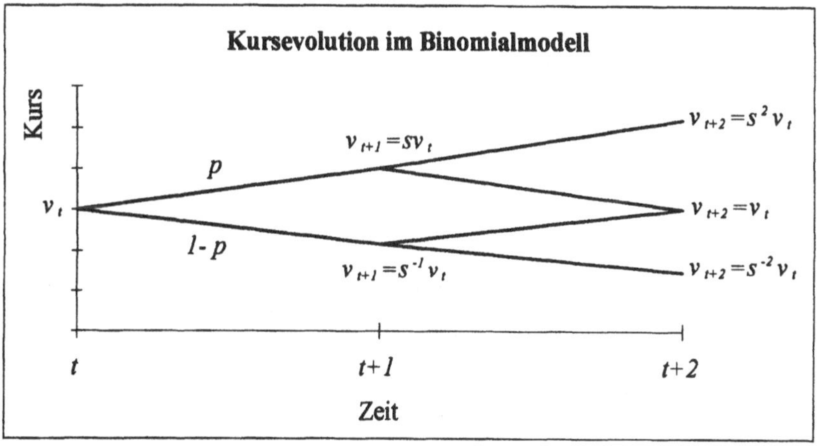

Abb. 6: Kursevolution im Binomialmodell

Die Wahrscheinlichkeit, mit der ein Kursanstieg im Zeitpunkt t stattfindet, sei mit p bezeichnet. Legt man diese Annahmen bzw. Bezeichnungen zugrunde, so kann die erwartete Periodenrendite der Aktie im Zeitpunkt t angegeben werden als:

$$\begin{aligned} E(R_t) &= \frac{pv_t s + (1-p)v_t s^{-1}}{v_t} - 1 \\ &= p(s - s^{-1}) + s^{-1} - 1 \end{aligned} \tag{1}$$

Von Dividendenzahlungen, Kapitalerhöhungen oder Aktiensplits wird im folgenden abgesehen. Wie sich sofort zeigt, steigt die erwartete Rendite mit der Höhe der Kursanstiegswahrscheinlichkeit p:

$$\frac{dE(R_t)}{dp} = s - s^{-1} > 0 \tag{2}$$

Im Grenzfall $p = 1$ beträgt die (erwartete) Rendite $E(R_t) = s - 1$. Für den Multiplikator s läßt sich hingegen kein monotoner Zusammenhang mit der erwarteten Rendite feststellen. Es ist:

$$\frac{dE(R_t)}{ds} = p + s^{-2}(p-1) \tag{3}$$

Für kleine Werte von p kann eine Erhöhung des Multiplikators also auch zu einem Absinken der erwarteten Rendite führen. Unabhängig vom Ausgangswert von s führt eine Erhöhung jedoch immer zu einer steigenden Rendite, wenn für die Kursanstiegswahrscheinlichkeit $p \geq 0{,}5$ gilt. Ferner ist auch ersichtlich, daß für jede gegebene Kursanstiegswahrscheinlichkeit $p > 0$ ein Wert s^+ des Multiplikators s exisiert, ab dem die erwartete Rendite streng monoton in s wächst. Dieser Wert ist gegeben durch $s^+ = (1-p)/p$.

Die Volatilität σ_R der Aktienrendite pro Periode ist definiert als die Standardabweichung der Renditen. Diese ist gegeben durch:

$$\begin{aligned} \sigma_R &= \sqrt{(s-1-E(R))^2 p + (s^{-1}-1-E(R))^2(1-p)} \\ &= (s-s^{-1})\sqrt{p(1-p)} \end{aligned} \tag{4}$$

Hierbei ist der Erwartungswert der Rendite unter Vernachlässigung des Zeitindex wie in Gleichung (1) definiert. Wie leicht zu sehen ist, steigt die Volatilität mit steigendem Kursmultiplikator streng monoton:

$$\frac{d\sigma_R}{ds} = (1+s^{-2})\sqrt{p(1-p)} \tag{5}$$

Eine Erhöhung der Kursanstiegswahrscheinlichkeit hat indessen keine eindeutige Wirkungsrichtung auf die Volatilität:

$$\frac{d\sigma_R}{dp} = (s - s^{-1})\frac{1-2p}{\sqrt{p(1-p)}} \tag{6}$$

Für Wahrscheinlichkeiten unter 0,5 steigt die Volatilität streng monoton in p, erreicht für $p = 0{,}5$ ihr Maximum, um danach streng monoton zu fallen.

Bei mehrperiodigen Betrachtungen wird es sich im folgenden als zweckmäßig erweisen, neben dem Zeitindex t noch einen weiteren Index j einzuführen, um Variablen zu kennzeichnen. Dieser Index j gibt die Anzahl der bisher eingetretenen Kurssteigerungen an. So bezeichnet p_{tj} die Wahrscheinlichkeit dafür, daß der Kurs vom Zeitpunkt t auf den Zeitpunkt $t+1$ ansteigt, wenn bis zu diesem Zeitpunkt bereits j Kursanstiege stattgefunden haben. Aufgrund des binomialen Charakters des Modells kann aus j und t natürlich auch auf die Anzahl der Kursrückgänge bis zum Zeitpunkt t geschlossen werden. Die Anzahl ist durch $t-j$ gegeben.

Aufbauend auf diesen Vorüberlegungen kann jetzt die Modellierung des Verhaltens des Agenten vorgenommen werden. Hierzu sollen im folgenden zwei unterschiedliche Grundmodelle unterschieden werden. Beide Modelle stellen einen Zusammenhang zwischen dem Verhalten des Agenten und dem Aktienkursverlauf her.

3.2.2.1. Grundmodell A

Der Agent beeinflußt die Evolution der Aktienkurse über die Kursanstiegswahrscheinlichkeiten. Es wird angenommen, daß die Kursanstiegswahrscheinlichkeit p eine (streng) monoton steigende Funktion des Arbeitseinsatzes (Effort) e des Agenten ist, d.h. $p = p(e)$ mit $p' > 0$. Dieser Arbeitseinsatz verursacht dem Agenten persönliche Kosten (Arbeitsleid), die durch die Funktion $K(e)$ gemessen werden. Diese Kostenfunktion wird im folgenden als streng konvex angenommen, wobei $K(0) = 0$ und $K'(0) = 0$ gelte. Um auch hier zu einer möglichst sparsamen Parametrisierung zu kommen, werden für die weitere Analyse folgende Funktionen unterstellt:

$$p(e) = e \tag{7}$$

und:

$$K(e) = 0{,}5ke^2 \tag{8}$$

Die Konstante k ist ein Maß für die Höhe der Kosten des Arbeitsleides. Die erste Festlegung auf $p(e) = e$ bedingt natürlich, daß der zulässige Wertebereich für den Arbeitseinsatz bestimmt ist durch $0 \leq e \leq 1$, da ansonsten unzulässige Wahrscheinlichkeitswerte auftreten könnten. Bei der Betrachtung einperiodiger Modelle wird auf eine weitere Kennzeichnung der Variablen verzichtet. In mehrperiodigen Modellen werden hingegen die Indizes t und j verwendet. So bezeichnet e_{tj} den Effort des Agenten zum Zeitpunkt t, wenn bis zu diesem Zeitpunkt j Kursanstiege stattgefunden haben.

In allen Modellen, in denen der Effort die zu untersuchende Entscheindungsvariable ist, wird der Kursmultiplikator s als Konstante über die Zeit behandelt. Der Aktienkurs v_t zum Zeitpunkt t kann in diesem Fall direkt auf den Anfangskurs v_0 zurückgeführt werden über die Beziehung $v_t = v_0 s^{2j-t}$.

3.2.2.2. Grundmodell B

In diesem Modell wird der Kursmultiplikator s als Entscheidungsvariable aufgefaßt. Die Aufgabe des Agenten besteht somit darin, den für ihn günstigsten Wert von s auszuwählen. Der Agent wählt durch den Parameter s einen Aktienkursprozeß, der durch die in den Gleichungen (1) und (4) bestimmten Werte für die erwartete Rendite und Volatilität gekennzeichnet ist. In allen Modellen, in denen der Kursmulitplikator s die Entscheidungsvariable darstellt, wird die Kursanstiegswahrscheinlichkeit als gegebene Konstante behandelt. Da es sich bei der Wahl von s um eine Auswahlentscheidung handelt, wird angenommen, daß die Wahl dem Agenten keine spezifischen, von s abhängigen Kosten verursacht. Damit ein solches Modell zu sinnvollen Ergebnissen kommen kann, muß der zulässige Wertebereich von s beschränkt werden. Läßt man nämlich alle Werte $s > 1$ zu, so ergibt sich aus Gleichung (1):

$$\lim_{s \to \infty} E(R_t) = \lim_{s \to \infty} \left[p(s - s^{-1}) + s^{-1} - 1 \right] = \infty \qquad (9)$$

Damit wäre es dem Agenten aber möglich, eine Wahl zu treffen, bei der die erwartete Rendite der Aktien gegen unendlich geht. Dieser unendlichen Rendite der Aktien stünden aber keinerlei Kosten gegenüber, so daß Prinzipal und Agent beide eine unendliche erwartete Vergütung realisieren könnten. Dies wäre aber keine sinnvolle Annahme für ein Modell, welches bestrebt ist, reale Entscheidungssituationen abzubilden. Im folgenden wird daher davon ausgegangen, daß der Parameter s aus dem Intervall $[1, \bar{s}]$ mit $1 < \bar{s} < \infty$ gewählt werden muß. Der Wert $s = 1$, der zu einem deterministischen Kursverlauf konstanter Kurse führen würde, sei hier ausdrücklich zugelassen.

3.2.2.3. Managementvergütung

Für die Managementvergütung wird im folgenden vereinfacht angenommen, daß sich diese aus nur zwei Teilen zusammensetzt, dem Fixgehalt F und einer variablen Vergütung. Die variable Vergütung besteht ausschließlich aus einer Anzahl α von Optionen mit jeweiligem Bezugskurs β. Der Vergütungsvertrag y zum Zeitpunkt t ist damit definiert als:

$$y_t = F_t + \alpha \max\left[v_{t+1} - \beta, 0\right] \tag{10}$$

Aus diesem Vertrag resultiert eine erwartete Vergütung in Höhe von:

$$E(y_t) = F_t + \alpha E\left(\max\left[v_{t+1} - \beta, 0\right]\right) \tag{11}$$

Auf eine Diskontierung des erst in der Zukunft anfallenden Gewinns aus einer eventuellen Optionsausübung wird in den folgenden Modellen verzichtet. Dies erscheint als zulässige Vereinfachung, da die Ergebnisse nicht zentral von der Berücksichtigung einer Diskontierung abhängen und die Analysen damit nur unnötig aufblähen würden.

3.2.2.4. Nutzenfunktion des Agenten

Für den Agenten sei angenommen, daß dieser risikoavers oder risikoneutral ist. Speziell sei unterstellt, daß die Nutzenfunktion des Geldes $V(y)$ die Form:

$$V(y) = y^b \tag{12}$$

mit $0 < b \leq 1$ hat. Es handelt sich hierbei um Nutzenfunktionen mit konstanter relativer Risikoaversion. Für den Grenzfall $b = 1$ ist der Agent risikoneutral. Der Gesamtnutzen U des Agenten ergibt sich aus der Differenz zwischen dem Nutzen des Geldes und dem Disnutzen des Arbeitseinsatzes $K(e)$. Disnutzen des Arbeitseinsatzes fällt allerdings nur in den Modellen mit Effortwahl an. In diesen Modellen ist der Gesamtnutzen des Agenten damit gegeben als:

$$U(y,e) = y^b - K(e) \tag{13}$$

In den Modellen mit Wahl des Kursmultiplikators s fällt kein Arbeitseinsatz an, weshalb die Nutzenfunktion hier gegeben ist als:

$$U(y,e) = V(y) = y^b \tag{14}$$

3.2.2.5. Nutzenfunktion des Prinzipals

Für den Prinzipal wird in den folgenden Modellen Risikoneutralität unterstellt. Seine Nutzenfunktion hängt damit ausschließlich linear von seinem Vermögen bzw. Einkommen ab. Speziell sei angenommen, daß sein Nutzen W in Abhängigkeit von seinem Vermögen w durch $W(w) = w$ gegeben ist. Diese Annahme impliziert, daß der Prinzipal bei seinen Entscheidungen versucht, den Erwartungswert seiner Vermögensposition zu maximieren. Diese Annahme bedarf einiger Erläuterungen. Zunächst könnte die Annahme damit gerechtfertigt werden, daß es sich hierbei um eine klassische Annahme der Principal-Agent-Theorie handelt, die mit der größeren Diversifikationsmöglichkeit des Prinzipals begründet werden kann. Dies erscheint jedoch vor dem Hintergrund der spezifischen Fragestellung dieser Arbeit unbefriedigend. Denn schließlich wird hier die Gesamtheit der Aktionäre als Prinzipal interpretiert. Die Annahme risikoneutraler Aktionäre steht aber im Widerspruch zur gesamten Kapitalmarkttheorie. Vor diesem Hintergrund bedarf die Annahme der Risikoneutralität also einer eingehenderen Begründung. Hierzu soll als Grundüberlegung das Capital Asset Pricing Model (CAPM) herangezogen werden. Dem CAPM zufolge ergibt sich die erwartete Rendite $\overline{R}$ eines Wertpapiers im Kapitalmarktgleichgewicht aus:

$$\overline{R} = r + \beta(\overline{R}_M - r) \tag{15}$$

Hierbei bezeichnet r den risikolosen Zinssatz, $\overline{R}_M$ die erwartete Rendite eines Marktportefeuilles und β den Betafaktor des Wertpapiers, welcher definiert ist als Quotient aus Kovarianz zwischen Wertpapierrendite und Portfoliorendite und der Varianz der Portfoliorendite:

$$\beta = \frac{Cov(R, R_M)}{Var(R_M)} \tag{16}$$

Eine Veränderung im betrachteten Unternehmen verändert die erwartete Rendite des Unternehmens also nur dann, wenn die Veränderung den Betafaktor des Unternehmens beeinflußt. Wenn dies nicht der Fall ist, dann führt eine steigende erwartete Rendite der Aktie zu einem unmittelbaren Vermögensgewinn der Aktionäre. Dies sieht man an der Reaktion des Aktienkurses bei einer Veränderung der erwarteten Rendite. Der Aktienkurs ergibt sich nämlich als diskonierter Cashflow, wobei die Diskontierung mit dem Satz $\overline{R}$ vorgenommen wird. Nimmt man nun an, daß der zukünftige Cashflow steigt, der Diskontierungsfaktor aufgrund unveränderten Betas aber konstant bleibt, so muß der Aktienkurs sofort steigen. Jede Managementmaßnahme, die alle zukünftigen Periodencashflows erhöht, den Betafaktor aber unberührt läßt, führt zu einem direkten Vermögensgewinn der Aktionäre. Dies bedeutet im Umkehrschluß, daß die Aktionäre an einer Maximierung zukünftiger Cashflows auch dann interessiert sind, wenn sie risikoavers sind, solange der Betafaktor unverändert bleibt. Bezogen auf das betrachtete Unternehmen verhalten sich die Aktionäre in diesem Fall aber risikoneutral, selbst wenn sie insgesamt risikoavers sind. Die Annahme eines risikoneutralen Prinzipals in den folgenden Analysen kann damit dadurch gerechtfertigt werden, daß angenommen wird, daß die Veränderungen der Cashflows im betrachteten Unternehmen nicht mit einer Veränderung des Betafaktors einhergeht.

3.2.2.6. Modellkritik

Die Verwendung des Binomialmodells in diesem Kontext bedarf einer Rechtfertigung. Diese ist notwendig, da das Binomialmodell einige Spezifika aufweist, die nur diesem Modell inherent sind und die die späteren Ergebnisse der Modellanalysen teilweise determinieren. Eine Spezifität besteht nun darin, daß ausgehend von einem gegebenen Kurs ein geschlossenes Kursintervall für alle zukünftigen Kurse existiert. Ausgehend vom Kurs v_t zum Zeitpunkt t und dem maximal zulässigen Kursmultiplikator $\bar{s}$ liegen alle Kurse zum Zeitpunkt $t + T$ im Intervall $[v_t\bar{s}^{-T}, v_t\bar{s}^{T}]$, da der Kurs pro Periode maximal um den Faktor $\bar{s}^{-1}$ fallen oder um $\bar{s}$ steigen kann. Dies bedingt, daß Situationen eintreten können, in denen bspw. der Bezugskurs bis zum Ende der Optionslaufzeit nicht mehr erreicht werden kann. Der Agent ist dann indifferent bzgl. der Wahl des Kursmultiplikators oder wählt eine optimale Leistung von Null, da die Option in jedem Fall wertlos verfällt. Würde man hingegen eine stetige, unbeschränkte Verteilung zukünftiger Kurse unterstellen, könnte eine derartige Situation nicht eintreten. Allerdings ist anzumerken, daß die grundsätzliche Aussage über das Optimalverhalten des Agenten tendenziell sehr ähnlich ausfallen würde. Nur wäre die Aussage nicht ganz so scharf, da sowohl Indifferenz als auch Leistungsreduktion auf Null nur näherungsweise eintreten würden. Diese Einschränkung durch das Binomialmodell erscheint daher wenig problematisch.

Eine weitere Besonderheit des Binomialmodells liegt im diskreten Charakter zukünftiger Kursverteilungen. Dies erscheint zur Beschreibung realer Kursverteilungen zunächst als problematisch. Allerdings könnte dieses Problem durch eine entsprechende Anpassung der Modellstruktur weitestgehend eliminiert werden. Bereits Cox u.a. (1979) haben darauf hingewiesen, daß die Zeitintervalle im Binomialmodell entsprechend kurz gewählt werden können. Läßt man dafür die Anzahl der Zeitpunkte, zu denen eine Kursveränderung eintreten kann, sehr groß werden, so läßt sich zeigen, daß die Kursverteilung nach einer großen Anzahl von Perioden gegen eine Lognormalverteilung konvergiert. Der diskrete Charakter des Binomialmodells kann damit überwunden werden, wo dies notwendig erscheint.

Der schwerwiegendste Einwand gegen die diskrete Struktur ergibt sich aber zunächst unter formalen Gesichtspunkten. Denn die diskrete Kursverteilung bedingt, daß auch die Entscheidungssituationen des Agenten diskret unterschieden werden können. Selbst wenn es dann gelingt, für jeden gegebenen Kurs eine geschlossene Lösung für das Optimalverhalten zu bestimmen, so kann doch in keinem Fall eine differenzierbare Reaktionsfunktion des Agenten hergeleitet werden, die das Optimalverhalten in Abhängigkeit vom Aktienkurs beschreibt. Dies wiederum schließt die Anwendung der Methoden der Differentialrechnung weitestgehend aus. Hierbei muß allerdings berücksichtigt werden, daß mögliche alternative Modellierungen ebenfalls zu unbefriedigenden Resultaten führen würden. Würde man die Zeit als stetige Variable auffassen und die Kursevolution verstetigen, dann bestände zumindest die Möglichkeit, zu differenzierbaren Reaktionsfunktionen zu kommen. Betrachtet man aber die inhaltliche Interpretation des Managementhandelns, hier insbesondere die Modellierung der Investitionsentscheidungen, so erscheint eine Verstetigung doch eher als unzweckmäßiger Kunstgriff. Denn wenn man unterstellt, daß Investitionsentscheidungen größerer Tragweite getroffen werden, die selbst einen diskreten Charakter haben, ist eine stetige Reaktion des Aktienkurses keine angemessene Modellierung. Vielmehr müßte man auch hier von Kurssprüngen ausgehen, die wiederum zu nicht differenzierbaren Reaktionsfunktionen führen würden. Alternativ müßten die Investitionsentscheidungen ihrerseits als stetig in der Zeit modelliert werden, was ebenfalls unbefriedigend erscheint.

Schließlich spricht für die Verwendung des Binomialmodells, daß dieses mit einer relativ sparsamen Parametrisierung auskommt. Hierdurch und durch den diskreten Charakter treten "Verhaltensmuster" als Reaktion auf die Variation der Optionsplangestaltung besonders deutlich hervor. Zu bedenken ist ferner, daß die durchzuführenden Analysen ohnehin nur einen heuristischen Begründungsrahmen für die Gestaltung empirischer Optionspläne liefern können. Denn die für eine mehr als heuristische Empfehlung notwendigen Daten über Nutzenfunktionen, Reservationsnutzen und Risikoaversionsgrade sind empirisch nicht zu erfassen. Es ist damit nicht zu sehen, daß aus alternativen, komplizierteren Modellansätzen "bessere" Schlußfolgerungen gezogen werden könnten. Daher erscheint die Verwendung des Binomialmodells als durchaus gerechtfertigt.

3.2.3. Effortwahlmodelle

Die folgenden Modelle untersuchen die Anreizeffekte von Optionsplänen für den Fall, daß die Aktion des Agenten in der Wahl der Arbeitsanstrengung (Effort) liegt. Diese verursacht ihm Arbeitsleid, welches durch eine entsprechende Kostenfunktion in seinem Kalkül berücksichtigt wird.

3.2.3.1. Einperiodiges Modell

Die Aufgabe des Prinzipals besteht in der möglichst optimalen Festlegung der Vertragsparameter für den Agenten. Der Prinzipal wählt Fixgehalt, Anzahl und Bezugskurs der Optionen so, daß ihm nach Abzug der erwarteten Vergütung ein möglichst hohes erwartetes Endvermögen verbleibt. Er berücksichtigt hierbei, daß der Agent durch seinen Arbeitseinsatz die Verteilungsfunktion zukünftiger Kurse beeinflussen kann. Ein höherer Arbeitseinsatz führt zu einer stochastisch dominanten Verteilung der Aktienkurse gegenüber der Verteilung bei geringerem Arbeitseinsatz. Gemäß Annahme hängt im binomialen Kursmodell die Wahrscheinlichkeit für einen Kursanstieg positiv vom Arbeitseinsatz ab. Speziell gelte die Beziehung $p = e$. Zur Ermittlung der Optimallösung muß zunächst die Entscheidungssituation des Agenten untersucht werden. Im einperiodigen Modell ergibt sich der Erwartungsnutzen des Agenten zu:

$$\begin{aligned} E(U(e)) &= p\left(F+\alpha\cdot\max[sv_0-\beta,0]\right)^b+(1-p)\left(F+\alpha\cdot\max[s^{-1}v_0-\beta,0]\right)^b-0{,}5ke^2 \\ &= e\left(F+\alpha\cdot\max[sv_0-\beta,0]\right)^b+(1-e)\left(F+\alpha\cdot\max[s^{-1}v_0-\beta,0]\right)^b-0{,}5ke^2 \end{aligned} \tag{1}$$

Der Agent wird nun den Effort e so wählen, daß sein erwarteter Nutzen maximiert wird. Als Bedingung erster Ordnung ergibt sich damit:

$$\frac{E(U(e))}{de}=\left(F+\alpha\cdot\max[sv_0-\beta,0]\right)^b-\left(F+\alpha\cdot\max[s^{-1}v_0-\beta,0]\right)^b-ke \tag{2}$$

Das Extremum liegt daher an der Stelle

$$e^*=k^{-1}\left(F+\alpha\cdot\max[sv_0-\beta,0]\right)^b-k^{-1}\left(F+\alpha\cdot\max[s^{-1}v_0-\beta,0]\right)^b \tag{3}$$

Da die zweite Ableitung $d^2E(U(e))/de^2=-k<0$ ist, handelt es sich tatsächlich um ein Maximum, d.h. die optimale Entscheidung des Agenten. Der sich daraus ergebende optimale Erwartungsnutzen des Agenten beträgt dann:

$$\begin{aligned} E(U^*) = {} & 0{,}5k^{-1}\left[\left(F+\alpha\cdot\max[sv_0-\beta,0]\right)^b-\left(F+\alpha\cdot\max[s^{-1}v_0-\beta,0]\right)^b\right]^2 \\ & +\left(F+\alpha\cdot\max[s^{-1}v_0-\beta,0]\right)^b \end{aligned} \tag{4}$$

Der Prinzipal maximiert nun seinen Payoff, der sich aus der Kurssteigerung abzüglich der zu zahlenden Vergütung berechnet. Sein zu maximierender Erwartungsnutzen ist gegeben durch:

$$E(W(F,\alpha,\beta)=\left(sv_0-\alpha\cdot\max[sv_0-\beta,0]\right)p+(1-p)\left(s^{-1}v_0-\alpha\cdot\max[s^{-1}v_0-\beta,0]\right)-F \tag{5}$$

unter der Anreizbedingung $p = e^*$ und unter der Teilnahmebedingung $E(U^*) \geq \overline{U}$. Die Anreizbedingung kann direkt in (5) eingesetzt werden, während die Teilnahmebedingung über einen Lagrangeansatz zu berücksichtigen wäre. Bei der expliziten Lösung zeigt sich nun aber, daß der zu bestimmende optimale Vertrag nicht eindeutig determiniert ist. Um dies zu sehen, nehme man einen Vertrag $y = y(F;\alpha;\beta < v_0 s^{-1})$ und einen Vertrag $y_1 = y(F_1;\alpha_1;\beta_1 = v_0 s^{-1})$. Beide Verträge sind äquivalent, wenn sie in allen Umweltsituationen zu den gleichen Zahlungen führen. Im einperiodigen Modell existieren am Vertragsende, d.h. zum Zahlungszeitpunkt, nur zwei unterschiedliche mögliche Umweltsituationen: Der Kurs ist entweder einmal gefallen oder einmal gestiegen. Die Verträge sind daher äquivalent, wenn:

$$F + \alpha \max[sv_0 - \beta, 0] = F_1 + \alpha_1 \max[sv_0 - s^{-1}v_0, 0] \tag{6}$$

$$F + \alpha \max[s^{-1}v_0 - \beta, 0] = F_1 + \alpha_1 \max[s^{-1}v_0 - s^{-1}v_0, 0] \tag{7}$$

Diese Äquivalenz ist aber genau für $F_1 = F + \alpha \max[s^{-1}v_0 - \beta, 0]$ und $\alpha_1 = \alpha$ gegeben. Wenn nun also der Vertrag $y^* = y(F^*;a^*;\beta^* < s^{-1}v_0)$ optimal ist, dann ist auch der Vertrag $y_1^* = y(F_1^*;a_1^*;\beta_1^*) = y(F^* + \alpha^*(s^{-1}v_0 - \beta^*);\alpha^*;s^{-1}v_0)$ optimal. Diese Äquivalenz ergibt sich nun aber nicht nur für Verträge mit einem Bezugskurs unterhalb des minimalen Schlußkurses. Denn für jeden Vertrag $y = y(F;\alpha;\beta > v_0 s^{-1})$ existiert ein äquivalenter Vertrag mit $y_1 = y(F_1;\alpha_1;\beta_1 > \beta)$. Werden die Bezugskurse über dem minimalen Schlußkurs festgelegt, dann reduzieren sich die Gleichungen (6) und (7) zu:

$$F + \alpha(sv_0 - \beta) = F_1 + \alpha_1(sv_0 - \beta_1) \tag{8}$$

$$F = F_1 \tag{9}$$

Setzt man nun $\beta_1 = \beta + \varepsilon$ mit $\varepsilon > 0$, so läßt sich aus (8) und (9) die Bedingung $\alpha_1 = \alpha(sv_0 - \beta)/(sv_0 - \beta - \varepsilon)$ ableiten. Ist diese Gleichheit erfüllt, führen die Verträge in beiden Umweltsituationen zu gleichen Zahlungen. Ist also der Vertrag $y^* = y(F^*;a^*;\beta^* > s^{-1}v_0)$ optimal, dann ist auch $y_1^* = y(F_1^*;a_1^*;\beta_1^*) = y(F^*;\alpha^*(sv_0 - \beta^*)/(sv_0 - \beta^* - \varepsilon);\beta^* + \varepsilon)$ optimal.

Unter Berücksichtigung dieser Äquivalenz von Verträgen ist klar, daß das einperiodige Modell keine Rückschlüsse über optimale Bezugskurse und die optimale Anzahl von Optionen zuläßt. Die Äquivalenz der Verträge ist jedoch ein Artefakt der Modellierung. Die Verträge können nur deswegen in allen Umweltsituationen äquivalent sein, weil die Anzahl der Vertragsparameter größer ist als die Anzahl der Umweltsituationen (Schlußkurse). Die Existenz äquivalenter Verträge wäre sofort beendet, wenn eine stetige Kursverteilung oder eine größere Anzahl von Perioden untersucht würden. Aufgrund dieses "künstlichen" Charakters der Vertragsäquivalenz wird dieses Problem im folgenden zunächst ignoriert. Dies erscheint gerechtfertigt, da daß einperiodige Modell die Ausgangsbasis für die mehrperiodigen Modelle bildet, das Äquivalenzproblem dort aber verschwindet.

Bei der analytischen Lösung des einperiodigen Modells wird daher zunächst so vorgegangen, als wenn es keine äquivalenten Verträge geben würde. Durch diese Annahme lassen sich die übrigen analytischen Probleme zunächst besser herausarbeiten. Eines dieser Probleme liegt in der Nichtdifferenzierbarkeit der Maximumfunktion bezüglich des Parameters β an den Stellen $\beta = sv_0$ und $\beta = s^{-1}v_0$. Als Beweis der Nichtdifferenzierbarkeit sei hier nur angegeben, daß für $\beta \leq sv_0$:

$$\lim_{\beta \to sv_0} \frac{\max[sv_0 - \beta, 0] - \max[sv_0 - sv_0, 0]}{\beta - sv_0} = \lim_{\beta \to sv_0} \frac{(sv_0 - \beta) - 0}{\beta - sv_0} = -1 \tag{10}$$

während für $\beta \geq sv_0$:

$$\lim_{\beta \to sv_0} \frac{\max[sv_0 - \beta, 0] - \max[sv_0 - sv_0, 0]}{\beta - sv_0} = \lim_{\beta \to sv_0} \frac{0 - 0}{\beta - s} = 0 \tag{11}$$

folgt. Da beide Grenzwerte nicht übereinstimmen, ist die Funktion an dieser Stelle also nicht differenzierbar. Analog läßt sich dies für die Stelle $\beta = s^{-1}v_0$ zeigen. Da nun die Erwartungsnutzenfunktion des Prinzipals eine Funktion der Maximumfunktion ist, geht die Nichtdifferenzierbarkeit auf die Erwartungsnutzenfunktion über.

Mögliche Lösungen müssen also innerhalb der differenzierbaren Bereiche zunächst getrennt bestimmt und anschließend verglichen werden. Es sind hierzu drei Fallunterscheidungen nötig.

Fall A: $\beta \geq sv_0$

In diesem Fall liegt der Bezugskurs oberhalb oder auf Niveau des maximal zu erreichenden Kurses. Der Agent hat demnach gar keine Möglichkeit, Einkommen aus seinen Optionen zu erzielen, weshalb es ihm auch gleichgültig ist, ob der Aktienkurs steigt oder fällt. Aus Gleichung (3) folgt für diesen Fall auch sofort eine Optimalleistung von Null. Dies ergibt sich aus $\max[sv_0 - \beta, 0] = 0$ und $\max[s^{-1}v_0 - \beta, 0] = 0$. Damit reduziert sich die Erwartungsnutzenfunktion des Prinzipals aber auf $E(W) = s^{-1}v_0 - F$. Der Prinzipal kann durch die Wahl der Optionsbedingungen seinen Payoff also nicht beeinflussen. Will er die Reservationsnutzenbedingung des Agenten erfüllen, so müßte er ein Fixgehalt in Höhe von $\overline{U}^{1/b}$ zahlen. Um diesen Betrag würde aber das Endvermögen des Prinzipals reduziert gegenüber dem Fall, daß er keinen Vertrag anbietet. Der Prinzipal wird also keinen Vertrag anbieten.

Fall B: $sv_0 > \beta \geq s^{-1}v_0$

In diesem Fall läßt sich das Problem des Prinzipals als Maximierungsproblem der Lagrangefunktion $L = E(W) - \lambda\left[E(U^*) - \overline{U}\right]$ bezüglich der Vertragsparameter und bezüglich des Lagrangemultiplikators darstellen. Die Funktion L ist gegeben durch:

$$
\begin{aligned}
L = {} & \frac{\left(F + \alpha s v_0 - \alpha\beta\right)^b - F^b}{k}\left(s v_0 - \alpha s v_0 + \alpha\beta - s^{-1} v_0\right) + s^{-1} v_0 - F \\
& -\lambda \frac{\left[\left(F + \alpha s v_0 - \alpha\beta\right)^b - F^b\right]^2}{2k} - \lambda F^b + \lambda \overline{U}
\end{aligned}
\tag{12}
$$

Als Bedingungen erster Ordnung ergeben sich damit:

$$
\begin{aligned}
\frac{dL}{d\beta} = {} & \alpha k^{-1}\left[\left(F + \alpha s v_0 - \alpha\beta\right)^b - F^b\right] - \alpha b k^{-1}\left(F + \alpha s v_0 - \alpha\beta\right)^{b-1}\left(s v_0 - \alpha s v_0 + \alpha\beta - s^{-1} v_0\right) \\
& + \lambda \alpha b k^{-1}\left[\left(F + \alpha s v_0 - \alpha\beta\right)^b - F^b\right]\left(F + \alpha s v_0 - \alpha\beta\right)^{b-1} = 0
\end{aligned}
\tag{13}
$$

$$
\begin{aligned}
\frac{dL}{d\alpha} = {} & (\beta - s v_0) k^{-1}\left[\left(F + \alpha s v_0 - \alpha\beta\right)^b - F^b\right] \\
& + (s v_0 - \beta) k^{-1} b\left(F + \alpha s v_0 - \alpha\beta\right)^{b-1}\left(s v_0 - \alpha s v_0 + \alpha\beta - s^{-1} v_0\right) \\
& - \lambda (s v_0 - \beta) b k^{-1}\left[\left(F + \alpha s v_0 - \alpha\beta\right)^b - F^b\right]\left(F + \alpha s v_0 - \alpha\beta\right)^{b-1} = 0
\end{aligned}
\tag{14}
$$

$$
\begin{aligned}
\frac{dL}{dF} = {} & k^{-1} b\left[\left(F + \alpha s v_0 - \alpha\beta\right)^{b-1} - F^{b-1}\right]\left(s v_0 - \alpha s v_0 + \alpha\beta - s^{-1} v_0\right) - 1 \\
& - \lambda b k^{-1}\left[\left(F + \alpha s v_0 - \alpha\beta\right)^b - F^b\right]\left[\left(F + \alpha s v_0 - \alpha\beta\right)^{b-1} - F^{b-1}\right] - \lambda b F^{b-1} = 0
\end{aligned}
\tag{15}
$$

$$
\frac{dL}{d\lambda} = 0{,}5 k^{-1}\left[\left(F + \alpha s v_0 - \alpha\beta\right)^b - F^b\right]^2 + F^b - \overline{U} = 0 \qquad \text{oder } \lambda = 0
\tag{16}
$$

Aus den ersten beiden Ableitungen ist unmittelbar ersichtlich, daß diese Nullstellen bei $\alpha = 0$ bzw. $(s v_0 - \beta) = 0$ haben. Dieses bedeutet aber inhaltlich, daß entweder keine Optionen gewährt werden, d.h. $\alpha = 0$, oder jede Option wegen $s v_0 = \beta$ wertlos wäre. In jedem Fall würde aus den Optionen kein Einkommen resultieren. Die Optimalleistung wäre damit aber Null, d.h. es würde die Situation aus Fall A entstehen. Somit ist die Frage zu klären, ob noch weitere Nullstellen der ersten beiden Ableitungen existieren. Nimmt man also an, daß $\alpha \neq 0$ und $s v_0 \neq \beta$ sind, dann kann man die erste Ableitung durch α und die zweite durch $(\beta - s v_0)$ teilen. Es zeigt sich dann allerdings sofort, daß beide Gleichungen übereinstimmen, das Gleichungssystem somit unterdeterminiert ist. Für das betrachtete Intervall existiert also eine Lösung, die jedoch nicht eindeutig bestimmt ist.

Fall C: $s^{-1} > \beta$

In diesem Fall ist der Bezugskurs so niedrig angesetzt, daß der Aktienkurs auch bei einem Kursrückgang noch oberhalb des Bezugskurses verbleibt. Damit endet die Option in jedem Fall im Geld. Die Optimalleistung des Agenten beträgt gemäß Gleichung (3) mithin:

$$p = e^* = k^{-1}\left(F + \alpha s v_0 - \alpha\beta\right)^b - k^{-1}\left(F + \alpha s^{-1} v_0 - \alpha\beta\right)^b \tag{17}$$

Die daraus resultierende Lagrangefunktion für die Maximierung des Erwartungsnutzens des Prinzipals lautet demnach:

$$\begin{aligned} L = {} & \frac{\left(F + \alpha s v_0 - \alpha\beta\right)^b - \left(F + \alpha s^{-1} v_0 - \alpha\beta\right)^b}{k}\left(s v_0 - \alpha s v_0 + \alpha\beta - s^{-1} v_0\right) + s^{-1} v_0 - F \\ & -\lambda \frac{\left[\left(F + \alpha s v_0 - \alpha\beta\right)^b - \left(F + \alpha s^{-1} v_0 - \alpha\beta\right)^b\right]^2}{k} - \lambda\left(F + \alpha s^{-1} v_0 - \alpha\beta\right)^b + \lambda\overline{U} \end{aligned} \tag{18}$$

Die analytische Vorgehensweise entspricht nun derjenigen des vorher beschriebenen Falles. Da bereits im vorangehenden Fall die analytische Lösung für die meisten Nutzenexponenten b nicht allgemein bestimmt werden konnte, soll ein Lösungsversuch hier gar nicht erst unternommen werden. Denn die Lagrangefunktion ist hier noch komplizierter. Statt dessen soll im folgenden noch der Fall der Risikoneutralität untersucht werden, für den die Lösung explizit (bis auf die Indeterminiertheit) angegeben werden kann.

Der Fall der Risikoneutralität

Ist der Agent risikoneutral, so maximiert er die Differenz zwischen seiner Vergütung und den Kosten des Arbeitsleides. Risikoneutralität bedeutet, daß der Exponent der Nutzenfunktion den Wert $b = 1$ annimmt. Zur formalen Analyse müssen wiederum die Fälle A bis C in Abhängigkeit vom Parameter β berücksichtigt werden. Die Tatsache, daß die Verträge indeterminiert sind, wird zunächst wiederum ignoriert, da lediglich der Lösungsansatz verdeutlicht werden soll, da dieser später in den mehrperiodigen Modellen noch benötigt wird.

Fall A: $\beta \geq s v_0$

Der Bezugskurs liegt mindestens auf Höhe des maximal möglichen Kurses. Die Optimalleistung des Agenten ist daher Null und es kommt kein Vertrag zustande.

Fall B: $s v_0 > \beta \geq s^{-1} v_0$

In diesem Fall endet die Option nur dann im Geld, wenn der Kurs ansteigt. Die optimale Leistung des Agenten und damit die Kursanstiegswahrscheinlichkeit gemäß Gleichung (3) kann damit angegeben werden als:

$$p = e^* = \alpha \frac{sv_0 - \beta}{k} \tag{19}$$

Die zu maximierende Lagrangefunktion des Prinzipals lautet damit:

$$L = \alpha \frac{sv_0 - \beta}{k}(sv_0 - \alpha sv_0 + \alpha\beta - s^{-1}v_0) - F + s^{-1}v_0 - \lambda \frac{\left[\alpha sv_0 - \alpha\beta\right]^2}{2k} - \lambda F + \lambda \overline{U} \tag{20}$$

Als Bedingungen erster Ordnung ergeben sich hieraus:

$$\frac{dL}{d\beta} = -\frac{\alpha}{k}(sv_0 - 2\alpha sv_0 + 2\alpha\beta - s^{-1}v_0) + \lambda \frac{\alpha^2}{k}(sv_0 - \beta) = 0 \tag{21}$$

$$\frac{dL}{d\alpha} = \frac{sv_0 - \beta}{k}(sv_0 - 2\alpha sv_0 + 2\alpha\beta - s^{-1}v_0) - \lambda\alpha \frac{(sv_0 - \beta)^2}{k} = 0 \tag{22}$$

$$\frac{dL}{dF} = -1 - \lambda = 0 \tag{23}$$

$$\frac{dL}{d\lambda} = \alpha^2 \frac{\left[sv_0 - \beta\right]^2}{2k} + F - \overline{U} = 0 \qquad \text{oder } \lambda = 0 \tag{24}$$

Nun ist sofort zu sehen, daß die erste Ableitung gleich Null ist, wenn $\alpha = 0$ gilt. Die zweite Ableitung wäre Null, wenn $(sv_0 - \beta) = 0$ wäre. Durch Einsetzen überzeugt man sich auch sofort davon, daß die beiden Bedingungen auseinander folgen: Gilt $\alpha = 0$ so kann man dies in die zweite Ableitung einsetzen und es ergibt sich sofort $(sv_0 - \beta) = 0$. Nun ist jedoch $(sv_0 - \beta) = 0$ aufgrund der Wahl des untersuchten Intervalls ausgeschlossen. Wie im oben diskutierten Fall der Risikoaversion zeigt sich auch hier, daß bei Existenz weiterer Nullstellen das obige Gleichungssystem (21) - (24) unterbestimmt ist. Dies ergibt sich schnell aus $\alpha \neq 0$ und $(sv_0 - \beta) \neq 0$. In diesem Fall kann man die erste Ableitung durch $-\alpha$ und die zweite Ableitung durch $(sv_0 - \beta)$ teilen. Man sieht sofort, daß dann beide Gleichungen übereinstimmen, so daß für die vier Variablen α, β, F und λ nur drei Bestimmungsgleichungen existieren. Allerdings läßt sich hier der Zusammenhang zwischen den Vertragsparametern direkt angeben. So folgt aus Gleichung (23) unmittelbar $\lambda = -1$. Berücksichtigt man dies in Gleichung (21) so lassen sich die Beziehungen:

$$\beta = \frac{v_0(\alpha s + s^{-1} - s)}{\alpha} \tag{25}$$

bzw.:

$$\alpha = \frac{sv_0 - s^{-1}v_0}{sv_0 - \beta} \qquad (26)$$

herleiten.

Für den Fall C, d.h. wenn der Bezugskurs den minimal möglichen Schlußkurs der Aktie unterschreitet, ergibt sich natürlich wiederum die Indeterminiertheit der Vertragsparameter.

Das hier diskutierte einperiodige Modell diente im wesentlichen der Vorbereitung der mehrperiodigen Modellierung. Aus dem einperiodigen Modell können aufgrund der in den Modellannahmen begründeten Indeterminiertheit optimaler Verträge noch keinerlei Rückschlüsse auf die optimale Vertragsgestaltung gezogen werden.

3.2.3.2. Zweiperiodiges Modell

Ein charakteristisches Merkmal von Aktienoptionsprogrammen ist deren Langfristigkeit. Einmal gewährte Optionen haben in der Praxis oft Laufzeiten bis zu zehn Jahren. Dadurch kann sich deren Bewertung durch den Agenten im Lauf der Zeit verändern. So verändert sich beispielsweise die Zahlungscharakteristik einer Option, wenn sich der Aktienkurs in der einen oder anderen Richtung vom Bezugskurs entfernt. Ist der Aktienkurs bspw. stark über den Bezugskurs gestiegen, so hat die Option einen hohen inneren Wert, der durch anschließende Kursverluste wieder aufgezehrt werden kann. Damit erhöht sich aber das Verlustrisiko gegenüber einer Option mit geringem inneren Wert. Hieraus folgt schließlich, daß die Option das bedingte, zukünftige Einkommensrisiko eines Managers unterschiedlich beeinflußt, je nach bisheriger Kursentwicklung und verbliebener Restlaufzeit. Diese pfadabhängige Veränderung der Anreizsituation kann von einem einperiodigen Modell natürlich nicht erfaßt werden. Daher erscheint es zweckmäßig, den langfristigen Charakter eines Optionsprogrammes auch innerhalb eines mehrperiodigen Modells zu analysieren. Für erste Einblicke dürfte hier ein zweiperiodiges Modell ausreichend sein. Wiederum sei $p_{ij} = e_{ij}$ angenommen. Die Ermittlung der Optimallösung hat wiederum zunächst von der Verhaltensanalyse des Agenten auszugehen. Dabei kann die Analyse wie im einperiodigen Modell auch weiterhin auf Bezugskurse beschränkt werden, die mindestens so hoch sind, wie der minimal mögliche Kurs $v_0 s^{-2}$. Um dies zu sehen, definiere man zunächst die Verträge $y = y(F;\alpha;\beta < v_0 s^{-2})$ und $y_1 = y(F_1;\alpha_1;\beta_1 = v_0 s^{-2})$. Es reicht nun zu zeigen, daß zu jedem optimalen Vertrag y^* ein äquivalenter Vertrag y_1^* bestimmt werden kann, der dann ebenfalls optimal ist. Dies würde unmittelbar dann folgen, wenn der Vertrag y_1^* so gewählt werden könnte, daß er in jedem Umweltzustand zu den selben Payoffs für Prinzipal und Agenten führen würde wie der Vertrag y^*. Im zweiperiodigen Modell sind am

Laufzeitende drei unterschiedliche Umweltzustände möglich: Der Kurs kann zweimal gestiegen, einmal gestiegen und gefallen oder zweimal gefallen sein. Die entsprechenden Vergütungen in beiden Verträgen müßten sich in jeder der drei Situationen entsprechen. Es folgt als System der Bestimmungsgleichungen:

$$F+\alpha \max[s^2 v_0 - \beta, 0] = F_1 + \alpha_1 \max[s^2 v_0 - s^{-2} v_0, 0] \tag{1}$$

$$F+\alpha \max[v_0 - \beta, 0] = F_1 + \alpha_1 \max[v_0 - s^{-2} v_0, 0] \tag{2}$$

$$F+\alpha \max[s^{-2} v_0 - \beta, 0] = F_1 + \alpha_1 \max[s^{-2} v_0 - s^{-2} v_0, 0] \tag{3}$$

Wegen der Annahme $\beta < s^{-2} v_0$ haben alle Maximumfunktionen im obigen Gleichungssystem den Wert ihres ersten Argumentes. Setzt man nun:

$$F_1 = F + \alpha(s^{-2} v_0 - \beta) \tag{4}$$

und:

$$\alpha_1 = \alpha \tag{5}$$

dann überzeugt man sich durch Einsetzen leicht, daß beide Verträge in allen drei Umweltsituationen zu exakt gleichen Payoffs führen. Daraus folgt aber unmittelbar auch, daß ein optimaler Vertrag $y^* = y(F^*; a^*; \beta^*)$ durch einen gleichwertigen Vertrag $y_1^* = y(F_1^*; a_1^*; \beta_1^*) = y(F^* + \alpha^*(s^{-2} v_0 - \beta^*); \alpha^*; s^{-2} v_0)$ ersetzt werden kann, der dann ebenfalls optimal ist. Bei der Suche nach optimalen Verträgen kann man sich daher im folgenden auf solche Verträge beschränken, die einen Bezugskurs mindestens in Höhe des minimal möglichen Schlußkurses der Aktie vorsehen. Eine weitere Einschränkung des Definitionsbereiches des Bezugskurses ist allerdings nicht ohne weiteres möglich. Denn für einen Vertrag, der durch einen Bezugskurs oberhalb des minimalen Schlußkurses aber unterhalb des Startkurses v_0 optimal ist, läßt sich kein äquivalenter anderer Vertrag bestimmen. Angenommen dies wäre doch so, dann müßte es zwei Verträge $y = y(F; \alpha; \beta \geq s^{-2} v_0)$ und $y_1 = y(F_1; \alpha_1; \beta_1 \geq v_0 s^{-2}, \beta_1 \neq \beta)$ geben, die in jeder Umweltsituation zu den gleichen Payoffs führen. Berücksichtigt man die Restriktionen $\beta \geq s^{-2} v_0$ und $\beta_1 \geq v_0 s^{-2}$ in Gleichung (3), ergibt sich sofort $F = F_1$. Damit reduzieren sich die beiden übrigen Gleichungen aber zu dem System:

$$\alpha(s^2 v_0 - \beta) = \alpha_1 (s^2 v_0 - \beta_1) \tag{6}$$

$$\alpha(v_0 - \beta) = \alpha_1 (v_0 - \beta_1) \tag{7}$$

Dieses System besitzt aber nur eine Lösung, nämlich $\alpha_1 = \alpha$ und $\beta_1 = \beta$. Damit wäre ein optimaler Vertrag im Bezugskursintervall $\beta \in [s^{-2}v_0, v_0[$ aber eindeutig bestimmt. Schließlich bleibt noch der Fall $\beta \in [v_0, s^2 v_0[$ zu untersuchen. Hier zeigt sich schnell, daß in diesem Fall zu jedem Vertrag mit $\beta > v_0$ ein äquivalenter Vertrag mit $\beta_1 = v_0$ bestimmt werden kann. Berücksichtigt man $\beta > v_0$ und $\beta_1 = v_0$, so reduzieren sich die Gleichungen (2) und (3) jeweils zu $F = F_1$. Damit reduziert sich Gleichung (1) sofort zu $\alpha(s^2 v_0 - \beta) = \alpha_1(s^2 v_0 - v_0)$, woraus $\alpha_1 = \alpha(s^2 v_0 - \beta)/(s^2 v_0 - v_0)$. Wenn nun ein Vertrag $y^* = y(F^*; a^*; \beta^* > v_0)$ optimal ist, dann gilt dies auch für den Vertrag $y_1^* = y(F_1^*; a_1^*; \beta_1^*) = y(F^*; \alpha^*(s^2 v_0 - \beta^*)/(s^2 v_0 - v_0); v_0)$.

Aus diesen Vorüberlegungen folgt insgesamt, daß die Suche nach optimalen Verträgen bezüglich des Bezugskurses auf die Werte $\beta \in [s^{-2}v_0, v_0]$ beschränkt werden kann. Im folgenden soll nunmehr die Lösung des zweiperiodigen Modells untersucht werden. Wie bei mehrperiodigen Modellen üblich wird zunächst die Situation zum letzten Entscheidungszeitpunkt analysiert, um dann rückwärts auf frühere Perioden zu schließen. Im Entscheidungsknoten $(t, j) = (1,1)$, d.h. zum Zeitpunkt eins, wenn der Kurs in der Vorperiode gestiegen ist, beträgt der Aktienkurs also $v_0 s$. Wenn der Kurs ab hier steigt, steigt er also auf $s^2 v_0$, wenn er fällt, fällt er auf v_0. Der (bedingte) Erwartungsnutzen des Agenten beträgt zu diesem Zeitpunkt:

$$E(U_{11}(e_{11})) = e_{11}\left(F + \alpha(s^2 v_0 - \beta)\right)^b + (1 - e_{11})\left(F + \alpha(v_0 - \beta)\right)^b - 0{,}5ke_{11}^2 \tag{8}$$

Hieraus ergibt sich die Optimalleistung des Agenten zu:

$$e_{11}^* = k^{-1}\left(F + \alpha(s^2 v_0 - \beta)\right)^b - k^{-1}\left(F + \alpha(v_0 - \beta)\right)^b \tag{9}$$

Die zweite Ableitung $d^2 E(U_{11}(e_{11}))/de_{11}^2 = -k < 0$ ist negativ, daher maximiert e_{11}^* tatsächlich den Nutzen des Agenten. Trifft er diese optimale Entscheidung, dann resultiert für ihn ein optimaler Erwartungsnutzen von:

$$\begin{aligned} E(U_{11}^*) = {} & 0{,}5k^{-1}\left[\left(F + \alpha(s^2 v_0 - \beta)\right)^b - \left(F + \alpha(v_0 - \beta)\right)^b\right]^2 \\ & + \left(F + \alpha(v_0 - \beta)\right)^b \end{aligned} \tag{10}$$

Ist der Aktienkurs in der ersten Periode allerdings gefallen, so befindet sich der Agent zum Zeitpunkt $t = 1$ im Entscheidungsknoten $(1,0)$. Der Aktienkurs in dieser Situation beträgt somit $s^{-1}v_0$. Analog der obigen Darstellung ergibt sich jetzt eine optimale Entscheidung von:

$$e_{10}^* = k^{-1}\left(F + \alpha(v_0 - \beta)\right)^b - k^{-1}F^b \tag{11}$$

Es resultiert für ihn ein optimaler Erwartungsnutzen von:

$$E\left(U_{10}^{*}\right)=0{,}5k^{-1}\left[\left(F+\alpha(v_0-\beta)\right)^{b}-F^{b}\right]^{2}+F^{b} \tag{12}$$

Aus diesen Parametern läßt sich schließlich auf die optimale Entscheidung zum Zeitpunkt Null schließen. Zu diesem Zeitpunkt beträgt sein erwarteter Nutzen

$$E\left(U_{00}(e_{00})\right)=e_{00}E\left(U_{11}^{*}\right)+(1-e_{00})E\left(U_{10}^{*}\right)-0{,}5ke_{00}^{2} \tag{13}$$

Es folgt somit als optimale Entscheidung der ersten Periode:

$$e_{00}^{*}=k^{-1}E\left(U_{11}^{*}\right)-k^{-1}E\left(U_{10}^{*}\right) \tag{14}$$

Damit beträgt der optimale erwartete Nutzen des Agenten im Zeitpunkt Null:

$$E\left(U_{00}^{*}\right)=\frac{\left[E\left(U_{11}^{*}\right)-E\left(U_{10}^{*}\right)\right]^{2}}{2k}+E\left(U_{10}^{*}\right) \tag{15}$$

Der Prinzipal maximiert nun seinen Payoff, der sich aus dem erwarteten Schlußkurs der Aktie abzüglich der erwarteten Vergütung ergibt. Hierbei ist wiederum zu berücksichtigen, daß sich die Kursanstiegswahrscheinlichkeiten im Gleichgewicht als $p_{tj}=e_{tj}^{*}$ ergeben. Als Nebenbedingung ist ferner wieder die Teilnahmebedingung $E\left(U_{00}^{*}\right)\geq\overline{U}$ zu berücksichtigen. Die entsprechende Lagrangefunktion lautet demnach:

$$\begin{aligned} L=&\left(s^{2}v_0-\alpha(s^{2}v_0-\beta)\right)p_{00}p_{11}+\left(v_0-\alpha(v_0-\beta)\right)\left(p_{00}(1-p_{11})+(1-p_{00})p_{10}\right)\\ &+s^{-2}v_0(1-p_{00})(1-p_{10})-F-\lambda\left[E(U_{00}^{*})-\overline{U}\right] \end{aligned} \tag{16}$$

Bei der expliziten Lösung treten zunächst wiederum dadurch Probleme auf, daß die Lagrangefunktion nicht überall differenzierbar ist. In diesem Fall existieren drei Stellen, an denen die Funktion nicht differenzierbar ist. Diese Stellen sind gegeben durch $\beta=s^{-2},v_0,s^{2}$, was sich durch die Nichtdifferenzierbarkeit der Maximumfunktion an den entsprechenden Stellen ergibt. Gravierender ist aber, daß die Lagrangefunktion nach Einsetzen der entsprechenden Wahrscheinlichkeitswerte $p_{tj}=e_{tj}^{*}$ eine rationale Funktion ist. Dies gilt auch für die partiellen Ableitungen nach den Vertragsparametern F, α und β. Die Nullstellen dieser Ableitungen zu bestimmen ist damit allgemein aber nicht möglich. Aus diesem Grund sollen im folgenden zunächst einige numerische Ergebnisse präsentiert werden, bevor im weiteren Verlauf noch einige Spezialfälle untersucht werden, die wenigstens gewisse Aufschlüsse über Eigenschaften der allgemeinen Lösung geben können. Besonderes Augenmerk soll dort wieder auf die Frage gelegt werden, ob ein Bezugskurs in Höhe des Aktienkurses zum Zeitpunkt der Optionsgewährung, d.h. hier $\beta = \nu_0$, optimal sein kann. Schließlich soll auch für das zweiperiodige Modell noch kurz auf den Fall der Risikoneutralität eingegangen werden.

Numerische Lösungen

Die im folgenden präsentierten Werte wurden mittels zweier unterschiedlicher Herangehensweisen ermittelt. Zunächst wurden die Lösungen mittels Standardsoftware ermittelt. Hierfür wurde der Solver von MS-Excel 5.0 eingesetzt. Mittels dieses Solvers können einfache multivariate Probleme unter Berücksichtigung diverser Nebenbedingungen gelöst werden. Als Zielfunktion wurde die Nutzenfunktion des Prinzipals verwendet, wie sie sich aus Gleichung (16) bei $\lambda = 0$ ergibt. Die Identitäten von $p_{ij} = e^*_{ij}$ wurden hierbei bereits berücksichtigt. Als Nebenbedingungen wurden $s^{-2}\nu_0 \leq \beta \leq \nu_0$, $\alpha \geq 0$ und $E(U^*_{00}) \geq \overline{U}$ berücksichtigt. Im Fall der Risikoaversion, d.h. $b < 1$ wurde die zusätzliche Restriktion $F \geq 0$ formuliert, da die Nutzenfunktion im Fall eines zweifachen Kursrückganges $U = F^b$ ansonsten komplexe Werte angenommen hätte. Schließlich wurde durch entsprechende Wahl der exogenen Modellparameter sichergestellt, daß die Optimalleistungen und damit die Kursanstiegswahrscheinlichkeiten den Wert 1 nicht überschritten. Als zu variierende Parameter wurden schließlich F, α und β ausgewählt.

Alternativ zu diesem Lösungsverfahren wurde ein einfaches Turbo-Pascal Programm eingesetzt, welches völlig auf numerische Verfahren der Näherungslösung verzichtete. Statt dessen wurde der zulässige Definitionsbereich der Vertragsparameter F, α und β zunächst in einem groben Raster durchsucht. Jede ausgewählte Wertekombination dieser Parameter (= Vertragsvariante) wurde daraufhin untersucht, ob der daraus resultierende Erwartungsnutzen den Reservationsnutzen des Agenten erreichte. War dies der Fall, wurde als nächstes der Nutzen der entsprechenden Vertragsvariante für den Prinzipal evaluiert. Von all diesen Vertragsvarianten wurde dann schließlich diejenige bestimmt, die den höchsten Nutzenbeitrag für den Prinzipal erbrachte. Daraufhin wurde die so bestimmte Lösung mit einem feineren Raster in ihrer näheren Umgebung auf eine weitere Nutzenverbesserung des Prinzipals abgesucht. Die damit bestimmte Lösung wurde schließlich noch einmal mit einem noch feineren Raster in ihrer Umgebung untersucht.

Beiden Lösungsverfahren haften mögliche Mängel an. So können die gelieferten Resultate des Excel-Solvers z.B. von den Startwerten der Parameter abhängen. Es zeigte sich, daß ausgehend von unterschiedlichen Startwerten unterschiedliche "Optimallösungen" bestimmt wurden. Dies liegt daran, daß sich numerische Optimierungsverfahren jeweils am Verhalten der Zielfunktion in der unmittelbaren Umgebung der Startwerte der Parameter orientieren, das globale Verhalten der Zielfunktion aber ignorieren (müssen). Ausgehend von "ungünstigen" Startwerten besteht damit die Gefahr, daß globale Maxima nicht gefunden werden. Dieses Problem vermeidet das enumerative Verfahren des Pascal-Programmes. Dieses unterliegt zwar auch der

Gefahr, daß durch die zunächst sehr grobe Rasterung das tatsächliche Maximum nicht gefunden wird, jedoch müßte die Steigung der Zielfunktion zwischen den Rasterpunkten sehr hoch sein, damit die gefundene Lösung sehr weit vom globalen Maximum entfernt ist. Dies gilt allerdings nur für den Wert der Zielfunktion, nicht für die entsprechenden Vertragsparameter. Doch selbst wenn diese sehr weit von den tatsächlichen Optimalwerten entfernt liegen, erwächst daraus kein merklicher Verlust im Wert der Zielfunktion. Beide Verfahren zusammen sollten damit einen recht guten Eindruck von der Optimallösung vermitteln, insbesondere dann, wenn die gefundenen Lösungen nicht sehr weit voneinander entfernt sind.

Wie die folgenden Tabellen zeigen werden, stimmen die Lösungen beider Verfahren relativ gut überein. Für die Berechnungen wurde ein Anfangskurs von $v_0 = 100$ und ein Reservationsnutzen des Agenten in Höhe von $\overline{U} = 1$ unterstellt. Variiert wurden der Kursmultiplikator s, der Kostenparameter k und der Exponent b der Nutzenfunktion des Agenten. Werte in runden Klammern entstammen dem Excel-Solver, während Werte in eckigen Klammern durch das Turbo-Pascal-Programm ermittelt wurden. Die beiden ersten Zahlen, die jeweils allein in einer Klammer angegeben sind, repräsentieren den erwarteten Vermögenszuwachs des Prinzipals, der sich aus der Vertragsbeziehung zum Agenten ergibt. Die beiden letzten Zahlentupel in jeder Tabellenzelle geben die "optimalen" Vertragsparameter in der Reihenfolge Fixgehalt, Anzahl Optionen und Bezugskurs wieder. Die ersten Einträge in der folgenden Tabelle sind damit wie folgt zu interpretieren: In der Zelle k = 400 und s = 2 gibt der Wert [46,72] an, daß die vom Turbo-Pascal gefundene Optimallösung zu einem Zuwachs des erwarteten Vermögens des Prinzipals in Höhe von 46,72 führt. Dieser Zuwachs ist das Maximum für den Prinzipal, welches er realisiert, wenn er den Vertrag [-44,84/ 1,00/ 29,03] anbietet, d.h. ein Fixgehalt von $F = -44{,}84$, eine Optionsanzahl $\alpha = 1{,}00$ und einen Bezugskurs in Höhe von $\beta = 29{,}03$.

Für den Fall der Risikoneutralität $b = 1$ ergibt sich:

	k = 400	k = 600	k = 800
s = 2	(46,74) [46,72] (-46,74/ 1,00/ 25,00) [-44,84/ 1,00/ 29,03]	(21,28) [21,28] (-21,25/ 1,00/ 25,00) [-20,94/ 1,00/ 26,00]	(12,71) [12,71] (-12,71/ 1,00/ 25,00) [-12,57/ 1,01/ 27,05]
s = 1,5	(9,20) [9,18] (-9,20/ 1,00/ 44,44) [-8,47/ 0,97/ 44,66]	(5,20) [5,20] (-5,20/ 1,00/ 44,44) [-5,23/ 1,00/ 44,48]	(3,44) [3,43] (-3,44/ 1,00/ 44,44) [-3,21/ 1,01/ 46,54]

Tabelle 4

s = 1,2	(1,43) [1,42] (-1,43/ 1,00/ 69,44) [-1,15/ 1,00/ 71,55]	(0,60) [0,55] (-0,60/ 1,00/ 69,44) [-0,11/ 0,95/ 73,39]	(0,19) [0,19] (-0,19/ 1,00/ 69,44) [-0,05/ 0,97/ 70,42]

Tabelle 4: Fortsetzung

Für b = 0,75 ergibt sich:

	k = 400	k = 600	k = 800
s = 2	(3,14) [3,00] (0,00/ 0,57/ 24,69) [0,01/ 0,69/ 28,90]	(1,60) [1,17] (0,00/ 0,57/ 24,24) [0,94/ 0,69/ 53,59]	(0,89) [0,58] (0,00/ 0,57/ 23,99) [0,95/ 0,69/ 53,13]
s = 1,5	(1,14) [0,75] (0,00/ 0,57/ 43,59) [0,94/ 0,73/ 67,43]	(0,40) [0,17] (0,00/ 0,57/ 43,30) [0,94/ 0,73/ 67,11]	(0,05) [-0,11] (0,00/ 0,57/ 43,16) [0,94/ 0,73; 66,79]
s = 1,2	/	/	/

Tabelle 5

Felder, die nur mit / gekennzeichnet sind, repräsentieren Situationen, in denen auch bei optimaler Vertragsgestaltung kein Vermögenszuwachs für den Prinzipal zu erzielen ist. In diesem Fällen ist ein Verzicht auf einen Vertrag mit dem Agenten optimal.

Für b = 0,5 ergibt sich:

	k = 400	k = 600	k = 800
s = 2	(0,17) [0,13] (0,00/ 0,42/ 22,89) [0,94/ 0,53/ 48,35]	/	/
s = 1,5	/	/	/
s = 1,2	/	/	/

Tabelle 6

Im Fall b = 0,25 ist schließlich bei keiner Vertragsgestaltung mehr ein Vermögenszuwachs für den Prinzipal möglich.

Zunächst fällt beim Vergleich der mittels Excel-Solver und Pascal-Programm ermittelten Lösungen auf, daß diese insbesondere beim erwarteten Nutzenzuwachs des Prinzipals bis auf den Nachkommabereich übereinstimmen. Die gefundenen Lösungen untermauern sich damit gegenseitig. Der nächste wichtige Befund liegt darin, daß sich durchweg Bezugskurse als optimal erwiesen, die deutlich unter dem Anfangskurs von $v_0 = 100$ liegen. Vielmehr lagen die optimalen Bezugskurse bei den Lösungen des Excel-Solvers immer in der Nähe der minimal möglichen Schlußkurse $s^{-2}v_0$, nämlich 25 für $s = 2$, 44,44 für $s = 1,5$ und 69,44 für $s = 1,2$. Abweichungen hiervon beim Pascal-Programm lassen sich zumindest teilweise aus der zunächst groben Rasterung des Suchalgorithmus erklären. Daneben spielt aber auch eine Rolle, daß bei einigen Abweichungen zwischen Solver und Pascal Lösung die Abweichung der Vertragsparameterwerte zwischen beiden Lösungen zwar zunächst recht hoch erscheint, im Gleichgewicht jedoch nur eine sehr geringe Rolle spielt. So ergab sich für b = 0,5, k = 400 und s = 2 das Parametertupel (0,00/ 0,42/ 22,89) beim Solver, während die Pascal-Lösung [0,94/ 0,53/ 48,35] war. Die Unterschiede beider Lösungen relativieren sich sofort, wenn man berücksichtigt, daß die Gleichgewichtsleistungen des Agenten und damit die Kursanstiegswahrscheinlichkeiten $e_{11}^* \approx 0,017$, $e_{10}^* \approx 0,012$ und $e_{00}^* \approx 0,012$ betragen. Damit beträgt die erwartete Vergütung des Agenten im Gleichgewicht etwa 1,66 in der Solver-Lösung und etwa 1,63 in der Pascal-Lösung. Die relativ starke Variation in den Parameterwerten z.B. der Bezugskurse hat im vorliegenden Modell also keine "wahrnehmbaren" Konsequenzen. Daraus läßt sich der Unterschied in beiden Lösungen erklären.

Zunächst bleibt hier als Zwischenfazit festzuhalten, daß Bezugskurse unterhalb des Startkurses besser zu sein scheinen, als in Höhe des Startkurses oder darüber. Da dieses Ergebnis weitreichende Konsequenzen hat, soll im folgenden der Versuch unternommen werden, es weiter zu untermauern. Zunächst soll der Fall der Risikoneutralität untersucht werden, da für diesen die Lösung auch berechnet werden kann, ohne daß auf numerische Approximationen zurückgegriffen werden muß.

Der Fall der Risikoneutralität

Bevor die Lösung dieses Falles analytisch hergeleitet wird, kann das Optimum schon vorab charakterisiert werden. Denn bei Risikoneutralität des Agenten ist ein Vertrag möglich, der die Differenz zwischen sozialem Ertrag und sozialen Kosten der Leistung maximiert. Wesentlich für das Erreichen des Optimums ist, daß der Agent die Konsequenzen seines Handelns voll trägt. Dies geschieht jedoch genau dann, wenn der Bezugskurs kleiner gleich dem minimal möglichen Kurs $s^{-2}v_0$ ist und der Agent eine Option auf das gesamte Unternehmen bekommt, d.h. $\alpha = 1$. Am Knoten $(t, j) = (1,1)$ beträgt bei diesem Vertrag die optimale Leistung

$$e_{11}^{*} = \frac{F + \alpha s^2 v_0 - \alpha\beta - F - \alpha v_0 + \alpha\beta}{k}$$
$$= v_0 \frac{s^2 - 1}{k} \qquad (17)$$

Die Leistung, die an diesem Knoten das soziale Optimum garantiert, maximiert das gesamte erwartete Endvermögen bezüglich der Leistung. Wäre der Agent gleichzeitig der Unternehmenseigner, so betrüge sein erwartetes Endvermögen

$$E(w) = e_{11} s^2 v_0 + (1 - e_{11}) v_0 - 0{,}5 k e_{11}^2 \qquad (18)$$

Die (sozial) optimale Leistung betrüge in diesem Fall damit

$$e_{11}^{soz*} = v_0 \frac{s^2 - 1}{k} \qquad (19)$$

Dies stimmt aber mit der Optimalleistung aus Gleichung (17) überein. Diese Übereinstimmung läßt sich für alle weiteren Entscheidungsknoten zeigen.

Im folgenden soll nun formal gezeigt werden, daß es sich bei dem Vertrag $\beta \leq s^{-2} v_0$ und $\alpha = 1$ tatsächlich um einen im Sinne des Prinzipals optimalen Vertrag handelt.

Allgemein ergibt sich im Fall der Risikoneutralität aus Gleichung (9) eine Optimalleistung im Knoten (1,1) in Höhe von:

$$e_{11}^{*} = \frac{F + \alpha s^2 v_0 - \alpha\beta - F - \alpha v_0 + \alpha\beta}{k}$$
$$= \alpha v_0 \frac{s^2 - 1}{k} \qquad (20)$$

Hieraus resultiert ein optimaler erwarteter Nutzen des Agenten in Höhe von:

$$E\left(U_{11}^{*}\right) = 0{,}5 k^{-1} \alpha^2 (s^2 v_0 - v_0)^2 + F + \alpha(v_0 - \beta) \qquad (21)$$

Am Knoten (1,0) hingegen resultiert eine Optimalleistung in Höhe von:

$$e_{10}^{*} = k^{-1} \alpha v_0 (1 - s^{-2}) \qquad (22)$$

Hieraus folgt ein optimaler Erwartungsnutzen in Höhe von:

$$E(U_{10}^{*}) = 0{,}5k^{-1}\alpha^{2}(v_{0} - v_{0}s^{-2})^{2} + F + \alpha(s^{-2}v_{0} - \beta) \tag{23}$$

Für den Knoten (0,0) folgt aus Gleichung (14) schließlich eine Optimalleistung in Höhe von:

$$\begin{aligned} e_{00}^{*} &= k^{-1}E(U_{11}^{*}) - k^{-1}E(U_{10}^{*}) \\ &= \frac{\alpha^{2}v_{0}^{2}(s^{2}-1)(1-s^{-4})}{2k^{2}} + \frac{\alpha v_{0}(1-s^{-2})}{k} \end{aligned} \tag{24}$$

Daraus ergibt sich ein optimaler Erwartungsnutzen in Höhe von:

$$E(U_{00}^{*}) = \frac{\left(E(U_{11}^{*}) - E(U_{10}^{*})\right)^{2}}{2k} + E(U_{10}^{*}) \tag{25}$$

Läßt man zunächst nur Bezugskurse von $\beta \leq s^{-2}v_{0}$ zu, so lautet die zu maximierende Lagrangefunktion des Prinzipals:

$$\begin{aligned} L = {} & \left(s^{2}v_{0} - \alpha(s^{2}v_{0} - \beta)\right)p_{00}p_{11} + \left(v_{0} - \alpha(v_{0} - \beta)\right)\left(p_{00}(1-p_{11}) + (1-p_{00})p_{10}\right) \\ & + \left(s^{-2}v_{0} - \alpha(s^{-2}v_{0} - \beta)\right)(1-p_{00})(1-p_{10}) - F - \lambda\left[E(U_{00}^{*}) - \overline{U}\right] \end{aligned} \tag{26}$$

Berücksichtigt man nun $p_{ij} = e_{ij}^{*}$, so können die Bedingungen erster Ordnung aufgestellt werden. Hierbei zeigt sich zunächst, daß der Lagrangemultiplikator λ den Wert $\lambda = -1$ annimmt. Dies folgt aus $dL/dF = -1 - \lambda = 0$. Für die Ableitung der Lagrangefunktion bezüglich des Bezugskurses ergibt sich:

$$\begin{aligned} \frac{dL}{d\beta} = {} & \alpha\Omega\left(\alpha(s^{2}v_{0} - \beta) - \alpha(v_{0} - \beta)\right) + \alpha k\Omega\left(1 - k^{-1}\alpha(s^{2}v_{0} - \beta) + k^{-1}\alpha(v_{0} - \beta)\right) \\ & + \alpha(1 - k\Omega)\left(k^{-1}\alpha(v_{0} - \beta) - k^{-1}\alpha(s^{-2}v_{0} - \beta)\right) \\ & + \alpha(1 - k\Omega)\left(1 - k^{-1}\alpha(v_{0} - \beta) + k^{-1}\alpha(s^{-2}v_{0} - \beta)\right) + \lambda\alpha \\ = {} & \alpha(1 + \lambda) \\ = {} & 0 \end{aligned} \tag{27}$$

Hierbei ist Ω definiert als:

$$\Omega = \frac{\alpha^{2}v_{0}^{2}(s^{2}-1)(1-s^{-4})}{2k^{3}} + \frac{\alpha v_{0}(1-s^{-2})}{k^{2}} \tag{28}$$

Es zeigt sich, daß die Ableitung nach β im Gleichgewicht immer Null ist, unabhängig von dem Wert von β. Diese Unabhängigkeit resultiert aus der Möglichkeit, für Bezugskurse unterhalb des Kursminimums, d.h. $\beta < s^{-2}v_0$, einen äquivalenten Vertrag mit $\beta = s^{-2}v_0$ zu bestimmen. Im Gleichgewicht ist in diesem Fall jeder Bezugskurs mit $\beta \le s^{-2}v_0$ optimal. Aus den Gleichungen (20), (22) und (24) ist auch unmittelbar ersichtlich, daß die Leistung für $\beta \le s^{-2}v_0$ nicht vom Bezugskurs abhängt. Der Bezugskurs spielt vielmehr eine dem Fixgehalt äquivalente Rolle, jedoch in umgekehrter Wirkungsrichtung.

Für jedes $\beta \le s^{-2}v_0$ zeigt sich schließlich, daß die partielle Ableitung der Lagrangefunktion nach der Optionsanzahl α an der Stelle $\alpha = 1$ den Wert Null annimmt[246]:

$$\left.\frac{dL}{d\alpha}\right|_{\alpha=1} = 0 \tag{29}$$

Aus $dL/d\lambda = 0$ läßt sich schließlich noch das notwendige Fixgehalt bestimmen, welches benötigt wird, um die Teilnahmebedingung sicherzustellen. Wie sich in den Gleichungen (20), (22) und (24) zeigt, ist die Optimalleistung bei Risikoneutralität jeweils unabhängig vom Fixgehalt. Das Fixgehalt wird lediglich dazu genutzt, die Teilnahmebedingung sicherzustellen. Es wird im Gleichgewicht negativ sein, da der Prinzipal durch den beschriebenen Vertrag seine Residualansprüche vollständig an den Agenten abtritt.

Im Fall der Risikoneutralität zeigt sich also auch im zweiperiodigen Modell, daß ein Bezugskurs unterhalb des Kurses zum Zeitpunkt der Optionsgewährung optimal ist. Es ist also $\beta^* < v_0$. Es läßt sich sogar noch weiter spezifizieren, daß jeder Bezugskurs oberhalb von $s^{-2}v_0$ zu einem Wohlfahrtsverlust führt, der den Prinzipal allein trifft. Dieser Wohlfahrtsverlust läßt sich bereits an den Gleichungen für die Optimalleistungen ablesen. Zur Verdeutlichung diene hier der Bezugskurs $\beta = v_0$. Das soziale Optimum im Knoten (1,0) ergibt sich durch die Leistung:

$$e_{10}^{soz*} = v_0 \frac{1 - s^{-2}}{k} \tag{30}$$

Die optimale Leistung aus dem Optionsvertrag mit $\beta = v_0$ beträgt hingegen:

$$e_{10}^{*} = \frac{F + \alpha \max[v_0 - v_0, 0] - F - \alpha \max[s^{-2}v_0 - v_0, 0]}{k} = 0 \tag{31}$$

Die tatsächliche Leistung bei einem solchen Optionsvertrag bleibt also hinter dem sozialen Optimum zurück. Dieser Nachteil kann auch durch die Gestaltung der sonstigen Vertragsparameter nicht ausgeglichen werden. Der so entstehende Wohlfahrtsverlust trifft voll den

---

246 Die gesuchte Ableitung ist überaus kompliziert. Auf eine Wiedergabe der notwendigen Umformungen soll hier verzichtet werden.

Prinzipal, da der Agent in jedem Fall seinen Reservationsnutzen erhält. Die Höhe des tatsächlichen Wohlfahrtsverlustes aus der Parameterrestriktion $\beta = v_0$ ließe sich im Fall der Riskoneutralität explizit angeben. Darauf soll hier aber verzichtet werden. Der vorangehende Abschnitt sollte lediglich aufzeigen, daß die Praxis, den Bezugskurs auf den Startkurs festzulegen, d.h. $\beta = v_0$, problematisch sein könnte. Inwiefern die hier aufgezeigten Probleme auch im Fall der Risikoaversion relevant sind, soll im nächsten Abschnitt geprüft werden.

Der Fall der Risikoaversion

Speziell soll für den Fall der Risikoaversion geprüft werden, welche Konsequenzen sich aus der Festsetzung $\beta = v_0$ ergeben. Wie bereits zu Beginn dieses Abschnittes ausgeführt wurde, sind exakte Lösungen für den Fall der Risikoaversion in aller Regel nicht berechenbar. Daher soll hier wiederum auf numerische Beispiele Bezug genommen werden. Da für den Fall der Risikoneutralität ebenfalls keine exakten Lösungen angegeben wurden, sollen hier auch numerische Beispiele für diesen Fall angeführt werden. Es wurden die bereits oben schon verwendeten Parameter eingesetzt, d.h. ein Startkurs von $v_0 = 100$ und ein Reservationsnutzen des Agenten in Höhe von $\overline{U} = 1$. Variiert wurden wiederum der Kursmultiplikator s, der Kostenparameter k und der Exponent b der Nutzenfunktion des Agenten. Die Werte in den folgenden Tabellen geben den Nutzenzuwachs des Prinzipals wieder, der sich aus der Anstellung des Agenten bei jeweils optimalem Vertrag ergibt. Werte in runden Klammern geben den Nutzenzuwachs bei unrestringiertem Vertrag an, während Werte in eckigen Klammern den Nutzenzuwachs(-verlust) bei einem Vertrag mit $\beta = v_0$ angeben. Die Differenz zwischen beiden Werten ist ein Maß für die Kosten, die die Festlegung $\beta = v_0$ dem Prinzipal verursacht. Es zeigt sich, daß der restringierte Vertrag mit $\beta = v_0$ immer deutlich schlechtere Resultate für den Prinzipal erbringt als der unrestringierte.

Für den Fall der Risikoneutralität $b = 1$ ergibt sich:

	$k = 400$	$k = 600$	$k = 800$
$s = 2$	(46,74) [40,3357787]	(21,28) [15,947407]	(12,71) [8,37499807]
$s = 1,5$	(9,20) [4,38223686]	(5,20) [1,75287134]	(3,44) [0,76156854]
$s = 1,2$	(1,43) [-0,23920172]	(0,60) [-0,55261093]	(0,19) [-0,6885249]

Tabelle 7

Für $b = 0,75$ ergibt sich:

	$k = 400$	$k = 600$	$k = 800$
$s = 2$	(3,14) [0,45809913]	(1,60) [-0,27027221]	(0,89) [-0,54126155]
$s = 1,5$	(1,14) [-0,52189332]	(0,40) [-0,73279293]	(0,05) [-0,8205377]

Tabelle 8

Für höhere Grade an Risikoaversion, d.h. kleinere Exponenten der Nutzenfunktion finden sich durchweg keine Verträge mehr, die dem Prinzipal auch bei $\beta = v_0$ noch einen Nutzenzuwachs aus der Beschäftigung des Agenten erbringt.

Insgesamt bleibt als Fazit festzuhalten, daß in einem Modell mit Arbeitsleid des Agenten "tendenziell" niedrigere Bezugskurse besser sind, als Bezugskurse in Höhe des Startkurses. Dieses Ergebnis läßt sich für das zweiperiodige Modell im Fall der Risikoneutralität exakt beweisen. Ein solcher Beweis ist für den Fall der Risikoaversion zwar nicht möglich, jedoch ergeben die numerischen Beispiele Hinweise auf die Gültigkeit dieses Ergebnisses auch in diesem Fall. Vor diesem Hintergrund muß die gängige Praxis, den Bezugskurs auf Höhe des jeweils dann herrschenden Aktienkurses festzulegen, vorläufig eher kritisch beurteilt werden.

3.2.3.3. Mehrperiodiges Modell

Die Überlegungen des zweiperiodigen Modells sollen im folgenden auf mehrperiodige Betrachtungen erweitert werden.[247] Dies soll anhand einiger weiterführender Berechnungen und anhand numerischer Beispiele geschehen. Hierzu sollen zunächst einige generelle Verhaltenstendenzen herausgearbeitet werden, die durch Optionen beim Agenten hervorgerufen werden.

Zunächst soll gezeigt werden, daß das Leistungsniveau des Agenten "tendenziell" mit der Höhe des bisher erreichten Kursniveaus positiv korreliert. "Tendenziell" meint hier, daß der Anstieg des Leistungsniveaus zwar keine (streng) monoton steigende Funktion des erreichten Aktienkurses ist, daß aber für bestimmte Kursintervalle eine solch streng monotone Beziehung herrscht. Haben bis zum letzten Entscheidungszeitpunkt $T-1$ bereits j Kursanstiege stattgefunden, so beträgt der Aktienkurs gerade $v_{T-1,j} = v_0 s^{2j-T+1}$. Nimmt man nun zunächst an, daß der Aktienkurs ausgehend von diesem Kurs nicht mehr unter den Bezugskurs fallen kann, dann gilt also $\alpha \max[v_0 s^{2j-T} - \beta, 0] = \alpha(v_0 s^{2j-T} - \beta)$ und folglich damit auch $\alpha \max[v_0 s^{2j-T+2} - \beta, 0] = \alpha(v_0 s^{2j-T+2} - \beta)$. In diesem Fall kann der erwartete Nutzen des Agenten zum Zeitpunkt $T-1$ angegeben werden als:

---

[247] Die folgenden Betrachtungen sind angelehnt an Winter (1997b).

$$E\left(U_{T-1,1}(e_{T-1,1})\right) = e_{T-1,1}\left(F + \alpha(sv_0 s^{2j-T+1} - \beta)\right)^b \\ +(1 - e_{T-1,1})\left(F + \alpha(s^{-1}v_0 s^{2j-T+1} - \beta)\right)^b - 0{,}5ke_{T-1,1}^2 \qquad (1)$$

Hieraus ergibt sich eine Optimalleistung von:

$$e_{T-1,1}^* = k^{-1}\left(F + \alpha(v_0 s^{2j-T+2} - \beta)\right)^b - k^{-1}\left(F + \alpha(v_0 s^{2j-T} - \beta)\right)^b \qquad (2)$$

wobei die s-Terme bereits ausmultipliziert sind. Da das Kursniveau zu einem bestimmten Zeitpunkt eindeutig durch die Anzahl j der Kursanstiege bei gegebenem Anfangskurs v_0 bestimmt ist, läßt sich die Optimalleistung als Funktion des Kurswertes auch als Funktion der Anzahl der Kursanstiege interpretieren. Es ist:

$$\frac{de_{T-1,j}^*}{dj} = k^{-1}b\left(F + \alpha(v_0 s^{2j-T+2} - \beta)\right)^{b-1} \alpha v_0 s^{2j-T+2} \ln s \\ -k^{-1}b\left(F + \alpha(v_0 s^{2j-T} - \beta)\right)^{b-1} \alpha v_0 s^{2j-T} \ln s \qquad (3)$$

Dieser Ausdruck ist genau dann positiv, wenn die Beziehung $s^2\left(F + \alpha(v_0 s^{2j-T+2} - \beta)\right)^{b-1} > \left(F + \alpha(v_0 s^{2j-T} - \beta)\right)^{b-1}$ gilt, bzw. umgeformt:

$$s^2 > \left[\frac{F + \alpha(v_0 s^{2j-T+2} - \beta)}{F + \alpha(v_0 s^{2j-T} - \beta)}\right]^{1-b} \qquad (4)$$

Dies gilt ab einem bestimmten Kursniveau jedoch immer. Hierzu betrachte man den Grenzwert der rechten Seite aus Gleichung (4) für j gegen unendlich. Erweitert man Zähler und Nenner jeweils mit s^{-2j}, so ergibt sich als Grenzwert unmittelbar:

$$\lim_{j\to\infty}\left[\frac{Fs^{-2j} + \alpha v_0 s^{-T+2} - \alpha\beta s^{-2j}}{Fs^{-2j} + \alpha v_0 s^{-T} - \alpha\beta s^{-2j}}\right]^{1-b} = \left(s^2\right)^{1-b} \qquad (5)$$

Daher ist wegen $s^2 > s^{2-2b}$ die Gleichung (4) im Grenzwert erfüllt. Ab einem bestimmten Kursniveau steigt die Leistung in der letzten Entscheidungsperiode also streng monoton mit dem bisher erreichten Kurswert.

Die streng monoton steigende Beziehung gilt für den Fall der Risikoneutralität sogar für alle Kurse $v_{T-1,j} = v_0 s^{2j-T+1} > \beta / s$. In diesem Fall beträgt der Erwartungsnutzen des Agenten:

$$E\left(U_{T-1,1}(e_{T-1,1})\right) = e_{T-1,1}\left(F + \alpha(sv_0 s^{2j-T+1} - \beta)\right) \\ +(1 - e_{T-1,1})\left(F + \alpha\max[s^{-1}v_0 s^{2j-T+1} - \beta, 0]\right) - 0{,}5ke_{T-1,1}^2 \qquad (6)$$

Es folgt eine Optimalleistung von:

$$\begin{aligned} e^*_{T-1,1} &= k^{-1}\left(F + \alpha(v_0 s^{2j-T+2} - \beta)\right) - k^{-1}\left(F + \alpha \max[v_0 s^{2j-T} - \beta, 0]\right) \\ &= k^{-1}\alpha\left((v_0 s^{2j-T+2} - \beta) - \alpha \max[v_0 s^{2j-T} - \beta, 0]\right) \end{aligned} \tag{7}$$

Damit folgt aber:

$$\frac{de^*_{T-1,j}}{dj} = k^{-1}\alpha\left(v_0 s^{2j-T+2} \ln s - \max[v_0 s^{2j-T} \ln s, 0]\right) \tag{8}$$

Dieser Ausdruck ist nun wegen $v_0 s^{2j-T+2} \ln s > \max[v_0 s^{2j-T} \ln s, 0]$ immer positiv. Damit ist die streng monoton steigende Beziehung für den Fall der Risikoneutralität gezeigt.

Unabhängig vom Grad der Risikoaversion ist auch klar, daß die Optimalleistung für alle diejenigen Kurse Null ist, von denen aus der Bezugskurs bis zum Ende der Laufzeit nicht mehr erreicht werden kann. Denn in diesem Fall ist $\alpha \max[v_0 s^{2j-T+2} - \beta, 0] = 0$ und es gilt:

$$E\left(U_{T-1,1}(e_{T-1,1})\right) = e_{T-1,1}(F) + (1 - e_{T-1,1})(F) - 0{,}5ke^2_{T-1,1} \tag{9}$$

Hierbei zeigt sich nun aber, daß die Optimalentscheidung ein Leistungsniveau von Null impliziert und die Optimalentscheidung nicht mehr von der Höhe des erreichten Kurses abhängt: Wenn der Bezugskurs bis zum Laufzeitende nicht mehr erreicht werden kann, dann ist es für die Entscheidungssituation unerheblich, wie weit der aktuelle Kurs unter dem Bezugskurs liegt. Diese letzte Aussage gilt natürlich nicht nur für den letzten Entscheidungszeitpunkt, sondern für alle vorhergehenden Entscheidungsknoten. Damit der maximal mögliche Kurs am Laufzeitende den Bezugskurs nicht übersteigt, also $v_T \leq \beta$ garantiert ist, muß für den letzten Entscheidungsknoten bspw. $v_{T-1} \leq \beta / s$ gelten. Für weiter zurückliegende Entscheidungsknoten gilt allgemein:

$$v_{T-i} \leq \beta / s^i. \tag{10}$$

Für alle eingetretenen Kurse, die dieser Bedingung genügen, ist die Optimalleistung also Null. Es ist unmittelbar ersichtlich, daß mit steigendem Bezugskurs die Anzahl möglicher Kurse zunimmt, für die diese Bedingung erfüllt ist. Wird der Bezugskurs bspw. auf den maximal möglichen Schlußkurs $\beta = \max[v_T] = v_0 s^T$ gesetzt, läßt sich die Bedingung umformen zu:

$$v_{T-i} = v_0 s^{2j-T+i} \leq \beta / s^i = v_0 s^{T-i} \tag{11}$$

Wegen $t = T - i$ folgt also $v_0 s^{2j-t} \leq v_0 s^t$. Diese Ungleichung ist jedoch immer erfüllt, da bis zum Zeitpunkt t höchstens $j = t$ Kursanstiege stattgefunden haben können, also $\max[j] = t$ gilt. Somit folgt auch $\max[v_0 s^{2j-t}] = v_0 s^{2\max[j]-t} = v_0 s^t$. Ungleichung (11) ist also immer erfüllt, d.h. der Optionsplan hat keinerlei Motivationswirkung. Mit steigendem Bezugskurs konvergiert der Anteil der Entscheidungsknoten, bei denen eine Leistung von Null optimal ist, gegen 1.

Umgekehrt kann auch gezeigt werden, daß die Optimalleistung niemals Null ist, wenn der Bezugskurs unterhalb des minimalen Schlußkurses gewählt wird. Denn in diesem Fall führt ein Kursanstieg c.p. immer zu einem steigenden Ausübungsgewinn. Damit ist aber der Anreiz immer echt positiv, durch Leistung einen Kursanstieg zu bewirken. Da dies auch intuitiv klar ist, kann auf einen formalen Beweis hier verzichtet werden. Wird also der minimal mögliche Schlußkurs als Bezugskurs gewählt, kommt es nie zu einer Situation, bei der eine Leistung von Null optimal wäre. Dies erklärt auch, weshalb in Abschnitt 3.2.3.2 relativ niedrige Bezugskurse als Optimallösungen ermittelt wurden: Diese verhindern, daß der Agent in Situationen kommt, in denen er seine Leistung auf Null reduziert.

Zum Abschluß sollen noch einige numerische Beispiele präsentiert werden, die die Verhaltenswirkungen weiter verdeutlichen. Hierbei soll allerdings nicht mehr der Versuch unternommen werden, optimale Verträge zu bestimmen. Es soll lediglich die Wirkung einer Variation des Bezugskurses ermittelt werden. Die Anzahl der Optionen wird daher vorab festgelegt. Für verschiedene Bezugskurse und Fixgehälter wird dann nur noch das Optimalverhalten des Agenten ermittelt, um anschließend die Vermögenswirkung des gegebenen Vertrages auf den Prinzipal bestimmt. Es wird ein Modell mit vier Entscheidungszeitpunkten unterstellt. Dabei wird von folgenden Parameterwerten ausgegangen:

Parameter	Wert
Exponent der Nutzenfunktion des Agenten	$b = 0{,}75$
Reservationsnutzen des Agenten	$\overline{U} = 1$
Kostenparameter	$k = 200$
Anfangskurs	$v_0 = 100$
Kursmultiplikator	$s = 2$
Anzahl der gewährten Optionen	$\alpha = 0{,}5$

Die Kursevolution ergibt sich also gemäß folgender Tabelle:

Anzahl Kursanstiege - Kursrückgänge	Zeitpunkt t = 0	t = 1	t = 2	t = 3	t = 4
4					1600,00
3				800,00	
2			400,00		400,00
1		200,00		200,00	
0	100,00		100,00		100,00
-1		50,00		50,00	
-2			25,00		25,00
-3				12,50	
-4					6,25

Tabelle 9

Entscheidungen über den Effort werden in den Zeitpunkten 0 bis 3 gefällt. Bei einem Bezugskurs von $\beta = 100$ und einem Fixgehalt von $F = 0{,}9604$ resultieren folgende Optimalleistungen:

Anzahl Kursanstiege - Kursrückgänge	Zeitpunkt t = 0	t = 1	t = 2	t = 3	t = 4
3				50,19%	
2			36,62%		
1		13,30%		21,05%	
0	1,41%		3,32%		
-1		0,08%		0,00%	
-2			0,00%		
-3				0,00%	

Tabelle 10

Die Erwartungsnutzen ergeben sich in den einzelnen Knoten zu:

Anzahl Kursanstiege - Kursrückgänge	Zeitpunkt t = 0	t = 1	t = 2	t = 3	t = 4
4					143,45
3				80,86	
2			27,73		43,07
1		3,79		7,62	
0	1,00		1,14		0,97
-1		0,97		0,97	
-2			0,97		0,97
-3				0,97	
-4					0,97

Tabelle 11

Wie ersichtlich, resultieren in den Knoten $(t, j) = (3,1), (3,0), (2,0)$ Optimalleistungen von Null. Diese Knoten korrespondieren mit den Kursen 50, 12,5 und 25, von denen aus der Bezugskurs 100 nicht mehr überschritten werden kann. Bei dieser Wahl der Parameter realisiert der Agent im Knoten (0,0) zwar einen Erwartungsnutzen, der seinem Reservationsnutzen entspricht. Jedoch beträgt das erwartete Endvermögen des Prinzipals lediglich noch 6,1. Würde er auf den Vertrag verzichten, so würde der Schlußkurs mit Sicherheit auf den Wert $v_T = v_0 s^{-T} = 6{,}25$ fallen, der aber immer noch höher wäre als der Wert von 6,1 bei dem angegebenen Vertrag. Ein Verzicht auf den Vertrag wäre damit vorteilhafter.

Wird nun aber der Bezugskurs gesenkt, so verbleibt auch bei zunächst fallenden Kursen eine Motivationswirkung der Optionen. Wählt man bspw. einen Bezugskurs von $\beta = 10$, so reicht bereits ein Fixgehalt in Höhe 0,276 um die Reservationsnutzenbedingung zu erfüllen. Das erwartete Endvermögen des Prinzipals beträgt in diesem Fall 9,37, woraus ein Vermögenszuwachs von 9,37 - 6,25 = 3,12 aus dem Vertrag resultiert. In diesem Fall ist der Abschluß des Vertrages mit dem Agenten also vorteilhafter. Es resultieren folgende Optimalleistungen des Agenten:

Anzahl Kursanstiege -			Zeitpunkt		
Kursrückgänge	t = 0	t = 1	t = 2	t = 3	t = 4
3				48,76%	
2			32,95%		
1		15,98%		17,39%	
0	4,74%		8,36%		
-1		2,89%		6,40%	
-2			2,41%		
-3				2,14%	

Tabelle 12

Wie ersichtlich, sinkt die Optimalleistung bei diesem Vertrag niemals auf Null, weil ausgehend vom jedem Entscheidungsknoten der Bezugskurs von 10 am Ende noch überschritten werden kann, sich Leistung also immer lohnt.

Diese Überlegungen stützen die Befunde des vorherigen Abschnittes, nach denen "relativ niedrige" Bezugskurse besser sind, als relativ hohe.

3.2.4. Investitionswahlmodelle

3.2.4.1. Einperiodiges Modell

Im folgenden soll wiederum der Frage nachgegangen werden, wie der Prinzipal die Vertragsparameter wählen sollte. Im Gegensatz zu den vorher behandelten Modellen wird jetzt jedoch davon ausgegangen, daß der Agent den Kursmultiplikator s wählt. Die Optimallösung wird ermittelt, indem wiederum zunächst die Entscheidungssituation des Agenten untersucht wird. Sein erwarteter Nutzen in Abhängigkeit vom Kursmultiplikator beträgt im Zeitpunkt Null:

$$E(U(s)) = p\left(F + \alpha \cdot \max\left[v_0 s - \beta, 0\right]\right)^b + (1-p)\left(F + \alpha \cdot \max\left[v_0 s^{-1} - \beta, 0\right]\right)^b \qquad (1)$$

Der Agent wird nun den Kursmultiplikator s so wählen, daß dieser erwartete Nutzen maximiert wird. Hierbei ist zu berücksichtigen, daß die Maximierung des Erwartungsnutzens zu einer Randlösung, d.h. $s = \bar{s}$ führen kann. Daher muß $s \leq \bar{s}$ explizit als Nebenbedingung berücksichtigt werden. Ein weiteres Problem bei der Bestimmung der Optimallösung liegt darin, daß die Erwartungsnutzenfunktion nicht an jeder Stelle differenzierbar ist. Nicht differenzierbar ist die Funktion an den Stellen $s = \beta / v_0$ für $v_0 < \beta$ oder an der Stelle $s = v_0 / \beta$ für $v_0 > \beta$. Dies folgt aus den unterschiedlichen Werten der linksseitigen und rechtsseitigen Grenzwerte der Steigung der Maximumfunktion an den angegebenen Stellen. Da nun die Erwartungsnutzenfunktion selbst eine Funktion der Maximumfunktion ist, geht die Nichtdifferenzierbarkeit auf die Erwartungsnutzenfunktion über. Dies wirft zusammen mit der Möglichkeit einer Randlösung erhebliche Probleme auf, da die optimale Wahl von s nicht als eine differenzierbare Funktion der relevanten Parameter (Kursniveau und Bezugskurs) darstellbar ist. Diese Probleme pflanzen sich damit auf die Bestimmung der optimalen Entscheidung zum Zeitpunkt Null und auf die Analyse der Entscheidungssituation des Prinzipals fort. Die folgende Abbildung 7 verdeutlicht diese Problematik. Sie gibt ein Beispiel für den Verlauf der Erwartungsnutzenfunktion des Agenten in Abhängigkeit von seiner Wahl des Kursmultiplikators. Bei dieser Darstellung ist von einer Kursanstiegswahrscheinlichkeit von $p = 0{,}5$, einem Fixgehalt von $F = 0{,}2$, einem Koeffizienten der Risikoaversion von $b = 0{,}25$, einer Anzahl von Optionen $\alpha = 1$, einem Bezugskurs in Höhe von $\beta = 0{,}5$ und einem anfänglichen Aktienkurs in Höhe von $v_0 = 1{,}3$ ausgegangen.

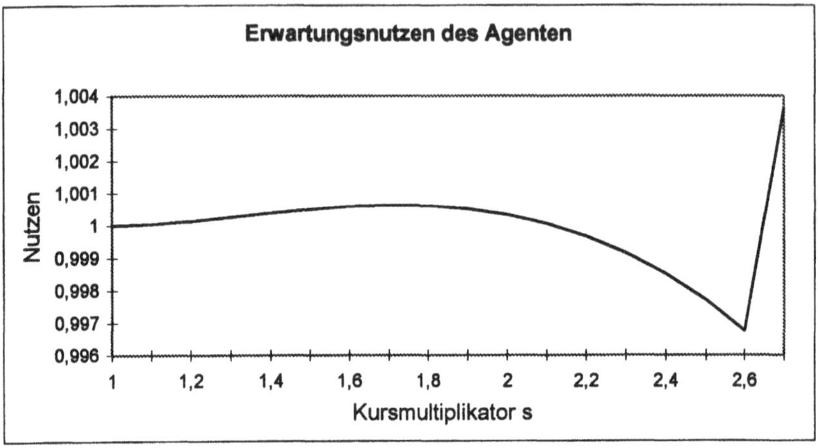

Abb. 7: Erwartungsnutzen des Agenten

Wie zu sehen ist, ist die Funktion an der Stelle $s = 2{,}6$ nicht differenzierbar. Dies ist gerade der Wert, bei dem der Aktienkurs im Falle eines Kursrückganges auf die Höhe des Bezugskurses fällt, d.h. $v_0 s^{-1} = 1{,}3(2{,}6)^{-1} = 0{,}5$. Wird der Multiplikator über 2,6 hinaus erhöht, so trägt der Agent die negativen Konsequenzen eines weiteren Kursrückganges nicht mehr mit, da der Wert der Option im Verlustfall höchstens auf Null fallen kann. Daher steigt der Wert seiner Erwartungsnutzenfunktion ab $s = 2{,}6$ wieder an.

Aufgrund dieser Nichtdifferenzierbarkeit kann eine allgemeine Lösung nicht durch einen einfachen marginalanalytischen Ansatz bestimmt werden. Vielmehr sind wiederum Fallunterscheidungen notwendig.

Fall A: $v_0 \geq \beta$

In diesem Fall zerfällt die Optimalitätsbedingung in zwei Unterfälle. Bei dieser Unterscheidung wird angenommen, daß $v_0 / \beta \in [1, \bar{s}]$ ist. Wäre dies nicht der Fall, würden die beiden folgenden Unterfälle wieder zusammenfallen. Es verbliebe eine Analyse des Falles $s \in [1, \bar{s}]$, der inhaltlich in den beiden folgenden Fallunterscheidungen enthalten wäre.

Unterfall A1: $s \in [1, v_0 / \beta]$

Für dieses Intervall gilt:

$$\frac{dE(U)}{ds} = 0{,}5b\alpha v_0\left(F + \alpha(v_0 s - \beta)\right)^{b-1} - 0{,}5b\alpha v_0 s^{-2}\left(F + \alpha(v_0 s^{-1} - \beta)\right)^{b-1} \qquad (2)$$

Eine Nullstelle der Ableitung befindet sich an der Stelle $s = 1$, wovon man sich durch Einsetzen leicht überzeugen kann. Für $s > 1$ ergibt sich durch Nullsetzen der Ableitung nach einigen Umformschritten:

$$\frac{s - s^{(1+b)/(1-b)}}{s^{2/(1-b)} - 1} = \frac{F - \alpha\beta}{\alpha v_0} \tag{3}$$

Da der Zähler der linken Seite negativ, der Nenner jedoch positiv ist, existiert nur dann eine reelle Lösung, wenn $F - \alpha\beta < 0$ gilt. Das Fixgehalt müßte also kleiner sein als der Bezugskurs des gesamten Optionsprogramms (Anzahl Optionen mal Bezugskurs pro Option). Die durch Gleichung (3) implizit definierte Lösung sei mit $s^* = s^{impl}$ bezeichnet.

Für beide möglichen Extrema $s^* = 1$ und $s^* = s^{impl}$ muß noch geprüft werden, ob es sich jeweils um ein Maximum oder ein Minimum handelt. Es ist:

$$\begin{aligned}\frac{d^2E(U)}{ds^2} = {} & 0{,}5(b-1)b\alpha^2 v_0^2\left(F + \alpha(v_0 s - \beta)\right)^{b-2} + 0{,}5(b-1)b\alpha^2 v_0^2 s^{-4}\left(F + \alpha(v_0 s^{-1} - \beta)\right)^{b-2} \\ & + b\alpha v_0 s^{-3}\left(F + \alpha(v_0 s^{-1} - \beta)\right)^{b-1}\end{aligned} \tag{4}$$

An der ersten Nullstelle der ersten Ableitung bei $s = 1$ hat die zweite Ableitung einen Wert von:

$$\left.\frac{d^2E(U)}{ds^2}\right|_{s=1} = (b-1)b\alpha^2 v_0^2\left(F + \alpha(v_0 - \beta)\right)^{b-2} + b\alpha v_0\left(F + \alpha(v_0 - \beta)\right)^{b-1} \tag{5}$$

Nach elementaren Umformungen zeigt sich, daß diese zweite Ableitung genau dann negativ ist, wenn:

$$(F - \alpha\beta) / (\alpha v_0) < -b \tag{6}$$

gilt. Eine notwendige Bedingung hierfür wäre wiederum, daß das Fixgehalt kleiner sein müßte als der Bezugskurs des gesamten Optionsprogramms. Ist die Bedingung allerdings verletzt, handelt es sich um ein Minimum bzw. um einen Wendepunkt.

Für die zweite mögliche Nullstelle $s^* = s^{impl}$ läßt sich über ein indirektes Argument ebenfalls angeben, ob und unter welchen Bedingungen es sich um ein Maximum oder ein Minimum handelt. Hierzu ist es zunächst notwendig zu zeigen, daß der durch Gleichung (3) bestimmte Wert von s eindeutig ist, also nur noch eine weitere Nullstelle existieren kann. Hierzu definiere man $f(s) = s - s^{(1+b)/(1-b)}$ und $g(s) = s^{2/(1-b)} - 1$. Die Ableitung $(f / g)' = (f'g - fg') / g^2$ ist immer dann positiv, wenn $f'g - fg' > 0$ gilt, also:

$$f'g - fg' = \left(1 - \frac{1+b}{1-b} s^{2b/(1-b)}\right)\left(s^{2/(1-b)} - 1\right) - \left(s_0 - s_0^{(1+b)/(1-b)}\right)\left(\frac{2}{1-b} s_0^{(1+b)/(1-b)}\right) > 0 \tag{7}$$

Nach einigen elementaren Umformungen läßt sich hieraus die äquivalente Bedingung $s^{(2+2b)/(1-b)} - 1 > 0$ herleiten, die aufgrund der Voraussetzungen $s > 1$ und $0 < b < 1$ richtig ist. Da nun aber die Ableitung $(f/g)' = (f'g - fg')/g^2$ überall positiv ist, ist der durch Gleichung (3) bestimmte Wert eindeutig bestimmt. Nun ist bekannt, daß die durch Gleichung (2) beschriebene Ableitung im fraglichen Intervall stetig und differenzierbar ist. Sie hat eine Nullstelle an der Stelle $s = 1$ und eine bei $s^* = s^{impl}$. Ist die zweite Ableitung gemäß Gleichung (5) daher negativ, so liegt an der Stelle $s = 1$ ein Maximum vor. Dies bedeutet aber, daß die Erwartungsnutzenfunktion in der rechten Umgebung von $s = 1$ fällt, die erste Ableitung in dieser Umgebung daher negativ ist. Die zweite Nullstelle der Ableitung bei $s^* = s^{impl}$ muß dann also ein Minimum sein. Analog folgert man, daß die zweite Nullstelle ein Maximum ist, wenn die Bedingung (6) verletzt ist.

Unterfall A2: $s \in \left]v_0/\beta, \bar{s}\right]$

Für dieses Intervall gilt:

$$\frac{dE(U)}{ds} = 0{,}5b\alpha v_0\left(F + \alpha(v_0 s - \beta)\right)^{b-1} > 0 \tag{8}$$

Da die Ableitung immer größer Null ist, folgt sofort, daß hier der maximale Wert $s^* = \bar{s}$ optimal ist.

Zusammenfassend läßt sich damit für den Fall A schließen, daß die optimale Entscheidung entweder durch $s^* = \bar{s}$, $s^* = 1$ oder $s^* = s^{impl}$ gekennzeichnet ist.

Fall B: $v_0 < \beta$

Auch in dieser Fallunterscheidung zerfällt die Optimalitätsbedingung in zwei Unterfälle. Bei dieser Unterscheidung wird angenommen, daß $\beta / v_0 \in [1, \bar{s}]$ ist. Wäre dies nicht der Fall, würden die beiden folgenden Unterfälle erneut zusammenfallen. Es verbliebe eine Analyse des Falles $s \in [1, \bar{s}]$, der inhaltlich in den beiden folgenden Fallunterscheidungen enthalten wäre.

Unterfall B1: $s \in [1, \beta / v_0]$

Für dieses Intervall gilt:

$$\frac{dE(U)}{ds} = 0 \tag{9}$$

Die Wahl von s im angegebenen Intervall ist damit indeterminiert, da kein s in diesem Intervall den Nutzen des Agenten noch beeinflußt. Der Aktienkurs ist soweit gefallen, daß mit keinem s im Intervall $[1, \beta / v]$ der Bezugskurs noch überschritten werden kann.

Unterfall B2: $s \in]\beta / v_0, \bar{s}]$

Für dieses Intervall gilt:

$$\frac{dE(U)}{ds} = 0{,}5b\alpha v_0 \left(F + \alpha(v_0 s - \beta)\right)^{b-1} > 0 \qquad (10)$$

Daher folgt hier wiederum ein Optimalwert von $s^* = \bar{s}$.

Zusammenfassend läßt sich damit das Optimalverhalten des Agenten im Fall B leicht charakterisieren: Er wird immer den Maximalwert $s^* = \bar{s}$ wählen. Dieses Ergebnis ist auch intuitiv klar. Denn wenn der Aktienkurs unter dem Bezugskurs liegt, dann ist die genaue Höhe von s im Fall eines Kursrückganges irrelevant. Schließlich macht es für eine Option am Verfallstag keinen Unterschied, um wieviel der Aktienkurs unter dem Bezugskurs liegt, die Option ist ohnehin wertlos. Der Agent wird damit den maximalen Wert wählen, da er nur die positiven Konsequenzen stärker steigender Kurse trägt, die negativen Konsequenzen stärker fallender Kurse hingegen nicht. Die Irrelevanz des Parameters s im Unterfall B1 spielt hierbei keine Rolle, da der zu erzielende Nutzen im Unterfall B2 höher ist und der Agent die freie Wahl hat, einen Parameter im Intervall des Unterfalls B2 zu wählen.

Insgesamt läßt sich die Entscheidung des Agenten damit wie folgt charakterisieren:

Aktienkursintervall	Multiplikatorintervall	Optimalentscheidung
$v_0 \geq \beta$	$s \in [1, \bar{s}]$	$s^* = \bar{s}$, $s^* = s^{impl}$ oder $s^* = \bar{s}$
$v_0 < \beta$	$s \in [1, \bar{s}]$	$s^* = \bar{s}$

Tabelle 13

Es wird damit ersichtlich, daß die optimale Entscheidung des Agenten nur dann einen Wert kleiner des zulässigen Maximums annehmen kann, wenn der Aktienkurs über dem Bezugskurs liegt. Damit ein Wert unterhalb des Maximums $\bar{s}$ optimal ist, muß zusätzlich gelten, daß $\bar{s}$ nicht sehr groß sein darf. Ansonsten wäre auch hier $s^* = \bar{s}$ optimal. Dieses Ergebnis ist auch intuitiv leicht interpretierbar. Denn wenn der Aktienkurs den Bezugskurs überschritten hat, dann geht die Zahlungscharakteristik der Option von einer asymmetrischen mehr und mehr zu einer symmetrischen über. Ist die Option erst im Geld, erhöht sich mit steigender Volatilität auch das Verlustrisiko. Ein risikoaverser Agent wird dann evtl. bestrebt sein, dieses Verlustrisiko zu begrenzen, selbst wenn dadurch sein erwartetes Einkommen sinkt.

Der Prinzipal ist nun bestrebt seinen Erwartungsnutzen zu maximieren unter der Nebenbedingung, daß der Agent seine optimale Wahl s^* trifft und unter der Nebenbedingung, daß der Nutzen des Agenten mindestens das Reservationsnutzenniveau erreicht. Es ergibt sich als Lagrangefunktion:

$$\begin{aligned} L &= E(W(s^*)) - \lambda\left[E(U(s^*)) - \overline{U}\right] \\ &= 0{,}5\left[v_0 s^* - \alpha \max\left[v_0 s^* - \beta\right]\right] + 0{,}5\left[v_0 s^{*-1} - \alpha \max\left[v_0 s^{*-1} - \beta\right]\right] - F \\ &\quad -\lambda\left[0{,}5\left(F + \alpha \max\left[v_0 s^* - \beta\right]\right)^b + 0{,}5\left(F + \alpha \max\left[v_0 s^{*-1} - \beta\right]\right)^b - \overline{U}\right] \end{aligned} \tag{11}$$

Diese Funktion ist nun bezüglich der Entscheidungsparameter F, α und β zu maximieren. Da die optimale Wahl s^* des Agenten nicht überall in den Entscheidungsparametern des Prinzipals differenzierbar ist, muß die allgemeine Lösung wiederum durch Fallunterscheidungen ermittelt werden.

Fall C: $v_0 \geq \beta$

In diesem Fall wählt der Prinzipal also einen Bezugskurs, der kleiner gleich dem aktuellen Aktienkurs ist. Hierdurch bringt er den Agenten in die Entscheidungssituation des Falles A. Der Agent wählt also einen der möglichen optimalen Kursmultiplikatoren $s^* = \overline{s}$, $s^* = 1$ oder $s^* = s^{impl}$. Es sind mithin drei Unterfälle möglicher optimaler Reaktionen des Agenten zu berücksichtigen.

Unterfall C1: $s^* = 1$

Da der Prinzipal im Fall $s^* = 1$ keinen Produktivitätsgewinn aus der Beziehung zum Agenten verzeichnet, sondern lediglich Kosten in Form der Vergütung des Agenten zu tragen hat, muß der Prinzipal sicherstellen, daß $s^* = 1$ auch für den Agenten nicht optimal ist. Wie sich in Ungleichung (6) zeigte, liegt nur dann ein Erwartungsnutzenmaximum für den Agenten an der Stelle $s^* = 1$, wenn $(F - \alpha\beta)/(\alpha v_0) < -b$ gilt. Dies kann der Prinzipal durch geeignete Wahl der Vergütungsparameter jedoch verhindern. Sorgt er dafür, daß diese Ungleichung umgekehrt wird, so führt $s^* = 1$ zu einem Erwartungsnutzenminimum für den Agenten. Die Umkehrung der Ungleichung gelingt dem Prinzipal z.B. durch eine entsprechende Erhöhung des Grundgehaltes oder eine Reduktion des Bezugskurses.

Unterfall C2: $s^* = s^{impl}$

In diesem Fall ist die Optimallösung also durch die innere Lösung $s^* = s^{impl}$ gekennzeichnet. Eine vollständige analytische Lösung ist hier jedoch nicht möglich, da der Wert von s^{impl} eben nur implizit durch Gleichung (3) bestimmt ist. Damit lassen sich die Ableitungen von s^{impl} nach den Parametern des Vergütungsvertrages jedoch nicht explizit angeben. Dies wäre aber notwendig, um die Lagrangefunktion des Prinzipals tatsächlich maximieren zu können. Allerdings ist es möglich, auf einige Eigenschaften der Lösung einzugehen. Wie sich zeigte, ist s^{impl} eindeutig bestimmt. Daneben zeigte sich in Gleichung (7) auch, daß die Ableitung der linken Seite von Gleichung (3) nach s positiv ist. Der Wert von s^{impl} kann also erhöht werden, wenn die rechte Seite von Gleichung (3) erhöht wird. Die rechte Seite $g = (F - \alpha\beta) / \alpha v_0$ läßt sich nun aber durch eine Erhöhung des Fixgehaltes, eine Verringerung des Bezugskurses und fallbedingt durch eine Verringerung oder Erhöhung der Optionsanzahl steigern. Denn es ist

$$\frac{dg}{dF} = \frac{1}{\alpha v_0} > 0 \tag{12}$$

$$\frac{dg}{d\beta} = -\frac{1}{v_0} < 0 \tag{13}$$

$$\frac{dg}{d\alpha} = -\frac{F}{\alpha^2 v_0} \begin{cases} > 0 \text{ für } F < 0 \\ \leq 0 \text{ für } F \geq 0 \end{cases} \tag{14}$$

Geht man von einem positiven Fixgehalt im Gleichgewicht aus, dann folgt der zunächst überraschende Effekt, daß sich durch eine Reduktion der Optionsanzahl eine Steigerung des Kursmultiplikators erreichen läßt. Der Versicherungseffekt, der dem Agenten aus einer Reduktion des Risikos aufgrund sinkender Optionszahl erwächst, macht ihn marginal risikotoleranter gegenüber dem Kursrisiko, welches mit einer Erhöhung des Kursmultiplikators s einhergeht. Damit kann aber die Optimallösung des Agenten unmittelbar angegeben werden, auch wenn die Abhängigkeit von s^{impl} von den Vergütungsparametern nicht explizit angegeben werden kann. Der Prinzipal kann nämlich die Anzahl der Optionen beliebig variieren, um ein ihm genehmes s^{impl} zu induzieren. Da bei einem positiven Fixgehalt ein steigendes s^{impl} durch ein Absenken der Optionsanzahl erreicht werden kann, induziert der Prinzipal natürlich das höchstmögliche s^{impl}, welches durch $s^{impl} = \bar{s}$ gegeben ist. Allerdings ist die tatsächlich optimale Anzahl an Optionen hier nicht eindeutig bestimmbar. Um dies zu sehen, bezeichne man mit α^{impl} die gerade notwendige Anzahl von Optionen, die $s^{impl} = \bar{s}$ sichert. Dann wird dieses Ergebnis auch durch jedes andere α sichergestellt, für welches $\alpha^{impl} > \alpha > 0$ gilt. Denn auch dieses α sichert, daß der Agent die Randlösung $s^{impl} = \bar{s}$ wählt. Gleichzeitig erspart sich der Prinzipal durch eine weitere Absenkung der Optionsanzahl von α^{impl} auf α aber weitere Kosten. Damit ist ein möglichst niedriges α optimal, wobei nun aber die Ungleichung $\alpha > 0$ streng gilt. Damit existiert aber keine mathematische Lösung, da es keine reelle Zahl gibt, die der Null am nächsten liegt. Auf dieses Problem wird im anschließenden Unterfall erneut eingegangen.

Unterfall C3: $s^* = \bar{s}$

In diesem Fall wählt der Agent den maximal möglichen Kursmultiplikator. Da diese Lösung eine Randlösung ist, hängt die Entscheidung des Agenten marginal nicht von den Vergütungsparametern ab. Dies bedeutet, daß der Prinzipal die Vergütungsparameter gerade so wählen kann, daß einerseits die Randlösung optimal bleibt, andererseits die Teilnahmebedingung des Agenten erfüllt wird. Aufgrund der marginalen Unabhängigkeit von $s^* = \bar{s}$ von den Vertragsparametern ergibt sich als Lagrangefunktion des Prinzipals:

$$\begin{aligned} L = {} & 0{,}5\left[v_0\bar{s} - \alpha \max\left[v_0\bar{s} - \beta, 0\right]\right] + 0{,}5\left[v_0\bar{s}^{-1} - \alpha \max\left[v_0\bar{s}^{-1} - \beta, 0\right]\right] - F \\ & -\lambda\left[0{,}5\left(F + \alpha \max\left[v_0\bar{s} - \beta, 0\right]\right)^b + 0{,}5\left(F + \alpha \max\left[v_0\bar{s}^{-1} - \beta, 0\right]\right)^b - \bar{U}\right] \end{aligned} \tag{15}$$

Bevor hier die Bedingungen erster Ordnung aufgestellt werden können, ist zunächst zu prüfen, ob der Bezugskurs auch im Fall des Kursrückganges noch über dem dann resultierenden Aktienkurs liegt.

Unterfall C3.1: $v_0\bar{s}^{-1} \geq \beta$

In diesem Fall hat jede der Maximumfunktionen den Wert ihres ersten Argumentes. Es folgen daher als Bedingungen erster Ordnung:

$$\frac{dL}{d\beta} = \alpha - \lambda\left[0{,}5b\left(F + \alpha v_0\bar{s} - \alpha\beta\right)^{b-1}(-\alpha) + 0{,}5b\left(F + \alpha v_0\bar{s}^{-1} - \alpha\beta\right)^{b-1}(-\alpha)\right] = 0 \tag{16}$$

$$\begin{aligned} \frac{dL}{d\alpha} = {} & -0{,}5(v_0\bar{s} - \beta) - 0{,}5(v_0\bar{s}^{-1} - \beta) \\ & -\lambda\left[0{,}5b\left(F + \alpha v_0\bar{s} - \alpha\beta\right)^{b-1}(v_0\bar{s} - \beta) + 0{,}5b\left(F + \alpha v_0\bar{s}^{-1} - \alpha\beta\right)^{b-1}(v_0\bar{s}^{-1} - \beta)\right] = 0 \end{aligned} \tag{17}$$

$$\frac{dL}{dF} = -1 - \lambda\left[0{,}5b\left(F + \alpha v_0\bar{s} - \alpha\beta\right)^{b-1} + 0{,}5b\left(F + \alpha v_0\bar{s}^{-1} - \alpha\beta\right)^{b-1}\right] = 0 \tag{18}$$

$$\frac{dL}{d\lambda} = 0{,}5\left(F + \alpha v_0\bar{s} - \alpha\beta\right)^b + 0{,}5\left(F + \alpha v_0\bar{s}^{-1} - \alpha\beta\right)^b - \bar{U} = 0 \qquad \text{oder } \lambda = 0 \tag{19}$$

Aus der ersten dieser Ableitungen folgt wegen $\alpha \neq 0$ unmittelbar, daß der Lagrangemultiplikator ungleich Null, die Teilnahmebedingung also wiederum bindend ist. Für diesen Fall folgt aber sofort, daß die erste Ableitung dividiert durch $-\alpha$ der dritten entspricht, die Lösung also indeterminiert ist. Die weitere Lösung entspricht derjenigen aus dem folgenden Unterfall C3, ist lediglich etwas aufwendiger herzuleiten. Da das Ergebnis hier genauso wie in C3 auch intuitiv verständlich ist, wird auf eine explizite Herleitung der Lösung hier verzichtet und lediglich auf den folgenden Unterfall verwiesen.

Unterfall C3.2: $v_0\bar{s}^{-1} < \beta$

In diesem Unterfall wird der Bezugskurs bei einem Kursrückgang unterschritten. Somit ist der Ertrag aus der Option gleich Null, wenn der Kurs fällt. In diesem Fall vereinfacht sich die Lagrangefunktion aus Gleichung (15) zu:

$$\begin{aligned} L = {} & 0{,}5\left[v_0\bar{s} - \alpha \max\left[v_0\bar{s} - \beta, 0\right]\right] + 0{,}5\left[v_0\bar{s}^{-1}\right] - F \\ & -\lambda\left[0{,}5\left(F + \alpha \max\left[v_0\bar{s} - \beta, 0\right]\right)^b + 0{,}5F^b - \bar{U}\right] \end{aligned} \tag{20}$$

Als Bedingungen erster Ordnung ergeben sich damit

$$\frac{dL}{d\beta} = \alpha - 0{,}5\lambda b(-\alpha)\left(F + \alpha v_0\bar{s} - \alpha\beta\right)^{b-1} \tag{21}$$

$$\frac{dL}{d\alpha} = -0{,}5(v_0\bar{s} - \beta) - \lambda\left[0{,}5b\left(F + \alpha v_0\bar{s} - \alpha\beta\right)^{b-1}(v_0\bar{s} - \beta)\right] = 0 \tag{22}$$

$$\frac{dL}{dF} = -1 - \lambda\left[0{,}5b\left(F + \alpha v_0\bar{s} - \alpha\beta\right)^{b-1} + 0{,}5bF^{b-1}\right] = 0 \tag{23}$$

$$\frac{dL}{d\lambda} = 0{,}5\left(F + \alpha v_0\bar{s} - \alpha\beta\right)^b + 0{,}5F^b - \bar{U} = 0 \quad \text{oder } \lambda = 0 \tag{24}$$

Es ist unmittelbar zu sehen, daß die erste dieser Ableitungen Null wäre, wenn $\alpha = 0$ gelten würde. Dies ist aber nach Voraussetzung falsch, da das Maximierungskalkül für den Prinzipal für $\alpha = 0$ anders aussehen würde. Nimmt man nun aber an, daß $\alpha \neq 0$, dann kann man die erste dieser Ableitungen durch α teilen und anschließend mit -2 multiplizieren. Setzt man die so erhaltene Gleichung mit der dritten Ableitung gleich, so ergibt sich:

$$\begin{aligned} \frac{-2}{\alpha}\frac{dL}{d\beta} &= -1 - \lambda b\left(F + \alpha v_0\bar{s} - \alpha\beta\right)^{b-1} \\ &= -1 - 0{,}5\lambda b\left[\left(F + \alpha v_0\bar{s} - \alpha\beta\right)^{b-1} + F^{b-1}\right] = \frac{dL}{dF} \end{aligned} \tag{25}$$

Elementare Umformungen ergeben die äquivalente Bedingung:

$$\alpha v_0\bar{s} - \alpha\beta = 0 \tag{26}$$

Diese ist jedoch nur richtig für $\alpha = 0$ was nach Voraussetzung falsch ist und für $\beta = \bar{s}v_0$. Letzteres würde aber ebenfalls dazu führen, daß jede der Optionen mit Sicherheit wertlos verfällt, wodurch das hier angewandte Kalkül des Prinzipals wiederum nicht anwendbar wäre. Es folgt daher, daß es keine analytische Lösung des Problems gibt. Auf die inhaltliche Interpretation dieses Ergebnisses wird weiter unten noch einzugehen sein.

Fall D: $\beta > v_0$

In diesem Fall setzt der Prinzipal einen Bezugskurs oberhalb des gegenwärtigen Aktienkurses. Damit bringt er den Agenten in die Entscheidungssituation des Falles B. Dort zeigte sich aber, daß die Optimalentscheidung immer $s^* = \bar{s}$ lautet, der Agent also immer den höchstmöglichen Kursmultiplikator wählt. Dies gilt allerdings nur so lange, wie die Anzahl der Optionen tatsächlich größer ist als Null und der Bezugskurs echt kleiner ist als der Kurs im Falle eines Kursanstiegs. Es muß also gelten $\alpha > 0$ und $\beta < v_0\bar{s}$. Formal ergibt sich das selbe Kalkül wie in Unterfall C3. Denn die Wahl eines Bezugskurses oberhalb des gegenwärtigen Kurses stellt wie bereits ausgeführt die Wahl von $s^* = \bar{s}$ sicher. Diese Entscheidung des Agenten ist aber eine Randlösung, die marginal nicht von den Parametern des Vergütungsvertrages abhängt. Damit läßt sich das Problem des Prinzipals umformulieren zu der Forderung, die Randlösung des Agenten aufrechtzuerhalten und ihn mit möglichst wenig Einkommensrisiko zu belasten. Wird ein Bezugskurs oberhalb des aktuellen Aktienkurses gewählt, so beträgt der Erwartungsnutzen des Agenten gemäß Gleichung (1):

$$E(U(s)) = 0{,}5(F + \alpha v_0\bar{s} - \alpha\beta)^b + 0{,}5F^b \qquad (27)$$

Da $s^* = \bar{s}$ allein durch die Entscheidung $\beta > v_0$ garantiert wird, läßt sich das Problem des Prinzipals jetzt auch anders interpretieren. Er muß die Vergütungsparameter im Optimum so wählen, daß sie ein gleiches Kosten-/Nutzenverhältnis aufweisen. Die Kosten C der Vergütung aus Sicht des Prinzipals sind gegeben durch:

$$C = -F - \alpha v_0\bar{s} + \alpha\beta \qquad (28)$$

Der Nutzen, der dem Prinzipal daraus erwächst ist jetzt nicht mehr durch den durch die Vergütung bewirkten Verhaltensanreiz bestimmt, sondern lediglich dadurch, daß die Vergütung einen Beitrag zur Sicherstellung der Teilnahmebedingung leistet. Damit ist das Kosten-/Nutzenverhältnis des Prinzipals bei einer Veränderung des Fixgehaltes gegeben durch:

$$\frac{dC}{dF} / \frac{dE(U)}{dF} = \left[-0{,}5b(F + \alpha v_0\bar{s} - \alpha\beta)^{b-1} - 0{,}5bF^{b-1}\right]^{-1} \qquad (29)$$

Hingegen beträgt das Kosten-/Nutzenverhältnis einer marginalen Erhöhung der Optionsanzahl:

$$\frac{dC}{d\alpha} / \frac{dE(U)}{dF} = \left[-0{,}5b(F + \alpha v_0\bar{s} - \alpha\beta)^{b-1}\right]^{-1} \qquad (30)$$

Im Optimum müßten beide Kosten-/Nutzenverhältnisse übereinstimmen. Dies bedingt jedoch $F^{b-1} = 0$, was mathematisch keine Lösung besitzt. Es ist dem Prinzipal damit nicht möglich, die Vergütung so zu gestalten, daß die Kosten-/Nutzenverhältnisse übereinstimmen.

Trotz dieser mathematischen Unlösbarkeit läßt sich natürlich eine Grundaussage über den optimalen Vertrag machen. So ergibt sich sofort eine Lösung, wenn man Ganzzahligkeit der notwendigen Parameter α und β unterstellt. Es wird dann eine Option, $\alpha = 1$, begeben und der Bezugskurs wird auf die nächste ganze Zahl unterhalb von sv_0 gelegt.

Zusammenfassend läßt sich also feststellen, daß der optimale Vertrag in jedem Fall eine Optionsgestaltung verlangt, bei der der Bezugskurs nicht unter dem aktuellen Aktienkurs angesetzt wird. Dadurch kann der Prinzipal sicherstellen, daß der Agent in die Entscheidungssituation des Falles B kommt und den maximalen Kursmultiplikator wählt. Durch einen möglichst hohen Bezugskurs und eine möglichst geringe Optionsanzahl stellt der Prinzipal zudem sicher, daß das Einkommen des Agenten nur einer geringen Schwankung unterliegt und somit die an den Agenten zu zahlende Risikoprämie relativ gering ausfällt.

Interpretiert man angewandte Optionspläne der Praxis in diesem Licht, dann lassen sich mehrere Konsequenzen ziehen. Zunächst läßt sich anführen, daß die gängige Praxis, den Bezugskurs auf den Aktienkurs zum Zeitpunkt der Optionseinräumung festzulegen, das gewünschte Verhalten hervorruft, nämlich die Auswahl einer Kombination von höherer Rendite und Volatilität. Allerdings erwies sich diese Vorgehensweise im Modell nicht als optimal, da ein höherer Bezugskurs das gleiche Verhalten erzeugen würde, aber mit geringeren Kosten verbunden wäre. Allerdings ist auch zu berücksichtigen, daß das Modell lediglich "marginale" Optionen als optimal ermittelt hat. Daß das Modell damit vorläufige Ergebnisse erzeugt, die sich nicht unmittelbar auf die Praxis übertragen lassen, wird später noch eingehender zu analysieren sein.

Als Anmerkung sei hier allerdings noch angefügt, daß die Aussage, ein Optionsprogramm setze immer einen Anreiz zur Wahl höherer Volatilitäten so nicht haltbar ist. Dies zeigt der oben analysierte Fall A. Wenn der Bezugskurs nämlich unter dem gegenwärtigen Aktienkurs liegt und eine endliche Anzahl von Optionen gewährt wird, dann ist mit einer Erhöhung der Volatilität auch ein steigendes Verlustrisiko verbunden. Ein sehr risikoaverser Agent wird dieses Risiko zu meiden suchen, und eine niedrigere Volatilität wählen, selbst wenn sein erwartetes Einkommen dadurch sinkt.

3.2.4.2. Zweiperiodiges Modell

Im folgenden soll in einem zweiperiodigen Modell der Frage nachgegangen werden, wie der Prinzipal die Vertragsparameter festlegen sollte, um eine für ihn optimale Sequenz von Investitionsentscheidungen zu erreichen. Der Agent hat die Aufgabe, die Kursmultiplikatoren zu wählen. Wie sich schnell zeigen wird, läßt sich die optimale Lösung leicht anhand der Ergebnisse des einperiodigen Modells herleiten.

Der Erwartungsnutzen des Agenten im Entscheidungsknoten $(t, j) = (1,1)$ in Abhängigkeit von seiner Entscheidung s_{11} und der vorangegangenen Entscheidung s_{00} lautet wie folgt:

$$E(U(s_{11})) = 0{,}5\left(F + \alpha \cdot \max\left[s_{00}s_{11}v_0 - \beta, 0\right]\right)^b + 0{,}5\left(F + \alpha \cdot \max\left[s_{00}s_{11}^{-1}v_0 - \beta, 0\right]\right)^b \qquad (1)$$

Im Knoten $(t, j) = (1,0)$ hingegen beträgt der Erwartungsnutzen des Agenten:

$$E(U(s_{10})) = 0{,}5\left(F + \alpha \cdot \max\left[s_{00}^{-1}s_{10}v_0 - \beta, 0\right]\right)^b + 0{,}5\left(F + \alpha \cdot \max\left[s_{00}^{-1}s_{10}^{-1}v_0 - \beta, 0\right]\right)^b \qquad (2)$$

Bezeichnet man mit $E(U_{ij}^{*})$ den maximalen Erwartungsnutzen des Agenten, so kann sein Erwartungsnutzen der ersten Periode angegeben werden als:

$$E(U(s_{00})) = 0{,}5E(U_{11}^{*}) + 0{,}5E(U_{10}^{*}) \qquad (3)$$

Der Agent wird nun seine jeweiligen Erwartungsnutzen bezüglich seiner Entscheidungsparameter s_{00}, s_{10} und s_{11} maximieren. Der Prinzipal hat diese Maximierungsentscheidung bei seiner eigenen Entscheidung zu berücksichtigen.

Die optimalen Vergütungsparameter α, β und F können nun relativ leicht aus dem einperiodigen Modell hergeleitet werden. Dort erwies es sich als optimal, die Teilnahmebedingung fast ausschließlich über das Fixgehalt sicherzustellen, während der Bezugskurs möglichst knapp unter dem maximal möglichen Kurs und die Anzahl der Optionen möglichst nahe bei Null gewählt werden mußten. Dieses Vorgehen kann abgewandelt auch im zweiperiodigen Modell angewendet werden. Allerdings muß der Bezugskurs jetzt nicht knapp unter dem maximal möglichen Kurs, sondern knapp unter dem Startkurs v_0 angesetzt werden. Zur Vereinfachung der Notation und ohne Beschränkung der Allgemeinheit sei für die folgenden Ausführungen einen Wert von $v_0 = 1$ angenommen. Wählt man jetzt einen Bezugskurs von $\beta \geq 1$, dann wird der Agent entweder im Knoten (0,0) oder im Knoten (1,0) einen Multiplikator unterhalb des Maximums wählen. Angenommen, er wählt im Knoten (0,0) das Maximum $s_{00} = \bar{s}$. In diesem Fall ist der Aktienkurs im Knoten (1,0) auf den neuen Kurs $\bar{s}^{-1}$ gefallen. Damit kann der Kurs anschließend aber höchstens wieder auf $\bar{s} \cdot \bar{s}^{-1} = 1$ steigen. Die Option würde also wertlos verfallen, egal welche Wahl der Agent im Knoten (1,0) trifft. Er ist damit indifferent und wählt annahmegemäß das Minimum $s = 1$. Dieses bedeutet aber einen unnötigen Residualeinkommensrückgang des Prinzipals. Denn würde dieser den Bezugskurs knapp unter den Startkurs legen, d.h. $\beta < v_0 = 1$, dann würde der Agent im Knoten (1,0) die maximale Wahl $\bar{s}$ treffen. Die Absenkung des Bezugskurses führt für den Prinzipal c.p. aber nur zu marginalen zusätzlichen Kosten, da im Optimum lediglich eine marginale Anzahl von Optionen gewährt wird. Dem marginalen Kostenanstieg steht damit eine endliche Steigerung des erwarteten Aktienkurses gegenüber. An diesem Argument ändert sich auch nichts, wenn der Effekt einer Bezugskursreduktion auf die Kosten im Knoten (1,1) berücksichtigt werden. In diesem Knoten wäre ein Bezugskurs knapp unterhalb des von dort zu erreichenden Kursmaximums optimal. Eine Senkung des Bezugskurses auf einen Wert unterhalb von 1 bedeutet demnach eine endliche und nicht nur marginale Reduktion des Bezugskurses. Wiederum bleiben aber die dadurch verursachten Kosten für den Prinzipal marginal, da nur eine marginale Anzahl von Optionen gewährt werden. Somit ist klar, daß der Prinzipal die Wahl des maximalen Kursmultiplikators zum Zeitpunkt 1 dadurch bewirken kann, daß er den Bezugskurs knapp unterhalb von 1 ansetzt und eine Optionsanzahl nahe Null gewährt. Nimmt man nun also an, daß der Prinzipal einen solchen Vertrag anbietet, dann ergibt sich also $s_{11}^* = \bar{s}$ und $s_{10}^* = \bar{s}$. Berücksichtigt man dies, ergeben sich die optimalen Erwartungsnutzen des Agenten im Zeitpunkt 1 zu:

$$E(U_{11}^*) = 0{,}5\left(F + \alpha \cdot \max\left[s_{00}\bar{s} - \beta, 0\right]\right)^b + 0{,}5\left(F + \alpha \cdot \max\left[s_{00}\bar{s}^{-1} - \beta, 0\right]\right)^b \tag{4}$$

Im Knoten $(t, j) = (1,0)$ hingegen beträgt der optimale Erwartungsnutzen des Agenten

$$E(U_{10}^*) = 0{,}5\left(F + \alpha \cdot \max\left[s_{00}^{-1}\bar{s} - \beta, 0\right]\right)^b + 0{,}5F^b$$

Hierbei ist die "vorläufig optimale" Wahl des Bezugskurses knapp unterhalb von 1 berücksichtigt. Somit ergibt sich als erwarteter Grenznutzen des Agenten im Zeitpunkt Null:

$$\begin{aligned} \frac{dE\left(U(s_{00})\right)}{ds_{00}} &= 0{,}5\frac{dE(U_{11}^*)}{ds_{00}} + 0{,}5\frac{E(U_{10}^*)}{ds_{00}} \\ &= 0{,}25b(\alpha\bar{s})\left(F + \alpha \cdot \max\left[s_{00}\bar{s} - \beta, 0\right]\right)^{b-1} \\ &\quad + 0{,}25b(\alpha\bar{s}^{-1})\left(F + \alpha \cdot \max\left[s_{00}\bar{s}^{-1} - \beta, 0\right]\right)^{b-1} \\ &\quad - 0{,}25b(\alpha\bar{s}s_{00}^{-2})\left(F + \alpha \cdot \max\left[s_{00}^{-1}\bar{s} - \beta, 0\right]\right)^{b-1} \end{aligned} \tag{5}$$

Im folgenden ist zu zeigen, daß der Prinzipal immer ein α so wählen kann, daß die Randlösung $s_{00} = \bar{s}$ für den Agenten optimal ist und dadurch gleichzeitig der Nutzen des Prinzipals maximiert wird. Zunächst ist zu zeigen, daß der Prinzipal $s_{00} = \bar{s}$ bewirken kann. Dieses Resultat ergäbe sich sofort, wenn gezeigt werden kann, daß der Prinzipal ein α so wählen kann, daß die Ableitung in Gleichung (5) überall echt positiv ist. Der Beweis, daß dies möglich ist, kann durch einen Widerspruchsbeweis geführt werden. Man nehme also an, daß ein beliebiges $s_{00} \in]1,\bar{s}]$ existiert, so daß für alle $\alpha \in]0,\infty]$ gilt: $dE(U(s_{00}))/ds_{00} \leq 0$. Notwendig hierfür wäre mindestens, daß die Differenz zwischen 1. und 3. Term der rechten Seite aus Gleichung (5) kleiner als Null wäre, da der zweite Term ohnehin echt positiv ist. Es müßte also gelten:

$$0{,}25b(\alpha\bar{s})\left(F+\alpha\cdot(s_{00}\bar{s}-\beta)\right)^{b-1}-0{,}25b(\alpha\bar{s}s_{00}^{-2})\left(F+\alpha(s_{00}^{-1}\bar{s}-\beta)\right)^{b-1}<0 \qquad (6)$$

Nach Division durch $0{,}25b(\alpha\bar{s})$ und Potenzierung mit $1/(b-1)$ folgt als äquivalente Bedingung:

$$F+\alpha\cdot(s_{00}\bar{s}-\beta)>(s_{00}^{-2/(b-1)})\left(F+\alpha(s_{00}^{-1}\bar{s}-\beta)\right) \qquad (7)$$

Nach wenigen Umformschritten erhält man hieraus die ebenfalls äquivalente Bedingung:

$$\alpha>\frac{F\left(s_{00}^{2/(1+b)}-1\right)}{\left(s_{00}-s_{00}^{(1-b)/(1+b)}\right)\bar{s}+\beta\left(s_{00}^{2/(1+b)}-1\right)} \qquad (8)$$

Die rechte Seite ist aber echt positiv, so daß es eines α bedarf, welches selbst wiederum größer ist als Null. Man bezeichne das Infimum der durch Ungleichung (8) definierten Menge als α_{inf}. Definiert man nun $a^* = 0{,}5\alpha_{inf}$, so gilt natürlich $\alpha^* > 0$ und damit $\alpha^* \in]0,\infty]$. Gleichzeitig gilt für dieses a^* nun aber $dE(U(s_{00}))/ds_{00} > 0$. Somit konnte ein α bestimmt werden, welches der zu prüfenden Bedingung: $\forall\alpha \in]0,\infty]: dE(U(s_{00}))/ds_{00} \leq 0$ widerspricht. Da nun s_{00} beliebig war, ist somit gezeigt, daß für jedes $s_{00} \in]1,\bar{s}]$ ein α existiert, für welches die Ableitung aus Gleichung (5) positiv wird. Man definiere nun in Abhängigkeit von und für gegebenes s_{00} das durch Ungleichung bestimmte Infimum als $\alpha_{inf}(s_{00})$. Ferner definiere man als das Infimum aller Infima $\alpha_{inf} = \inf(a_{inf}(s_{00}))$. Setzt man nun wieder $a^* = 0{,}5\alpha_{inf}$, so ist hierdurch ein Wert bestimmt, der für alle s_{00} sicherstellt, daß die Ableitung aus Gleichung (5) positiv ist. Dies führt nun aber dazu, daß die optimale Reaktion des Agenten auf a^* darin besteht, den maximalen Kursmultiplikator $s_{00} = \bar{s}$ auszuwählen.

Die Wahl eines "sehr kleinen" Wertes a^* garantiert also für alle drei Entscheidungsknoten die Auswahl des maximalen Kursmultiplikators und damit zur Maximierung der erwarteten Aktienrendite. Ein kleiner Wert, d.h. eine geringe Anzahl von Optionen, führt zudem c.p. zu geringen Vergütungskosten, was ebenfalls im Interesse des Prinzipals liegt. Das Fixgehalt wird schließlich so bestimmt, daß die Teilnahmebedingung des Agenten allein durch das Fixum erfüllt wird, während der nur marginale erwartete Gewinn aus den Optionen "nichts" zum Erreichen der Teilnahmebedingung beiträgt, wohl aber die Auswahl des maximalen Multiplikators sichert.

Insgesamt läßt sich damit das Ergebnis des einperiodigen Modells für das zweiperiodige Modell bestätigen.

3.2.4.3. Mehrperiodiges Modell

Ebenso wie im Effortwahlmodell sollen auch im Investitionswahlmodell noch einige numerische Beispiele für eine mehrperiodige Betrachtung präsentiert werden.[248] Um zu einer handhabbaren Modellierung zu kommen, wird hierzu zunächst der Definitionsbereich des Entscheidungsparameters s beschränkt. Es gelten die folgenden Werte:

	Erwartete Rendite $\overline{R}$ pro Periode	s	s^{-1}
niedrige Rendite / Volatilität	1%	1,12	0,9
mittlere Rendite / Volatilität	1,5%	1,23	0,8
hohe Rendite / Volatilität	2%	1,34	0,7

Tabelle 14

Für alle Berechnungen wird ferner wieder von einem Anfangskurs von $v_0 = 100$ ausgegangen. Berechnet wurden die Lösungen für ein Modell mit 20 Entscheidungszeitpunkten. Dabei wurden wiederum die Werte für die Vertragsparameter variiert. Für den Reservationsnutzen des Agenten wurde weiterhin ein Wert von $\overline{U} = 1$ angenommen. Die Kursanstiegswahrscheinlichkeit betrug ebenfalls wieder $p = 0{,}5$. Für den Fall der Indifferenz des Agenten bezüglich seiner Entscheidung wurde angenommen, daß die mittlere Rendite/Volatilität gewählt wird.

In den vorangehenden ein- und zweiperiodigen Modellen konnte gezeigt werden, daß die Wahl der hohen Rendite/Volatilität für alle Perioden garantiert werden kann, wenn die Anzahl der Optionen nur klein genug gewählt wird und der Bezugskurs so niedrig gewählt wird, daß der Agent nie indifferent wird. Dieses Ergebnis ist für die Übertragung auf einen realen Anwendungskontext natürlich uninteressant, da eine solche Optionsplankonstruktion mit lediglich

[248] Die folgenden Betrachtungen sind angelehnt an Winter (1998b).

marginaler Optionsanzahl und damit marginalem Optionswert keine Verhaltensanreize ausüben würde. Für die folgenden Beispielrechnungen wurden daher nur nichtmarginale Optionsanzahlen verwendet. Dadurch können die Verhaltenseffekte einer Variation der Vertragsparameter besser aufgezeigt werden. Ferner trägt diese Modellierung dem Umstand Rechnung, daß in der Praxis nur Pläne mit relativ hohem Volumen an Optionen pro Person beobachtet werden. Schließlich ist die Annahme nichtmarginaler Optionsanzahlen auch deswegen sinnvoll, weil nur so die Ergebnisse mit denjenigen aus den Effortwahlmodellen verglichen beziehungsweise kombiniert werden können.

Besonderes Augenmerk soll wieder auf die Optionsplankonstruktion gerichtet werden, bei der der Bezugskurs auf den Anfangskurs gesetzt wird. Bei Risikoneutralität ergibt sich über die Laufzeit des Optionsprogrammes folgendes Muster des Optimalverhaltens des Agenten.

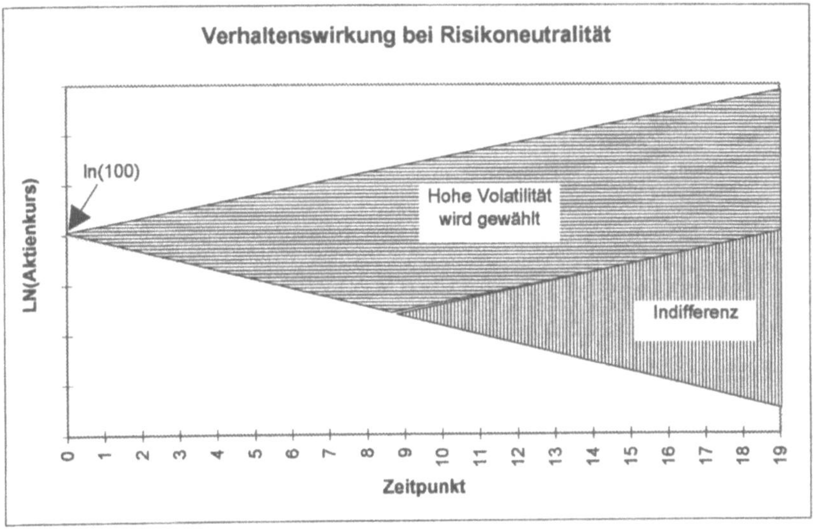

Abb. 8: Verhaltenswirkung bei Risikoneutralität

Ein risikoneutraler Agent wählt in den Anfangsperioden unabhängig von der Anzahl der gewährten Optionen immer die höchste Rendite/Volatilität, d.h. er entscheidet sich für $s = 1{,}34$. Da 20 Entscheidungszeitpunkte angenommen wurden, fällt diese Wahl immer bis zum Entscheidungszeitpunkt 9. Danach hängt die Entscheidung davon ab, wie hoch der jeweils gegenwärtige Aktienkurs dann ist. Ab dem Entscheidungszeitpunkt 10 kann es zur Indifferenz des Agenten kommen. Dies passiert immer dann, wenn der Kurs bis zu dem jeweiligen Zeitpunkt so weit gefallen ist, daß der Bezugskurs bis zum Laufzeitende nicht mehr überschritten werden kann (senkrecht schraffierte Fläche).

Ganz anders stellt sich die Situation für einen risikoaversen Agenten dar. Für diesen (Exponent der Nutzenfunktion $b = 0,25$) ergibt sich das in der folgendem Abbildung 9 dargestellte Verhaltensmuster über die Zeit.[249] Es zeigt sich sehr deutlich, daß immer dann, wenn die Aktienkurse relativ weit über dem Bezugskurs liegen, ein risikoaverser Agent bestrebt ist, eher das Verlustrisiko zu begrenzen, indem er die geringe Rendite/Volatilität wählt, als weiter nach hohen Renditen bei höherem Risiko zu streben. Hingegen wird die eigentlich gewünschte Verhaltenswirkung nur bei Kursen erreicht, die unter dem Bezugskurs liegen. Nur in diesen Situationen hat auch ein risikoaverser Agent einen ausreichenden Anreiz, die hohe Rendite/Volatilität zu wählen, weil weitere Kursrückgänge den Ausübungsgewinn nicht weiter reduzieren können.

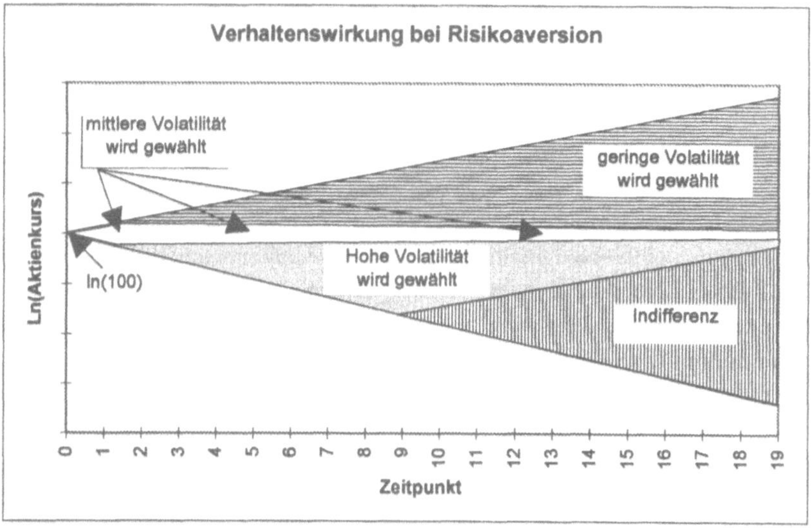

Abb. 9: Verhaltenswirkung bei Risikoaversion

Die weiteren Beispielrechnungen bestätigten dann die Grundaussagen der vorangehenden Analysen. So zeigte sich, daß eine Anhebung des Bezugskurses zu einem Vermögensgewinn des Prinzipals führt, da der Anreiz zur Wahl höherer Renditen/Volatilitäten auch bei zunächst steigenden Kursen erhalten bleibt.

[249] Die Darstellung ist eine idealisierte Beschreibung des Verhaltensmusters. In den Berechnungen sind die Bereiche unterschiedlicher Entscheidungen nicht so klar abgegrenzt, sondern überlappen sich in den Randbereichen. Dies liegt in einem solchen Modell mit diskret abgegrenzten Entscheidungssituationen daran, daß dicht nebeneinanderliegende Entscheidungsknoten auf unterschiedlichen Pfaden liegen, die zu unterschiedlichen Endknoten führen (können). Die Nutzenwerte dieser Endknoten können sich jedoch relativ stark unterscheiden, und implizieren damit unterschiedliche Verhaltenswirkungen für die vorangehenden Perioden, wobei diese Verhaltenswirkungen eben nicht monoton sein müssen. Daher kann es für einen gegebenen Zeitpunkt bei Variation der Kurshöhe zu nichtmonotonen Verhaltensänderungen kommen. Die graphische Darstellung bringt aber den wesentlichen Verhaltenseffekt relativ genau zum Ausdruck.

Aus den Investitionswahlmodellen folgt damit ein Widerspruch zu den Effortwahlmodellen, da sich bei letzteren eher niedrigere Bezugskurse als vorteilhaft erwiesen haben. Wie dieser Widerspruch unter Berücksichtigung weiterer Gestaltungsmöglichkeiten aufgelöst werden kann, soll im letzten Teil des 3. Kapitels untersucht werden. Hierbei wird sich zeigen, daß insbesondere die Aufteilung eines Optionsprogrammes in Tranchen zu einer Verbesserung der Anreizsituation beitragen kann und dadurch auch der Widerspruch zwischen Effort- und Investitionswahlmodellen aufgelöst werden kann.

3.2.5. Weitere Modelle

3.2.5.1. Modell vorzeitiger Optionsausübung

In den bisher behandelten Modellen wurde stets angenommen, daß die Optionen bis zum Ende der Laufzeit gehalten werden müssen. Diese Annahme widerspricht damit aber der üblichen Regelung, daß die Optionsausübung allenfalls einer gewissen Sperrfrist unterliegt. Danach aber ist die Ausübung jederzeit und damit eben auch vor dem Laufzeitende möglich. Im folgenden Modell soll untersucht werden, wie sich die Möglichkeit der vorzeitigen Optionsausübung auf die optimale Vertragsgestaltung auswirkt. Insbesondere wird zu untersuchen sein, ob die Möglichkeit der vorzeitigen Optionsausübung überhaupt im Interesse des Prinzipals liegen kann. Zur Untersuchung dieser Fragestellung wird wiederum ein zweiperiodiges Modell vorgeschlagen. Dabei sollen die Betrachtungen lediglich für ein Effortwahlmodell durchgeführt werden, weil die Ergebnisse inhaltlich mit denen eines Investitionswahlmodells übereinstimmen.

Bevor das Effortwahlmodell formuliert werden kann, sind einige Vorüberlegungen zur Behandlung der vorzeitigen Optionsausübung notwendig. Bisher wurde auf jede Form der Nutzen- bzw. Gelddiskontierung verzichtet. Dies erschien als zulässige Vereinfachung, da in den vorherigen Modellen alle Zahlungen zu einem Zeitpunkt vorgenommen wurden. In einem Modell mit der Möglichkeit der vorzeitigen Optionsausübung erscheint diese Annahme hingegen nicht mehr haltbar, da jetzt Zahlungen zu verschiedenen Zeitpunkten verglichen werden müssen. Aus diesem Grund wird im folgenden unterstellt, daß der Ertrag aus einer vorzeitigen Optionsausübung bis zum Zeitpunkt $t = 2$ verzinslich angelegt werden muß. Als Zinssatz wird die Rendite der risikolosen Anlage r angenommen.[250] Für diese muß zweckmäßigerweise unterstellt werden, daß sie unter der erwarteten Rendite der Aktie $E(R)$ liegt. Ansonsten stünde die Annahme im Widerspruch zu den Aussagen des CAPM, übliche Betafaktoren vorausgesetzt.

[250] Diese Annahme ist nicht unproblematisch, da sie den Alternativenraum des Agenten sehr stark beschränkt. Allerdings wird sich zeigen, daß die Ergebnisse in ihrer grundsätzlichen Aussage nicht von dieser Annahme abhängen. Daher erscheint diese Vereinfachung zulässig.

In den numerischen Beispielen des hier betrachteten Modells bedeutet dies aber, daß die Rendite der risikolosen Anlage negativ sein kann. Dies liegt an der Modellierung des Aktienkursprozesses. Da für diesen Prozeß angenommen wurde, daß die Wahrscheinlichkeit eines Kursanstieges mit der Leistung des Agenten übereinstimmt, ist die Kursanstiegswahrscheinlichkeit und damit die erwartete Rendite der Aktie sehr gering, wenn die Optimalleistung des Managers sehr gering ist. Insbesondere ist die erwartete Rendite der Aktie negativ, wenn die Optimalleistung Null ist:

$$\begin{aligned} E(R_t) &= \frac{E(v_{t+1})}{v_t} - 1 \\ &= ps + (1-p)s^{-1} - 1 \\ &= s^{-1} - 1 < 0 \qquad \text{für } p = 0 \end{aligned} \tag{1}$$

Für positive aber kleine Werte von p bleibt die erwartete Rendite ebenfalls negativ, $ps + (1-p)s^{-1} - 1 < 0$. Damit muß dann aber auch die Rendite der risikolosen Anlage negativ sein. Diese Feststellung spielt zwar für die folgende analytische Behandlung zunächst keine Rolle, muß aber später bei der Interpretation der numerischen Lösungen berücksichtigt werden.

Da bei der folgenden Analyse die Optimalleistungen davon abhängen, ob bzw. wann die Optionen vorzeitig ausgeübt werden, ist es zweckmäßig, einen Index zu definieren, die die vorzeitige Ausübung und den Ausübungszeitpunkt anzeigt. Dieser Index sei mit A bezeichnet, wobei $A = 1$ die Optionsausübung anzeigt, während $A = 0$ für das Halten der Option steht. So bezeichnet ${}_A x_{tj} = {}_1 x_{tj}$ den Wert der Variablen x im Knoten (t,j), wenn die Option in diesem Knoten ausgeübt wird, während ${}_A x_{tj} = {}_0 x_{tj}$ den Wert der Variablen angibt, wenn die Option gehalten wird.

Aus dem zweiperiodigen Effortwahlmodell ist bekannt, daß der erwartete Nutzen ohne Optionsausübung im Knoten (1,1) durch:

$$E\left({}_0U_{11}(e_{11})\right) = e_{11}\left(F + \alpha(s^2 v_0 - \beta)\right)^b + (1 - e_{11})\left(F + \alpha(v_0 - \beta)\right)^b - 0{,}5 k e_{11}^2 \tag{2}$$

Hieraus folgte eine Optimalleistung von:

$$e_{11}^* = k^{-1}\left(F + \alpha(s^2 v_0 - \beta)\right)^b - k^{-1}\left(F + \alpha(v_0 - \beta)\right)^b \tag{3}$$

und ein optimaler Erwartungsnutzen von:

$$E\left({}_0U_{11}^*\right) = 0{,}5k^{-1}\left[\left(F+\alpha(s^2v_0-\beta)\right)^b - \left(F+\alpha(v_0-\beta)\right)^b\right]^2 + \left(F+\alpha(v_0-\beta)\right)^b \tag{4}$$

Wird die Option hingegen vorzeitig ausgeübt, ergibt sich ein erwarteter Nutzen von:

$$E\left({}_1U_{11}(e_{11})\right) = \left(F+\alpha(sv_0-\beta)(1+r)\right)^b - 0{,}5e_{11}^2 \tag{5}$$

Dieser hängt, wie ersichtlich, nur negativ von der Leistung ab: Bei vorzeitiger Ausübung hat die weitere Kursentwicklung keinen Einfluß mehr auf die Vergütung. Jede Leistungserbringung verursacht mithin lediglich Kosten, ohne zu einem positiven Vergütungseffekt zu führen. Die Optimalleistung beträgt mithin Null. Dies führt zu einem optimalen Erwartungsnutzen in Höhe von:

$$E\left({}_1U_{11}^*\right) = \left(F+\alpha(sv_0-\beta)(1+r)\right)^b \tag{6}$$

Insgesamt ergibt sich damit für den Knoten (1,1) als optimaler Erwartungsnutzen:

$$E\left(U_{11}^*\right) = \max\left[E\left({}_0U_{11}^*\right), E\left({}_1U_{11}^*\right)\right] \tag{7}$$

Allgemein folgt für den Knoten *(t,j)* ein optimaler Erwartungsnutzen von:

$$E\left(U_{tj}^*\right) = \max\left[E\left({}_0U_{tj}^*\right), E\left({}_1U_{tj}^*\right)\right] \tag{8}$$

Immer dann, wenn die vorzeitige Ausübung der Option sinnvoll ist, also:

$$\max\left[E\left({}_0U_{tj}^*\right), E\left({}_1U_{tj}^*\right)\right] = E\left({}_1U_{tj}^*\right) \tag{9}$$

gilt, folgt natürlich eine Optimalleistung von $e_{tj}^* = 0$. Diese Situation hat damit aber zwei Produktivitätseffekte. Ist die Ausübung der Optionen optimal, fällt die Leistung im betreffenden und allen folgenden Knoten auf den Wert Null, d.h. die vorzeitige Ausübung ist produktivitätsmindernd. Gleichzeitig zeigt die vorzeitige Ausübung aber auch, daß der Erwartungsnutzen bei Ausübung höher ist als beim Halten der Optionen. Dies erhöht in vorangegangenen Entscheidungsknoten, die auf einem niedrigeren Kursniveau liegen, den Leistungsanreiz. Dieser Effekt wirkt dort produktivitätssteigernd.

Der Prinzipal steht nun wiederum vor dem Problem, einen für ihn nutzenmaximierenden Vertrag zu bestimmen. Sein Nutzenkalkül hat nun natürlich die Möglichkeit der vorzeitigen Optionsausübung zu berücksichtigen. Für die Modellierung wird hier angenommen, daß der Prinzipal die Kosten einer vorzeitigen Optionsausübung ebenfalls mit dem Zinssatz r auf den Zeitpunkt 2 aufzinst. Es bezeichne

$$A_{tj}^{*} = \begin{cases} 1 & \text{falls } {}_1U_{tj}^{*} > {}_0U_{tj}^{*} \\ 0 & \text{sonst} \end{cases} \tag{10}$$

den optimalen Ausübungsindex im Knoten (t,j). Mit dieser Notation kann der Erwartungsnutzen des Prinzipals ausgedrückt werden als:

$$\begin{aligned} E(W) = {} & A_{00}^{*}\left[s^{-2}v_0 - \left(F + \alpha(v-\beta)(1+r)^2\right)\right] \\ & +(1-A_{00}^{*})e_{00}A_{11}^{*}\left[v_0 - \left(F + \alpha(sv-\beta)(1+r)\right)\right] \\ & +(1-A_{00}^{*})e_{00}(1-A_{11}^{*})* \\ & \quad \left[e_{11}\left(s^2v_0 - \left(F + \alpha(s^2v_0-\beta)\right)\right) + (1-e_{11})\left(v_0 - \left(F + \alpha\max[v_0-\beta,0]\right)\right)\right] \\ & +(1-A_{00}^{*})(1-e_{00})A_{10}^{*}\left[s^{-2}v_0 - \left(F + \alpha(s^{-1}v-\beta)(1+r)\right)\right] \\ & +(1-A_{00}^{*})(1-e_{00})(1-A_{10}^{*})* \\ & \quad \left[e_{10}\left(v_0 - \left(F + \alpha(v_0-\beta)\right)\right) + (1-e_{10})\left(s^{-2}v_0 - \left(F + \alpha\max[s^{-2}v_0-\beta,0]\right)\right)\right] \end{aligned} \tag{11}$$

Bei der analytischen Lösung dieses Problems entstehen jetzt dadurch neue Probleme, daß die Reaktion (Leistung) des Agenten auf Veränderungen der Vertragsparameter nicht mehr nur nicht differenzierbar ist, sondern sogar Unstetigkeitsstellen aufweist. Auf einen formalen Beweis sei hier verzichtet, da man sich die Unstetigkeit auch so leicht klarmacht. Ausgehend von "guten" Optionsbedingungen, folgt z.B. in Knoten (1,1) gemäß Gleichung (3) eine echt positive Leistung. Werden die Optionsbedingungen nun sukzessive verschlechtert, z.B. durch eine Anhebung des Bezugskurses, so kann es ab einem bestimmten Punkt zur Vorteilhaftigkeit der sofortigen Ausübung kommen. Die Leistung "springt" dann von einem echt positiven Wert aus auf Null. Damit weisen aber die Kursanstiegswahrscheinlichkeiten und damit auch die Erwartungsnutzenfunktion des Prinzipals Unstetigkeitsstellen auf. Ein Beispiel möge dies verdeutlichen. Bei der Parameterkonstellation $F = 0$, $\alpha = 0{,}9$, $\beta \approx 51{,}77$, $b = 0{,}5$, $v_0 = 100$, $k = 5$ und $s = 1{,}2$ beträgt der optimale Erwartungsnutzen des Agenten im Knoten (1,1) bei Nichtausübung der Option gemäß Gleichung (4) gerade:

$$E\left({}_0U_{11}^{*}\right) = 7{,}2248 \tag{12}$$

Die Optimalleistung beträgt gemäß (3) ${}_0e_{11}^{*} = 0{,}50$. Bei einem risikolosen Zinssatz von $r = -0{,}15$ ergibt sich aber gemäß Gleichung (5) ebenfalls ein Wert von:

$$E({}_1U_{11}^{*}) = 7{,}2248 \quad (13)$$

Wird ausgehend von $\beta \approx 51{,}77$ der Bezugskurs nun weiter erhöht, dann fällt der Nutzen bei Nichtausübung unter den Nutzen bei Ausübung. Damit würde aber die Optimalleistung von 0,5 abrupt auf Null fallen. Die Leistung des Agenten und damit der Erwartungsnutzen des Prinzipals in Abhängigkeit von den Vertragsparametern wäre also in diesem Beispiel an der Stelle $\beta \approx 51{,}77$ unstetig. Neben den bereits bekannten Problemen wird eine analytische Lösung dadurch noch weiter erschwert. Daher wird im folgenden wiederum der Versuch unternommen, anhand numerischer Beispiele einen ersten Eindruck von den Auswirkungen zu gewinnen, die die Möglichkeit einer vorzeitigen Optionsausübung mit sich bringt.

Zunächst ist klar, daß die Möglichkeit der vorzeitigen Optionsausübung wie eine zusätzliche Parameterrestriktion wirkt. Denn ein Optionsvertrag, bei dem die sofortige Ausübung der Optionen für den Agenten vorteilhaft wäre, muß für den Prinzipal zwangsläufig zu einem Residualverlust führen. Denn aufgrund der sofortigen Ausübung fällt die Leistung in allen Entscheidungsknoten auf Null. Der Prinzipal würde den Agenten in diesem Fall also für das Nichtstun bezahlen. Bestimmte Optionsverträge, die ohne vorzeitige Ausübung zu einem Residualgewinn des Prinzipals führen würden, bei vorzeitiger Ausübung aber zu einem Residualverlust, müssen also ausgeschlossen werden. Im Endergebnis ergibt sich, daß der Prinzipal durch die Möglichkeit der vorzeitigen Optionsausübung allenfalls gleich oder schlechter gestellt wird.

Für die folgenden Berechnungen wurden die gleichen Parameter gesetzt, die bereits im zweiperiodigen Effortwahlmodell Verwendung fanden: Ein Startkurs von $v_0 = 100$ und ein Reservationsnutzen des Agenten in Höhe von $\overline{U} = 1$. Variiert wurden wiederum der Kursmultiplikator s, der Kostenparameter k und der Exponent b der Nutzenfunktion des Agenten. Ferner wurde der Zinssatz für risikolose Anlagen auf den Wert:

$$r = s^{-1} - 1 \quad (14)$$

festgelegt. Diese Festlegung ist jedoch willkürlich. Sie kann allerdings damit begründet werden, daß der Aktienkurs eben diese (erwartete) Rendite aufweist, wenn der Agent eine Leistung von Null erbringt, der Kurs also mit Sicherheit um den Faktor s^{-1} fällt. In diesem Fall ist die Kursentwicklung der Aktie und damit deren Rendite ebenfalls sicher, weshalb Rendite von Aktie und risikoloser Anlage übereinstimmen sollten. Es sei nochmals darauf hingewiesen, daß dieses Vorgehen negative erwartete Renditen der risikolosen Anlage impliziert. Die Notwendigkeit dieser Festlegung beruht aber lediglich auf der getroffenen Annahme des Aktienkursprozesses. Wollte man negative Renditen im hier betrachteten Modell vermeiden, müßte das Modell stärker parametrisiert werden. Dies hätte aber lediglich die Modellstruktur verkompliziert, ohne neue Erkenntnisse zu erbringen. Nimmt man hingegen trotz beibehaltener Modellstruktur eine positive erwartete Rendite an, so wäre in den meisten Fällen die erwartete Gesamtvergütung bei vorzeitiger Optionsausübung deutlich höher als beim Halten der Option. Dieser Effekt würde die Berechnungen derart dominieren, daß keine brauchbaren Aussagen gewonnen werden könnten.

Bevor eigene Lösungen für das hier untersuchte Problem gesucht werden, soll zunächst an zwei Beispielen ($b = 1$ und $b = 0{,}75$) getestet werden, wie sich diejenigen Verträge auswirken, die im Modell ohne vorzeitige Ausübung optimal waren. Werte in eckigen Klammern repräsentieren den Nutzenzuwachs des Prinzipals, falls vorzeitige Ausübung möglich ist. Werte in runden Klammern repräsentieren die Nutzenzuwächse, wenn vorzeitige Ausübung nicht möglich ist. Die Werte in geschweiften Klammern geben schließlich die Vertragsparameter in der Reihenfolge $F / \alpha / \beta$ wieder, die sich im Modell ohne vorzeitige Ausübung als optimal erwiesen.

Für den Fall der Risikoneutralität $b = 1$ ergibt sich:

	$k = 400$	$k = 600$	$k = 800$
$s = 2$	[36,19] (46,74) {-46,74/ 1,00/ 25,00}	(6,79) [21,28] {-21,25/ 1,00/ 25,00}	(-3,25) [12,71] {-12,71/ 1,00/ 25,00}
$s = 1,5$	[-15,49] (9,20) {-9,20/ 1,00/ 44,44}	[-19,49] (5,20) {-5,20/ 1,00/ 44,44}	[-21,25] (3,44) {-3,44/ 1,00/ 44,44}
$s = 1,2$	[-19,79] (1,43) {-1,43/ 1,00/ 69,44}	[-20,62] (0,60) {-0,60/ 1,00/ 69,44}	[-21,03] (0,19) {-0,19/ 1,00/ 69,44}

Tabelle 15

Für $b = 0{,}75$ergibt sich:

	$k = 400$	$k = 600$	$k = 800$
$s = 2$	[-10,73] (3,14) {0,00/ 0,57/ 24,69)	[-10,79] (1,60) {0,00/ 0,57/ 24,24)	[-10,83] (0,89) {0,00/ 0,57/ 23,99)
$s = 1,5$	[-14,29] (1,14) {0,00/ 0,57/ 43,59}	[-14,36] (0,40) {0,00/ 0,57/ 43,30}	[-14,39] (0,05) {0,00/ 0,57/ 43,16}

Tabelle 16

Wie sich zeigt, stellt sich der Prinzipal mit den angegebenen Verträgen deutlich schlechter, wenn eine vorzeitige Ausübung möglich ist. Die Verträge mit vorzeitiger Ausübbarkeit führen immer zu schlechteren Ergebnisse als ohne. Selbst bei Risikoneutralität sind nicht nur relative sondern teilweise auch absolute Nutzeneinbußen des Prinzipals zu verzeichnen. Absolute Nutzeneinbußen könnte er aber durch einen Verzicht auf den Vertragsabschluß vermeiden. Damit ist klar, daß zumindest dann, wenn der angegebene Vertrag zu einer Nutzeneinbuße führt, dieser seine Optimalitätseigenschaft verliert.

Es müssen daher neue Verträge ermittelt werden, die der Möglichkeit der vorzeitigen Ausübung angemessen Rechnung tragen. Ausgehend von den oben angegebenen Verträgen wurde zunächst wieder mittels des Excel Solvers versucht, Verbesserungen für den Prinzipal zu erreichen. Aufgrund der bereits angesprochenen Probleme des Excel Solvers wurde zusätzlich ein enumeratives Turbo Pascal Programm eingesetzt, um die Excel Lösungen abzusichern. Dieses Programm verzichtet auf jegliches Optimierungskalkül und durchsucht statt dessen den gesamten Parameterraum der Vergütungsparameter in diskreten Schritten. In der Umgebung der so gefundenen besten Lösung wird dann die Suche mit höherer Genauigkeit, d.h. in kleineren diskreten Schritten weiter untersucht. Da mit dieser Methode die gefundenen Lösungen des Excel Solvers bestätigt wurden, werden im folgenden jeweils nur die Solver Lösungswerte angegeben.

In den folgenden Tabellen bezeichnen Einzelwerte den Nutzenzuwachs des Prinzipals. Die 3-Tupel $F / \alpha / \beta$ geben jeweils die optimalen Vertragsparameter wieder, aus denen die genannten Nutzenzuwächse des Prinzipals resultieren. Werte in eckigen Klammern beziehen sich auf optimale Verträge mit vorzeitiger Optionsausübung, Werte in runden Klammern auf Verträge ohne. Für den Fall der Risikoneutralität $b = 1$ stimmen die Nutzenzuwächse des Prinzipals bei beiden Verträgen überein. Daher werden als Beispiel nur die Berechnungsergebnisse für den Multiplikator $s = 2$ angegeben.

	$k = 400$	$k = 600$	$k = 800$
$s = 2$	[46,74]	[21,28]	[12,71]
	(46,74)	(21,28)	(12,71)
	[-71,74/ 1,00/ 0]	[-46,28/ 1,00/ 0]	[-37,71/ 1,00/ 0]
	(-46,74/ 1,00/ 25,00)	(-21,25/ 1,00/ 25,00)	(-12,71/ 1,00/ 25,00)

Tabelle 17

Im Fall der Risikoaversion ergibt sich für $b = 0{,}75$:

	$k = 400$	$k = 600$	$k = 800$
$s = 2$	[0,72] (3,14) [0,61/ 1,00/ 117,64] (0,00/ 0,57/ 24,69)	[0,14] (1,60) [0,73/ 2,01/ 158,62] (0,00/ 0,57/ 24,24)	[-0,14] (0,89) [0,80/ 2,02/ 158,8] (0,00/ 0,57/ 23,99)
$s = 1,5$	[0,03] (1,14) [0,74/ 5,66/ 141,63] (0,00/ 0,57/ 43,59)	[-0,31] (0,40) [0,82/ 2,01/ 126,23] (0,00/ 0,57/ 43,30)	[-0,49] (0,05) [0,87/ 1,96/ 125,70] (0,00/ 0,57/ 43,16)

Tabelle 18

Wie sich nun zeigt, führt die Zulassung vorzeitiger Optionsausübung tatsächlich zu einem Rückgang des Nutzens des Prinzipals, wenn der Agent risikoavers ist. Der Grund für die deutliche Verschlechterung der Vertragsqualität aus Sicht des Prinzipals liegt darin begründet, daß eine effektive Anreizgestaltung nicht mehr möglich ist. Denn gewährt er Optionen mit niedrigem Bezugskurs und damit hohem Motivationspotential, ist ein risikoaverser Agent geneigt, diese sofort auszuüben. Gewährt der Prinzipal hingegen Optionen mit höherem Bezugskurs, geht aber c.p. der Leistungsanreiz zurück. Dieser Effekt kann nun teilweise dadurch kompensiert werden, daß der Prinzipal eine größere Anzahl von Optionen anbietet. Wenn der Kurs in der ersten Periode aber fällt, verlieren diese Optionen dennoch ihren Anreizcharakter, was nicht verhindert werden kann. Dies sei am Beispiel $b = 0,75$, $s = 2$ und $k = 400$ verdeutlicht. Die Optimalleistungen des Agenten in diesem Fall betragen:

Optimalleistung (t,j)	Vertrag ohne vorzeitige Ausübung	Vertrag mit vorzeitiger Ausübung
e_{00}^*	0,045	0,040
e_{10}^*	0,038	0,000
e_{11}^*	0,120	0,000
Optimaler Vertrag $F / \alpha / \beta$:	0,00/ 0,57/ 24,69	0,61/ 1,00/ 117,64

Tabelle 19

Beim Vertrag mit vorzeitiger Ausübung sind in diesem Fall niedrigere Bezugskurse ausgeschlossen, da die Optionen sonst sofort ausgeübt würden. Bei dem hier optimalen Bezugskurs von 117,64 folgt als Konsequenz aber, daß die Optimalleistung im Knoten (1,0) auf Null fällt. Denn der Kurs ist in diesem Knoten auf $s^{-1}v_0 = 50$ gefallen, kann also bis maximal 100 wieder ansteigen und endet damit in jedem Fall unterhalb des Bezugskurses. Daraus ergibt sich die Optimalleistung von Null in diesem Knoten. Die Optimalleistung im Knoten (1,1) ist ebenfalls Null. Dies folgt aus der in diesem Fall optimalen vorzeitigen Ausübung der Optionen in diesem Knoten.

Im Fall der Risikoaversion des Agenten besonders interessant ist aber die Veränderung der Zahlungscharakteristika der Optionsverträge, wenn man auf Optionen mit vorzeitiger Ausübung übergeht. Wie sich zeigt, steigen die Bezugskurse und die Anzahl der Optionen deutlich an. Die Vergütung im Fall des Erfolges nimmt also deutlich zu. So ergibt sich beim maximalen Kursanstieg auf $s^2 v_0 = 400$ eine Vergütung von:

$$F + \alpha \max[s^2 v_0 - \beta, 0] = 0{,}61 + 1(400 - 117{,}64) = 282{,}97 \qquad (15)$$

Beim Vertrag ohne vorzeitige Ausübung ergibt sich demgegenüber nur eine Vergütung von $0 + 0{,}57(400 - 24{,}69) = 213{,}92$. Dieses Verhältnis kehrt sich im mittleren Kursbereich allerdings um. Während bei einem Schlußkurs von 100 der Vertrag mit vorzeitiger Ausübung lediglich das Fixgehalt von 0,61 erbringt, ist beim Vertrag ohne vorzeitige Ausübung eine Zahlung von $0{,}57(100 - 24{,}69) = 42{,}92$ fällig. Dieses "Muster" der sehr stark konvexen Zahlungscharakteristik des Vertrages mit vorzeitiger Ausübung zeigt sich nun auch bei den übrigen Parameterkombinationen von s und k. Es erscheint damit als "typisches" Gestaltungsmerkmal für derartige Verträge. Bei der Interpretation ist allerdings zu berücksichtigen, daß auch hier das Problem der Indeterminiertheit auftritt. Es äußert sich allerdings anders, als im Fall ohne vorzeitige Ausübung. Dort zeigte sich, daß bestimmte Kombinationen (α, β) indeterminiert sind, wenn β über dem Startkurs v_0 liegt. Dies gilt im Fall der vorzeitigen Ausübung so nicht mehr. Denn der Bezugskurs entscheidet jetzt wesentlich darüber mit, ob sich die vorzeitige Ausübung lohnt oder nicht. Indeterminiertheit tritt aber dort auf, wo der Bezugskurs ohnehin so hoch angesetzt ist, daß eine vorzeitige Ausübung ausgeschlossen ist. Im oben angeführten Beispiel ist dies für Bezugskurse über 200 unmittelbar ersichtlich. Liegt der Bezugskurs über 200, so lohnt sich die vorzeitige Ausübung in keinem der drei Entscheidungsknoten. Gleichzeitig würde auch folgen, daß die Vergütung außer beim maximalen Schlußkurs von 400 lediglich das Fixgehalt umfaßt. Bei dem hier gefundenen optimalen Vertrag $F / \alpha / \beta$ = 0,61/ 1,00/ 117,64 ist allerdings nicht diese Schlußkursäquivalenz bindend. Vielmehr kommt es bei diesem Vertrag im Knoten (1,1) zur vorzeitigen Ausübung. In diesem Knoten sinkt die Optimalleistung auf Null. Der Aktienkurs wird also mit Sicherheit auf den Wert 100 zurückfallen. Die Vergütung in diesem Fall beträgt $F + \alpha(200 - \beta)(1 + r) = 41{,}94$. Es ist also jeder andere Vertrag äquivalent, der nach einem Kursanstieg auf 200 zur vorzeitigen Ausübung führt und in diesem Fall eine Vergütung von 41,94 vorsieht. Dies gilt z.B. für ausgewählte (α, β)-Kombinationen, für die kein anderes Ausübungsverhalten besser ist und für die gilt:

$$\alpha = \frac{41{,}94 - 0{,}61}{(1 + r)(200 - \beta)}$$

Damit ist aber klar, daß die "optimalen" Parameterwerte selbst nicht direkt interpretiert werden können, da sie nicht eindeutig sind. Wichtig ist vielmehr die durch die Parameterkombination erzeugte Zahlungscharakteristik.

Insgesamt läßt sich damit feststellen, daß die Möglichkeit der vorzeitigen Optionsausübung eine echte Restriktion für die Vertragsgestaltung darstellt. Diese Möglichkeit führt zu einer Nutzeneinbuße des Prinzipals. Da der Agent bei beiden Vertragsformen, d.h. mit und ohne vorzeitige Ausübung, immer auf sein Reservationsnutzenniveau kommt, kann der Prinzipal sich besserstellen, wenn er sich mit dem Agenten auf einen Vertrag ohne vorzeitige Ausübungsmöglichkeit einigt. Selbst dann, wenn der Agent hierdurch eine geringfügige Nutzeneinbuße erleiden würde, stünde sich der Prinzipal besser, wenn er die Nutzeneinbuße des Agenten finanziell direkt ausgliche und beide sich dann auf den Vertrag ohne vorzeitige Ausübung einigen würden. Dieses Ergebnis gilt auch für ein Investitionswahlmodell. Auch hier könnte die Möglichkeit der vorzeitigen Ausübung allenfalls zu einer Verschlechterung der Situation des Prinzipals führen. Es erscheint daher gerechtfertigt, auf eine gesonderte Analyse dieses Modells zu verzichten.

3.2.5.2. Modell mehrerer Optionstranchen

In den vorangegangenen Abschnitten wurde jeweils unterstellt, daß nur eine Tranche von Optionen zu Beginn der Zeitfolge gewährt wird. Bei diesen Analysen zeigte sich, daß ein Trade-Off zwischen Anreiz- und Risikoeffekten zwischen den verschiedenen Entscheidungssituationen besteht. Ein gegebenes Optionsprogramm mit nur einer Tranche von Optionen erzeugt dabei ganz unterschiedliche Verhaltenswirkungen, je nach dem, in welcher Kurssituation sich der Manager befindet. So zeigte sich im zweiperiodigen Modell mit Effortwahl, daß der Anreizeffekt im Knoten (1,0) auf Null sinkt, wenn als Bezugskurs der Startkurs, d.h. $\beta = v_0$, gewählt wird. In diesem Fall kann der Schlußkurs höchstens wieder auf den Start- und damit Bezugskurs steigen, wodurch die Option wertlos bleibt. Andererseits könnte dieser Bezugskurs im Knoten (1,1) aber durchaus optimal sein. Als Kompromiß deutete sich im zweiperiodigen Effortmodell an, daß ein relativ geringer Bezugskurs gewählt werden muß, um den Anreizeffekt auch bei einem Kursrückgang aufrecht zu erhalten. Gleichzeitig entsteht dadurch bei einem zunächst erfolgten Kursanstieg ein erhebliches Verlustrisiko, welches höher sein könnte, als in dieser Situation optimal. Aus diesem Grund erscheint es zweckmäßig, die Restriktion nur einer Optionstranche aufzugeben. Vielmehr soll im folgenden untersucht werden, wie eine optimale Folge von Optionstranchen zu gestalten wäre. Da -wie bereits ausgeführt- in einem Modell mit Investitionswahl nur marginale Optionen nötig sind, die auch nur marginale Kosten verursachen, wird im folgenden kein Investitionswahlmodell bezüglich der Tranchenabfolge untersucht. Es soll vielmehr eine Beschränkung auf ein Modell mit Effortwahl erfolgen.

In Analogie zur Indizierung der anderen Variablen soll im folgenden α_{tj} und β_{tj} die Anzahl bzw. den Bezugskurs derjenigen Optionen bezeichnen, die im Knoten (t,j) gewährt werden. Es wird angenommen, daß alle Optionen bis zum Ende des Spieles, d.h. bis $t = 2$, gehalten werden müssen. Damit wird der Vergütungsvertrag natürlich komplizierter, da er nicht mehr nur über drei, sondern über sieben Parameter definiert wird: F, α_{00}, β_{00}, α_{11}, β_{11}, α_{10} und β_{10}. Wie in den vorangegangenen Modellen auch, führt die Vielzahl der Parameter zu einer Indeterminiertheit der Verträge. Im Gegensatz zu den bisher betrachteten Modellen sind jetzt allerdings vier unterschiedliche Endsituationen zu unterscheiden und nicht nur drei. Denn bisher war es gleichgültig, ob der Kurs erst stieg und dann fiel oder umgekehrt. In beiden Fällen resultierte der selbe Schlußkurs und damit die selbe Vergütung. In einem Vertrag mit pfadabhängigen Optionstranchen ist dies natürlich nicht automatisch der Fall. Denn wenn $(\alpha_{11},\beta_{11}) \neq (\alpha_{10},\beta_{10})$, dann ist die Vergütung nach einem Kursanstieg und einem Kursrückgang von der Reihenfolge von Kursanstieg und -rückgang abhängig. Sei nun $y^* = (F^*,\alpha_{00}^*,\beta_{00}^*,\alpha_{11}^*,\beta_{11}^*,\alpha_{10}^*,\beta_{10}^*)$ ein optimaler Vergütungsvertrag. Dann ist der Vertrag $y'^* = (F'^*,\alpha_{00}'^*,\beta_{00}'^*,\alpha_{11}'^*,\beta_{11}'^*,\alpha_{10}'^*,\beta_{10}'^*)$ ebenfalls optimal, wenn er folgendes Gleichungssystem erfüllt:

$$\begin{aligned} F^* + \alpha_{00}^* \max[s^2 v_0 - \beta_{00}^*,0] + \alpha_{11}^* \max[s^2 v_0 - \beta_{11}^*,0] \\ = F'^* + \alpha_{00}'^* \max[s^2 v_0 - \beta_{00}'^*,0] + \alpha_{11}'^* \max[s^2 v_0 - \beta_{11}'^*,0] \end{aligned} \tag{1}$$

$$\begin{aligned} F^* + \alpha_{00}^* \max[v_0 - \beta_{00}^*,0] + \alpha_{11}^* \max[v_0 - \beta_{11}^*,0] \\ = F'^* + \alpha_{00}'^* \max[v_0 - \beta_{00}'^*,0] + \alpha_{11}'^* \max[v_0 - \beta_{11}'^*,0] \end{aligned} \tag{2}$$

$$\begin{aligned} F^* + \alpha_{00}^* \max[v_0 - \beta_{00}^*,0] + \alpha_{10}^* \max[v_0 - \beta_{10}^*,0] \\ = F'^* + \alpha_{00}'^* \max[v_0 - \beta_{00}'^*,0] + \alpha_{10}'^* \max[v_0 - \beta_{10}'^*,0] \end{aligned} \tag{3}$$

$$\begin{aligned} F^* + \alpha_{00}^* \max[s^{-2} v_0 - \beta_{00}^*,0] + \alpha_{10}^* \max[s^{-2} v_0 - \beta_{10}^*,0] \\ = F'^* + \alpha_{00}'^* \max[s^{-2} v_0 - \beta_{00}'^*,0] + \alpha_{10}'^* \max[s^{-2} v_0 - \beta_{10}'^*,0] \end{aligned} \tag{4}$$

Für die vier Gleichungen stehen nun sieben Parameter zur Verfügung. Dies impliziert, daß prinzipiell drei Parameter frei gewählt werden können. Aufgrund der Unstetigkeit der Maximumfunktion und aufgrund der linearen Abhängigkeiten der Optionsanzahlen und Bezugskurse stimmt diese Aussage jedoch nicht für beliebige Parameterwahlen. So ist klar, daß nicht alle drei Optionsanzahlen auf Null gesetzt werden können, da sonst die Bezugskurse irrelevant werden. Auch können nicht alle Bezugskurse frei gewählt werden. Für Bezugskurse über dem maximalen Schlußkurs ist diese Aussage trivialerweise richtig, da alle Optionen wertlos wären und die Optionsanzahl mithin irrelevant wäre. Aber auch für niedrigere Bezugskurse ist keine völlige Wahlfreiheit gegeben. Um dies zu sehen, definiere man zunächst die optimale Vergütung y^* in Abhängigkeit von der Sequenz der Kursanstiege *AN* und Kursrückgänge *RÜ*. So bezeichnet $y^*(AN, AN)$ die optimale Vergütung, die gezahlt werden müßte, wenn zwei Kursanstiege stattfinden. $y^*(AN, AN)$ ist gegeben durch die linke Seite von Gleichung (1). Wählt man jetzt z.B. alle Bezugskurse so, daß diese jeweils dem Kurs zum Zeitpunkt der Optionseinräumung entsprechen, dann ergibt sich, daß für diese Festlegung das Optimum nicht mehr erreichbar ist. Um dies zu sehen, nehme man an, der Vertrag:

$$y'^* = (F'^*, \alpha_{00}'^*, \beta_{00}'^* = v_0, \alpha_{11}'^*, \beta_{11}'^* = sv_0, \alpha_{10}'^*, \beta_{10}'^* = s^{-1}v_0) \tag{5}$$

sei optimal. Mit der Notation $y^*(AN, AN)$ für die linke Seite von Gleichung (1) ergibt sich aus dem Gleichungssystem (1) - (4) das neue System:

$$y^*(AN, AN) = F'^* + \alpha_{00}'^* \max[s^2 v_0 - v_0, 0] + \alpha_{11}'^* \max[s^2 v_0 - sv_0, 0] \tag{6}$$

$$\begin{aligned} y^*(AN, R\ddot{U}) &= F'^* + \alpha_{00}'^* \max[v_0 - v_0, 0] + \alpha_{11}'^* \max[v_0 - sv_0, 0] \\ &= F'^* \end{aligned} \tag{7}$$

$$y^*(R\ddot{U}, AN) = F'^* + \alpha_{00}'^* \max[v_0 - v_0, 0] + \alpha_{10}'^* \max[v_0 - s^{-1}v_0, 0] \tag{8}$$

$$\begin{aligned} y^*(R\ddot{U}, R\ddot{U}) &= F'^* + \alpha_{00}'^* \max[s^{-2}v_0 - v_0, 0] + \alpha_{10}'^* \max[s^{-2}v_0 - s^{-1}v_0, 0] \\ &= F'^* \end{aligned} \tag{9}$$

Wie sich zeigt, ergibt die Festlegung der Bezugskurse auf den jeweiligen Aktienkurs eine Vergütunssituation, in der gemäß Gleichung (7) und (9) die Optimalvergütungen $y^*(AN, R\ddot{U})$ und $y^*(R\ddot{U}, R\ddot{U})$ gleich sein müßten. Da dies im Optimum jedoch nicht der Fall sein muß, kann mit dem Vertrag aus (5) kein Optimum garantiert werden.

Dennoch ist Gleichungssystem (6) - (9) natürlich unterbestimmt. Der optimale Vertrag ist damit nicht eindeutig bestimmt. Aus diesem Grund soll zunächst eine Einschränkung in den Parametern vorgenommen werden. Es soll angenommen werden, daß jede Optionstranche den gleichen Umfang hat, d.h. $\alpha_{00} = \alpha_{10} = \alpha_{11}$. Ferner kann noch ohne Einschränkung der Optimallösung ein Bezugskurs gewählt werden. Speziell soll hier $\beta_{10} = s^{-2}v_0$ angenommen werden. Schließlich kann noch der Definitionsbereich für den Bezugskurs β_{00} eingeschränkt werden. Denn wie in früheren Modellen bereits ausgeführt, würde ein Bezugskurs unterhalb des minimalen Schlußkurses zu einer fixen Vergütung führen und könnte daher auch direkt dem Fixgehalt zugerechnet werden. Der zu bestimmende optimale Vertrag hat also die Form:

$$y^* = (F^*, \alpha_{00}^*, \beta_{00}^* \geq s^{-2}v_0, \alpha_{11}^* = \alpha_{00}^*, \beta_{11}'^*, \alpha_{10}'^* = \alpha_{00}^*, \beta_{10}'^* = s^{-2}v_0) \tag{10}$$

Ausgehend von diesem Vertrag können jetzt wieder die pfadabhängigen Erwartungsnutzenfunktionen des Agenten aufgestellt werden. Im Knoten (1,1) ergibt sich hierfür:

$$\begin{aligned} E\left(U_{11}(e_{11})\right) = {} & e_{11}\left(F + \alpha_{00}\max[s^2 v_0 - \beta_{00},0] + \alpha_{11}\max[s^2 v_0 - \beta_{11},0]\right)^b \\ & +(1-e_{11})\left(F + \alpha_{00}\max[v_0 - \beta_{00},0] + \alpha_{11}\max[v_0 - \beta_{11},0]\right)^b - 0{,}5ke_{11}^2 \end{aligned} \tag{11}$$

Hieraus ergibt sich die Optimalleistung des Agenten zu:

$$\begin{aligned} e_{11}^* = {} & k^{-1}\left(F + \alpha_{00}\max[s^2 v_0 - \beta_{00},0] + \alpha_{11}\max[s^2 v_0 - \beta_{11},0]\right)^b \\ & -k^{-1}\left(F + \alpha_{00}\max[v_0 - \beta_{00},0] + \alpha_{11}\max[v_0 - \beta_{11},0]\right)^b \end{aligned} \tag{12}$$

Hieraus folgt ein optimaler Erwartungsnutzen von:

$$E\left(U_{11}^*\right) = 0{,}5k\left(e_{11}^*\right)^2 + \left(F + \alpha_{00}\max[v_0 - \beta_{00},0] + \alpha_{11}\max[v_0 - \beta_{11},0]\right)^b \tag{13}$$

Im Entscheidungsknoten (1,0) folgt eine Optimalleistung von:

$$e_{10}^* = k^{-1}\left(F + \alpha_{00}\max[v_0 - \beta_{00},0] + \alpha_{10}(v_0 - s^{-2}v_0)\right)^b - k^{-1}F^b \tag{14}$$

Es resultiert für ihn ein optimaler Erwartungsnutzen von:

$$E\left(U_{10}^*\right) = 0{,}5k\left(e_{10}^*\right)^2 + F^b \tag{15}$$

Schließlich folgt für den Knoten (0,0):

$$e_{00}^* = k^{-1}E\left(U_{11}^*\right) - k^{-1}E\left(U_{10}^*\right) \tag{16}$$

Damit beträgt der optimale erwartete Nutzen des Agenten im Zeitpunkt Null:

$$E\left(U_{00}^*\right) = \frac{\left[E\left(U_{11}^*\right) - E\left(U_{10}^*\right)\right]^2}{2k} + E\left(U_{10}^*\right) \tag{17}$$

Wie bereits aus den vorangehenden Modellen bekannt, ergibt sich auch hier, daß die Lösungen nicht explizit berechnet werden können. Eine analytische Bestimmung der Vertragsparameter, die den Nutzen des Prinzipals unter den bekannten Nebenbedingungen maximieren, ist damit aber wiederum ausgeschlossen. Daher soll hier erneut der Versuch unternommen werden, mittels numerischer Beispiele einen vorläufigen Eindruck von der Lösungsqualität zu gewinnen. Von Vorteil ist hierbei, daß die hier zu generierenden Lösungen mit denjenigen verglichen werden können, die sich für das zweiperiodige Modell mit Effortwahl ohne Tranchen ergeben haben.

Die folgenden numerischen Lösungen wurden wiederum mittels des Excel-Solvers gewonnen. Für die Berechnungen wurde ein Anfangskurs von $v_0 = 100$ und ein Reservationsnutzen des Agenten in Höhe von $\overline{U} = 1$ unterstellt. Variiert wurden der Kursmultiplikator s, der Kostenparameter k und der Exponent b der Nutzenfunktion des Agenten. Die Werte in eckigen Klammern geben den Nutzengewinn des Prinzipals aus dem jeweils optimalen Vertrag wieder, der eine Gewährung von Optionstranchen zuläßt. Die Werte in runden Klammern repräsentieren die Lösungen aus dem Vertrag ohne Tranchen, die im zweiperiodigen Effortwahlmodell bereits früher berechnet wurden. Die Differenz ist damit der Nutzengewinn, der sich für den Prinzipal aus einer Gestaltung des Optionsprogrammes in Tranchen gegenüber einer einmaligen Optionsgewährung ergibt.

Zunächst ist klar, daß im Fall der Risikoneutralität, $b = 1$, ein Vergleich des Vertrages mit und ohne Tranchen überflüssig ist. Denn bereits ohne Tranchen kann die First-Best-Situation erreicht werden.

Für $b = 0{,}75$ ergeben sich folgende Werte:

	$k = 400$	$k = 600$	$k = 800$
$s = 2$	[5,36] (3,14)	[3,48] (1,60)	[2,57] (0,89)
$s = 1{,}5$	[2,77] (1,14)	[1,79] (0,40)	[1,24] (0,05)
$s = 1{,}2$	[0,51] (/)	[0,09] (/)	[/] (/)

Tabelle 20

Felder, die nur mit / gekennzeichnet sind, repräsentieren wiederum Situationen, in denen auch bei optimaler Vertragsgestaltung des entsprechenden Vertrages kein Vermögenszuwachs für den Prinzipal zu erzielen ist. In diesen Fällen ist ein Verzicht auf einen Vertrag mit dem Agenten optimal.

Für $b = 0{,}5$ ergibt sich:

	$k = 400$	$k = 600$	$k = 800$
$s = 2$	[3,95] (0,17)	[2,67] (/)	[2,01] (/)

s = 1,5	[2,23] (/)	[1,44] (/)	[1,00] (/)
s = 1,2	[0,44] (/)	[0,09] (/)	[/] (/)

Tabelle 21

Für b = 0,25 ergibt sich:

	k = 400	k = 600	k = 800
s = 2	[3,57] (/)	[2,43] (/)	[1,83] (/)
s = 1,5	[2,02] (/)	[1,27] (/)	[0,97] (/)
s = 1,2	[0,50] (/)	[0,22] (/)	[0,06] (/)

Tabelle 22

Ein Vergleich der Nutzengewinne des Prinzipals aus beiden Vertragsformen zeigt deutlich die Überlegenheit einer Aufteilung eines Optionsprogrammes in Tranchen. Ohne Tranchen können keine situationsangepaßten Anreize gesetzt werden. Bei einmalig gewährten Optionen wird die Anreizsituation im Zeitablauf verzerrt. Dies möge ein Vergleich der optimalen Efforts beider Verträge belegen. Bei einem Nutzenexponenten $b = 0,5$, Kosten von $k = 600$ und einem Kursmultiplikator von $s = 2$ erbringt der Agent Optimalleistungen in Höhe von

Optimalleistungen (in 1/1000)	Vertrag ohne Tranchen	Vertrag mit Tranchen
e_{00}^*	8	7
e_{10}^*	8	60
e_{11}^*	11	14

Tabelle 23

Ein Vertrag mit Tranchen ist viel besser geeignet, in jeder Situation ein Leistungsniveau zu stimulieren, welches einen angemessenen Ausgleich zwischen Produktivität der Leistung und dem Risiko der Vergütung garantiert.

Bei einem Vergleich der Nutzenzuwächse aus Verträgen mit vs. Verträgen ohne Tranchen fällt ferner auf, daß der relative Vorteil eines Vertrages mit Tranchen mit steigendem Grad an Risikoaversion zunimmt. Bei sehr hohem Grad von Risikoaversion (b = 0,25) geht dies soweit, daß nur noch Verträge mit Tranchen eingesetzt werden können, da Verträge ohne Tranchen keinen Nutzenzuwachs für den Prinzipal erbringen. Im Gegensatz dazu verlieren Verträge mit Tranchen alle Vorteile bei risikoneutralen Managern. Der Fall der Risikoneutralität dürfte im Normalfall wohl aber auszuschließen sein. Für risikoaverse Manager läßt sich hingegen schon jetzt angeben, daß ein optimal gestalteter Optionsplan Tranchen wird vorsehen müssen.

Aufgrund der Indeterminiertheit der Verträge in dem hier behandelten Modell verbunden mit der willkürlichen Setzung einzelner Vertragsparameter lassen sich aus den bisherigen Ergebnissen keine Rückschlüsse auf die optimale Wahl von Vertragsparametern in einem realistischen Umfeld ziehen. Es kann mithin nicht gesagt werden, wie die optimalen Bezugskurse jeweils gewählt werden müßten. Gleichwohl können erste Spekulationen über optimale Tranchen und deren Konditionen angestellt werden. Als Beispiel soll hier lediglich das Repricingproblem angesprochen werden. Beim Repricing werden die Optionskonditionen im Fall eines Kursrückganges nachträglich erleichtert, insbesondere durch ein Absenken des Bezugskurses oder es werden gleich neue Optionen mit niedrigerem Bezugskurs ausgegeben. Diese Praxis wird in der Öffentlichkeit teilweise heftig kritisiert, weil man im Repricing eine Belohnung für das Versagen sieht: Fällt der Kurs, bekommt der Manager auch noch verbesserte Optionsbedingungen zugestanden. Berücksichtigt man aber, daß Optionen üblicherweise mit einem Bezugskurs ausgestattet sind, die dem Startkurs der Aktie entsprechen, muß man diese Kritik am Repricing im Rahmen des hier behandelten Modells zurückweisen. Werden die Optionskonditionen nämlich nicht angepaßt, bzw. eine neue Tranche von Optionen gewährt, dann entfällt im Fall eines Kursrückganges im Knoten (1,0) jeder Leistungsanreiz: Der Kurs ist auf $s^{-1}v_0$ gefallen und kann dementsprechend allenfalls wieder auf den Kurs v_0 und damit den Bezugskurs steigen. Die Option verfällt wertlos und bietet daher keinen Leistungsanreiz. Die "Produktion" des Managers kommt zum erliegen, obwohl eine Wohlfahrtssteigerung durch die Erbringung einer positiven Leistung möglich wäre. Aus diesem Grund wäre die Gewährung neuer Optionen mit günstigeren Bezugsbedingungen für beide Vertragsparteien wünschenswert. Dies entspräche aber dem kritisierten Repricing.

3.2.5.3. Modell variabler Bezugskurse

Bei den bisherigen Analysen wurde angenommen, daß der Bezugskurs bis zum Laufzeitende konstant ist. Hierzu sind zwei Alternativen vorgeschlagen worden, die zum Ziel haben, eine noch bessere Anpassung der Zielfunktionen von Managern und Aktionären zu bewirken. Beide Vorschläge gehen zunächst von der Möglichkeit der Alternativanlage aus. Aktionäre können ihr Vermögen in verschiedene Anlageformen investieren. Wie bereits ausgeführt wird Aktionärsvermögen nur insofern geschaffen, wie die tatsächliche Rendite bei Anlage in die betreffende Aktie höher ist, als die risikoadjustierte Rendite der Alternativanlagen. Aus diesem Grund ist vorgeschlagen worden, Optionsprogramme so zu gestalten, daß die Manager erst dann Einkommen daraus erzielen, wenn die betreffenden Aktien eine höhere Rendite als die Alternativverzinsung erbringt. Um dies zu gewährleisten sind zwei unterschiedliche Methoden denkbar. Erstens kann die zu überbietende Mindestverzinsung einmalig festgelegt werden. Dies kann z.B. dadurch erreicht werden, daß der Bezugskurs jährlich um einen bestimmten Prozentsatz angehoben wird. Wird der Bezugskurs zu Beginn des Optionsprogrammes auf den dann aktuellen Aktienkurs festgelegt, so würde der Bezugskurs jährlich um genau den Prozentsatz angehoben, der als Mindestverzinsung festgelegt wurde. Alternativ kann auf eine explizite und einmalige Festlegung eines Mindestzinssatzes verzichtet werden. Vielmehr legt man ein (risikobereinigtes) alternatives Wertpapierportfolio fest, dessen Wertentwicklung übertroffen werden muß. Dieses Verfahren wird auch als "Indexbindung" bezeichnet. Vor- und Nachteile beider Verfahren sollen im folgenden genauer analysiert werden.

Die einmalige Festlegung einer Mindestverzinsung

Bei diesem Verfahren wird einmalig eine Mindestverzinsung festgelegt, die übertroffen werden muß, ehe die Optionen mit Gewinn ausgeübt werden können. Die Mindestrenditeforderung kann dabei unterschiedlich umgesetzt werden. Zum einen kann sie als reine Ausübungshürde formuliert werden, bei deren Übertreffen der gleiche Ausübungsgewinn anfällt, wie bei einem Programm ohne Ausübungshürde. Bei diesem Verfahren bleibt der Bezugskurs konstant. So kann ein Optionsprogramm z.B. vorsehen, daß die Optionen mit Bezugskurs 100 erst dann ausgeübt werden dürfen, wenn die Aktie um mindestens 30% gestiegen ist. Zum zweiten kann die Mindestrenditeforderung aber auch so formuliert werden, daß diese direkt auf den Ausübungsgewinn durchschlägt, ohne daß eine gesonderte Ausübungshürde formuliert würde. Bspw. könnte ein Optionsprogramm mit Startbezugskurs 100 vorsehen, daß der Bezugskurs im Zeitablauf jährlich um einen bestimmten Prozentsatz angehoben wird. Letzteres Verfahren berücksichtigt die Grundidee des Shareholder Value Ansatzes weitaus besser, da hier tatsächlich jährlich mehr als die Alternativverzinsung erwirtschaftet werden muß, ehe die Optionen mit Gewinn ausgeübt werden können. Dies ist bei dem Verfahren mit der Ausübungshürde nicht der Fall, da die tatsächlich zu überbietende Alternativverzinsung hier davon abhängt, wie lange die Optionen gehalten werden. Wird die Hürde nach einem Jahr übertroffen, so bedeutet dies eine andere Rendite als wenn die Hürde erst nach fünf Jahren übertroffen wird.

Die folgende Abbildung verdeutlicht das Verfahren der Bezugskursanpassung über die Zeit. Hierbei ist davon ausgegangen, daß der Aktienkurs zum Zeitpunkt der Optionseinräumung in 1998 100 beträgt, was zunächst mit dem Bezugskurs übereinstimmt. Je nach geforderter Mindestverzinsung wird der Bezugskurs im Zeitablauf angehoben. Die Abbildung stellt eine stetige Anpassung des Bezugskurses dar. Vereinfachend wird man sich in der Praxis wohl eher auf einmalige Anpassungen pro Jahr verständigen. Der Bezugskurs im Zeitablauf ließe sich damit als Treppenfunktion darstellen.

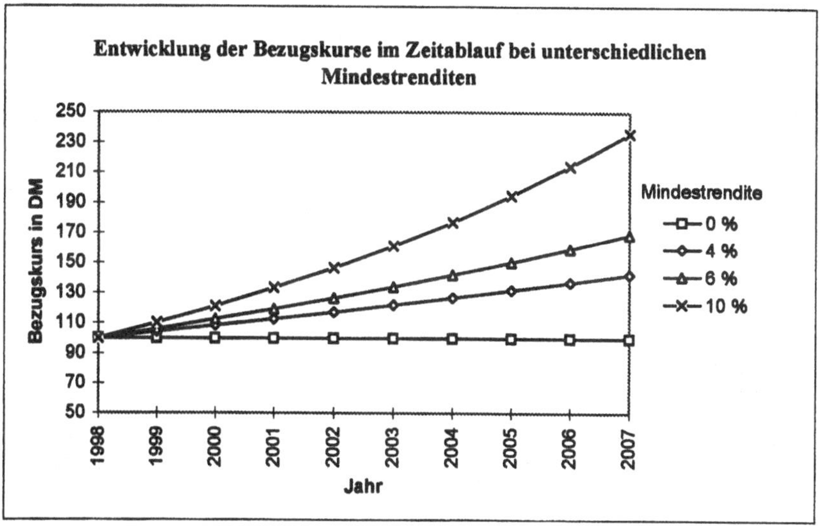

Abb. 10: Entwicklung der Bezugskurse

Dieses Vorgehen führt c.p. natürlich zu geringeren Ausübungsgewinnen pro Option gegenüber dem Fehlen einer Bezugskursanpassung. Wenn aber der potentielle Ausübungsgewinn pro Option sinkt, dann sinkt auch deren Motivationskraft. Um die Motivation wieder herzustellen, müßte dann aber eine größere Anzahl von Optionen gewährt werden. Da dies aus Sicht der Eigentümer mit zusätzlichen Kosten verbunden ist, ist a priori nicht unmittelbar klar, ob die Kopplung eines Optionsprogramms an eine Mindestrenditeforderung überhaupt Vorteile für die Eigentümer bringt. Dieser Frage ist daher im folgenden nachzugehen.

Es wird wiederum ein Effortwahlmodell über zwei Perioden unterstellt. Der Prinzipal steht vor der Frage, einen konstanten oder im Zeitablauf steigenden Bezugskurs zu wählen. Bei der Analyse dieses Problems zeigt sich jedoch sofort, daß in einem einfachen Modell ohne die Möglichkeit der vorzeitigen Optionsausübung diese Frage unsinnig ist, da zwischen Modell mit und ohne veränderlichem Bezugskurs kein Unterschied besteht. Denn im Modell ohne vorzeitige Optionsausübung ist einzig der Bezugskurs im Ausübungszeitpunkt relevant. Ob dieser Bezugskurs nun bereits von Anfang an unverändert galt oder erst durch Aufzinsung eines einstmals niedrigeren Bezugskurses zustande kommt, macht weder für die Entscheidungsfindung des Agenten noch für die Vermögenssituation des Prinzipals einen Unterschied. Wenn also ein Vertrag gefunden ist, der den optimalen Bezugskurs in der letzten Periode enthält, dann ist es gleichgültig, wie der ohnehin nur hypothetische Bezugskurs der Vorperioden beschaffen war.

Damit ein Unterschied zwischen beiden Verfahren auftreten kann, müssen die im Zeitablauf veränderlichen Bezugskurse eine Auswirkung auf die Entscheidungen des Agenten haben. Dies ist jedoch nur dann der Fall, wenn eine vorzeitige Ausübung möglich ist. Wie sich jedoch in dem Modell zur vorzeitigen Ausübung zeigte, führt bereits die Möglichkeit der vorzeitigen Ausübung zu einer Wohlfahrtsminderung. Aus diesem Grund wurde empfohlen, die vorzeitige Ausübung nicht zuzulassen. Somit ist eine weitere Prüfung des Verfahrens der Anhebung des Bezugskurses im Zeitablauf nicht notwendig.

Da diese Schlußfolgerungen analog auch für das Modell mit Investitionswahl gelten, kann festgehalten werden, daß die Anhebung des Bezugskurses im Zeitablauf um einen bestimmten Prozentsatz pro Periode keinen Vorteil gegenüber einem Verzicht auf Anhebung bringen kann. Die Anpassung ist damit nicht geeignet, einen Mehrwert zu schaffen. Entsprechende Forderungen nach Anpassung der Bezugskurse lassen sich vor diesem Hintergrund also nicht halten. Damit bleibt im folgenden zu untersuchen, ob wenigstens die alternative Vorgehensweise, die Bezugskurse nicht deterministisch sondern stochastisch variieren zu lassen, Vorteile bringen kann.

Die Indexbindung

Die Idee, die Vergütungshöhe einer Person nicht nur von deren gemessenem Erfolg, sondern auch von der Entwicklung vergleichbarer Erfolgsmaßzahlen anderer Personen abhängig zu machen, wird von der Literatur zur relativen Leistungsbewertung untersucht.[251] Die wesentliche Idee hierbei ist, durch einen Vergleich der erbrachten Leistungen bestimmte Umweltfaktoren herauszufiltern, die von den beurteilten Personen nicht zu verantworten sind. Als einer der ersten wies Holmström[252] auf die möglichen Vorteile dieses Verfahrens hin. Zur Verdeutlichung kann ein Beispiel aus dem Sport dienen. Dort ist es üblich, Preisgelder für Läufer nicht an der gelaufenen Geschwindigkeit, sondern an der Plazierung festzumachen. Dies ist sinnvoll, weil die Geschwindigkeit z.B. stark von den Windverhältnissen abhängt, für die die Läufer aber nichts können. Da aber alle Läufer eines Rennens unter gleichen Windverhältnissen laufen, ist allein die Plazierung ein angemessener Indikator für die Qualität der Leistung. Auf diesem Grundgedanken basiert auch die Idee, Optionsverträge nicht nur an die absolute Wertentwicklung des Unternehmens zu koppeln, sondern auch die Wertentwicklung anderer Unternehmen zu berücksichtigen. In der Regel wird man die Wertentwicklung mehrerer Unternehmen zu

[251] Vgl. z.B. Winter (1996b).
[252] Siehe Holmström (1982).

einem Index aggregieren und diesen in den Optionsvertrag aufnehmen. Bei der Indexbindung wird also zunächst ein Vergleichsportfolio gebildet. Der Wert dieses Portfolios wird durch einen Index ausgedrückt. Die Wertentwicklung des Index bildet dann die zu schlagende Mindestverzinsung, wobei die Wertentwicklung des Index noch zu gewichten ist. Ein Beispiel möge dies verdeutlichen.[253] Es sei angenommen, daß der Deutsche Aktienindex DAX ein brauchbares Vergleichsportfolio bildet. Man nehme an, daß der Kurs der BSP AG zum Zeitpunkt der Optionsgewährung im Januar 1998 100,- DM betrage. Dieser Kurs sei auch gleichzeitig vorläufiger Bezugskurs. Der Wert des DAX betrage zu diesem Zeitpunkt 4000. In Abhängigkeit von der DAX-Entwicklung ergäbe sich zum Zeitpunkt X ein Bezugskurs von:[254]

$$\text{Bezugskurs zum Zeitpunkt X} = \frac{\text{DAX zum Zeitpunkt X}}{\text{DAX Januar 1998}} * \text{Bezugskurs Januar 1998}$$

Die folgende Abbildung zeigt den so berechneten Bezugskurs in Abhängigkeit vom jeweiligen Wert des DAX.

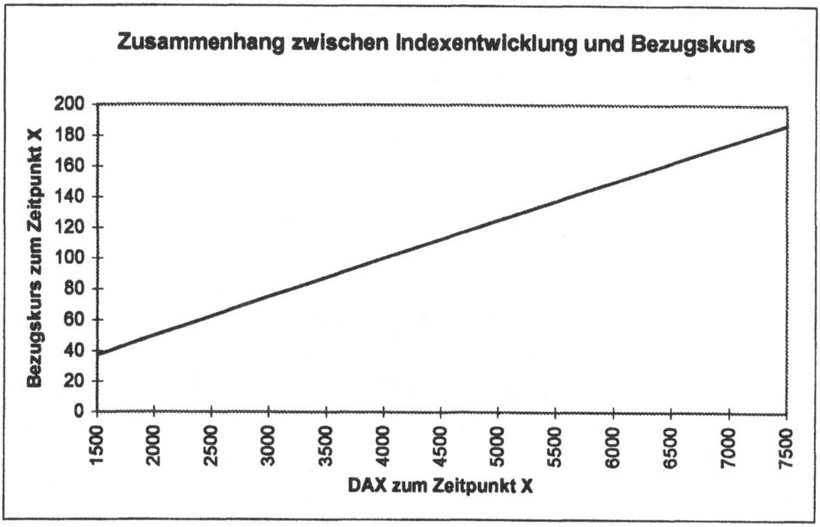

Abb. 11: Zusammenhang zwischen Indexentwicklung und Bezugskurs

Legt man den Bezugskurs derart fest, dann ergeben sich in Abhängigkeit von der Kursentwicklung der BSP AG und der Indexentwicklung des DAX die folgenden rechnerischen Ausübungsgewinne pro Option im Zeitpunkt X.

[253] Das folgende Beispiel ist angelehnt an Winter (1998a), S. 109 ff.

[254] In der bundesdeutschen Praxis scheint sich derzeit eine andere Berechnungsformel für die Indexbindung durchzusetzen. Die grundsätzliche Wirkung ist aber die gleiche. Nähere Ausführungen dazu folgen im empirischen Teil dieser Arbeit.

DAX zum Zeitpunkt X	Kurs der BSP AG zum Zeitpunkt X						
	50	75	100	125	150	175	200
1500	13	38	63	88	113	138	163
2000	/	25	50	75	100	125	150
2500	/	13	38	63	88	113	138
3000	/	/	25	50	75	100	125
3500	/	/	13	38	63	88	113
4000	/	/	/	25	50	75	100
4500	/	/	/	13	38	63	88
5000	/	/	/	/	25	50	75
5500	/	/	/	/	13	38	63
6000	/	/	/	/	/	25	50
6500	/	/	/	/	/	13	38

Tabelle 24

Die rechnerischen Ausübungsgewinne verdeutlichen den wesentlichen Unterschied zu Optionsprogrammen mit festen Bezugskurs. So ist der Tabelle (24) zu entnehmen, daß selbst dann, wenn der Aktienkurs vom Beginn des Optionsprogrammes um 50% auf 50 DM fällt, ein Ausübungsgewinn möglich ist, nämlich dann, wenn der DAX im gleichen Zeitraum stärker gefallen ist. Ist der DAX um 72,5% von 4000 auf 1500 gefallen, so ist beim Aktienkurs von 50 noch ein Ausübungsgewinn von 13 DM pro Option fällig. Umgekehrt können aber auch Kurssteigerungen unbelohnt bleiben. Steigt der Kurs um 50% auf 150, während der DAX um 62,5% auf 6500 steigt, bleibt die Option wertlos.

Eine der wesentlichen Fragen bei dieser Vorgehensweise ist, wie ein angemessenes Vergleichsportfolio zusammengestellt werden sollte und wie dieses in die Konstruktion eines Optionsplanes aufzunehmen ist. Wie sich später noch zeigen wird, ist es optimal, die Wertentwicklung des Unternehmens und des Vergleichsportfolios gewichtet in den Optionsvertrag aufzunehmen. Stehen verschiedene Vergleichsportfeuilles zur Auswahl, so ist dasjenige vorzuziehen, welches die höchste Korrelation mit dem Unternehmenswert aufweist. Bevor jedoch näher auf diese Frage eingegangen wird, soll die Indexbindung zunächst in einem Agencymodell näher beleuchtet werden.

Im Gegensatz zu den bisher analysierten Modellen kann die Indexbindung nicht in das Binomialmodell integriert werden. Denn für eine Analyse der Verhaltenseffekte der Indexbindung ist nicht mehr nur der Kursanstieg oder Rückgang der Aktie sondern auch der Indexanstieg oder -rückgang zu beachten. Modelliert man aber sowohl Indexentwicklung als auch Aktienkursverlauf binomial, so können am jeweiligen Periodenende schon vier unterschiedliche Situationen auftreten, wodurch die binomiale Struktur verloren ginge. Alternativ könnte man natürlich den Aktienkursverlauf weiterhin binomial modellieren und auf eine direkte Einbeziehung der Indexentwicklung verzichten. Ein Kursanstieg der Aktie würde dann schlicht uminterpretiert als komparativer Anstieg gegenüber dem Index. In diesem Fall blieben die formalen Resultate gegenüber den bereits diskutierten Modellen unverändert. Damit könnten die komparativen Effekte der Einbeziehung einer Indexbindung aber nicht aufgezeigt werden. Es wären allenfalls numerische Vergleiche möglich, in denen die Parameter für die Berechnungen so gewählt würden, daß diese entweder für ein Modell mit oder ohne Indexbindungen ständen. Die spezifischen Ergebnisse bezüglich der Indexbindung blieben dennoch völlig verschwommen, da Rechenbeispiele von einer willkürlichen Parameterwahl ausgehen und die gewählten Parameter für das Indexmodell ebenso für ein Modell ohne Indexbindung gewählt werden könnten. Aus diesem Grund wird das Binomialmodell für die folgende Analyse verworfen. Statt dessen wird auf das im Rahmen der Agencytheorie bewährte LEN-Modell zurückgegriffen. Hierfür sind jedoch eine Reihe weiterer Anmerkungen notwendig, da das LEN-Modell zwei wesentliche Modellannahmen trifft, die für das hier zu untersuchende Problem nicht zutreffen.

- Das LEN-Modell unterstellt lineare Vergütungsverträge. Optionsverträge sehen hingegen eine gekappte Vergütungsstruktur vor, die nur Abschnittsweise linear ist. Unterhalb der Kappung wird lediglich das Fixgehalt bezahlt und erst darüber eine proportionale Beteiligung am (absoluten oder relativen) Erfolg (Kursentwicklung bzw. Kursentwicklung im Vergleich zum Index).
- Ferner wird im LEN-Modell eine normalverteilte Störgröße angenommen, die die Produktionsfunktion überlagert. Im hier untersuchten Zusammenhang wäre die Produktionsfunktion definiert über den Zusammenhang zwischen Managerleistung und zukünftigem Aktienkurs bzw. zukünftiger Aktienrendite. Wird dieser Zusammenhang von einer normalverteilten Störgröße überlagert, bedeutet dies, daß die Aktienkurse der Zukunft normalverteilt seien müßten. Dies führt aber zu einem inneren Widerspruch, da normalverteilte Variablen weder nach unten noch nach oben beschränkt sind. Mit einer zwar möglicherweise geringen aber dennoch positiven Wahrscheinlichkeit würde das LEN-Modell damit negative zukünftige Aktienkurse zulassen. Da diese real aber ausgeschlossen sind, ist die Annahme der Normalverteilung nicht ganz unproblematisch. Allerdings kann dieses Problem durch entsprechende Parameterwahlen aufgefangen werden. Denn wenn die Wahrscheinlichkeit für negative Kurse nur klein genug ist, kann die Normalverteilung durch eine kombinierte Punkt-/Normalverteilung approximiert werden, indem der Kurswert Null die gesamte Wahrscheinlichkeitsmasse der negativen Kurswerte erhält, während die Dichte aller positiven Kurswerte der Dichte der unveränderten Normalverteilung entspricht. Die marginalanalytischen Folgerungen, die sich aus einer solchen Veränderung ergeben, sind bei entsprechender Parametrisierung gegenüber der Veränderung robust.

Als Hauptproblem bleibt damit die Annahme linearer Vergütungsverträge, in denen keine Kappung vorgesehen ist. In den folgenden Analysen wird dieses Problem zunächst zurückgestellt, um den Haupteffekt der Indexbindung aufzuzeigen. Auf mögliche Wirkungen der Kappung wird erst später an entsprechender Stelle eingegangen.

Um zu einer weiteren Vereinfachung zu kommen, soll im folgenden lediglich ein einperiodiges Modell analysiert werden. Dieses ist ausreichend, um den grundsätzlichen Effekt einer Indexbindung aufzuzeigen. Aufgrund dieser Annahme entfällt die Notwendigkeit einer Zeitindizierung. Die Vergütung für die Periode betrage:

$$y = F + \alpha v \qquad (1)$$

Hierbei bezeichnet v den Unternehmenswert zum Periodenende. Der Parameter α ist in diesem Zusammenhang nicht als Anzahl sondern eher als Anteil zu interpretieren. Der Wert αv gibt damit den Anteil am Unternehmenswert wieder, den der Agent als variable Vergütung erhält. Der Nutzen des Geldes für den Agenten sei gegeben durch:

$$U(y) = -EXP(-\kappa y) \qquad (2)$$

Es bezeichnet $\kappa = -U''/U'$ den Pratt-Arrow-Index der absoluten Risikoaversion, der in diesem Fall konstant ist. Die Kostenfunktion laute weiterhin $K(e) = 0{,}5ke^2$. Die Produktionsfunktion des Agenten sei gegeben durch:

$$v = e + u_A \qquad (3)$$

Es ist u_A die Störgröße, die die Produktionsfunktion des Agenten überlagert. Es sei angenommen, daß diese Normalverteilt mit Erwartungswert Null und Varianz σ_A^2 sei. Der Wert des Vergleichsindex I am Periodenende sei gegeben durch:

$$I = \bar{I} + u_I \qquad (4)$$

Der Parameter u_I ist der normalverteilte Störeinfluß mit Erwartungswert Null und Varianz σ_I^2, während $\bar{I}$ den Erwartungswert des Index am Periodenende angibt. Im LEN-Modell führt nun eine Maximierung des Nutzens des Agenten zu der selben Optimalleistung wie die Maximierung seines Sicherheitsäquivalentes. Zur Analyse seiner Entscheidung kann damit das Sicherheitsäquivalent herangezogen werden. In diesem Fall ist das Sicherheitsäquivalent S gegeben durch:

$$S = E(y) - 0{,}5\kappa\sigma_y^2 - 0{,}5ke^2 \qquad (5)$$

Analog der Vorgehensweise bei der Problemformulierung über die Nutzenfunktion kann auch hier die Teilnahmebedingung des Agenten formuliert werden. Sein Reservationssicherheitsäquivalent sei gegeben durch $\overline{S}$. Die Teilnahmebedingung lautet damit:

$$S \geq \overline{S} \tag{6}$$

Wegen:

$$E(y) = E(F + \alpha v) = E(F + \alpha[e + u_A]) = F + \alpha e \tag{7}$$

und:

$$\sigma_y^2 = Var(y) = Var(F + \alpha[e + u_A]) = \alpha^2 \sigma_A^2 \tag{8}$$

kann (5) auch geschrieben werden als:

$$S = F + \alpha e - 0{,}5\kappa\alpha^2\sigma_A^2 - 0{,}5ke^2 \tag{9}$$

Die Maximierung des Sicherheitsäquivalentes ergibt als Bedingung erster Ordnung:

$$\frac{dS}{de} = \alpha - ke = 0 \tag{10}$$

Damit ist die Optimalleistung des Agenten gegeben durch:

$$e^* = \alpha / k \tag{11}$$

Der Prinzipal maximiert nun seinen Erwartungsnutzen, der sich aus der Differenz zwischen erwartetem Unternehmenswert und erwarteter Vergütung ergibt unter der Teilnahmebedingung (6). Die zu maximierende Lagrangefunktion des Prinzipals lautet somit:

$$\begin{aligned} L &= E(v) - E(y) - \lambda[S - \overline{S}] \\ &= e - (F + \alpha e) - \lambda[F + \alpha e - 0{,}5\kappa\alpha^2\sigma_A^2 - 0{,}5ke^2 - \overline{S}] \end{aligned} \tag{12}$$

Wegen $dL / dF = -1 - \lambda$ folgt unmittelbar, daß die Nebenbedingung bindend ist und der Lagrangemultiplikator den Wert $\lambda = -1$ annimmt. Berücksichtigt man nun die optimale Reaktion des Agenten auf seinen Vergütungsvertrag, nämlich $e^* = \alpha / k$, so ergibt sich als Bedingung erster Ordnung für den Parameter α:

$$\frac{dL}{d\alpha} = \frac{1}{k} - \kappa\alpha\sigma_A^2 - \frac{\alpha}{k} = 0 \tag{13}$$

Der optimale Wert aus Sicht des Prinzipals ist damit:

$$\alpha^* = \frac{1}{1 + k\kappa\sigma_A^2} \tag{14}$$

Hieraus ergibt sich für den Agenten im Optimum ein Sicherheitsäquivalent in Höhe von:

$$S = F + \frac{1 - k\kappa\sigma_A^2}{2k(1 + k\kappa\sigma_A^2)^2} \tag{15}$$

Da die Nebenbedingung (5) bindend ist, im Optimum also $S = \overline{S}$ gilt, kann die optimale Höhe des Fixgehaltes angegeben werden als:

$$F^* = \overline{S} - \frac{1 - k\kappa\sigma_A^2}{2k(1 + k\kappa\sigma_A^2)^2} \tag{16}$$

Das erwartete Residualvermögen w des Prinzipals $E(w) = E(v) - E(F + \alpha e) = e - F - \alpha e$ ergibt sich im Optimum durch das Einsetzen der jeweiligen Optimalwerte für α, e und F. Es ergibt sich damit:

$$\begin{aligned} E^*(w) &= e^* - F^* - \alpha^* e^* \\ &= \frac{1}{2k(1 + k\kappa\sigma_A^2)} - \overline{S} \end{aligned} \tag{17}$$

Dieser Wert der Zielfunktion des Prinzipals ergibt sich für einen Vertrag ohne Indexbindung. Um die Wirkung der Indexbindung zu sehen, nehme man im folgenden an, daß der Vergütungsvertrag des Agenten die Form:

$$y_I = F + \alpha(v - I) \tag{18}$$

hat.[255] Hierdurch ändert sich natürlich die Varianz der Vergütung. Es sei $\sigma_{(A-I)}^2 = Var(u_A - u_I)$. Dann beträgt die Varianz der Vergütung beim Vertrag y_I gerade:

[255] Bei dieser Notation wird davon ausgegangen, daß der Unternehmenswert v und der Indexwert I positiv korreliert sind. Ansonsten wären beide additiv zu verknüpfen. In einer vollständigen Analyse müßte ferner berücksichtigt werden, daß v und I gewichtet werden müßten, um das globale Optimum zu finden. Da es hier nur darum geht, den Haupteffekt der Indexbindung zu zeigen, wird auf diese Gewichtung zunächst verzichtet. Ferner ist angenommen, daß lediglich ein Index zur Indizierung verwendet wird. Dies entspricht der Idee, daß ein einfaktorielles Marktmodell zur Erklärung des Kursverlaufes ausreichend ist. Alternativ könnten auch mehrfaktorielle Ansätze gewählt werden wie z.b. in Veit u.a. (1989).

$$Var(y_I) = Var(F + \alpha[e + u_A - I - u_I]) = \alpha^2\sigma^2_{(A-I)} \qquad (19)$$

Das Sicherheitsäquivalent des Agenten ergibt sich in diesem Falle zu:

$$S_I = F + \alpha e - 0{,}5\kappa\alpha^2\sigma^2_{(A-I)} - 0{,}5ke^2 \qquad (20)$$

Die Maximierung seines Sicherheitsäquivalentes führt wiederum zu der Optimalleistung von:

$$e_I^* = e^* = \alpha / k \qquad (21)$$

Diese optimale Entscheidung zusammen mit der Teilnahmebedingung ergeben die zu maximierende Lagrangefunktion des Prinzipals:

$$\begin{aligned} L &= E(v) - E(y_I) - \lambda[S_I - \overline{S}] \\ &= e - (F + \alpha[e - \overline{I}]) - \lambda(F + \alpha[e - I] - 0{,}5\kappa\alpha^2\sigma^2_{(A-I)} - 0{,}5ke^2 - \overline{S}) \end{aligned} \qquad (22)$$

Die Nebenbedingung ist wieder bindend und aus $dL / dF = -1 - \lambda$ folgt erneut $\lambda = -1$. Die Bedingung erster Ordnung für den Parameter α ergibt:

$$\frac{dL}{d\alpha} = \frac{1}{k} - \kappa\alpha\sigma^2_{(A-I)} - \frac{\alpha}{k} = 0 \qquad (23)$$

Für das Optimum des Parameters bei Indexbindung folgt mithin:

$$\alpha_I^* = \frac{1}{1 + k\kappa\sigma^2_{(A-I)}} \qquad (24)$$

Analog obiger Vorgehensweise ergibt sich hieraus das optimale Fixgehalt in Höhe von:

$$F_I^* = \overline{S} - \frac{1 - k\kappa\sigma^2_{(A-I)}}{2k(1 + k\kappa\sigma^2_{(A-I)})^2} \qquad (25)$$

Das erwartete Residualvermögen w_I des Prinzipals bei Indexbindung ergibt sich im Optimum durch das Einsetzen der jeweiligen Optimalwerte für α, e und F. Es ergibt sich damit:

$$\begin{aligned} E^*(w_I) &= e_I^* - F_I^* - \alpha_I^* e_I^* \\ &= \frac{1}{2k(1 + k\kappa\sigma^2_{(A-I)})} - \overline{S} \end{aligned} \qquad (26)$$

Aus diesen Analysen ergibt sich sofort die Optimalitätsbedingung für die Vorteilhaftigkeit des Vertrages mit Indexbindung. Der indexgebundene Vertrag ist dem nichtgebundenen überlegen, wenn:

$$E^*(w_I) > E^*(w) \qquad (27)$$

Elementare Umformungen führen zu der äquivalenten Bedingung:

$$\sigma^2_{(A-I)} < \sigma^2_A \qquad (28)$$

Die Vorteilhaftigkeit des indexgebundenen Vertrages ergibt sich also immer dann, wenn die Vergütungsvarianz gegenüber dem ungebundenen Vertrag sinkt. In diesem Fall kann die Risikoprämie reduziert werden, ohne daß dieses einen Einfluß auf die Optimalleistung des Agenten hat, wie die Gleichungen (11) und (21) zeigen. Es läßt sich schreiben:

$$\sigma^2_{(A-I)} = \sigma^2_A + \sigma^2_I - 2Cov(A,I) \qquad (29)$$

Eingesetzt in Gleichung (28) ergibt sich die Vorteilhaftigkeit des indexgebundenen Vertrages also für:

$$\sigma^2_I < 2Cov(A,I) \qquad (30)$$

Die Indexbindung ist also dann vorteilhaft, wenn die Varianz des Index im Vergleich zur Kovarianz zwischen Index und Aktie nicht zu groß wird.

In der bisherigen Darstellung wurde davon ausgegangen, daß der Vergütungsvertrag bei Indexbindung die einfache Form $y_I = F + \alpha(v - I)$ annimmt und daß der Unternehmenswert v und der Index I positiv korreliert sind. Beides ist jedoch nicht zwangsläufig. Wie der Vergleich der Residualvermögen des Prinzipals aus den Gleichungen (17) und (26) zeigt, ist der Vorteil der Indexbindung um so höher, je niedriger die Varianz $\sigma^2_{(A-I)}$ ausfällt. Wesentliches Ziel bei der Konstruktion eines indexgebundenen Vertrages muß damit die Reduktion der Varianz sein, wobei die Varianzreduktion auch dann möglich ist, wenn der Unternehmenswert und der Index negativ korreliert sind. Um die optimale Form der Indexbindung zu ermitteln nehme man an, daß die Bemessungsgrundlage nicht einfach aus der Differenz $v - I$ besteht, sondern allgemein die Form $v + gI$ annimmt, wobei g ein Gewichtungsfaktor ist, der auch negativ sein kann (für $g = -1$ ergibt sich der oben analysierte Fall). Für die Varianz dieser Bemessungsgrundlage ergibt sich nun:

$$Var(v + gI) = \sigma^2_A + g^2\sigma^2_I + 2gCov(A,I) \qquad (31)$$

Diese Varianz ist nun bezüglich des Gewichtungsfaktors g zu minimieren, woraus sich als Bedingung erster Ordnung:

$$2g\sigma_I^2 + 2Cov(A, I) = 0 \tag{32}$$

ergibt. Da die zweite Ableitung von (31) bezüglich g streng positiv ist, markiert die Lösung von (32) tatsächlich das gesuchte Minimum. Dieses liegt an der Stelle:

$$g = -\frac{Cov(A, I)}{\sigma_I^2} \tag{33}$$

Wäre das hier präsentierte Modell statt in absoluten Werten von v und I in Renditen von v und I formuliert gewesen, dann wäre der optimale Gewichtungsfaktor g gerade der mit negativem Vorzeichen versehene Betafaktor des Unternehmens bezüglich des Index I. Wie sich zeigt, steigt der absolute Wert des Gewichtungsfaktors, je höher die Kovarianz zwischen Index und Unternehmenswert und je niedriger die Varianz des Index selbst ausfällt. Für mit dem Unternehmenswert positiv korrelierte Indizes nimmt g einen negativen Wert an, während sich für negativ korrelierte Indizes positive Gewichtungsfaktoren ergeben. Weitere interessante Einblicke ergeben sich, wenn man den Index selbst als Variable auffaßt. Denn in der Realität wird man die Möglichkeit haben, verschiedene Indizes als Vergleichsmaßstab heranzuziehen bzw. sich eigene Indizes zu konstruieren. Man bezeichne den j-ten möglichen Index als I_j, $j = 1, \ldots, n$. Wählt man die optimale Gewichtung g gemäß Gleichung (33), so resultiert die Varianz:

$$\begin{aligned} Var(v + gI_j) &= \sigma_A^2 + \left(\frac{Cov(A, I_j)}{\sigma_{I_j}^2}\right)^2 \sigma_I^2 + -\frac{2Cov(A, I_j)}{\sigma_{I_j}^2} Cov(A, I_j) \\ &= \sigma_A^2 - \frac{[Cov(A, I_j)]^2}{\sigma_{I_j}^2} \end{aligned} \tag{34}$$

Die Minimierung dieser Varianz bezüglich j ergibt dann den optimalen Vergleichsindex. Es ist dies derjenige Index, dessen Quotient aus quadrierter Kovarianz und Indexvarianz aus allen möglichen Indizes maximal ist. Nun läßt sich diese Gleichung noch weiter umformen zu:

$$\begin{aligned} Var(v + gI_j) &= \left(1 - \frac{[Cov(A, I_j)]^2}{\sigma_A^2 \sigma_{I_j}^2}\right) \sigma_A^2 \\ &= (1 - \rho^2) \sigma_A^2 \end{aligned} \tag{35}$$

Dabei bezeichnet ρ den Korrelationskoeffizienten zwischen A und I_j. Es ist also derjenige Index der beste, der die höchste Korrelation mit der Aktie aufweist. Im Extremfall für $\rho^2 = 1$ kann die Vergütungsvarianz und damit die zu zahlende Risikoprämie auf Null gedrückt werden.

Im Vergleich zu dem oben diskutierten Verfahren mit fester Mindestverzinsung ergibt sich für das Verfahren mit Indexbindung ein echter Wohlfahrtsgewinn. Dieser resultiert aus der Möglichkeit, mittels Indexbindung das Vergütungsrisiko des Agenten zu verringern, ohne seine Leistungsanreize zu verändern. Der Prinzipal kann damit einen Teil der Risikoprämie einsparen. Hier zeigt sich auch gleich der wesentliche Unterschied zur Kopplung des Bezugskurses an eine Mindestrendite. Da diese Mindestrendite im weiteren Verlauf unabhängig von der Wertentwicklung des Unternehmens ist, ergibt sich keine Verbesserung der Risikoallokation wie bei der Indexbindung. Als Zwischenfazit bleibt zunächst festzuhalten, daß lediglich das Verfahren der Indexbindung geeignet sein könnte, einen Wohlfahrtsgewinn zu ermöglichen. Allerdings weist dieses Verfahren noch eine Reihe weiterer Probleme auf, die vor einem abschließenden Urteil näher beleuchtet werden müssen. Um hier zu einer klareren Formulierung zu kommen, wird im folgenden davon ausgegangen, daß Kursentwicklung von Unternehmen und Index positiv korreliert sind, der Gewichtungsfaktor g damit negativ ist und sich die Vergütung als Differenz zwischen Kursentwicklung und gewichteter Indexentwicklung ergibt.

Da die Vergütung bei einem indexgebundenen Vertrag ausschließlich von der Entwicklung der Differenz zwischen Kursentwicklung und Indexentwicklung abhängt, können durch die Indexbindung auch unerwünschte Anreize erzeugt werden. Diese Probleme sind bereist in der Literatur zur relativen Leistungsbewertung ausgiebig untersucht worden.[256] Jedoch sind nicht alle der dort untersuchten Probleme in diesem Kontext gleichermaßen relevant. Andererseits gibt es einige Besonderheiten zu beachten, die auf die Kapitalmarktanbindung der Vergütung zurückzuführen sind.

Die Bedingung, unter der ein indexgebundener Vertrag unproblematisch ist, läßt sich als Unabhängigkeitsbedingung formulieren. Diese Bedingung sagt aus, daß der Manager mit indexgebundenem Vertrag keine Möglichkeit haben sollte, die Indexentwicklung zu beeinflussen. Sei h eine beliebige Handlung des Managers, dann darf der Wert des Index I nicht von dieser Handlung abhängen, d.h.:

$$\frac{dI}{dh} = 0, \qquad (36)$$

[256] Vgl. Winter (1996b) und die dort angegebene Literatur.

da ansonsten ein Anreiz zur Manipulation der Indexentwicklung gegeben ist.[257] Sind die Möglichkeiten zur Manipulation des Index sehr groß, so führt dies zu einem Versagen der Indexbindung, da der Manager dann eher bestrebt sein könnte, die Indexentwicklung zu beeinflussen, statt die Rentabilität des eigenen Unternehmens zu erhöhen. Andererseits wird man geringe Beeinflussungsmöglichkeiten tolerieren können, da dann die Vorteile der Varianzreduktion die Nachteile adverser Anreize überkompensieren.[258] Neben diesen verhaltensorientierten Problemen wird in der Literatur noch ein möglicher Kosteneinwand gegen die Indexbindung (oder allgemein: den Leistungsvergleich) vorgebracht: Da jetzt zusätzlich eine weitere Variable gemessen werden muß (Indexentwicklung), entstehen zusätzliche Meßkosten.[259] Dieses Problem kann in manchen Anwendungsfällen der relativen Leistungsbewertung tatsächlich dazu führen, daß man auf die Ermittlung von externen Vergleichswerten (Indexentwicklung) verzichtet, da die Kosten zu hoch wären. Im hier vorliegenden Fall dürfte dieses Problem allerdings nicht durchschlagen, da selbst bei einem eigens konstruierten Index die notwendigen Informationen über Renditen der Indexunternehmen leicht zu ermitteln sind. Aus diesem Grund soll von einer weiteren Betrachtung des Kosteneinwandes abgesehen werden. Damit verbleiben lediglich die verhaltensorientierten Probleme als Untersuchungsfelder. Die Literatur zur relativen Leistungsbewertung hat hierzu insbesondere 5 Problemfelder aufgezeigt:[260]

a) Einfluß auf die Zusammensetzung der Referenzgruppe bzw. den Referenzindex[261]
b) Koordiniertes Verhalten, Kollusion
c) Externe Effekte, Teamproduktion
d) Sabotage[262]
e) Heterogenität

Zu a)

Wie bereits ausgeführt kann die Indexbindung als eine Art Sportwettkampf interpretiert werden. Bei diesem Wettkampf geht es darum, die Indexentwicklung möglichst weit zu übertreffen. Aus diesem Grund erscheint es auf den ersten Blick einsichtig, daß ein Manager ein Interesse haben sollte, gegen einen vermeintlich schwachen Index zu spielen, sich also einen leichten Gegner auszusuchen.[263] Dieses Argument gilt in jedem Fall, wenn auf eine Indexgewichtung verzichtet wird bzw. die Gewichtung $g = -1$ gewählt wird. In diesem Fall lautet der Vergütungsvertrag

$$y_I = F + \alpha(v - I) \qquad (37)$$

---

[257] Baker (1992), S. 611.
[258] Baker (1992), S. 611.
[259] Winter (1996b), S. 908.
[260] Vgl. Winter (1996b), S. 908.
[261] Gibbons/Murphy (1990), S. 30 f.
[262] Lazear (1989).
[263] Eine eingehende Analyse dieses Problems findet sich bei Dye (1992).

Wegen $dy_I / dI = -\alpha$ ist der Manager c.p. natürlich an einer möglichst geringen Steigerung bzw. an einem möglichst hohen Indexrückgang interessiert. Überläßt man ihm somit die Wahl, würde er einen Vergleichsindex wählen, von dem er eine relativ schlechte Performance erwartet. Nun ist aber bereits ausgeführt worden, daß die ungewichtete Indexbindung ohnehin nicht optimal ist. Das eben beschriebene Problem ist daher im wesentlichen nicht durch die falsche Indexwahl sondern die falsche Gewichtungswahl determiniert. Denn in dem Fall, in dem für den gewählten Index das optimale Gewicht gemäß Gleichung (33) gewählt würde, wäre die Auswahl eines in der Vergangenheit im Verhältnis zum Unternehmen besonders schlecht performenden Index nicht automatisch zweckmäßig, da das Gewicht entsprechend hoch sein könnte. Da der Gewichtungsfaktor g in einem Modell mit Renditen dem negativen Wert des Betafaktors des Unternehmens bezüglich des Index entspricht, müßte der Manager für die Zukunft erwarten, den Index auch risikobereinigt schlagen zu können. Diese Erwartung, den Index outperformen zu können, müßte sich jedoch auf private Informationen stützen, da auf Kapitalmärkten mit halbstrenger Informationseffizienz keine öffentlichen Informationen verfügbar sind, die eine solche Überperformanceerwartung begründen könnten. Die freie Wahl des Index ist daher nur in Verbindung mit der Möglichkeit der Nutzung von privaten Informationen problematisch. Dieses Problem könnte daher -wenn überhaupt- vorwiegend bei der Verwendung von Branchenindizes auftreten. Hier kann man noch am ehesten erwarten, daß Manager zu bestimmten Zeiten auch Informationen über ihre Branchenkonkurrenten besitzen, ehe diese öffentlich werden. Nur so könnte eine risikobereinigte Überrenditeerwartung entstehen. Aus diesem Grund könnte es tatsächlich zweckmäßig sein, die Wahlfreiheit des Managers bezüglich der Zusammensetzung seines Vergleichsindex zu beschränken.

Ein weitaus größeres Problem besteht in der Möglichkeit des Managers, nach Festlegung des Index und Berechnung des optimalen Gewichts die Geschäftstätigkeit seines eigenen Unternehmens zu verändern. In welcher Form dies geschehen sollte, ergibt sich direkt aus seiner Erwartung bezüglich der weiteren Indexentwicklung. Erwartet er einen Indexanstieg, was bei langfristiger Betrachtung und Verwendung herkömmlicher Aktienindices der Normalfall sein dürfte, dann hat er einen Anreiz, den Betafaktor seines Unternehmens ex post, d.h. nach Vertragsabschluß, zu erhöhen. Denn wenn der Index jetzt steigt, dann steigt der Marktwert seines Unternehmens schneller als in dem Fall, in dem er bei der alten Geschäftstätigkeit geblieben wäre. In der Tat weist er dann eine Überperformance gegenüber dem risikobereinigten Index auf. Dieses Resultat beruht jedoch ausschließlich auf einer ex post falschen Risikobereinigung. Ein Beispiel möge dies verdeutlichen. Statt in absoluten Werten nehme man an, daß der Vergütungsvertrag in Renditewerten geschrieben sei. Die Vergütung beruht damit auf der mit dem alten negativen Betafaktor gewichteten Renditedifferenz zwischen Aktie und Index $r_A - \beta_{alt} r_I$. Der Vergütungsvertrag laute jetzt also $y_I = F + \alpha(r_A - \beta r_I)$. Vereinfachend sei ferner angenommen, daß die Rendite der risikolosen Anlage Null betrage. Der Vertrag sieht damit vor, daß der Manager dann eine positive variable Belohnung bezieht, wenn ex post gilt:

$$r_A > \beta_{alt} r_I \tag{38}$$

Der Erwartungswert seiner Vergütung beträgt damit:

$$\bar{y}_I = F + \alpha(\bar{r}_A - \beta_{alt}\bar{r}_I) \tag{39}$$

Ändert er nun jedoch seine Geschäftstätigkeit und steigert den Wert des Betafaktors auf $\beta_{neu} > \beta_{alt}$, so ergibt sich die erwartete Rendite für sein Unternehmen als:

$$\bar{r}_A = \beta_{neu}\bar{r}_I \tag{40}$$

Ersetzt man nun in Gleichung (39) diesen Erwartungswert der Rendite der Aktie durch die rechte Seite gemäß (40), ergibt sich:

$$\begin{aligned} \bar{y}_I &= F + \alpha(\bar{r}_A - \beta_{alt}\bar{r}_I) \\ &= F + \alpha(\beta_{neu}\bar{r}_I - \beta_{alt}\bar{r}_I) \\ &= F + \alpha\bar{r}_I(\beta_{neut} - \beta_{alt}) \end{aligned} \tag{41}$$

Somit ist:

$$\frac{dy_I}{d\beta_{neu}} = \alpha\bar{r}_I > 0 \tag{42}$$

Dies bedeutet aber, daß der Manager direkt nach Vertragsabschluß einen Anreiz hat, den Betafaktor seines Unternehmens gegenüber dem festgelegten Index möglichst stark zu erhöhen. Damit wird jedoch kein Shareholder Value geschaffen. Der Manager würde schon dann eine variable Vergütung beziehen, wenn er den falsch bereinigten Index schlägt. Shareholder Value würde jedoch nur dann entstehen, wenn der mit dem neuen Betafaktor bereinigte Index übertroffen würde. Da ein Wechsel der Geschäftstätigkeit und damit die Veränderung des Betafaktors in aller Regel eine gewisse Zeit in Anspruch nehmen wird, ist das hier behandelte Problem um so bedeutender, je länger die Laufzeit eines Optionsvertrages ist. Für diesen Fall sollte eine Regelung vorgesehen werden, die Gewichtung des Index bei größeren Änderungen der Geschäftsstruktur anzupassen. Gleiches gilt für Unternehmens- zu oder Verkäufe, die einen merklichen Einfluß auf die Risikostruktur des Unternehmens haben.

Zu b)

Koordiniertes Verhalten bzw. Kollusion ist ein weiteres bekanntes Problem bei Verträgen auf Basis der relativen Leistungsbewertung. Das Argument bedingt jedoch, daß ein Vergleich von Leistungen verschiedener Personen durchgeführt wird, die sich untereinander abstimmen können. Wenn diese Möglichkeit besteht, haben diese Personen einen Anreiz, ihre Leistungen kollektiv zu reduzieren.[264] Dies würde Ihnen die Mühen ihres Arbeitseinsatzes ersparen, ohne ihre relative Position zueinander zu verändern. Diese Situation dürfte im hier betrachteten Kontext jedoch weniger relevant sein. So wird der Vergleichsindex in aller Regel eine Vielzahl von Unternehmen enthalten. Die Manager aller dieser Unternehmen müßten sich dann auf eine gemeinsame Leistungsreduktion einigen. Dies ist aber aus mehreren Gründen kein sehr glaubwürdiges Szenario für die Analyse realer Situationen. Zum einen entspricht die Kollusion der Kartellbildung und ist damit auch den gleichen Stabilitätsproblemen unterworfen. Individuell wird es sich für jeden einzelnen Manager lohnen, die Kartellabsprache zu brechen. Er muß zur Steigerung seiner Vergütung dann nämlich nur besser sein als alle anderen, was nicht sehr schwer ist, da diese kollektiv ihre Leistung reduziert haben. Dies gilt aber für alle, wodurch eine Tendenz zur Instabilität der Absprachen entsteht. Verschärft wird die Instabilität durch die meist fehlende Möglichkeit, die Einhaltung der Absprachen zu überwachen und im Zweifelsfall zu sanktionieren. Bei Leistungsabsprachen zwischen Kollegen einer Abteilung mag die gegenseitige Überwachung noch funktionieren, bei räumlich möglicherweise global verteilten Managern wohl eher nicht. Als weiterer Einwand muß berücksichtigt werden, daß das Anreizsystem eines Managers im Normalfall nicht nur aus seiner Vergütung sondern mindestens auch aus der Entlassungsdrohung besteht. Mit der kollusiven Absprache ist damit auch die Gefahr verbunden, bei Aufdeckung durch die Aufsichtsgremien den Job zu verlieren. Das Kollusionsproblem erscheint daher in diesem Kontext als nicht relevant.

Zu c)

Externe Effekte können in verschiedener Form auftreten. In Form von positiven externen Effekten, in denen die Produktivitätssteigerung des einen eine Produktivitätssteigerung des anderen begünstigt und in Form von negativen externen Effekten, in denen eine Produktivitätsminderung des anderen auftritt. Beide Effekte wirken sich auf die Brauchbarkeit der relativen Leistungsbewertung bzw. Indexbindung aus. Die externen Effekte müssen allerdings erst ein bestimmtes Mindestmaß erreichen, ehe sie die relative Leistungsbewertung unbrauchbar machen würden.[265] Um den Effekt externer Effekte zu sehen, nehme man zunächst an, daß die Entwicklung der eigenen Aktienrendite in gleicher Richtung von der eigenen Handlung h abhängt wie die Entwicklung des Indexrendite. So gelte bspw. $dr_A / dh > 0$ und $dr_I / dh > 0$. Handlungen, die den eigenen Kurs positiv beeinflussen, den Indexverlauf jedoch auch, beeinflussen die Vergütung damit begrenzt:

264 Winter (1996b), S. 908.
265 Vgl. Choi (1993).

$$\frac{dy_I}{dh} = \alpha(r_A' - \beta r_I') \tag{43}$$

Für $r_A' < \beta r_I'$ lohnen sich die rentabilitätssteigernden Maßnahmen für den Manager nicht. Eine Folgerung aus dieser Überlegung ist natürlich, daß das Unternehmen nicht selbst im Index vertreten sein sollte. Besonders klar wird das Argument, wenn man den Grenzfall $I = v$ betrachtet, der Index also ausschließlich aus dem Unternehmen selbst gebildet wird. In diesem Fall ergibt sich natürlich $\beta = 1$ und somit $y_I = F + \alpha(r_A - \beta r_I) = F$, d.h. jeglicher Leistungsanreiz entfällt, da der Manager ausschließlich dafür Geld bekommen würde, daß er sich selbst überholt. Nun ist das hier beschriebene Problem der Mitgliedschaft des Unternehmens im Index leicht zu lösen. Gleichwohl existieren jedoch mögliche weitere externe Effekte. Diese sind z.B. dann vorstellbar, wenn als Index ein Branchenindex herangezogen wird. Vergleicht man Unternehmen einer Branche miteinander, so stehen diese im direkten Wettbewerb miteinander. Bei indexgebundener Vergütung entfällt aber jeder Anreiz, sich an kollektiv rentabilitätsteigernden Maßnahmen zu beteiligen, seien diese nun erlaubt (Vereinbarung technischer Standards) oder illegal (Preisabsprachen). Aus Sicht der Eigentümer bedeutet dies eine Fehlsteuerung durch einen indexgebundenen Vertrag. Ebenso läßt sich argumentieren, daß der Anreiz zu riskanten Innovationen sinkt, falls diese immitierbar sind. In diesem Fall trägt der Innovator das Risiko des Scheiterns allein, während im Erfolgsfall sofort Immitatoren nachziehen. Der Innovator kann seine relative Position durch die Innovation also nur verschlechtern, auch wenn die erwartete Rendite der Innovation zusätzlichen Shareholder Value schaffen würde. Schließlich verbleibt noch die Möglichkeit vollends adverser Anreize. Diese treten dann auf, wenn der Manager glaubt, daß sein Unternehmen Schädigungen der Branchenrentabilität besser übersteht als andere Unternehmen. In diesem Fall könnte er bestrebt sein, eben solche Schädigungen hervorzurufen, auch wenn sein eigenes Unternehmen davon betroffen ist. Als Beispiel wäre hier ein Preiskrieg vorstellbar. Das Unternehmen mit den größten Ressourcen könnte einen solchen Krieg am besten überstehen und die eigene Rentabilität im Vergleich erhöhen, selbst wenn sie absolut gesehen deutlich absinkt. Diese Überlegungen sprechen dafür, auf die Verwendung eines zu engen Branchenindex zu verzichten und lieber einen breiteren Marktindex zu verwenden, selbst wenn dieser nur geringer mit der Entwicklung des Unternehmens korreliert ist.

Zu d) und e)

Die Möglichkeit von Sabotage ist ein weiteres Problemfeld der relativen Leistungsbewertung. Das Argument beruht wieder darauf, daß bei relativer Bewertung lediglich die Differenz zwischen eigenem Erfolg und Vergleichsmaßstab zählt. Dadurch entsteht ein Anreiz, die Entwicklung des Vergleichsmaßstabes zu behindern. Werden bspw. Kollegen einer Abteilung miteinander verglichen, so können davon Anreize zu Desinformation, Mobbing oder zum Ruinieren des jeweils anderen Arbeitsergebnisses ausgehen. Dies dürfte allerdings bei der Indexbindung von Vergütungsverträgen kaum möglich sein. Abgesehen von erheblichen technischen

Schwierigkeiten und der Strafbarkeit eines solchen Unterfangens ist es schwer vorstellbar, wie ein Manager die Entwicklung anderer Unternehmen so behindern könnte, daß dies einen merklichen Einfluß auf die Indexentwicklung hat. Dies gilt um so mehr, je breiter der Index gefaßt ist. Die Möglichkeit von Sabotage ist daher kein sinnvoller Einwand gegen die Indexbindung von Optionsprogrammen.

Wenn bei Verträgen auf Basis der relativen Leistungsbewertung Personen miteinander verglichen werden, die sehr heterogene Charakteristika aufweisen, dann kann ein einfacher direkter Leistungsvergleich als Anreizinstrument versagen, weil der "bessere" ohnehin weit überlegen ist und er damit nur einen begrenzten Anreiz zur Leistungserbringung hat. Um dieses Problem aufzufangen, lassen sich Handicapstrukturen einführen, die dem "Schwächeren" einen Vorsprung geben, der vom "Besseren" erst aufgeholt werden muß. Dieses Auffangen der Heterogenität besteht bei der Indexbindung aber in der Gewichtung des Index mit dem negativen Betafaktor. Die Gewichtung kann als eine angemessene Handicapstruktur interpretiert werden, weshalb das Heterogenitätsproblem hier nicht weiter zu erörtern ist.

Als vorläufiges Fazit bleibt hier zunächst festzuhalten, daß die Indexbindung zu einem Wohlfahrtsgewinn führen kann. Dieser beruht auf der Möglichkeit, mittels Indexbindung die Vergütungsvarianz und damit die Risikoprämie zu reduzieren. Es konnte ferner gezeigt werden, daß derjenige Index für die Indexbindung am besten geeignet ist, der die höchste Korrelation mit der Kursentwicklung bzw. Rendite der Aktie aufweist. Allerdings zeigten sich auch mögliche Problemfelder. Diese resultieren aus dem Wechsel von einem absoluten Erfolgsmaßstab zu einem relativen. Aus diesem Grund erscheint es wichtig, bei der Indexbindung immer auf eine angemessene Gewichtung des Index mittels negativem Betafaktor zu achten. Damit wird die Gefahr begrenzt, durch falsche Indexwahl ungerechtfertigte Vergütungen zahlen zu müssen. Ein weiteres Problem besteht in dem Anreiz für den Manager, nach Vertragsabschluß die Geschäftsstruktur seines Unternehmens zu verändern und den Betafaktor zu erhöhen. Falls dies eine relevante Möglichkeit ist, muß der Gewichtungsfaktor des Index an den neuen Betafaktor angepaßt werden. Schließlich ergaben sich einige Einwände gegen die Verwendung von Branchenindizes. Denn bei deren Verwendung wird der Anreiz reduziert, immitierbare Innovationen vorzunehmen oder sich an branchenweiten Maßnahmen zur Effizienzsteigerung (z.B. Normungskartelle) zu beteiligen. Schließlich würden möglicherweise auch Anreize zu sehr aggressivem Geschäftsgebahren gesetzt, was ebenfalls nicht im Sinn der Eigentümer sein muß. Aus diesem Grund erscheint es in manchen Fällen empfehlenswert, statt Branchenindizes lieber breitere Indizes zu verwenden. In jedem Fall dürfte die Indexbindung bei richtiger Handhabung Vorteile gegenüber festen Bezugsbedingungen haben, bei denen die Höhe des Ausübungsgewinns lediglich von der Kurs-/Renditeentwicklung des eigenen Unternehmens abhängt.

Zum Abschluß dieser Betrachtungen soll nun noch die empirische Bedeutung der Indexbindung in Vergütungsverträgen von Managern untersucht werden. Eine erste Möglichkeit zur Überprüfung der Wichtigkeit dieser Vertragsform besteht darin, nach expliziten Aussagen zur Verwendung relativer Verträge seitens der Unternehmen zu suchen. Hier lassen sich allerdings nur relativ wenige Beispiele finden. So zitieren Janakiraman u.a. (1992) eine Studie der Sibson Unternehmensberatung, wonach nur etwa 6% aller Industrieunternehmen in den USA die Performance von Vergleichsunternehmen bei der Festlegung von Erfolgszielen nutzen. Antle und Smith (1986) fanden bei den von Ihnen untersuchten 87 Unternehmen nur einen einzigen Geschäftsbericht mit expliziter Erwähnung relativer Bewertungen.[266] Für die Bundesrepublik dürfte sich wohl ein ähnliches Bild ergeben. Allerdings ist gerade im Hinblick auf die jetzt anlaufende Welle neuer Optionspläne in Deutschland ein gewisses Umdenken feststellbar. So finden sich Indexanbindungen z.B. in den Optionsplänen von Henkel[267], Schering[268] und - mit Abstrichen - Schwarz Pharma.[269] Dies dürfte auch darauf zurückzuführen sein, daß die Indexanbindung inzwischen massiv öffentlich gefordert wird.[270] Mit dem Auffinden derartiger Beispiele gelingt jedoch keine Beurteilung der Bedeutung von Verträgen mit relativer Bewertung. Hierzu sind Studien nötig, die anhand größerer Stichproben den Zusammenhang zwischen relativer Unternehmensperformance und Managementvergütung untersuchen. Aufgrund der besseren Verfügbarkeit von Daten konzentrierte sich die entsprechende Forschung bisher vornehmlich auf die USA. Zu beachten ist allerdings, daß die folgenden Ausführungen sich nicht explizit auf Optionsverträge beziehen, da hierüber keine ausreichenden Informationen zur Verfügung stehen. Die zu diskutierenden Studien können daher also nur einen Einblick geben, ob Verträge mit relativer Bewertung überhaupt angewendet werden, nicht jedoch darüber, inwieweit dies mittels Optionsverträgen geschieht. In den empirischen Studien wird generell ein Vergütungsmodell der Form:

$$y_{it} = F_i + \alpha_1 x_{it} + \alpha_2 x_{jt} + u_{it} \qquad (44)$$

unterstellt. Hierin bezeichnet x_i eine Erfolgsmaßzahl für das Unternehmen i, x_j das entsprechende Maß für den Vergleichsindex und u ist der Störterm. Üblicherweise werden als Erfolgsmaße Veränderungen der Marktwerte oder aber auch Kennzahlen der Buchführung verwendet. Der Vergütungswert y_i mißt in der Regel die Vergütung des CEO's, wobei teilweise unterschiedliche Vergütungskomponenten berücksichtigt wurden. Teilweise wird in den Längsschnittanalysen auch eine gelagte Struktur untersucht, d.h. $y_{it} = f(x_{it-1}, x_{jt-1})$. Sollte

[266] Antle/Smith (1986), S. 5, FN 13.
[267] Siehe Süddeutsche Zeitung vom 18.03.97, S. 17.
[268] Siehe Frankfurter Allgemeine Zeitung vom 17.12.1997, S. 28.
[269] Siehe Frankfurter Allgemeine Zeitung vom 08.11.1997, S. 22.
[270] Siehe z.B. Frankfurter Allgemeine Zeitung vom 09.03.1998, S. 26, vom 08.11.1997, S. 22, vom 19.02.1998, S. 24.

die Wirtschaft Verträge auf Basis der relativen Leistungsbewertung in größerem Maße nutzen, dann müßte sich für die geschätzten Koeffizienten $\alpha_1 > 0$ und $\alpha_2 < 0$ ergeben.[271]

Als einer der ersten untersuchte Murphy[272] dieses Vergütungsmodell empirisch. Als Erfolgsmaßzahl verwendete er die Kapitalmarktrendite des jeweiligen Unternehmens relativ zu derjenigen eines Vergleichsindex. Es werden zwei verschiedene Vergleichsindizes herangezogen: Ein Branchenindex und ein Risikoklassenindex.[273] Als Vergütungsmaße wurden jeweils verschiedene Vergütungskomponenten berücksichtigt. Bei der Schätzung der Beziehung zwischen Fixgehalt und Bonus erwies sich die relative Rendite als unbedeutender Erklärungsfaktor.[274] Anders bei der Beziehung zwischen Gesamtvergütung (inklusive Wertveränderung von Aktien- und Optionsbesitz) und relativer Rendite. So zeigte sich, daß Unternehmen mit gleicher Kapitalmarktrendite eine um 0,6% höhere Vergütung zahlen, wenn diese Kapitalmarktrendite gleichzeitig eine zehnprozentige Überrendite gegenüber der Branche repräsentiert.[275] Ein ähnliches Ergebnis zeigte sich auch auf Basis der Verwendung von Risikoklassen. Hier wurde der Index aus Unternehmen der gleichen Risikoklasse, d.h. mit etwa gleichen Betafaktoren, gebildet. Insbesondere die Bonushöhe und der Wert von Optionen stieg mit einer Verbesserung der relativen Rendite.[276]

Die Autoren Coughlan und Schmidt[277] gehen ebenfalls dem Zusammenhang zwischen Vergütung und relativer Rendite nach. Statt der absoluten Vergütung wird aber die Vergütungsveränderung in Abhängigkeit von der relativen Rendite untersucht. Als Vergütungsmaß dient die Summe aus Fixgehalt plus Bonus.[278] Bei den Schätzungen zeigt sich, daß die relative Rendite einen positiven Koeffizienten aufweist, Vergütungsänderungen also positiv von der relativen Rendite abhängen. Allerdings hatte die Schätzung trotz des positiven und statistisch signifikanten Koeffizienten nur eine geringe Erklärungskraft, da das Modell je nach Version nur etwa 5 - 6 % der Varianz erklären konnte. Ferner waren die Schätzungen nur für die Gruppe der jüngeren CEO's (Alter < 64) signifikant. Auch die Größe des Effektes eines relativ guten Abschneidens war eher gering: Gemäß der Schätzungen würde ein CEO, dessen Unternehmen zu den erfolgreichsten 1 % der Unternehmen gehört, aus diesem Spitzenplatz lediglich eine Vergütungssteigerung von etwa 10% beziehen.[279] Insgesamt erbrachte die Studie damit keinen Hinweis auf eine intensive Nutzung relativer Bewertungen.

---

271 Vgl. zu diesem Absatz Winter (1996b), S. 919.
272 Murphy (1985).
273 Vgl. Murphy (1985), S. 37.
274 Murphy (1985), S. 38.
275 Murphy (1985), S. 38.
276 Murphy (1985), S. 40.
277 Coughlan/Schmidt (1985).
278 Coughlan/Schmidt (1985), S. 54.
279 Coughlan/Schmidt (1985), S. 59.

Antle und Smith[280] untersuchen sowohl den Effekt der relativen Kapitalmarktperformance als auch den Effekt des relativen Abschneidens des Return on Assets (ROA). In der Längsschnittuntersuchung von 39 Unternehmen zeigten sich bei 16 Unternehmen signifikante Parameterschätzungen für die relative Performance des jeweiligen Unternehmens auf Basis des ROA.[281] Für die übrigen 23 Unternehmen konnte kein solcher Zusammenhang festgestellt werden. Für die 16 Unternehmen, für die ein Zusammenhang festgestellt werden konnte, zeigte sich auch, daß tatsächlich auch ein Großteil der Varianz durch die relative Bewertung herausgefiltert wurde. Im Gegensatz dazu widersprachen die Schätzungen für die Kapitalmarktperformance den Erwartungen. Hier ließ sich kein Hinweis auf die Verwendung relativer Verträge finden.

Zum gegenteiligen Ergebnis kommen Gibbons und Murphy[282], die einen positiven Zusammenhang zwischen relativer Kapitalmarktperformance und Vergütung finden. Hierbei unterscheiden die Autoren vier Modelle. So wird die Vergütung in Abhängigkeit von der

- absoluten Kapitalmarktperformance,
- der absoluten und branchenrelativen Performance,
- der absoluten und gesamtmarktrelativen Performance und
- der absoluten und beiden relativen Performances

untersucht. Jede einzelne Performance wies in jedem der vier Modelle einen statistisch signifikanten Parameter ($p < 0{,}01$) mit dem erwarteten Vorzeichen auf.[283] Interessanterweise waren die Parameter für die gesamtmarktbezogene Relativierung sowohl von der Größenordnung als auch von der statistischen Signifikanz bedeutender. Dies spricht dafür, daß Verträge eher an breitere Marktindizes denn an Branchenindizes gebunden werden. Die möglichen Gründe hierfür wurden bereits oben bei den theoretischen Ausführungen erläutert. Daneben fanden die Autoren Hinweise darauf, daß relative Bewertungen in einigen Branchen verbreiteter sind als in anderen.[284]

Während die Autoren der oben aufgeführten Studien lediglich untersuchten, ob eine relative Bewertung in den Verträgen nachweisbar ist, verschärften Janakiraman, Lambert und Larcker[285] dieses Untersuchungsziel. Sie überprüften nicht nur, ob die Vergütung überhaupt vom relativen Erfolg des Unternehmens abhängt, sondern auch, ob der Vergleichsindex mit dem negativen Betafaktor gewichtet wird. Diese im theoretischen Teil als optimal ausgewiesene Gewichtung ließ sich jedoch nicht nachweisen, weder für den Return on Equity noch für die Kapitalmarktperformance.[286] Für den Return on Equity ergab sich nicht einmal das erwartete negative Vorzeichen der Indexentwicklung. Selbst bei der Kapitalmarktperformance,

280 Antle/Smith (1986).
281 Antle/Smith (1986), S. 18.
282 Gibbons/Murphy (1990).
283 Gibbons/Murphy (1990), S. 37.
284 Gibbons/Murphy (1990), S. 44.
285 Janakiraman/Lambert/Larcker (1992).
286 Janakiraman/Lambert/Larcker (1992), S. 62.

bei der die richtigen Vorzeichen gefunden wurden, zeigte das korrigierte Bestimmtheitsmaß keinen merklichen Erklärungsgehalt der Indexberücksichtigung an.[287]

Insgesamt läßt sich damit bisher keine sehr intensive Nutzung relativer bzw. indexgebundener Verträge feststellen. Hierfür dürften nicht nur methodische Probleme der durchgeführten Studien verantwortlich sein. Auch die wenigen expliziten Hinweise seitens der Unternehmen, ihr relatives Abschneiden bei der Vergütungsbemessung zu berücksichtigen, sind ein Indiz dafür, daß derartige Verträge in der Tat nicht sehr intensiv genutzt werden. Eine weitere Unterstützung erfährt dieser Befund durch ähnlich gelagerte Ergebnisse verwandter Studien. So wurde z.B. intensiv untersucht, ob die Entlassungswahrscheinlichkeit von Managern vom relativen Abschneiden ihrer Unternehmen abhängt. Zwar fanden sich in den meisten Studien Hinweise darauf, daß die Personalwechselwahrscheinlichkeit mit sinkendem relativem Unternehmenserfolg abnahm.[288] Trotz statistischer Signifikanz blieb das Ausmaß der Beziehung zwischen relativem Erfolg und Wechselwahrscheinlichkeit jedoch sehr begrenzt.

Es bleibt damit festzuhalten, daß indexgebundene Verträge bisher offensichtlich nicht in großem Maße genutzt werden. Die geringe Verbreitung von indexgebundenen Optionen in den USA dürfte dabei zumindest teilweise mit der unterschiedlichen bilanzrechtlichen Behandlung von indexgebundenen und ungebundenen Optionen zusammenhängen.[289] Allerdings scheint sich gerade in Deutschland derzeit eine Wende abzuzeichnen. Inwieweit dies tatsächlich der Fall ist, soll im empirischen Teil dieser Arbeit eingehender untersucht werden.

3.3. Wertermittlung

Wie jedes betriebswirtschaftliche Instrument unterliegen auch Aktienoptionsprogramme der Wirtschaftlichkeitsanforderung. Mögliche Kosten und Erträge müssen in einem angemessenen Verhältnis zueinander stehen. Die Beurteilung von Kosten und Erträgen wirft allerdings erhebliche Schwierigkeiten auf. Die Ertragsseite ergibt sich aus der Steigerung der Motivation und der dadurch erzielten besseren Unternehmensperformance. Jedoch liegen keinerlei gesicherte Erkenntnisse darüber vor, wie der Zusammenhang zwischen dem Wert bzw. Umfang eines Optionsprogrammes und der Motivation der Manager ausfällt, noch darüber, wie die Motivation die Unternehmensperformance beeinflußt. Damit bleibt die Ertragsseite von Optionsprogrammen äußerst nebulös. Allenfalls empirische Befunde zu Kapitalmarktreaktionen auf die Einführung von Optionsprogrammen könnten als Anhaltspunkt für die Dimension der Ertragsseite verwendet werden. Jedoch wurde bereits weiter oben ausgeführt, daß die vorliegenden

---

287 Janakiraman/Lambert/Larcker (1992), S. 63.
288 So z.B. in Coughlan/Schmidt (1985), Warner/Watts/Wruck (1988), Weisbach (1988), Morck/Shleifer/Vishny (1989), Gibbons/Murphy (1990) und Barro/Barro (1990).
289 Vgl. Angel/McCabe (1997), S. 13.

empirischen Studien mit einer Vielzahl von Problemen behaftet sind, die eine abschließende Bewertung der Ertragsseite von Optionsprogrammen praktisch unmöglich machen. Ferner ist zu berücksichtigen, daß die untersuchten Kapitalmarktreaktionen die Kostenseite bereits mit enthalten, da die Kapitalmarktreaktion lediglich den Nettoeffekt für die Aktionäre widerspiegeln kann. Bei der Bewertung der Ertragsseite von Optionsprogrammen bleibt man damit auf Spekulationen angewiesen. Die Kostenseite von Optionsprogrammen kann hingegen deutlich besser beurteilt werden. Allerdings sind auch hier Qualifizierungen nötig, da eine einfache Anwendung der Optionspreistheorie zu irreführenden Resultaten führen kann. Im folgenden Abschnitt sollen zunächst die Grundlagen der Optionspreistheorie skizziert werden. Diese basiert auf einer reinen Marktwertbetrachtung von Optionen. Im Anschluß daran werden Sondereinflüsse diskutiert, die eine von der Marktwertbetrachtung abweichende Bewertung von Optionen zweckmäßig erscheinen lassen.

3.3.1. Der Marktwert von Optionen

Die Optionspreistheorie, welche in den 70'er Jahren entwickelt wurde, basiert auf der Annahme eines effizienten Kapitalmarktes, auf welchem keine systematischen Arbitragegewinne möglich sein dürfen. Die beiden einflußreichsten Modelle, nämlich das Binomialmodell und das Black-Scholes-Modell sollen im folgenden kurz skizziert werden. Der Hauptunterschied beider Modelle liegt in der unterschiedlichen Behandlung der Zeit. Während die Zeit im Binomialmodell (BM) als diskrete Variable aufgefaßt wird, modelliert das Black-Scholes-Modell (BSM) die Zeit stetig. Hieraus ergeben sich dann notwendigerweise unterschiedliche Annahmen bezüglich der Evolutionsprozesse der Aktienkurse. Das für die Bewertung wichtigste Argument beider Modelle ist jedoch identisch. Beide gehen von einer arbitragefreien Bewertung der Optionen aus. Um den Wert einer Option zu ermitteln, wird jeweils ein alternatives Wertpapierportefeuille bestimmt, welches die gleichen Cashflows in der Zukunft erbringt wie die Option. Da das Portefeuille die gleichen zukünftigen Cashflows generiert wie die Option, sind beide ökonomisch identisch und müssen daher den selben Preis besitzen. Ansonsten würde die Möglichkeit eröffnet, die teurere Variante (Portefeuille oder Option) zu verkaufen und ein Gegengeschäft durch Kauf der billigeren Variante abzusichern. Hierdurch wäre aber ohne eigenen Kapitaleinsatz ein Arbitragegewinn möglich, der zu einer unendlichen Rendite führen würde. Da dies an funktionierenden Kapitalmärkten jedoch nicht möglich ist, muß das Gesetz des gleichen Preises gelten. Um somit den Wert einer Option zu bestimmen, reicht es aus, den Wert eines alternativen Portefeuilles zu bestimmen, welches die gleichen zukünftigen Cashflows generiert. Aufgrund seiner einfacheren Struktur wird das Binomialmodell zuerst diskutiert, obwohl es zeitlich später entwickelt wurde.

3.3.1.1. Das Binomialmodell

Das Binomialmodell wurde von Cox, Ross und Rubinstein[290] erstmals 1979 vorgeschlagen. Das Modell ist sehr flexibel, da es die Bewertung fast jeder Art von Optionen zuläßt. Im Binomialmodell ergibt sich der Options(markt)wert m aus folgenden Überlegungen:[291]

Der Kapitalmarkt ist perfekt, d.h. es existieren keine Transaktionskosten, jeder Investor kann beliebig Geld zum risikolosen Zinssatz r anlegen oder aufnehmen, alle Wertpapiere sind beliebig teilbar usw.

Jeder Investor kann Aktien des betreffenden Unternehmens kaufen oder verkaufen, wobei auch Leergeschäfte möglich sind.

Risikoloser Zinssatz und die möglichen Beträge von Kursanstiegen oder Rückgängen sind für die Zukunft bekannt, wobei die Evolution des Aktienkurses in einer gegebenen Periode binomial ist, d.h. der Kurs kann nur um einen bestimmten Prozentsatz steigen oder fallen.

Der Grenznutzen des Geldes ist positiv, d.h. alle Arbitragemöglichkeiten werden ausgenutzt.

Der gegenwärtige Aktienkurs betrage v_0, der Bezugskurs sei β und die Option habe eine Laufzeit von einer Periode. Nach Ablauf dieser Zeit ist der Kurs entweder auf sv_0 gestiegen oder aber auf $s^{-1}v_0$ gefallen.[292] Die Einzahlung aus der Ausübung der Option am Laufzeitende beträgt damit $\max(sv_0 - \beta, 0)$ bei Kursanstieg oder $\max(s^{-1}v_0 - \beta, 0)$ bei Kursrückgang. Gesucht ist jetzt ein alternatives Portefeuille, bestehend aus Aktien und risikoloser Anlage, welches genau diese Einzahlungen am Laufzeitende erbringt. Es sei B der gesuchte Betrag der risikolosen Anlage in Geldeinheiten und a die gesuchte Anzahl Aktien in Stück. Damit die Einzahlungen von Option und Portefeuille am Laufzeitende übereinstimmen, muß mithin gelten:

$$\max(sv_0 - \beta, 0) = asv_0 + B(1+r) \tag{1}$$

$$\max(s^{-1}v_0 - \beta, 0) = as^{-1}v_0 + B(1+r) \tag{2}$$

Bei der expliziten Lösung müssen jetzt drei Fallunterscheidungen vorgenommen werden.

290 Cox/Ross/Rubinstein (1979).

291 Vgl. im folgenden Dubofsky (1992), S. 236 ff.

292 Diese Parametrisierung ist nicht zwingend. Die Höhe eines Kursrückganges oder eines Kursanstieges muß nicht durch nur einen Parameter s gegeben sein. Vielmehr können zwei unterschiedliche Multiplikatoren für den Kursanstieg bzw. -rückgang angenommen werden wie in der Originalarbeit von Cox/Ross/Rubinstein (1979). Dennoch wird diese einfachere Modellierung mit nur einem Parameter hier vorgezogen, da sich diese Darstellung besonders gut für eine agencytheoretische Untersuchung der Anreizeffekte eignet, wie sie weiter oben bereits erfolgte.

Fall A: $\beta \geq sv_0$

Ist $\beta \geq sv_0$, dann folgt $\max(sv_0 - \beta, 0) = \max(s^{-1}v_0 - \beta, 0) = 0$. Aus den Gleichungen (1) und (2) folgt dann unmittelbar, daß auch $a = 0$ und $B = 0$ gelten muß. Eine Option, die am Ende keine Einzahlungen erbringt, muß damit auch einen Wert von Null haben.

Fall B: $sv_0 > \beta \geq s^{-1}v_0$

Für den Fall $sv_0 > \beta \geq s^{-1}v_0$ ergibt sich $\max(sv_0 - \beta, 0) = sv_0 - \beta$ und $\max(s^{-1}v_0 - \beta, 0) = 0$. Eingesetzt in die Gleichungen (1) und (2) ergibt sich somit

$$sv_0 - \beta = asv_0 + B(1+r) \tag{4}$$

$$0 = as^{-1}v_0 + B(1+r) \tag{5}$$

Nach Umformung folgt sogleich

$$a = \frac{sv_0 - \beta}{(s^2 - 1)s^{-1}v_0} \tag{6}$$

und

$$B = -\frac{sv_0 - \beta}{(s^2 - 1)(1+r)} \tag{7}$$

Das alternative Portefeuille in diesem Fall besteht also aus einer Kreditaufnahme in Höhe von B und dem sofortigen Kauf von a Stück Aktien. Für dieses Portefeuille muß damit aufgewendet werden:

$$\begin{aligned} m &= av_0 + B \\ &= \frac{s(sv_0 - \beta)r}{(s^2 - 1)(1+r)} \end{aligned} \tag{8}$$

Damit muß m gleichzeitig auch der Wert der Option sein.

Fall C: $s^{-1}v_0 > \beta$

In diesem Fall ist die Einzahlung am Ende der Laufzeit in jedem Fall positiv. Es ergibt sich $\max(sv_0 - \beta, 0) = sv_0 - \beta$ und $\max(s^{-1}v_0 - \beta, 0) = s^{-1}v_0 - \beta$. Damit folgt für die Bestimmungsgleichungen gemäß (1) und (2)

$$sv_0 - \beta = asv_0 + B(1+r) \tag{9}$$

$$s^{-1}v_0 - \beta = as^{-1}v_0 + B(1+r) \tag{10}$$

Hieraus folgt als Lösung $a = 1$ und $B = -\beta/(1+r)$. Der Portfolio- bzw. Optionswert ergibt sich damit zu

$$\begin{aligned} m &= av_0 + B \\ &= v_0 - \frac{\beta}{1+r} \end{aligned} \tag{11}$$

Die in den Fällen A bis C angegebenen Optionswerte sind Marktwerte. Sie sind dadurch begründet, daß bei jedem anderen berechneten Wert ein Arbitragegewinn gemacht werden könnte. Eine Erweiterung des Binomialmodells auf n Perioden ist möglich.[293]

3.3.1.2. Das Black-Scholes[294]-Modell

Im BSM wird die Zeit als stetige Variable aufgefaßt. Wiederum wird ein alternatives Portefeuille bestimmt, dessen Auszahlungsstruktur mit derjenigen der Optionen übereinstimmt. Aufgrund der Annahme stetiger Zeit verändert sich die Zusammensetzung dieses Portefeuilles stetig. Wiederum stimmen Optionswert und Wert des Portefeuilles überein. Folgende Annahmen liegen dem Modell zugrunde:[295]
Kapitalmärkte sind perfekt. Es existieren keine Transaktionskosten oder Steuern. Alle gehandelten Wertpapiere sind unendlich teilbar.
Alle Investoren können beliebig viel Geld zum risikolosen Zinssatz r aufnehmen oder anlegen.
Auf die Aktien werden keine Dividenden gezahlt.
Alle Wertpapiere werden ununterbrochen gehandelt.
Die Aktienkurse folgen einem Diffusionsprozeß mit lognormalverteilten Renditen über endliche Zeitintervalle.

Unter diesen Voraussetzungen kann der Marktwert einer Option über eine Formel angegeben werden.

$$m = v \cdot N(d_1) - \beta e^{-rT} N(d_2) \tag{12}$$

Hierin bezeichnen:

293 Cox/Ross/Rubinstein (1979), S. 232 ff.
294 Siehe Black/Scholes (1973).
295 Der folgende Annahmenkatalog ist nicht eindeutig bestimmt. Die folgende Bewertungsformel für Aktienoptionen kann auch aus alternativen Annahmekatalogen hergeleitet werden, auf die hier allerdings nicht eingegangen werden soll. Vgl. hierzu Dubofsky (1992), S. 176f.

$T =$	Laufzeit der Option
$N(d) =$	Wert der Verteilungsfunktion der Standard-Normalverteilung an der Stelle d
σ	Standardabweichung der Aktienrendite
$d_1 =$	$\frac{\ln(v/\beta)+(r+\sigma^2/2)T}{\sigma\sqrt{T}}$
$d_2 =$	$d_1 - \sigma\sqrt{T}$

Wie bereits im BM zeigt sich auch im BSM, daß der Wert einer Option unabhängig von der erwarteten Rendite der zugrunde liegenden Aktie ist. Die Rendite der sicheren Anlage und die Volatilität der Aktienrendite werden über die Laufzeit als konstant angenommen. Ferner wird angenommen, daß die Parameter des Evolutionsprozesses des Aktienkurses über die Laufzeit der Optionen konstant sind. Damit ist insbesondere auch ausgeschlossen, daß die bloße Existenz oder die Anzahl der Optionen einen Einfluß auf den Evolutionsprozeß der Aktien haben. Wichtige Determinanten des Optionswertes sind im BSM die Laufzeit der Optionen und die Volatilität bzw. Standardabweichung der Renditen der Aktie. Der Optionswert ist eine monoton steigende Funktion beider Einflußfaktoren.[296] Für die Volatilität folgt z.B.

$$\frac{\partial m}{\partial \sigma} = vz(d_1)\sqrt{T} > 0 \qquad (13)$$

wobei z die Dichtefunktion der Standardnormalverteilung bezeichnet.

Eine wesentlich Konsequenz des Modells ist, daß Optionen unter den getroffenen Annahmen niemals vor ihrem Laufzeitende ausgeübt werden. Amerikanische und Europäische Optionen besitzen demnach den selben Wert. Dies ändert sich allerdings, wenn man Dividendenzahlungen während der Laufzeit zuläßt. In diesem Fall können sich Änderungen ergeben. Kann eine Ausübung der Optionen vor dem Laufzeitende ausgeschlossen werden, aus welchen Gründen auch immer, dann ergibt sich nur eine geringfügige Änderung bei der Berechnung des Optionswertes. Fallen Dividenden an, so muß der Aktienkurs v in Gleichung (12) lediglich um den Barwert aller in der Laufzeit anfallenden Dividenden reduziert werden. Ansonsten bleibt die Formel für die Berechnung des Optionswertes identisch. Allerdings zeigt sich auch, daß im Fall von Dividendenzahlungen die vorzeitige Ausübung von Optionen sinnvoll sein kann. Falls eine vorzeitige Ausübung erfolgt, erfolgt sie einen Tag, bevor die Aktie ex Dividende gehandelt wird. Bei rationaler vorzeitiger Ausübung wäre das BSM in seiner oben beschriebenen Form nicht weiter gültig. Weiterhin ist zu berücksichtigen, daß Optionsprogramme in Deutschland bisher üblicherweise über die Ausgabe von Wandelschuldverschreibungen oder Optionsanleihen abgewickelt werden. Bei Ausübung der Optionsrechte kommt es damit zu einer Veränderung in der Anzahl der Aktien eines Unternehmens. Black und Scholes wiesen bereits selbst darauf hin, daß für diesen Fall eine Anpassung der oben angegebenen Formel (12) des Opti-

---

[296] Dubofsky (1992), S. 196.

onswertes notwendig ist.[297] Auf diese Anpassung soll hier jedoch verzichtet werden, da Optionsprogramme üblicherweise nur zu einer geringen prozentualen Veränderung der Anzahl ausstehender Aktien führen, sich durch die Neuschaffung von Aktien also keine nennenswerten Veränderungen ergeben.

3.3.2. Bewertung von Optionsprogrammen

Die Wertermittlung von Optionsprogrammen hat üblicherweise zwei Zielsetzungen. Einerseits sollen die Kosten des Programmes für die Aktionäre ermittelt werden, um diesen die Beurteilung der Vorteilhaftigkeit eines Optionsprogrammes zu ermöglichen. Andererseits kann die Wertermittlung genutzt werden, um die Vergütung von Managern zu planen. Bei der Ermittlung der Kosten für die Aktionäre findet in den USA bisher überwiegend das BSM Verwendung, wenngleich alternative Bewertungsmodelle zulässig sind.[298] Dies dürfte nicht zuletzt auf der Tatsache beruhen, daß es eine relativ einfache Formel für die Ermittlung des Optionswertes liefert. Wegen der überwiegenden Nutzung des BSM's soll im folgenden lediglich auf die Eignung dieses Modells zur Ermittlung der Optionsplankosten eingegangen werden. Hierbei sind sowohl empirische als auch theoretische Befunde zu berücksichtigen.

Ein wichtiger Einflußfaktor des Optionswertes ist die Laufzeit von Optionen. Es ist daher zu klären, welche Laufzeit bei der Berechnung des Wertes eines Optionsprogrammes zu berücksichtigen ist. Hierbei erscheint es zweckmäßig, zwischen maximaler und tatsächlicher Laufzeit zu unterscheiden. Die maximale Laufzeit ist diejenige, bis zu der die Optionen spätestens ausgeübt werden müssen, während die tatsächliche Laufzeit diejenige ist, bis zu der die Optionen tatsächlich ausgeübt werden. Die maximale Laufzeit von Optionsprogrammen wird üblicherweise auf 10 Jahre festgelegt.[299] In den meisten Fällen wird die tatsächliche Laufzeit allerdings kürzer ausfallen. So ergab die Studie von Aboody[300] ein Ausübungsmuster wie in der folgenden Abbildung 12 dargestellt. Abgetragen ist der kumulierte Anteil der zum jeweiligen Zeitpunkt nach Gewährung bereits ausgeübten Optionen, gemessen am Durchschnitt aller 478 untersuchten Unternehmen. Wie sich zeigt, wird ein sehr großer Anteil der Optionen bereits deutlich vor dem Ende der Laufzeit ausgeübt. Der hohe Grad der vorzeitigen Optionsausübung liegt an den Besonderheiten, die Optionsprogramme von gehandelten Optionen unterscheiden. Ein wichtiger Unterschied besteht darin, daß Optionsprogramme an die jeweilig Begünstigten gebunden sind. Die Optionen dürfen bspw. nicht veräußert werden. Dies führt u.a. dazu, daß Optionen aus Optionsplänen üblicherweise an die Funktion des Begünstigten im Unternehmen gebunden ist.

---

[297] Vgl. Black/Scholes (1973), S. 649.
[298] Vgl. Huddart/Lang (1996), S. 7.
[299] Aboody (1996), S. 364.
[300] Aboody (1996).

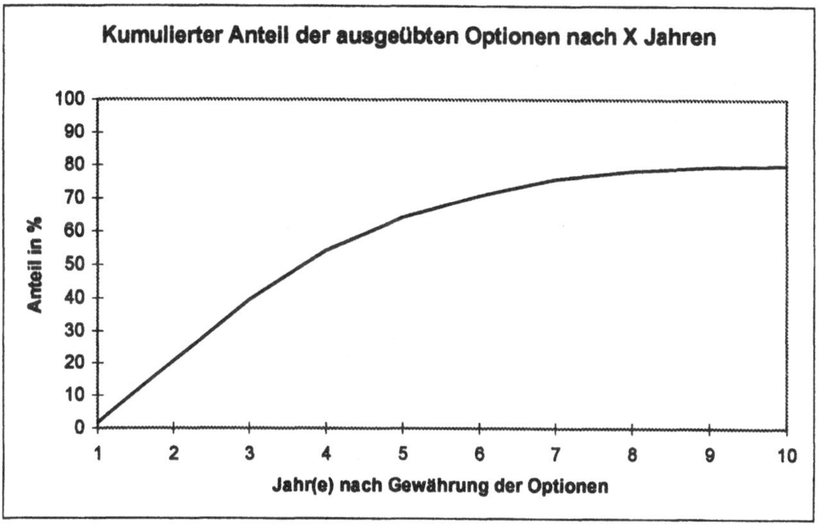

Abb. 12: Kumulierter Anteil der ausgeübten Optionen[301]

Verläßt er das Unternehmen, so verfallen die Optionen oder müssen innerhalb eines sehr kurzen Zeitraumes ausgeübt werden. Arbeitsplatzwechsel, aber auch Krankheiten und Tod bewirken so, daß immer ein gewisser Anteil von Optionen eines bestimmten Optionsprogrammes vorzeitig ausgeübt wird oder verfällt. Daneben zeigt sich, daß die vorzeitige Ausübung von Optionen auch unabhängig von diesen Ursachen vorzeitig erfolgen kann, selbst wenn keine Dividendenzahlungen anfallen. Für risikoaverse Optionsinhaber, denen der Verkauf oder das Hedging von Optionen untersagt ist, kann es rational sein, die Optionen vor dem Laufzeitende auszuüben. Je größer der Grad der Risikoaversion, desto eher werden tendenziell die Optionen ausgeübt, falls diese weit genug im Geld sind.

Empirische Befunde zeigen denn auch, daß Optionen aus Optionsprogrammen zu einem hohen Prozentsatz vor dem Laufzeitende ausgeübt werden. Bisher liegen drei Studien vor, die diesen Effekt deutlich belegen. Die erste Studie von Hemmer u.a. geht der Frage des Timings der Ausübung nicht direkt nach. Allerdings läßt sich aus dem Befund dennoch darauf schließen, daß Optionen in größerem Umfang vor dem Laufzeitende ausgeübt werden.[302] In der Studie von Huddart und Lang wurden mehr als 85000 Optionsausübungen von Mitarbeitern in acht Unternehmen untersucht.[303] Hierbei zeigte sich, daß in allen acht Unternehmen ein großer Anteil von Optionen vor dem Laufzeitende ausgeübt wurde. In Einzelfällen waren bei einer

301 Eigene Darstellung. Daten entnommen aus: Aboody (1996), S. 270.
302 Hemmer/Matsunaga/Shevlin (1994), S. 33 ff.
303 Huddart/Lang (1996), S. 21.

maximalen Laufzeit von 10 Jahren bereits 50% der Optionen nach nur 3 Jahren ausgeübt.[304] Bei einem Vergleich der Ausübungsgewinne mit dem Marktwert der Optionen im Zeitpunkt der Optionsausübung zeigte sich, daß ersterer oft erheblich unter letzterem lag. Der Median der Ausübungsgewinne in Prozent vom Black-Scholes Wert lag über alle Unternehmen zwischen 55 und 99%. Durch die vorzeitige Ausübung wurden im Median also zwischen 1 und 45% des Black-Scholes Wertes vernichtet.[305] Die vorzeitige Ausübung fand über alle Hierarchieebenen statt, ist als Befund somit auch für die Managementebene relevant.[306] Dieses Ergebnis wird durch eine weitere Studie von Hemmer u.a.[307] untermauert, die sich ausschließlich auf das Topmanagement bezieht. In der Studie wurde das Ausübungsverhalten von 74 Managern aus 65 Unternehmen im Jahr 1990 untersucht. Es ergab sich, daß die ausgeübten Optionen im Durchschnitt um etwas mehr als 4 Jahre vor dem Laufzeitende ausgeübt wurden. Die relativ hohe Standardabweichung von 2,44 Jahren zeigt, daß teilweise Optionen noch wesentlich früher ausgeübt wurden.[308] Für die Bundesrepublik sind bisher keine gesicherten Vergleichsdaten verfügbar. Lediglich vom ersten Optionsprogramm der Daimler Benz AG von 1996 ist bisher bekannt geworden, daß die berechtigten Manager einen großen Teil der Optionen bereits im ersten Jahr der Laufzeit ausgeübt haben sollen. So berichtet der Spiegel, daß von den im Mai 1996 ausgegebenen Optionen 75% bereits im Dezember 1996 ausgeübt waren.[309] Dies legt die Vermutung nahe, daß die Ausübung vor dem Laufzeitende auch in Deutschland kein ungewöhnlicher Vorgang sein dürfte.

Diese empirischen Befunde verdeutlichen, daß das einfache BSM bei der Bewertung von Aktienoptionsplänen versagt. Da die empirische Forschung gezeigt hat, daß zumindest größere Anteile von Optionen vor dem Ende der maximalen Laufzeit ausgeübt werden, liegt der Wert eines Optionsprogrammes unter demjenigen, der sich bei Annahme der maximalen Laufzeit ergibt. Ein erster Vorschlag zur Berücksichtigung der Besonderheiten von Optionsplänen gegenüber handelbaren Optionen zielt nun darauf ab, den Optionswert nicht mit der maximalen Laufzeit zu berechnen, sondern statt dessen die erwartete Zeit bis zur Ausübung zu benutzen. Dieser Vorschlag erfuhr besondere Beachtung, da 1994 der Financial Accounting Standards Board (FASB) in den USA vorschlug, dieses Verfahren zur Grundlage der Bewertung von Aktienoptionsprogrammen zu machen.[310] Versuche, die vorzeitige Ausübung von Optionen in der Berechnung des Optionswertes zu berücksichtigen, lassen sich in zwei Kategorien einteilen, nämlich in Arbeiten, die sich mit speziellen Ursachen der vorzeitigen Ausübung befassen und in solche, die keinen Bezug auf spezifische Ursachen nehmen.

---

304 Huddart/Lang (1996), S. 23 ff.
305 Huddart/Lang (1996), S. 20.
306 Vgl. Huddart/Lang (1996), S. 37 f.
307 Hemmer/Matsunaga/Shevlin (1996).
308 Hemmer/Matsunaga/Shevlin (1996), S. 64.
309 Der Spiegel, Heft 21, S. 63.
310 Hemmer/Matsunaga/Shevlin (1994), S. 23 f.

Bei den Arbeiten mit spezifischen Ursachen fand insbesondere die vorzeitige Ausübung aufgrund eines Arbeitsplatzwechsels Beachtung. Da Optionen üblicherweise mit dem Wechsel zu einem anderen Arbeitgeber verfallen oder innerhalb relativ kurzer Zeiten ausgeübt werden müssen, ist die Möglichkeit des Arbeitsplatzwechsels eine mögliche Ursache für die Reduktion des Wertes eines Optionsprogrammes. So findet Aboody in seiner Studie, daß etwa 15% aller ausstehenden Optionen aufgrund der Aufhebung des Arbeitsverhältnisses verfallen.[311] Ein erster Vorschlag zur Berücksichtigung dieses Effektes besteht nun darin, den Wert eines Optionsprogrammes dadurch nach unten zu korrigieren, daß der ursprüngliche Programmwert mit der Wahrscheinlichkeit multipliziert wird, daß das Arbeitsverhältnis über die Laufzeit fortbesteht. Bezeichnet p_{Bestand} die Wahrscheinlichkeit für den Fortbestand des Arbeitsverhältnisses, p_{Wechsel} die Wahrscheinlichkeit für einen Wechsel, so ergibt sich für den korrigierten Optionswert m_{korr}:

$$m_{korr} = mp_{\text{Bestand}} = m(1 - p_{\text{Wechsel}}) \tag{14}$$

Dieses Vorgehen vernachlässigt allerdings den möglichen Zusammenhang zwischen der Wahrscheinlichkeit für einen Personalwechsel und dem inneren Wert der gehaltenen Optionen.[312] Dabei können sowohl negative als auch positive Zusammenhänge als Möglichkeiten begründet werden. So läßt sich zumindest für Manager begründen, daß ein positiver Zusammenhang zwischen dem Aktienkurs und damit dem inneren Wert von Optionen und der "Überlebenswahrscheinlichkeit" im Unternehmen besteht. Die Begründung ist, daß schlechte Manager entlassen werden. Die Tatsache, daß sie schlecht sind, wird an niedrigen Aktienkursen festgemacht, womit geringe innere Optionswerte einhergehen. Die empirische Forschung hat denn auch in der Tat einen gewissen, wenngleich nicht sehr starken positiven Zusammenhang zwischen der Kapitalmarktperformance des Unternehmens und der Wahrscheinlichkeit des Arbeitsplatzerhaltes erbracht.[313] Im Fall eines positiven Zusammenhanges zwischen Aktienkurs und "Überlebenswahrscheinlichkeit" der Arbeitsbeziehung führt die oben angegebene Korrektur zu einer systematischen Unterschätzung des tatsächlichen Wertes.[314] Allerdings kann ebenso ein negativer Zusammenhang zwischen Aktienkurs bzw. innerem Optionswert und Wechselwahrscheinlichkeit bestehen. Hier ist Cuny/Jorion zu widersprechen, die angeben, daß die Anreize eines Mitarbeiters zu bleiben dann am größten sind, wenn der Aktienkurs und damit der innere Wert seiner Optionen hoch ist.[315] Dieser von Cuny/Jorion angegebene Zusammenhang ist deswegen nicht glaubwürdig, weil der mögliche finanzielle Verlust des Mitarbeiters mit steigendem Aktienkurs abnimmt, wenn er das Unternehmen verläßt. Dies wird deutlich, wenn man sich überlegt, daß ein Mitarbeiter, dessen Optionen nicht im Geld sind, den

311 Aboody (1996), S. 372.
312 Vgl. Cuny/Jorion (1995), S. 193.
313 So z.B. die Studien von Coughlan/Schmidt (1985), Warner/Watts/Wruck (1988), Weisbach (1988), Morck/Shleifer/Vishny (1989) und Gibbons/Murphy (1990).
314 Vgl. Cuny/Jorion (1995), S. 203.
315 Vgl. Cuny/Jorion (1995), S. 194.

gesamten (Markt-)Wert seines Optionsbesitzes verliert, wenn er das Unternehmen verläßt. Ein Mitarbeiter hingegen, dessen Optionen tief im Geld sind, kann die Optionen ausüben, und damit einen großen Teil des Optionswertes für sich realisieren, bevor er das Unternehmen verläßt. Liegt der Aktienkurs sehr weit über dem Bezugskurs, dann stimmen innerer Wert der Option und Marktwert annähernd überein und der Mitarbeiter realisiert aus dem Arbeitsplatzwechsel überhaupt keinen Verlust. Tatsächlich ist also zu erwarten, daß die Wahrscheinlichkeit für einen freiwilligen, vom Mitarbeiter initiierten Personalwechsel mit steigenden Kursen zunimmt, da sein Verlust aus dem Wechsel abnimmt. In diesem Fall führt die oben angegebene Korrektur hingegen zu einer Überschätzung des Optionswertes. Jennergren und Näslund[316] befassen sich ebenfalls mit der Möglichkeit der vorzeitigen Ausübung aufgrund eines Arbeitsplatzwechsels. Im Gegensatz zur vorgenannten Studie unterstellen sie aber eine bestimmte, exogene Wahrscheinlichkeitsverteilung für den Wechsel des Arbeitsplatzes. Auch sie kommen aber zu dem Ergebnis, daß die Möglichkeit eines Arbeitsplatzwechsels bereits bei relativ geringen Wechselwahrscheinlichkeiten den Wert von Optionen deutlich reduzieren kann.[317] In der Studie von Aboody findet sich allerdings kein signifikanter Zusammenhang zwischen der Wahrscheinlichkeit des Fortbestandes einer Arbeitsbeziehung und der Kursentwicklung.[318] Allerdings bezieht sich die Studie nicht vornehmlich auf das Management.

Neben der Analyse einzelner Ursachen der vorzeitigen Optionsausübung wurde auch der Versuch unternommen, ursachenunabhängige Analysen vorzunehmen. Diese Arbeiten befaßten sich vornehmlich mit der Frage, wie sich die Optionswerte verändern, wenn nicht mehr die maximale Laufzeit als Berechnungsgrundlage verwendet wird. Als eine wesentliche Erkenntnis dieser Studien ergab sich, daß die Verwendung der erwarteten Laufzeiten statt der maximalen den Optionswert zwar reduziert, aber immer noch zu einer Überschätzung führt. Falschbewertungen entstehen aufgrund der Konkavität des Marktwertes bezüglich der Laufzeit, aufgrund der Abhängigkeit der Ausübung vom inneren Wert der Option und aufgrund der Schwierigkeit, die Ausübungswahrscheinlichkeit über die Laufzeit zu bestimmen.[319] Die Konkavität des Optionswertes bezüglich der Laufzeit bewirkt, daß der Black-Scholes Wert eines Optionsprogrammes überschätzt wird, wenn für das gesamte Programm die durchschnittliche (bzw. erwartete) Zeit bis zur Ausübung als Laufzeit eingesetzt wird, die tatsächlichen Laufzeiten einzelner Optionen des Optionsprogrammes aber stark variieren. In diesem Fall wird der Wert des Programms noch immer deutlich überschätzt. Denn zwei Optionen mit tatsächlicher Laufzeit von einem und drei Jahren sind weniger wert als zwei Optionen mit tatsächlicher Laufzeit von 2 Jahren. Da nun die oben angeführten empirischen Studien eine recht hohe Streuung der tatsächlichen Laufzeiten ergaben, dürfte dieser Effekt nicht zu ignorieren sein. Der Wert eines Optionsprogrammes ist damit noch geringer als derjenige, der sich bei Verwendung der erwar-

316 Jennergren/Näslund (1993).
317 Vgl. Jennergren/Näslund (1993), S. 181.
318 Vgl. Aboody (1996), S. 373.
319 Hemmer/Matsunaga/Shevlin (1994), S. 24.

teten Laufzeit ergibt. Empirisch ergab sich in der Studie von Hemmer u.a. eine Überschätzung des tatsächlichen Wertes eines Optionsprogrammes um über 20%, wenn lediglich die erwartete Laufzeit für die Berechnung genutzt wird, die Streuung der einzelnen Laufzeiten aber ignoriert wird.[320] Der Grad der Überschätzung stieg in der Untersuchung mit zunehmender Volatilität der Aktienrenditen. Um ex ante den richtigen Wert eines Optionsprogrammes ermitteln zu können, müßte die (Wahrscheinlichkeits-)Verteilung der Optionsausübungen über die Zeit bekannt sein. Hierzu würde man aber Kenntnisse über die Ausübungsstrategien der Optionsinhaber benötigen. Diese wiederum hängen aber von einer Vielzahl von Determinanten ab, die von einem Außenstehenden nicht erfaßt werden können und die darüber hinaus selbst teilweise stochastisch sind. Neben dem bereits erwähnten Grund der vorzeitigen Optionsausübung aufgrund von Risikoaversion kommen auch Insiderwissen oder erwartete Änderungen des Steuerrechtes als Gründe in Frage. Erwartet der Manager bspw. einen Kursrückgang aufgrund negativer Insiderinformationen, so kann eine vorzeitige Ausübung rational sein.[321] Das gleiche gilt für die Erwartung von Änderungen im Steuerrecht, wenn z.B. eine Steuererhöhung auf Ausübungsgewinne erwartet wird. Dieser letztere Fall ist für die USA für Ende 1992 dokumentiert, als es zu einer ganzen Reihe von Optionsausübungen durch CEO's kam.[322] Die Absicht, das Unternehmen zu verlassen oder zusätzlicher Liquiditätsbedarf können weitere Ursachen sein.[323] Da weder die Ausübungsstrategien noch die Eintrittswahrscheinlichkeiten für die Determinanten der Strategien bekannt sind, wird man sich mit Näherungslösungen begnügen müssen. Hemmer u.a. schlagen hierzu vor, den fairen Optionswert m_{fair} über folgende Näherungslösung zu bestimmen:[324]

$$m_{fair} = m_{sperr} + \frac{m_{max} - m_{sperr}}{t_{max} - t_{sperr}} \left[E(t) - t_{sperr} \right] \tag{15}$$

Hierin bezeichnen m_{max} den Optionswert (nach Black-Scholes) unter Verwendung der maximalen Laufzeit, m_{sperr} den Optionswert unter Verwendung der Zeit bis zum Ende der Sperrfrist und *E(t)* die erwartete Laufzeit, die z.B. aus Vergangenheitsdaten geschätzt werden könnte. Die Werte t_{max} und t_{sperr} geben die entsprechenden Laufzeiten an, d.h. die maximale Laufzeit bzw. die Zeit bis zum Ablauf der Sperrfrist. Anhand verschiedener Ausübungsstrategien zeigen die Autoren nun, daß der so berechnete Optionswert den größten Teil der Überschätzung vermeidet, der entsteht, wenn lediglich die erwartete Zeit als Laufzeit eingesetzt wird.

Ein grundsätzlich anderes Vorgehen wählt Mozes[325] in seiner Studie. Er versucht, eine Obergrenze für den Optionswert zu bestimmen, die in keinem Fall überschritten wird, unabhängig

320 Hemmer/Matsunaga/Shevlin (1994), S. 36.
321 Hemmer/Matsunaga/Shevlin (1994), S. 25.
322 Vgl. Hemmer/Matsunaga/Shevlin (1996), S. 54.
323 Vgl. Hemmer/Matsunaga/Shevlin (1996), S. 61.
324 Vgl. im folgenden Hemmer/Matsunaga/Shevlin (1994), S. 38 f.
325 Mozes (1995).

von den Risikoneigungen und sonstigen Ausübungsstrategien der Optionsinhaber. Er zeigt, daß es einen Grenzpreis für die Aktie gibt, ab dem eine Ausübung evtl. verbunden mit der Wiederanlage der Ausübungsgewinne in einem Aktienportefeuille, das weitere Halten der Option eindeutig dominiert.[326] Ausgehend von dieser Überlegung berechnet er basierend auf dem Binomialmodell die Wahrscheinlichkeiten, mit denen der Grenzpreis zu jeder möglichen Zeit überschritten wird. Somit kann er die Höchstlaufzeiten mit den zugehörigen Eintrittswahrscheinlichkeiten berechnen. Für jede der berechneten Höchstlaufzeiten kann dann der Black-Scholes Wert berechnet werden. Alle so berechneten Werte werden zu einem mit den Wahrscheinlichkeiten gewogenen Durchschnitt aggregiert. Der Durchschnitt ist dann eine Obergrenze für den tatsächlichen Wert von Optionen. Zwar kann es aus verschiedenen Gründen für einen Optionsinhaber rational sein, die Option sogar noch vor der Höchstlaufzeit auszuüben, jedoch ist es niemals rational, sie noch darüber hinaus zu halten. An verschiedenen Rechenbeispielen kann gezeigt werden, daß der so berechnete Höchstwert deutlich unter dem Black-Scholes Wert bei Verwendung der maximalen Laufzeit liegt, wobei Unterschiede über 50% möglich sind.[327] Eine weitere wichtige Folge aus diesen Überlegungen ist, daß der Optionswert ab einer bestimmten Laufzeit nicht mehr durch eine Laufzeitverlängerung zunimmt. Denn wenn die Höchstlaufzeit, bis zu der die Optionsinhaber spätestens ausgeübt haben werden, kürzer ist als die maximale Laufzeit, dann hat eine Anhebung der maximalen Laufzeit keine Auswirkungen mehr.

Trotz aller Probleme bei der Bewertung der genannten Einflußfaktoren läßt sich doch feststellen, daß der tatsächliche Wert von Optionsprogrammen deutlich überschätzt wird, wenn man die maximale Laufzeit zugrunde legt. Allerdings fällt beim Literaturstudium auf, daß lediglich der Effekt der Überschätzung diskutiert wird und Korrekturverfahren vorgeschlagen werden, auf das eigentliche Kosten-/Nutzenkalkül aber nicht eingegangen wird. Es ist zwar durchaus richtig, daß der tatsächliche Wert eines gegebenen Optionsprogrammes unter dem Wert liegt, der sich unter Berücksichtigung der maximalen Laufzeit ergibt. Diese Überschätzung ergibt sich dadurch, daß Optionen vor dem Laufzeitende ausgeübt werden. Für die Beurteilung der Kosten/-Nutzenrelation von Optionsprogrammen sind aber nicht die Kosten eines gegebenen Programms relevant, sondern die Kosten pro Zeiteinheit. Denn Optionen sollen motivieren. Dies können sie aber nur dann, wenn sie noch nicht ausgeübt worden sind. Nach der Ausübung entfällt der Anreiz und kann nur dadurch wieder hergestellt werden, daß dem Begünstigten neue Optionen zugestanden werden. Damit jedoch sind natürlich neue Kosten verbunden. Berücksichtigt man diesen Effekt, dann verschlechtert sich die Kosten-/Nutzenrelation von Optionsprogrammen beträchtlich. Es ist eben offensichtlich nicht möglich, Manager mit einer einzelnen Tranche von Optionen über zehn Jahre zu motivieren, selbst wenn die Optionen eine Laufzeit von zehn Jahren haben. Vielmehr wird man meist drei oder mehr Tranchen von

---

326 Mozes (1995), S. 68 u. 77.
327 Mozes (1995), S. 72 f.

Optionen begeben müssen, die zusammengenommen einen wesentlich höheren Wert haben als eine Tranche mit Optionen über 10 Jahre. Dies liegt wie oben bereits erwähnt an der Konkavität des Optionswertes bezüglich der Zeit: 5 Optionen mit Laufzeit von je 2 Jahren besitzen eben einen höheren Wert als eine Option mit 10 Jahren Laufzeit. Für die Beurteilung der Vorteilhaftigkeit eines Optionsprogrammes ergibt sich damit aber ein wesentlich ungünstigeres Bild.

Während sich die bisherigen Ausführungen lediglich auf die Parametrisierung des BSM's bezogen, muß auch die grundsätzliche Eignung dieses Modells zur Wertermittlung von Optionsplänen angezweifelt werden. Zwei wesentliche Argumente sprechen gegen die Brauchbarkeit des Modells für die Wertermittlung von Aktienoptionsplänen. Beide Argumente beziehen sich auf die Annahme konstanter Modellparameter über die Laufzeit, nämlich über die Rendite der Aktie, die dem Diffusionsprozeß zugrunde liegt und über die Volatilität der Aktienrendite. Wie sich zeigte, hängt der Optionswert des BSM's nicht von der erwarteten Rendite der Aktie ab. Dies gilt aber nur so lange, wie die erwartete Rendite der Aktie über die Laufzeit der Option konstant ist. Diese Annahme widerspricht in sich selbst aber dem Sinn von Optionsprogrammen. Diese sollen schließlich genau dazu führen, daß die Manager Maßnahmen durchführen, die die erwartete Rendite der Aktie erhöhen. Diese Renditeerhöhung über die gesamte Laufzeit wird sich an einem effizienten Kapitalmarkt aber in einem Kurssprung äußern, der zu dem Zeitpunkt stattfindet, an dem der Kapitalmarkt von dem Optionsprogramm erfährt. Das BSM ist aber für einen stetigen Evolutionsprozeß des Aktienkurses konzipiert und nicht für Kurssprünge. Damit kommt es zu einem Widerspruch: Entweder die Kursevolution bleibt unbeeinflußt durch die Optionen, dann ist ein Optionsprogramm sinnlos, oder die Kursevolution hängt über den Motivationseffekt von der Existenz und Anzahl der Optionen ab, dann sind die Annahmen des BSM's verletzt. Ein ähnlicher Einwand gilt auch für die Annahme einer über die Laufzeit der Option konstanten Volatilität der Aktienrendite ab. Diese Annahme steht ohnehin im Widerspruch zu empirischen Befunden, nach denen sich die Volatilität im Zeitablauf verändert.[328] Während die Annahme konstanter Volatilitäten für gehandelte Optionen noch hinreichend gerechtfertigt sein mag, da diese Optionen meist Laufzeiten von weniger als einem Jahr haben, ist die Annahme konstanter Volatilitäten über einen Zeitraum von 10 Jahren so nicht haltbar. Wichtiger ist aber wieder der Verhaltenseffekt. Wie in Gleichung (13) angegeben, steigt der Wert einer Option mit der Volatilität der zugrunde liegenden Aktien. Die Gewährung von Aktienoptionen als Vergütungskomponente kann damit unter gewissen Umständen einen Anreiz zur Erhöhung der Volatilität bieten. Wiederum beeinflußt die Existenz der Optionen einen wesentlichen Modellparameter, was die Wertermittlung von Optionsprogrammen mittels BSM in Frage stellt. Ferner zeigt sich empirisch, daß die Ausübungsstrategie der Optionsinhaber von der Volatilität der Aktienrendite abhängt. Es zeigt sich, daß ein negativer Zusammenhang zwischen Volatilität und erwarteter Haltedauer der Optionen

[328] Vgl. Dubofsky (1992), S. 189 f. und die dort angegebene Literatur.

besteht.[329] Auch theoretisch läßt sich zeigen, daß das Ausübungsverhalten mit der Volatilität verknüpft sein kann, wobei Veränderungen der Volatilität unterschiedliche Effekte haben können, je nachdem ob sich das systematische oder das unsystematische Risiko verändert.[330] Da nun die Effekte von Optionsprogrammen auf die Motivation und damit auf die Evolution des Aktienkursverlaufs und die Volatilität weder empirisch noch theoretisch vernünftig zu ermitteln sind, kann der Grad der Verzerrung durch die Verletzung der Annahmen des BSM's kaum eingeschätzt werden.

Ein letzter Einwand gegen die Brauchbarkeit des BSM's basiert auf der Art, wie Optionsprogramme in Deutschland üblicherweise behandelt werden. So erfolgt die Bedienung der Optionsverpflichtungen in aller Regel durch die Ausgabe neuer Aktien. Bis zu diesem Zeitpunkt betreiben die Unternehmen jedoch kein Hedging ihrer Optionsverplichtungen. Sie bilden die Optionen damit nicht durch ein entsprechend zusammengesetztes Alternativportefeuille nach. Damit wird der Optionswert nach Black-Scholes aber zu einem reinen Opportunitätskostenkonzept. Die tatsächlichen Kosten des Programms aus Sicht der Aktionäre resultieren letztlich aber aus den evtl. diskontierten Ausübungsgewinnen, die von den Managern realisiert werden. Nun ließe sich argumentieren, daß das Opportunitätskostenkonzept zweckmäßiger ist, da es auf Marktwerten von Optionen beruht. Werden die Optionen nicht gehedgt, so kann eine Abweichung des Ex-Post-Wertes der Optionen vom Black-Scholes Wert als Managementfehler angesehen werden, der nicht ex ante für die Kostenplanung herangezogen werden darf. Dieses Argument unterstellt jedoch, daß das Hedging von Optionen sinnvoll ist. Diese Unterstellung ist jedoch ihrerseits sehr fraglich, da ein Optionsprogramm selbst bereits als eine Form des Hedgings angesehen werden kann. Es werden nämlich Vergütungskosten gegen den Unternehmenserfolg gehedgt. Hohe Kosten fallen nur dann an, wenn auch ein entsprechender Unternehmenserfolg feststellbar ist. Würden die Optionen zu Beginn der Laufzeit ihrerseits gehedgt, würde dieser zweite Hedgingeffekt zunichte gemacht. Das Unternehmen bzw. die Aktionäre hätten somit auch dann Vergütungskosten für den Optionsplan zu tragen (z.B. wenn die Optionen am Markt gekauft werden), wenn der Unternehmenserfolg ausbleibt. Dies ist nicht unbedingt das Ziel von Optionsplänen. Auch aus diesem Grund ist fraglich, ob das BSM (oder jedes andere Marktwertmodell) eine brauchbare Grundlage zur Wertermittlung von Optionsprogrammen bildet.

Die oben diskutierten Einwände gegen das BSM bzw. gegen Marktwertmodelle generell werfen natürlich die Frage auf, welche alternativen Bewertungsmethoden herangezogen werden können. Diese Frage soll jedoch erst beantwortet werden, wenn die Optionsbewertung aus Sicht des Managers diskutiert wurde. Dies erscheint gerechtfertigt, da beide Bewertungskonzepte faktisch übereinstimmen.

---

329 Vgl. Hemmer/Matsunaga/Shevlin (1996), S. 63 f.

330 Mozes (1995), S. 75.

In der vorangehenden Analyse wurde auf die Bewertung von Optionen aus Sicht des Unternehmens bzw. der Aktionäre eingegangen. Für die Analyse möglicher Motivations- bzw. Verhaltenswirkungen der Manager oder für die Einkommensplanung ist diese Perspektive aber nicht relevant. Im folgenden soll daher der Frage nachgegangen werden, wie Optionen aus Sicht der Manager zu bewerten sind. Auch hier wird sich zeigen, daß die oben bereits ausführlich beschriebenen Marktwertverfahren nicht geeignet sind. So führen allein schon Ausübungsbeschränkungen zu einer deutlichen Wertkorrektur. Bspw. dürfen Optionen während der üblichen Sperrfrist in keiner Form verwertet werden, sind also hochgradig illiquide.[331] Das durchschlagende Argument ist aber wiederum, daß Optionen aus Optionsprogrammen nicht gehedgt werden (dürfen). Dies macht Marktwertbetrachtungen erneut zu einer reinen Opportunitätskostenbetrachtung.

Aktienoptionen für Manager werden in aller Regel mit einem Verbot für Gegengeschäfte gekoppelt. Der Grund hierfür ist unmittelbar evident: Würde ein Manager ein Gegengeschäft abschließen, so wäre sein Interesse am weiteren Kursverlauf der Aktie erloschen. Hat der Manager seine Optionen erhalten, so kämen als Gegengeschäfte sowohl der Verkauf vergleichbarer Optionen am Markt als auch der Terminverkauf eines entsprechend strukturierten Portefeuilles in Frage. Durch diese Maßnahmen würde der Manager den Marktgegenwert der Optionen sofort als Einkommen realisieren, während jeglicher Motivationseffekt zur Steigerung des Aktienkurses wegfallen würde. Da dies den Intentionen eines Aktienoptionsprogrammes entgegenliefe, werden die Programme üblicherweise mit einem Hedgingverbot ausgestattet. Dieses Hedgingverbot macht aber auch eine Bewertung der Optionen als Marktwerte aus Sicht der Manager sinnlos. Wenn sie die Optionen nicht hedgen dürfen, dann ist für die Bewertung aus der Sicht der Manager der Marktwert der Optionen irrelevant. Vielmehr ist für sie interessant, zu welchen möglichen Einzahlungen die Optionen in der Zukunft führen. Im Gegensatz zur Marktwertbetrachtung spielt hier die erwartete zukünftige Rendite der Aktie eine ausschlaggebende Rolle. Bei der Marktwertbetrachtung zeigte sich, daß der Wert der Option nicht von der erwarteten Rendite der Aktie abhängt. So zeigte sich in Abschnitt 3.2.2., daß und wie im Binomialmodell die erwartete Rendite einer Aktie von der Wahrscheinlichkeit eines Kursanstiegs abhängt. In den Bestimmungsgleichungen (1) und (2) für das Alternativportefeuille spielt diese Wahrscheinlichkeit hingegen keine Rolle. Es ergibt sich vielmehr, daß die Zusammensetzung des Alternativportefeuilles und damit der Marktwert der Option von der erwarteten Rendite der Aktie unabhängig ist. Zu einem anderen Ergebnis gelangt man indessen, wenn man den erwarteten (diskontierten) Cashflow zur Grundlage der Optionsbewertung macht. Der erwartete diskontierte Cashflow und damit der (subjektive) Optionswert einer einperiodigen Option ist gegeben durch:

---

[331] Jennergren/Näslund (1993), S. 182.

$$\gamma = \frac{p \max[sv_0 - \beta, 0] + (1-p)\max[s^{-1}v_0 - \beta, 0]}{1 + r_{sub}} \tag{16}$$

Hierbei bezeichnet r_{sub} den subjektiven Diskontierungszinssatz. Es ist unmittelbar zu sehen, daß dieser Optionswert für jeden Bezugskurs mit $sv_0 > \beta$ eine streng monoton steigende Funktion der Kursanstiegswahrscheinlichkeit ist:

$$\frac{d\gamma}{dp} = \frac{sv_0 - \beta - \max[s^{-1}v_0 - \beta, 0]}{1 + r_{sub}} > 0 \tag{17}$$

Der subjektive Optionswert hängt also sehr wohl von der Kursanstiegswahrscheinlichkeit und damit von der erwarteten Rendite der Aktie ab. Nur über eine solche Abhängigkeit des subjektiven Optionswertes von der Aktienrendite kann ein möglicher Motivationseffekt von Aktienoptionen begründet werden. Dies vermögen Marktwertkonzepte nicht zu leisten.

Aus den genannten Gründen ist in allen vorangehenden Analysen von diesem (subjektiven) Optionswertkonzept ausgegangen. Dies erschien vor dem institutionellen Hintergrund eines üblichen Hedgingverbotes gerechtfertigt und sinnvoll.

Gleiches gilt für die Bewertung der Kosten aus Sicht des Unternehmens. Wie bereits oben ausgeführt, findet auch seitens des Unternehmens kein Hedging statt. Daher erscheint auch hier die Perspektive des diskontierten Cash Flows zweckmäßiger. Als Optionsplankosten soll daher der erwartete diskontierte Cash Flow dienen, der den Managern als Einkommen zufließt. Dieser ergibt sich aus den mit den jeweiligen Ausübungswahrscheinlichkeiten gewichteten, diskontierten Jahreszahlungen. Als Diskontierungsrate ist hierbei eine aus Unternehmenssicht angemessene Rate zu verwenden. Nun könnte man geneigt sein, die angemessene Diskontierungsrate z.B. über das CAPM zu bestimmen. Hierbei zeigt sich jedoch, daß die Black-Scholes Formel und der Optionswert nach CAPM übereinstimmen.[332] Da das CAPM jedoch von einer Bewertung aus Sicht eines diversifizierten Anlegers ausgeht, der alle unsystematischen Risiken durch Diversifikation eliminiert, Unternehmen dies aber gerade nicht tun (sollen), ist eine Diskontierungsrate gemäß CAPM nicht angemessen. Da für die Hauptzielsetzung dieser Arbeit die Kostenbewertung von Optionsprogrammen aus Sicht des Unternehmens bzw. der Aktionäre nur eine untergeordnete Rolle spielt, soll auf die genaueren Berechnungsmöglichkeiten des erwarteten diskontierten Cash Flows hier verzichtet werden.

332 Vgl. Black/Scholes (1973), S. 645.

3.3.3. Wertkorrekturen

Der Wert einer einzelnen Aktie ändert sich bei bestimmten Kapitalmaßnahmen. Dies gilt sowohl für die Zahlung von Dividenden als auch für Kapitalerhöhungen, bei denen Aktien unterhalb des gegenwärtigen Marktwertes begeben werden. Beide Maßnahmen reduzieren den Wert je Aktie. Eine Option auf den Bezug einer Aktie verliert c.p. mit der Durchführung einer solchen Maßnahme an Wert. Da sich das Aktionärsvermögen hierdurch aber nicht verändert, ginge mit der Durchführung der Maßnahmen eine ungerechtfertigte "Bestrafung" der Manager einher. Bei der Diskussion der empirischen Studien wurde bereits angesprochen, daß sich tatsächlich eine Tendenz zur Reduktion von Dividendenzahlungen feststellen läßt, wenn keine Korrekturmechanismen in den Plänen vorgesehen sind. Um dies zu vermeiden, sollten die Bezugsbedingungen entsprechende Anpassungsklauseln enthalten. Denn Ziel eines Optionsprogramms ist die Belohnung der Schaffung von Shareholder Value. Dieses Ziel ist dann erreicht, wenn die Rendite der Aktie über den Eigenkapitalkosten liegt. Da nun Dividenden ein Bestandteil der Aktienrendite sind, dürfen diese bei der Erfolgsbewertung nicht einfach ignoriert werden. Gleiches gilt für Kapitalerhöhungen oder Aktiensplits. Zur Berechnung der Aktienrendite über die Laufzeit eines Optionsprogrammes ist vielmehr davon auszugehen, daß alle Zahlungen des Unternehmens an den Aktionär und der Wert aller Bezugsrechte im Zeitpunkt ihrer Zahlung wieder in Aktien des Unternehmens reinvestiert werden. Sei v_t der Wert der Aktie zum Zeitpunkt t mit $t = 0,\ldots,T$, v_0 der Aktienkurs zu Beginn des Optionsprogrammes und v_T der Aktienkurs bei Ausübung, so errechnet sich die Aktienrendite über die Gesamtlaufzeit als:

$$R = \prod_{t=1}^{T}(1+R_t)-1 \tag{18}$$

Hierbei ist die Periodenrendite R_t definiert als:

$$R_t = \frac{split_t(v_t+d_t+b_t)}{v_{t-1}}-1 \tag{19}$$

Der Kurs v_t ist der Aktienkurs im Zeitpunkt t ex Dividende d_t, ex Bezugsrechtswert b_t und nach Aktiensplit im Verhältnis $split_t$ (Anzahl neuer Aktien pro alte Aktie). Die so berechnete Gesamtrendite R ist nun mit den Kapitalkosten zu vergleichen, um zu einem Urteil über die Managementleistung zu gelangen. Dabei sind die Kapitalkosten, die üblicherweise über die Rendite R_I eines (evtl. risikoadjusierten) Vergleichsindex operationalisiert werden, entsprechend zu berechnen. Bei der Umsetzung in ein Optionsprogramm muß nun die Vergütungshöhe von den beiden Renditen abhängen, d.h. $y = f(R,R_I)$. Dies kann entweder über die Differenz $R-R_I$ oder den Quotienten R/R_I erreicht werden. Wird das Optionsprogramm über SAR's bedient, können z.B. feste DM-Beträge je Einheit der Differenz oder des Quotienten vereinbart werden. Bei Bedienung über eine Kapitalerhöhung mit Ausgabe echter Aktien werden Differenz oder Quotient zur Berechnung des Bezugskurses heranzuziehen sein. Hierbei scheint sich derzeit die Berechnung auf Basis der Differenz durchzusetzen. Ein Umsetzungsbeispiel liefert der Optionsplan der Dresdner Bank von 1998.[333] Demnach ergibt sich der Bezugskurs aus dem Wert der Aktie bei Ausübung abzüglich eines Performanceabschlages. Dieser errechnet sich aus dem Wert der Aktie bei Ausübung multipliziert mit der Differenz zwischen der Aktienrendite der Dresdner Bank und der Rendite des "Dow Jones STOXX® Bank" Index. In der Notation dieser Arbeit ergibt sich der Bezugskurs also als

$$\beta = v_T - v_T(R - R_I) \qquad (20)$$

Beträgt der Aktienkurs der Dresdner Bank bei Ausübung 100,- DM und liegt die Rendite der Aktie bei $R = 14\%$ und diejenige des Bankenindex bei $R_I = 10\%$, so beträgt der Bezugskurs

$$\beta = 100\,DM - 100\,DM \times (14\% - 10\%) = 96,\!-DM \qquad (21)$$

Die Differenz von Aktienkurs minus Bezugskurs von 100 DM - 96 DM = 4 DM entspricht dem Ausübungsgewinn pro Option.

3.4. Kombiniertes Modell

Zum Abschluß des dritten Kapitels soll nun der Versuch unternommen werden, die bisherigen Modellbetrachtungen in einem Modell zu integrieren. Hierbei soll auf eine weitere mathematische Formulierung verzichtet werden. Vielmehr soll es im folgenden darum gehen, aufbauend auf den bisherigen Betrachtungen zu einer verbalen Modellbeschreibung zu kommen, die die wesentlichen Erkenntnisse der bisherigen Analysen verdichtet und mögliche Interdependenzen zwischen den einzelnen Gestaltungsparametern aufzeigt. Insbesondere wird zu untersuchen sein, wie die widersprüchlichen Ergebnisse der Effort- und Investitionswahlmodelle in einem gemeinsamen Modell aufgelöst werden können.

Im Effortwahlmodell zeigte sich zunächst, daß relativ niedrige Bezugskurse optimal sind. Dies beruht darauf, daß mit niedrigeren Bezugskursen auch dann noch ein Leistungsanreiz besteht, wenn die Kurse in den Anfangsperioden gefallen sind. Ferner erwies sich, daß die Anzahl der Optionen nicht zu gering gewählt werden darf, da ansonsten -unabhängig vom Bezugskurs- der Leistungsanreiz gegen Null geht. In völligem Gegensatz dazu stehen die Ergebnisse der Investitionswahlmodelle. Dort zeigte sich, daß relativ hohe Bezugskurse bei lediglich marginaler Optionsanzahl optimal sind. Unterstellt man nun, daß die Managementaufgabe sowohl

[333] Die folgenden Angaben sind der Einladung zur Hauptversammlung 1998 der Dresdner Bank entnommen.

darin besteht, Investitionsobjekte auszuwählen als auch darin, Arbeitseinsatz einzubringen, scheint es also einen Trade-off zwischen den Zielsetzungen eines Optionsprogrammes zu geben. Einerseits sollen Investitionsentscheidungen gefördert werden, die mit hohen erwarteten Renditen und Risiken verbunden sind. Dies ist mit hohen Bezugskursen und geringer Optionsanzahl am besten zu erreichen. Andererseits soll der Arbeitseinsatz stimuliert werden, was über niedrige Bezugskurse und hohe Optionsanzahl erreicht werden kann. Wählt man nun eine der Alternativen, geht damit eine Verschlechterung im Zielerreichungsgrad des jeweils anderen Zieles einher. Auch Kompromißlösungen "in der Mitte" werden dann nicht optimal in dem Sinne sein, daß beide Zielsetzungen gleichzeitig optimal erreicht werden können.

Diese Zielinkongruenz läßt sich jedoch unter Einbeziehung der weiteren Modellüberlegungen zumindest teilweise überwinden. So konnte ebenfalls gezeigt werden, daß die Aufteilung eines Optionsprogrammes in Tranchen die Anreizsituation verbessert. Durch die Aufteilung in Tranchen gelingt es wesentlich besser, die Anreizsituation an die dynamische Entwicklung des Unternehmenswertes über die Zeit anzupassen. Folgt man nun aber dieser Empfehlung, so lassen sich die Widersprüche der mehrperiodigen Effort- und Investitionswahlmodelle auflösen. Denn die Vorteilhaftigkeit niedriger Bezugskurse in den Effortwahlmodellen beruhte im wesentlichen darauf, daß nur so Leistungsanreize auch bei zunächst gefallenen Kursen erhalten bleiben. Geht man nun aber auf ein System mit Tranchen über, können die einzelnen Tranchen so gestaltet werden, daß auch bei zunächst gefallenen Kursen durch die neuen Optionstranchen die Leistungsanreize wieder hergestellt werden. Dadurch entfällt die Notwendigkeit, jede einzelne Tranche mit niedrigen Bezugskursen zu versehen. Vielmehr können bei einem Optionsplan mit Tranchen die Bezugskurse sogar über den jeweils aktuellen Kursen gewählt werden, ohne die Leistungsanreize auf Null zu reduzieren. Zwar geht bei Erhöhung des Bezugskurses der Anreiz je Option zurück, dieser Effekt kann jedoch durch die Erhöhung der Optionsanzahl ausgeglichen werden. Das führt gleichzeitig auch zu einer Verbesserung im Licht der Investitionswahlmodelle. Denn einerseits wird durch die jetzt relativ hohen Bezugskurse sichergestellt, daß Investitionen mit hoher erwarteter Rendite gewählt werden, auch wenn diese mit entsprechend hohen Risiken verbunden sind. Andererseits sind jetzt auch hohe Optionsanzahlen unproblematisch, da die Risikoneigung bei der Entscheidung über ein Investitionsobjekt in diesem Fall nicht mehr unter der Anzahl der Optionen "leidet". Die Optimalität lediglich marginaler Optionsanzahlen in den Investitionswahlmodellen hing eben gerade daran, daß dort zwar im Vergleich zu den Effortwahlmodellen höhere Bezugskurse besser erschienen, diese aber immer noch so niedrig gewählt werden mußten, daß Situationen der Indifferenz vermieden werden. Bei der Einteilung von Optionsprogrammen in Tranchen entfällt diese Einschränkung jedoch, da die Indifferenz jetzt über neue Optionstranchen vermieden werden kann. Die Widersprüche der Effort- und Investitionswahlmodelle können somit durch eine Einteilung eines Optionsprogrammes in Tranchen überwunden werden. Es erscheint daher möglich, Optionsprogramme so zu gestalten, daß diese sowohl die Auswahl wünschenswerter Investitionsobjekte fördern als auch angemessene Leistungsanreize sicherstellen. Die Einteilung in Tranchen erscheint daher als ein unverzichtbarer Bestandteil eines guten Optionsprogrammes. Dieses Ergebnis gewinnt vor dem Hintergrund der praktischen Umsetzung noch zusätzlich an Bedeutung. Denn für praktische Anwendungen wird es sich in der Regel als unmöglich erweisen abzuschätzen, ob Investitionsentscheidungen oder Entscheidungen über den Arbeitseinsatz die wichtigeren Determinanten des Unternehmenserfolges sind. Ein Optionsplan, der beiden Zielsetzungen gerecht wird, ist für die praktische Anwendung daher besonders vorteilhaft, da die Notwendigkeit einer Beurteilung der Wichtigkeit der Determinanten entfällt.

Die weiteren Ergebnisse des dritten Kapitels können nun ohne weiteres in diese Grundstruktur integriert werden. Hierzu gehört die Beschränkung der vorzeitigen Ausübung, die Indexbindung und die Berücksichtigung von Wertkorrekturen. So ergab sich die Optimalität des Ausschlusses der vorzeitigen Optionsausübung ebenfalls vor dem Hintergrund, daß nach der Ausübung die gewünschten Verhaltensanreize erlöschen. Dies gilt sowohl für das Effortwahlmodell als auch für das Investitionswahlmodell, auch wenn dieses Ergebnis für das Investitionswahlmodell nicht explitzit hergeleitet wurde. Berücksichtigt man nun die vorstehenden Ergebnisse, so ergeben sich zwei Konsequenzen. Folgt man obiger Empfehlung und wählt relativ hohe Bezugskurse, sinkt die Wahrscheinlichkeit der vorzeitigen Ausübung ohnehin. Die Bedeutung einer Beschränkung der vorzeitigen Ausübung relativiert sich vor diesem Hintergrund. Daneben führt die Einteilung in Tranchen dazu, daß auch bei Ausübung einzelner Tranchen vor dem Laufzeitende eines Optionsprogrammes durch die noch verblieben Optionen anderer Tranchen Anreizeffekte verbleiben. Die Forderung nach einem Ausschluß der vorzeitigen Optionsausübung kann damit relativiert werden. In der praktischen Anwendung dürfte es genügen, die Ausübungszeiten lediglich derart zu beschränken, daß keine Zeiträume verbleiben, in denen keine Optionen mehr gehalten werden. Es muß somit letztlich nur ausgeschlossen werden, daß vorhergehende Tranchen komplett ausgeübt werden, bevor eine neue Tranche gewährt wurde. So erscheint es durchaus zulässig, Ausübungszeitpunkte und Zeitpunkte der Gewährung neuer Optionen auf den selben Termin zu legen. Natürlich sind auch überlappende Zeitpunkte möglich, die dann dazu führen, daß Optionen aus mehreren Tranchen gleichzeitig gehalten werden. Auf eine Analyse dieser Situation wurde oben verzichtet, weil sich die Anreizeffekte in diesem Fall lediglich aus den Mischungsverhältnissen der verschiedenen Optionen ergeben würden, hieraus aber kaum neue Erkenntnisse gewonnen werden könnten.

Die Berücksichtigung von Indexbindung und Wertkorrekturen erscheint schließlich noch als weiteres unverzichtbares Merkmal eines Optionsprogrammes. Einerseits ergibt sich durch die Indexbindung eine Verbesserung der Risikoallokation, weil indexgebundene Optionen das systematische Risiko aus der Vergütungsberechnung eliminieren. Andererseits muß unabhängig davon die Indexbindung auch aus der Zielsetzung des Shareholder Value Ansatzes gefordert werden, weil lediglich die Schaffung von Shareholder Value belohnt werden soll. Dies erfordert aber, daß zunächst die Eigenkapitalkosten verdient werden müssen, bevor es zu einer Belohnung des Managements kommt. Die Eigenkapitalkosten werden nun über die Indexbindung operationalisiert, so daß tatsächlich nur eine Belohnung des geschaffenen Shareholder Values verbleibt. Hierbei müssen nun die Wertkorrekturen berücksichtigt werden, weil Dividenden, Kapitalerhöhungen und Aktiensplits zu einem Auseinanderfallen von tatsächlicher Rendite der Anlage in eine Aktie und der Rendite der Kursentwicklung der Aktie führen, sich der geschaffene Shareholder Value aber auf Basis der Rendite der Anlage berechnet. Daneben sind die Korrekturen auch aus der Verhaltensperspektive notwendig, da eine Vernachlässigung von z.B. Dividendenzahlungen zu einer unerwünschten Verzerrung der Dividendenpolitik führen könnte.

Unter Berücksichtigung der empirischen Befunde läßt sich schließlich fordern, daß Stichtagseffekte dadurch vermieden werden sollten, daß die Renditeberechnungen auf Basis von Durchschnittskursen durchgeführt werden sollten. Dies reduziert die Möglichkeit bzw. die Größenordnung von Manipulationen.

Zusammenfassend läßt sich ein guter Optionsplan aus ökonomischer Perspektive also folgendermaßen beschreiben:

- Der Plan sollte in Tranchen eingeteilt werden.
- Optionen jeder Tranche sollten erst ausgeübt werden können, wenn zumindest gleichzeitig neue Optionen gewährt werden oder andere, bereits gewährte Tranchen noch nicht ausgeübt werden können.
- Optionen sollten grundsätzlich indiziert sein und Wertkorrekturen vorsehen.
- Der Renditevergleich zwischen der Aktienrendite und dem Vergleichsindex sollte auf Basis von Durchschnittskursen vorgenommen werden.
- Bezugskurse sollten relativ hoch gewählt werden. Dies entspricht bei indizierten Optionen der Forderung, daß die Renditeentwicklung des Index übertroffen werden muß.

Wie ein solcher Plan in der Bundesrepublik unter Berücksichtigung juristischer Restriktionen implementiert werden sollte, ist Thema des nächsten Kapitels.

4. Rechtliche Analysen der Optionsplangestaltung

Im folgenden Kapitel sollen die mit der Durchführung von Aktienoptionsprogrammen zusammenhängenden Fragen des Gesellschaftsrechtes, des Steuerrechtes und des Insiderrechtes behandelt werden. Ziel hierbei ist es, rechtlich zulässige Gestaltungsmöglichkeiten und Problemfelder zu identifizieren und effiziente Gestaltungsformen aufzuzeigen. Da die steuerrechtlichen Gestaltungsmöglichkeiten und die insiderrechtlichen Anknüpfungspunkte primär von der gesellschaftsrechtlichen Verankerung der Optionsverpflichtungen abhängen, werden die gesellschaftsrechtlichen Überlegungen an den Anfang gestellt. Hierauf aufbauend können dann die steuerrechtlichen und insiderrechtlichen Aspekte betrachtet werden. Nicht weiter eingegangen wird auf die Frage der grundsätzlichen Zulässigkeit von Optionsplänen, da die Zulässigkeit inzwischen als allgemein anerkannt gilt.[334]

4.1. Gesellschaftsrecht

Im Rahmen des Gesellschaftsrechtes sind besonders drei Aspekte von Optionsplänen relevant. Dies sind die Art der Bedienung der Optionsverpflichtungen seitens des Unternehmens, der evtl. notwendige Bezugsrechtsausschluß und die Frage der Angemessenheit der Vergütung. Alle drei Felder sollen im folgenden einer genaueren Betrachtung unterzogen werden.

4.1.1. Bedienung der Optionsverpflichtung

Eine zentrale Frage bei der Gestaltung von Optionsplänen ist, wie die Rechte der Manager bei Ausübung der Optionen bedient werden sollen. Die Art der Bedienung kann in zwei grundsätzliche Kategorien eingeteilt werden. Eine Kategorie enthält alle Formen, bei denen tatsächlich Aktien geliefert werden (Aktienoptionspläne), während die zweite Kategorie Arten der Bedienung enthält, bei denen die Lieferung von Aktien ausgeschlossen bleibt und lediglich eine Barzahlung an den Optionsbegünstigten fließt (Stock Appreciation Rights). Bei der tatsächlichen Lieferung von Aktien sind verschiedene Möglichkeiten denkbar, wie die hierfür erforderlichen Aktien bereitgestellt werden können. Wird die tatsächliche Lieferung von Aktien hingegen ausgeschlossen, so wird die Erfüllung der Optionsverpflichtungen durch einen Barausgleich der Differenz zwischen Aktienkurs und Bezugskurs geleistet. Diese beiden grundsätzlichen Kategorien der Optionserfüllung sind zunächst genauer zu betrachten. Weiterhin kann danach unterschieden werden, ob die Optionsverpflichtungen beim Unternehmen verbleiben oder von einem Dritten erfüllt werden müssen. Wird eine Erfüllung durch Dritte gewünscht, kann dies erreicht werden, indem das Unternehmen seinerseits die Optionsrechte zunächst

334 So z.B. Baums (1997), S. 45, Lutter (1997), S. 3.

erwirbt und dann lediglich an die Manager weitergibt oder die Manager vertraglich verpflichtet, entsprechende Optionen zu erwerben, ohne daß das Unternehmen je eine eigene Position bezüglich der Optionen aufbaut.[335]

Erfüllung ohne tatsächliche Lieferung von Aktien
Im Fall der Stock Appreciation Rights ist die Bedienung der Optionsrechte relativ unproblematisch, da die Situation aus Sicht des Unternehmens einer herkömmlichen Vergütungszahlung entspricht. Sie unterscheidet sich nicht von anderen Formen erfolgsabhängiger Vergütung. Insbesondere sind bei der Bedienung der Optionsrechte in diesem Fall keine Besonderheiten zu berücksichtigen, die sich aus speziellen aktienrechtlichen Bestimmungen ergeben würden.

Erfüllung mit tatsächlicher Lieferung von Aktien
Anders als bei SAR's stellt sich der Fall dar, wenn die Optionsrechte tatsächlich auf Lieferung von Aktien lauten. In diesem Fall verändern sich die Eigentumsverhältnisse des Unternehmens, was aktienrechtliche Konsequenzen hat. Im folgenden wird daher zu erläutern sein, wie die Optionsrechte unter Berücksichtigung der aktienrechtlichen Situation bedient werden können. Hierbei ist danach zu unterscheiden, ob die zu liefernden Aktien neu geschaffen werden sollen oder auf bestehende Aktien zurückgegriffen wird.

Bedienung durch bestehende Aktien
Grundsätzlich könnte daran gedacht werden, die Optionsverpflichtungen durch den Kauf eigener Aktien seitens des Unternehmens und deren anschließende Weiterleitung an die Optionsberechtigten zu erfüllen. Dieses Vorgehen war nach altem Aktienrecht (d.h. vor dem 01.05.1998) für Vorstandsmitglieder jedoch ausgeschlossen. Es wäre nämlich ein Rückkauf eigener Aktien notwendig, der den Normen des §71 AktG unterworfen war. Danach galt mit wenigen Ausnahmen ein Rückkaufsverbot. Ausgenommen von dem Verbot war nach §71 Abs. 1 Nr. 2 AktG der Erwerb eigener Aktien zu dem Zweck, diese Arbeitnehmern des Unternehmens zum Erwerb anzubieten. Nach herrschender Meinung war diese Regelung jedoch nicht auf Mitglieder des Vorstandes anwendbar, da diese nicht als "Arbeitnehmer" im gemeinten Sinn anzusehen sind.[336] Ein Optionsplan auf Basis des Rückkaufs eigener Aktien war daher für Vorstandsmitglieder nicht möglich. Für Mitarbeiter unterhalb der Vorstandsebene wäre dieses Vorgehen jedoch prinzipiell möglich. Allerdings ist selbst für diesen Fall zu berücksichtigen gewesen, daß die über diese Norm erworbenen eigenen Aktien nach §71 Abs. 3 AktG innerhalb eines Jahres an die Arbeitnehmer auszugeben gewesen wären, was für einen Optionsplan allgemein als deutlich zu kurz gilt.

[335] Vgl. Knoll (1998b), S. 59.
[336] Vgl. Baums (1997), S. 33.

Durch die Novellierung des Aktienrechtes im Rahmen des KonTraG[337] wurden die Regelungen bezüglich des Rückkaufs eigener Aktien jedoch entschärft. Der Rückkauf eigener Aktien bis zu 10% des Grundkapitals ist jetzt aufgrund der neuen Nummer 8 des §71 Abs. 1 AktG ohne Zweckbindung möglich. Für den Fall der erneuten Veräußerung der so erworbenen eigenen Aktien wird explizit auf die Bestimmungen des §193 Abs. 2 Nr. 4 AktG verwiesen, der die Notwendigkeit eines Hauptversammlungsbeschlusses bezüglich der "...Aufteilung der Bezugsrechte auf Mitglieder der Geschäftsführungen und Arbeitnehmer, Erfolgsziele..." regelt. Hieraus kann gefolgert werden, daß der Rückkauf eigener Aktien zur Bedienung von Bezugsrechten des Vorstandes explizit erlaubt ist. Dadurch sind seit dem 01.05.1998 auch Optionspläne auf Basis des Rückkaufs bestehender Aktien möglich.

Eine weitere Möglichkeit besteht darin, daß das Unternehmen selbst Optionen auf eigene Aktien erwirbt und dann an die Manager durchreicht. Dieses Verfahren galt nach altem Aktienrecht als problematisch, da der Kauf eigener Aktien verboten war und damit auch der Kauf von Rechten auf den Erwerb eigener Aktien als problematisch erschien.[338] Da nach neuem Aktienrecht der Rückkauf eigener Aktien erlaubt ist, ist kein zwingender Grund mehr zu sehen, weshalb dann nicht auch Rechte auf den Erwerb eigener Aktien seitens des Unternehmens erworben werden können. Tatsächlich berichtet das DAI in seinem Bericht, daß ein Unternehmen die Erfüllung der Optionsverpflichtungen durch den Kauf von Optionen auf einen Dritten verlagern will.[339]

Als letzte Möglichkeit bleibt zu nennen, daß die Altaktionäre einen Teil ihrer Aktien für ein Optionsprogramm zur Verfügung stellen. Dieses Verfahren wird bereits in einem deutschen Unternehmen praktiziert.[340] Die Anwendung dürfte jedoch auf Unternehmen mit hoher Eigentumskonzentration beschränkt sein. Diese Form der Bedienung wird ein absoluter Ausnahmefall bleiben und daher nicht weiter berücksichtigt.

Bedienung durch neu geschaffene Aktien

Die Bedienung der Optionsverpflichtungen über die Schaffung neuer Aktien erfordert eine Kapitalerhöhung. Da die Kapitalerhöhung jedoch erst später eintreten soll, wenn die Aktien tatsächlich für die Lieferung benötigt werden, kommen nicht alle Formen der Kapitalerhöhung für diesen Zweck in Frage. Eine reguläre Kapitalerhöhung gegen Einlagen gemäß §182 bis §192 AktG scheidet daher aus.[341] Es verbleiben damit die genehmigte Kapitalerhöhung nach §202 ff. AktG und die bedingte Kapitalerhöhung nach §192 bis §201 AktG.

---

337 Bekanntgegeben im Bundesgesetzblatt 1998, Teil I, Nr. 24, S. 786 ff.
338 Vgl. Knoll (1998b), S. 61.
339 Vgl. DAI (1998a), S. 8.
340 Vgl. DAI (1998a), S. 8.
341 Vgl. Baums (1997), S. 34.

Schaffung neuer Aktien über ein genehmigtes Kapital

Die Hauptversammlung kann den Vorstand durch Satzungsänderung ermächtigen, innerhalb von 5 Jahren eine Kapitalerhöhung in Höhe von höchstens 50% des im Zeitpunkt der Beschlußfassung vorhandenen Grundkapitals zu erhöhen (§202 AktG). Der Ermächtigungsbeschluß kann ferner vorsehen, daß der Vorstand das Bezugsrecht der alten Aktionäre ausschließt (§203 Abs. 2 AktG), was für die Durchführung eines Optionsplanes unabdingbar ist. Prinzipiell ist damit eine Bedienung von Optionsverpflichtungen über ein genehmigtes Kapital möglich. Tatsächlich berichtet das Deutsche Aktieninstitut von zwei Unternehmen, die die für ihr Optionsprogramm notwendigen Aktien über ein genehmigtes Kapital bereitstellen wollen. Baums hält dieses Verfahren dennoch für zumindest unglücklich.[342] Denn die Entscheidung über den Inhalt der Aktienrechte und die Bedingungen der Ausgabe liegt entweder beim Vorstand und bedarf der Zustimmung durch den Aufsichtsrat, oder die diesbezüglichen Entscheidungen sind in dem Ermächtigungsbeschluss der Hauptversammlung enthalten (§204 Abs. 1 AktG). Im ersten Fall würde der Vorstand faktisch selbst über die eigene Vergütung befinden (wenngleich mit Zustimmung des Aufsichtsrates) oder die Hauptversammlung würde dies tun. In beiden Fällen spielt der Aufsichtsrat nur eine untergeordnete Rolle, obwohl er nach §87 AktG die Verantwortung für die Vorstandsbezüge trägt. Schließlich erscheint die Bedienung der Optionsverpflichtungen über ein genehmigtes Kapital auch formal zu aufwendig, weil die Ausübung der Optionsrechte zu verschiedenen Zeitpunkten jeweils neue Beschlüsse darüber erfordern würde, die zudem ins Handelsregister eingetragen werden müßten.[343]

Als unproblematisch gangbarer Weg bleibt damit lediglich der über eine bedingte Kapitalerhöhung nach §192 ff. AktG. Nach altem Aktienrecht mußte ein Optionsplan jedoch umständlich in eine rechtlich zulässige Form gekleidet werden. So bestand und besteht einer der zulässigen Zwecke einer bedingten Kapitalerhöhung darin, Umtausch- oder Bezugsrechte an Gläubiger von Wandelschuldverschreibungen zu gewähren (§192 Abs. 2 Nr. 1 AktG). Man ging also den Umweg, daß Manager zunächst Wandelschuldverschreibungen (oder Optionsanleihen) erwerben mußten. Für die Erfüllung der so gewährten Umtausch- oder Bezugsrechte war (und ist) die bedingte Kapitalerhöhung zulässig. Zunächst war also nach den Bestimmungen des §221 AktG eine Wandelschuldverschreibung zu schaffen, die den Managern angeboten wurden, wobei das Bezugsrecht der Aktionäre auf die Schuldverschreibung ausgeschlossen werden mußte. Dieser Bezugsrechtsausschluß richtete sich nach §221 Abs. 4 in Verbindung mit §186 AktG. Die tatsächliche Verbriefung durch Schaffung eines Wertpapiers in Form einer Wandelschuldverschreibung scheint dabei nicht zwingend notwendig zu sein. Die Schaffung eines Wandeldarlehens erscheint ausreichend, wobei gleichwohl §221 AktG anwendbar bleibt.[344]

---

342 Vgl. Baums (1997), S. 34.
343 Vgl. Baums (1997), S. 35.
344 Vgl. zu diesem Abschnitt Baums (1997).

Situation im neuen Aktienrecht

Mit dem KonTraG, welches am 01.05.1998 in Kraft getreten ist, wurde der Kritik an der aufwendigen Konstruktion von Optionsplänen im alten Aktienrecht Rechnung getragen. Ein Optionsplan muß nun nicht mehr über den Umweg einer Wandel- oder Optionsanleihe gehen, vielmehr können sog. nackte Optionsrechte ausgegeben werden, die nicht an eine Anleihe gebunden sind. Gemäß §192 Abs. 2 Nr. 3 AktG ist die bedingte Kapitalerhöhung jetzt auch zulässig "zur Gewährung von Bezugsrechten an Arbeitnehmer und Mitglieder der Geschäftsführung der Gesellschaft...". Damit ist der umständliche Weg über die Zwischenschaltung einer Wandelanleihe überflüssig geworden. Dies wurde bereits seit einiger Zeit von der Praxis gefordert.[345]

Insgesamt können somit die folgenden Möglichkeiten zur Bedienung der Optionsverpflichtungen genutzt werden:

- Bedingte Kapitalerhöhung in Verbindung mit einer Wandelschuldverschreibung
- Bedingte Kapitalerhöhung mit nackten Optionsscheinen
- Rückkauf eigener Aktien am Markt
- Genehmigte Kapitalerhöhung
- Kauf von Optionen am Markt
- Bereitstellung der Aktien durch Aktionäre
- Stock Appreciation Rights

4.1.2. Bezugsrechtsausschluß

Der Ausschluß des Bezugsrechtes der Aktionäre ist lediglich für die Konstruktion eines Optionsplanes über ein bedingtes oder genehmigtes Kapital oder beim Rückkauf der Aktien am Markt notwendig. Hingegen entfällt diese Notwendigkeit bei SAR's, da hier lediglich Barzahlungen vorgenommen werden, sich die Eigentumsverhältnisse dadurch aber nicht verändern. Ebensowenig ist ein Bezugsrechtsausschluß notwendig, wenn die Optionsverpflichtungen über den Kauf von Optionen von einem Dritten erfolgen oder eigene Aktien am Markt gekauft werden. Beim Kauf von Optionen von einem Dritten muß dieser die Aktien bei Ausübung liefern. Hierzu muß er sie in seinem Besitz haben. Da sich diese Aktien aber in Privatbesitz befinden, kann der Dritte die Aktien verwerten, ohne anderen Aktionären ein Bezugsrecht einräumen zu müssen.

Gemäß §86 Abs. 1 AktG steht den Aktionären ein Recht auf den Bezug neuer Aktien zu. Dieses Recht regelt zunächst das Bezugsrecht bei einer ordentlichen Kapitalerhöhung. Dieses Recht kann gemäß §86 Abs. 3 AktG ganz oder teilweise durch Hauptversammlungsbeschluß ausgeschlossen werden. Der entsprechende Beschluß bedarf mindestens einer Dreiviertelmehrheit des bei der Beschlußfassung vertretenen Grundkapitals (§86 Abs. 3 Satz 2 AktG). Ein

---

[345] Vgl. DAI (1996), S. 12.

Bezugsrechtsausschluß ist insbesondere dann zulässig, wenn die Kapitalerhöhung gegen Bareinlagen 10% des Grundkapitals nicht übersteigt und der Ausgabebetrag nicht wesentlich unter dem Börsenpreis liegt (§86 Abs. 3 Satz 4 AktG). Der Bezugsrechtsausschluß darf nur gefaßt werden, wenn die Ausschließung ausdrücklich und ordnungsgemäß (§124 AktG) bekanntgemacht worden ist (§86 Abs. 4 Satz 1 AktG). Der Vorstand hat ferner der Hauptversammlung einen schriftlichen Bericht über die Gründe des Bezugsrechtsausschlusses vorzulegen, in welchem der vorgeschlagene Ausgabebetrag zu begründen ist (§86 Abs. 4 Satz 2 AktG). Auf diese Bestimmungen wird bei den übrigen Formen der Kapitalerhöhung bzw. beim Rückkauf eigener Aktien mit anschließender Einräumung von Optionsrechten an Manager verwiesen.

Die bedingte Kapitalerhöhung richtet sich nach den §§192 - 201 AktG. Sie ist zulässig für die Bedienung von Umtausch- oder Bezugsrechten, die die Gesellschaft auf die neuen Aktien eingeräumt hat. Sie kommt nur in dem Umfang zustande, in dem von den Umtausch- oder Bezugsrechten Gebrauch gemacht wird (§192 Abs.1 AktG). Für die durch das bedingte Kapital geschaffenen Aktien selbst sieht das Gesetz kein Bezugsrecht vor.[346] Werden die Umtausch- oder Bezugsrechte (im folgenden: Optionsrechte) an eine Wandelschuldverschreibung gekoppelt (§192 Abs. 2 Nr.1 AktG), so richtet sich der Bezugsrechtsausschluß nach §221 AktG. Dieser bestimmt in Abs. 4, daß den Aktionären ein Bezugsrecht auf Wandelschuldverschreibungen, Gewinnschuldverschreibungen und Genußrechte zusteht. Fuchs spricht auch von einem mediatisierten Aktienbezugsrecht über das Bezugsrecht auf Bezug der Wandelschuldverschreibung.[347] Allerdings gilt §186 AktG sinngemäß (§221 Abs. 4 Satz 2 AktG). Ein Bezugsrechtsausschluß für die Wandelschuldverschreibungen ist somit möglich, muß sich aber nach §186 AktG richten. Der Ausschluß vom Bezug der Wandelschuldverschreibungen deckt dann den Bezugsrechtsausschluß für die neuen Aktien bei Wandlung mit ab. Erfolgt die bedingte Kapitalerhöhung jedoch gemäß §192 Abs. 2 Nr. 3 AktG zur Gewährung von Bezugsrechten an Vorstände (sog. "nackte Optionen"), so ist zumindest nach Gesetzestext kein expliziter zusätzlicher Bezugsrechtsausschluß mehr notwendig. Da die Kopplung der bedingten Kapitalerhöhung an eine Wandelschuldverschreibung entfällt, ist auch §221 AktG nicht mehr ohne weiteres anwendbar. Ferner ließe sich auch folgern, daß ebenfalls die Berichtspflichten des §86 Abs. 4 AktG entfallen müßten. Hierauf ist aber unten noch näher einzugehen. Die fehlende Notwendigkeit eines expliziten Bezugsrechtsausschlusses wurde bereits im Vorfeld der Aktienrechtsnovelle im Rahmen des KonTraG's teils scharf kritisiert. Lutter führt hierzu aus, daß das Fehlen der Erfordernis eines Bezugsrechtsausschlusses gegen europäisches Recht verstoße.[348] Die Ausübung von Bezugsrechten im Rahmen eines bedingten Kapitals führt zu einer Erhöhung des Grundkapitals der betreffenden Gesellschaft gegen Bareinlagen.[349] Dafür

---

[346] Vgl. Lutter (1997), S. 7.
[347] Vgl. Fuchs (1997), S. 664.
[348] Vgl. Lutter (1997), S. 7.
[349] Vgl. Lutter (1997), S. 8.

schreibt die 2. EG-Richtlinie in ihrem Artikel 29 ein ausdrückliches Bezugsrecht vor.[350] Nach Art. 29 RL 77/191/EWG ist es weder dem Satzungsgeber noch dem nationalen Gesetzgeber erlaubt, einen unmittelbaren oder mittelbaren allgemeinen Ausschluß des Bezugsrechtes gegen Bareinlagen zu verfügen.[351] Damit bliebe nur die Möglichkeit eines ausdrücklichen Bezugsrechtsausschlusses im jeweiligen Erhöhungsbeschluß der Hauptversammlung.[352] Ein inzidenter Beschluß mit dem Inhalt "Bezugsrechte für Vorstandsmitglieder", "also kein Bezugsrecht für die Aktionäre", reiche demnach nicht aus.[353] Lutter fordert daher auch für eine bedingte Kapitalerhöhung über §192 Abs. 2 Nr. 3 AktG die Erfordernis eines expliziten Bezugsrechtsausschlusses für die jungen Aktien. Allerdings ist auch den Vorschlägen Lutters widersprochen worden. Zunächst bezweifelt Fuchs die Zweckmäßigkeit eines Bezugsrechtsausschlusses für die neuen Aktien.[354] Denn es sei der bedingten Kapitalerhöhung immanent, daß ein Bezugsrecht auf die neuen Aktien nicht besteht.[355] Wie bei der bedingten Kapitalerhöhung über eine Wandelschuldverschreibung sei auch bei nackten Optionen vielmehr davon auszugehen, daß die Aktionäre ein Bezugsrecht auf diese Optionen haben müßten. Der Ausschluß des Bezugsrechtes müßte sich demnach analog des Vorgehens bei der Wandelschuldverschreibung auf die Optionsrechte und nicht auf die neuen Aktien beziehen.[356] Fuchs führt dazu aus, daß die Einräumung nackter Optionen in die künftige mitgliedschaftliche Struktur eingreift und damit den Schutzzweck des §221 AktG direkt berührt. Ferner seien nackte Optionen ohnehin mindestens als Genußrechte zu qualifizieren, wodurch §221 AktG unmittelbar Anwendung finde. Demnach müsse auch für nackte Optionen ein Bezugsrechtsausschluß nach §221 Abs. 4 Satz 2 AktG in Verbindung mit §186 AktG vorgenommen werden.[357] Im Fazit teilt Fuchs also die Meinung Lutters, daß ein expliziter Bezugsrechtsausschluß notwendig sei, schließt aber, daß dieses Erfordernis bereits durch das geltende Recht abgedeckt sei.

Im Gegensatz zu Lutter sieht Hüffer[358] keine Notwendigkeit eines expliziten Bezugsrechtsausschlusses. Er verneint die These, daß es sich bei fehlendem expliziten Bezugsrechtsausschluß um einen Verstoß gegen EG-Recht handele. Zwar erkennt er die grundsätzliche Anwendbarkeit des Art. 29 der o.g. EG-Richtlinie an, führt aber weiter aus, daß Art. 41 Abs. 1 der selben Richtlinie den Mitgliedstaaten erlaubt, vom Art. 29 abzuweichen, "soweit dies für den Erlaß ... von Vorschriften erforderlich ist, welche die Beteiligung der Arbeitnehmer oder anderer, durch einzelstaatliches Recht festgelegter Gruppen von Personen am Kapital der Unternehmen fördern sollen".[359] Gerade darum handele es sich aber bei Aktienoptionsplänen. Dem muß jedoch

[350] Vgl. Lutter (1997), S. 8 mit entsprechendem Nachweis des Abdrucks der Richtlinie.
[351] Vgl. Lutter (1997), S. 8.
[352] Vgl. Lutter (1997), S. 8.
[353] Vgl. Lutter (1997), S. 8.
[354] Vgl. Fuchs (1997), S. 664.
[355] Vgl. Fuchs (1997), S. 664.
[356] Vgl. Fuchs (1997), S. 664.
[357] Vgl. Fuchs (1997), S. 665.
[358] Vgl. Hüffer (1997).
[359] Hüffer (1997), S. 239.

widersprochen werden. Zwar wird die Förderung des Aktienbesitzes als Ziel von Aktienoptionsplänen immer wieder genannt, jedoch gibt das DAI hierzu an, daß nach den bisherigen Erfahrungen die Aktien nach Bezug in aller Regel sofort verkauft werden.[360] Der Aktienbesitz erstreckt sich damit auf Stunden oder allenfalls Tage, weshalb von einer Kapitalbeteiligung nicht gesprochen werden kann. Der eigentliche Zweck von Optionsprogrammen für Vorstandsmitglieder liegt denn auch nicht in der Förderung des Aktienbesitzes, sondern in einer leistungsabhängigen Bezahlung. Es ist damit zu bezweifeln, daß der Art. 41 Abs. 1 der 2. EG-Richtlinie hier als Begründung dienen kann, keinen expliziten Bezugsrechtsausschluß zu verlangen. Obwohl das deutsche Aktienrecht für nackte Optionen keinen expliziten Bezugsrechtsausschluß vorsieht, muß das Fehlen eines entsprechenden Beschlusses als nicht ungefährlich angesehen werden. Entweder könnte sich das Erfordernis aus der angesprochenen EG-Richtlinie ergeben oder aus der Charakterisierung von nackten Optionen als Genußrechte. In beiden Fällen würden dann natürlich auch die Berichtspflichten des Vorstandes nach §186 Abs. 4 AktG greifen.

Nachdem die grundsätzliche Notwendigkeit eines Bezugsrechtsausschlusses diskutiert wurde, soll nun der Frage nachgegangen werden, welchen Bedingungen der Bezugsrechtsausschluß genügen muß. Hierzu wird allgemein die Meinung vertreten, daß der Bezugsrechtsausschluß a) im Interesse der Gesellschaft liegen muß. Er muß ferner b) geeignet und erforderlich sein, um das angestrebte Ziel zu erreichen und c) in einem angemessenen Verhältnis zu diesem stehen.[361]

a) Gesellschaftsinteresse

Das Gesellschaftsinteresse an der Durchführung eines Aktienoptionsplanes und damit der Notwendigkeit eines Bezugsrechtsausschlusses liegt konkret in der Zielsetzung, durch den Aktienoptionsplan den Managern einen deutlichen Anreiz zur Steigerung des Unternehmenswertes zu geben.[362] Daneben würde das Gesellschaftsinteresse weiter dadurch untermauert, daß Aktienoptionspläne zu einer liquiditätsschonenden Vergütung führten, weniger manipulationsanfällig als andere Vergütungsformen seien und helfen können, auch im internationalen Umfeld Führungskräfte zu rekrutieren.[363] Das alleinige Interesse an der Gewinnung und Beteiligung von Führungskräften reiche hingegen nicht, da das Erreichen dieser Zielsetzung auch ohne Aktienoptionen gelingen könnte.[364] Das Erfordernis, daß der Bezugsrechtsausschluß im Gesellschaftsinteresse zu liegen hat, bedeutet allerdings nicht, daß die Dienlichkeit des Bezugsrechtsausschlusses positiv festgestellt werden muß. Es sei vielmehr ausreichend, wenn eine solche "Entscheidung nach den tatsächlichen Verhältnissen im Zeitpunkt ihres Zustandekommens

360 Vgl. DAI (1998b), S. 7.
361 Vgl. Hüffer (1997), S. 227 und die dort angegebenen Quellen.
362 Vgl. Baums (1997), S. 40.
363 Vgl. Lutter (1997), S. 3.
364 Vgl. Baums (1997), S. 40.

für sachbezogen abwägende Gesellschaftsorgane als unternehmensdienlich erscheinen konnte."[365] Hieraus folgert Hüffer, daß die Prüfung des Gesellschaftsinteresses kaum zu einer ablehnenden Beurteilung führen könne, sofern man die Sinnhaftigkeit einer Orientierung am Shareholder Value nicht grundsätzlich bestreitet.[366] Allerdings gibt Hüffer auch an, daß alle die Zielsetzungen als Rechtfertigung des Gesellschaftsinteresses ausscheiden würden, die nur den Partikularinteressen von Aktionären dienen würden.[367] Diese Argumentation unterstellt aber, daß die strikte und alleinige Ausrichtung der Unternehmensführung am Shareholder Value unzulässig sei. Dem kann nicht gefolgt werden, wie bereits in den Ausführungen zur Kritik am Shareholder Value Ansatz deutlich wurde. Denn die teilweise unterstellte Ignoranz des Shareholder Value Ansatzes gegenüber berechtigten Interessen anderer Stakeholder ist gar nicht möglich, da ohne eine Befriedigung dieser anderen Interessen kein Shareholder Value geschaffen werden kann. Der postulierte Interessenkonflikt existiert mithin nicht. Von daher kann auch nicht gefolgert werden, daß die alleinige Ausrichtung am Shareholder Value gegen andere Interessen verstoßen würde. So führt Kohler aus, daß die Verwirklichung der mit Optionen verfolgten Ziele letztlich die Voraussetzung für den Erhalt und die Schaffung neuer Arbeitsplätze und jedes anderen gesellschaftlichen, sozialen und kulturellen Engagements schaffe.[368] Schließlich führt Lutter weiter aus, daß das Interesse der Gesellschaft auch dadurch untermauert sei, daß die Erfahrungen US-amerikanischer Unternehmen mit Optionsplänen offenbar positiv seien.[369] Einen Beweis dieser These bleibt der Autor jedoch schuldig. Unter Verweis auf die in dieser Arbeit bereits angesprochenen empirischen Studien müssen die angeblich positiven Erfahrungen in den USA denn auch stark relativiert werden. Insgesamt ergibt sich aber, daß nach herrschender Lehrmeinung das Gesellschaftsinteresse als gegeben angenommen werden kann.

b) Geeignetheit und Erforderlichkeit

Damit der Bezugsrechtsausschluß für die Durchführung eines Aktienoptionsprogrammes geeignet und erforderlich ist, muß dieser zunächst ein notwendiger Bestandteil des Programmes sein.[370] Ferner muß von dem Programm erwartet werden können, daß die angestrebte Steigerung des Börsenkurses erreicht wird und daß kein anderer gleichwertiger oder besserer Weg denkbar erscheinen darf.[371] Hierfür müsse lediglich die Mittel-Zweck-Relation zwischen Bezugsrechtsausschluß und Steigerung des Unternehmenswertes bestehen.[372] Die Eignung von SAR's als möglicher besserer Alternative wird verneint, da SAR's zu einer Schmälerung des Bilanzgewinns führen, was ebenfalls zum Nachteil der Aktionäre gereiche.[373] Hüffer kommt

[365] Vgl. Hüffer (1997), S. 227 und die dort angegebenen Quellen.
[366] Vgl. Hüffer (1997), S. 228.
[367] Vgl. Hüffer (1997), S. 227.
[368] Vgl. Kohler (1997), S. 261.
[369] Vgl. Lutter (1997), S. 4.
[370] Vgl. Hüffer (1997), S. 228.
[371] Vgl. Hüffer (1997), S. 228.
[372] Vgl. Hüffer (1997), S. 228.
[373] Vgl. Baums (1997), S. 40.

daher auf Basis der bisherigen Fallanschauung zu dem Schluß, daß sich der Bezugsrechtsausschluß sachlich rechtfertigen lasse.[374] Die Einschätzung von SAR's als äquivalent nachteilig für die Aktionäre beruht jedoch auf einer Fehleinschätzung der Vermögenswirkungen auf die Aktionäre nach Steuern, wie unten noch zu zeigen sein wird. Würden die nachteiligen Steuerwirkungen von Aktienoptionsplänen auf Basis einer Kapitalerhöhung berücksichtigt, dürfte die Geeignetheit dieser Maßnahme hingegen deutlich zu bezweifeln sein, da SAR's dann die schonendere Alternative darstellen. Als weiteres Kriterium für die Erforderlichkeit nennt Lutter, daß die Optionsempfänger auch in der Lage sein müssen, einen Beitrag zum angestrebten Ziel der Unternehmenswertsteigerung zu leisten.[375] Daher müsse sich die Gewährung von Optionen auf die Ebene der wirklich leitenden Personen beschränken.[376] Dies bedeutet für Vorstände sicher keine Einschränkung, läßt aber die Gewährung von Optionen an die gesamte Belegschaft eher fraglich erscheinen. Unterschiedliche Meinungen werden bezüglich des Einflusses einer möglichen Indexbindung auf die Beurteilung der Geeignetheit vertreten. So fordert Baums, daß im Fall eines Verzichtes auf indexgebundene Optionen auch dargelegt werden müsse, weshalb auf die Vorteile der Indexbindung verzichtet worden ist, da die Indexbindung zu einer geeigneteren Beurteilung der Managementleistung führe.[377] Dem widerspricht Hüffer mit dem Argument, daß die Indexbindung nichts an der Notwendigkeit des Bezugsrechtsausschlusses ändere und weitergehende Begründungsanforderungen somit letztlich nur zu einer Art Zwang für eine Indexbindung führen würden.[378] Dieses Argument vermag hingegen nicht zu überzeugen, da sich der Bezugsrechtsausschluß immer nur auf ein ganz bestimmtes Optionsprogramm beziehen kann. Er kann damit für ein "schlechtes" Optionsprogramm nicht schon dadurch gerechtfertigt werden, daß er auch für ein "gutes" notwendig wäre. Schließlich fordert Lutter, daß ein Optionsprogramm nur dann als erforderlich bewertet werden könne, wenn die Optionsbedingungen eine ausreichende Mindestwertsteigerung vorsähen. Das Merkmal der Erforderlichkeit sei also direkt mit den Optionsbedingungen korreliert.[379] So sei zum Beispiel auch zu berücksichtigen, daß im Sanierungsfall bei weitestgehendem Verzicht auf fixe Vergütungsbestandteile ein höherer Umfang an Optionsrechten erforderlich sei als bei normalem Geschäftsverlauf.[380] Wichtig für die Beurteilung der Erforderlichkeit sei daneben, daß der Beschluß über den Bezugsrechtsausschluß auch die wesentlichen Optionsbedingungen enthalten müsse.[381] Die notwendigen Festlegungen sind inzwischen im Rahmen des KonTraG's auch gesetzlich näher spezifiziert. Nach der neuen Nr. 4 des §193 Abs. 2 AktG muß der Beschluß auch die Aufteilung der Bezugsrechte auf die Mitglieder der Geschäftsführungen und Arbeitnehmer, Erfolgsziele, Erwerbs- und Ausübungszeiträume und die Wartezeit für die erstmalige Ausübung ent-

[374] Vgl. Hüffer (1997), S. 228.
[375] Vgl. Lutter (1997), S. 4.
[376] Vgl. Lutter (1997), S. 4.
[377] Vgl. Baums (1997), S. 40.
[378] Vgl. Hüffer (1997), S. 228.
[379] Vgl. Lutter (1997), S. 4.
[380] Vgl. Lutter (1997), S. 5.
[381] Vgl. Lutter (1997), S. 6.

halten, wobei diese mindestens zwei Jahre betragen muß. Nach altem Aktienrecht mußten nach §193 Abs. 2 Nr. 1-3 AktG bisher schon der Zweck der bedingten Kapitalerhöhung, der Kreis der Bezugsberechtigten und der Ausgabebetrag oder die Grundlagen, nach denen dieser Betrag errechnet wird, im Beschluß enthalten sein. Die erstgenannten Beschlußanforderungen nach Nr. 4 beziehen sich explizit nur auf die Durchführung einer bedingten Kapitalerhöhung zur Umsetzung eines Aktienoptionsplanes mittels nackter Optionen nach §192 Abs. 2 Nr. 3 AktG. Da der Gesetzgeber diese Möglichkeit jedoch speziell als Erleichterung für die Durchführung von Aktienoptionsprogrammen eingeführt hat, dürften die entsprechenden Anforderungen auch auf die weiterhin zulässige Konstruktion über die Kopplung mit einer Wandelschuldverschreibung anwendbar sein.

Auch für die Beurteilung der Geeignetheit und Erforderlichkeit ergibt sich im Fazit, daß diese Kriterien nach herrschender Meinung als erfüllt bzw. erfüllbar angesehen werden. Wie bereits ausgeführt, geht die herrschende Meinung hier aber teilweise von falschen Voraussetzungen aus. Damit müssen deutliche Zweifel an der Geeignetheit und Erforderlichkeit eines Bezugsrechtsausschlusses für die bisher bekannten Aktienoptionspläne angemeldet werden.

c) Verhältnismäßigkeit und Angemessenheit

Bei der Prüfung der Verhältnismäßigkeit und Angemessenheit muß zunächst ermittelt werden, wie hoch die zu erwartenden Verwässerungseffekte im Verhältnis zum angestrebten Ziel der Steigerung des Unternehmenswertes ausfallen.[382] Es ist zu prüfen, ob das Interesse der Gesellschaft höher zu bewerten ist als das Interesse der Altaktionäre am Erhalt ihrer Rechtsposition.[383] Probleme können hier bei ersichtlich überdimensionierten Programmen auftreten. Derzeit existieren hierfür jedoch keine allgemein akzeptierten Maßstäbe. Allerdings existieren zu dieser Frage erste Urteile, aus denen bestimmte Grenzen abgeleitet werden könnten. So erachtete das LG Frankfurt einen Bezugsrechtsausschluß über 1,6% des Grundkapitals beim Optionsprogramm der Deutschen Bank für zulässig.[384] Hingegen wurde das geplante Optionsprogramm der Hegener und Glaser AG für unzulässig erklärt, bei welchem 13% des Grundkapitals betroffen gewesen wären, wobei der Bezugskurs auch noch 100,- DM unter dem Börsenkurs bei Ausgabe der Optionen liegen sollte.[385] Auch das LG Braunschweig erklärte einen Bezugsrechtsausschluß in Höhe von ca. 10% des Grundkapitals beim Optionsplan der Volkswagen AG für nichtig, jedoch wurde hierfür vornehmlich die Verletzung von Informationspflichten gegenüber den Aktionären geltend gemacht.[386] Allerdings führt das Gericht aus, daß auch die Angemessenheit des Bezugsrechtsausschlusses im Verhältnis zu den Vorteilen gesehen werden muß, die den Vorstandsmitgliedern aus dem Optionsprogramm erwachsen. Nach

---

[382] Vgl. Hüffer (1997), S. 229.

[383] Vgl. Schwarz/Michel (1998), S. 489.

[384] LG Frankfurt, Urteil vom 10.02.1997, 3/1 O 119/96. Abgedruckt in: Der Betrieb (1997), Nr. 10, S. 517-519.

[385] Vgl. Lutter (1997), S. 5.

[386] LG Braunschweig, Urteil vom 11.03.1998, 22 O 234/97. Abgedruckt in: Der Betrieb (1998), Nr. 13, S. 666-669.

neuem Aktienrecht gilt eine Obergrenze von 10% des Grundkapitals inzwischen als bindend (§192 Abs. 3 AktG). Fraglich bleibt aber, ob und gegebenenfalls in Zusammenhang mit welchen anderen Gestaltungsaspekten von Optionsprogrammen sogar niedrigere Grenzen angenommen werden müssen.

Die Beurteilung des Kosten/Nutzenkalküls wirft allerdings größere Probleme auf, da der tatsächlich eintretende Verwässerungseffekt bei Beschlußfassung noch nicht bekannt ist.[387] Allerdings läßt sich das Minimum des Verwässerungseffektes berechnen, welches dann eintritt, wenn die (üblicherweise vereinbarten) Ausübungshürden gerade erreicht werden.[388] Baums verlangt ferner, daß für die Prüfung der Angemessenheit auch zu untersuchen sei, ob sich die angestrebte Kurssteigerung nicht voraussichtlich auch ohne den besonderen Anreiz durch Optionen ergeben würde.[389] Es bleibt aber fraglich, wie dies positiv festgestellt werden könnte. Auch bestreitet Hüffer, daß diese Prüfung im Zweifelsfall von einem Gericht zu überprüfen wäre.[390] Zu einer deutlichen Fehleinschätzung des Verwässerungseffektes kommt Kohler.[391] Er führt aus, daß eine Verwässerung dann nicht gegeben sei, wenn die neuen Aktien zu einem Bezugskurs ausgegeben werden, der dem Aktienkurs im Zeitpunkt der Gewährung der Optionen entspricht.[392] Dies stellt aber ersichtlich auf den falschen Zeitpunkt ab, da die Vermögenseinbuße der Aktionäre natürlich erst bei Ausübung der Optionen anfällt, der Verwässerungseffekt also später eintritt, dann aber natürlich gegeben ist. Kohler widerspricht sich bei seinen Ausführungen sogar selbst, weil er einerseits die finanzielle Verwässerung bestreitet, andererseits aber einräumt, daß es zu einer Verwässerung der Herrschaftsposition der Aktionäre durch die Einbuße an Stimmkraft komme.[393] Der Verlust an Stimmrechtsanteilen entsteht aber erst bei Ausübung der Optionen und Schaffung der neuen Aktien, so daß diese Argumentation auf den Ausübungszeitpunkt abstellt. Kohler mißt die finanziellen und stimmrechtlichen Verwässerungseffekte also zu unterschiedlichen Zeitpunkten. Wenig überzeugend ist auch seine Argumentation, den Verwässerungseffekt auf die einzelne Aktie herunterzurechnen und daraus zu schließen, daß die Quotenverschlechterung des einzelnen Aktionärs kaum noch meßbar sei.[394] Dieses Argument läuft darauf hinaus, daß es grundsätzlich in Ordnung sei, vielen Personen jeweils wenig wegzunehmen. Außerdem wird wohl unterstellt, daß jeder einzelne Aktionär nur eine Aktie besitzt.

Insgesamt kann aber auch hier gefolgert werden, daß die Verhältnismäßigkeit und Angemessenheit eines Aktienoptionsprogramms zumindest herstellbar ist. An diesem Punkt wird die Prüfung der Zulässigkeit eines Bezugsrechtsausschlusses also nicht zwangsläufig scheitern müssen.

---

387 Vgl. Baums (1997), S. 41.
388 Vgl. Baums (1997), S. 41. Ausübungshürden: z.B. Kurssteigerung von mindestens 10 % (Deutsche Bank '96), 15% (Daimler Benz '96). Vgl. Kohler (1997), S. 252.
389 Vgl. Baums (1997), S. 41.
390 Vgl. Hüffer (1997), S. 229.
391 Vgl. Kohler (1997).
392 Vgl. Kohler (1997), S. 262.
393 Vgl. Kohler (1997), S. 263.
394 Siehe Kohler (1997), S. 264.

4.1.3. Berichtspflichten

Wird das Bezugsrecht der Aktionäre ausgeschlossen, so verlangt §186 Abs. 4 Satz 2 AktG einen Bericht des Vorstandes über den Grund des Bezugsrechtsausschlusses. Im zweiten Halbsatz wird dann jedoch explizit lediglich eine Begründung des Ausgabebetrages (Bezugskurs) verlangt. Allerdings darf diese Bestimmung nicht dahingehend interpretiert werden, daß lediglich der Bezugskurs im Bericht zu begründen ist. Erfolgt die Bedienung über eine bedingte Kapitalerhöhung, so hat sich diese bei Zwischenschaltung einer Wandel- oder Optionsschuldverschreibung nach §221 AktG zu richten. Wie oben ausgeführt, kann jedoch auch die Einräumung nackter Optionsrechte als Gewährung von Genußrechten interpretiert werden und würde damit ebenfalls in den Anwendungsbereich des §221 AktG fallen. Geht man nun vom Ermächtigungsbeschluß des §221 Abs. 2 AktG aus, so hat der Ermächtigungsbeschluß nach herrschender Meinung zumindest die Befristung, gegebenenfalls die Wahl zwischen Options- oder Wandelschuldverschreibung und den Höchstbetrag der Emission zu enthalten.[395] Auch diese Festlegungen können als berichtspflichtig eingestuft werden, wobei die Berichtspflichten damit nicht erschöpft sein dürften.[396] Hüffer fordert vielmehr, daß der Bericht die Hauptversammlung in die Lage versetzen müsse, die Beurteilung des Vorstandes im einzelnen nachzuvollziehen und sich ein eigenes Plausibilitätsurteil zu bilden.[397] So müsse es der Hauptversammlung ermöglicht werden, die Prognose des Vorstandes nachvollziehen zu können, daß mit dem Optionsprogramm die angestrebte Steigerung des Unternehmenswertes erwartet werden kann.[398] Daneben müsse der Bericht auch den zu erwartenden Verwässerungseffekt so konkret darlegen, daß eine Abwägung zwischen erwarteter Wertsteigerung und der Verwässerung der Mitgliedsrechte möglich ist.[399] Ein allgemein gehaltener Verweis auf "internationale Gepflogenheiten bei der Managementvergütung, verbunden mit der Behauptung, ein Verwässerungseffekt sei nicht ersichtlich, genügen den Anforderungen an den Vorstandsbericht zweifellos nicht."[400] Gegebenenfalls sind sowohl der Ausgabebetrag der Wandel- oder Optionsschuldverschreibungen sowie die Umtausch- bzw. Bezugskonditionen für die neuen Aktien zu erläutern. So müssen die Anzahl der Optionsrechte, der Bezugskurs oder das Verfahren zur Bestimmung des Bezugskurses und evtl. Ausübungshürden (z.B. Mindestkurssteigerungen) mitgeteilt werden.[401] Werden mehrere Tranchen von Optionen vorgesehen, so müssen die Grundsätze, nach denen bei späteren Tranchen verfahren werden soll, aufgezeigt werden. Nach neuem Aktienrecht bedarf der Beschluß über die bedingte Kapitalerhöhung mittels nackter Optionen auch

395 Vgl. Hüffer (1997), S. 225.
396 Vgl. Hüffer (1997), S. 229 f.
397 Vgl. Hüffer (1997), S. 229.
398 Vgl. Hüffer (1997), S. 229 f.
399 Vgl. Hüffer (1997), S. 230.
400 Vgl. Baums (1997), S. 42.
401 Vgl. Baums (1997), S. 42.

der Festlegung der Aufteilung der Bezugsrechte auf Vorstandsmitglieder und andere Berechtigte, der Festlegung von Erfolgszielen, Erwerbs- und Ausübungszeiträumen und Wartezeiten (§193 Abs. 2 Nr. 4 AktG). Es erscheint nur logisch, die Berichtspflichten auch auf diese Parameter auszuweiten. Ferner verlangt Hüffer, daß sogar darzulegen sei, weshalb auf mögliche Optimierungen z.B. durch Indexbindung verzichtet werden soll.[402] Modellrechnungen zu alternativen Kursszenarien und Performancevergleiche sind nach deutschem Recht hingegen nicht notwendig.[403]

4.1.4. Angemessenheitsprüfung

Nach §87 Abs. 1 AktG ist der Aufsichtsrat verpflichtet, dafür zu sorgen, daß die Gesamtbezüge des einzelnen Vorstandsmitgliedes in einem angemessenen Verhältnis zu seinen Aufgaben und zur Lage der Gesellschaft stehen. Diese Vorschrift hat zum Ziel, Aktionäre, Arbeitnehmer und andere Gläubiger vor sachlich ungerechtfertigten, überhöhten Vergütungen zu schützen.[404] Da sich diese Vorschrift auf alle Vergütungskomponenten erstreckt, sind hiervon auch SAR's betroffen. Die folgenden Ausführungen beziehen SAR's daher ausdrücklich ein. Wann die Vergütung im einzelnen als angemessen gelten kann, dürfte im wesentlichen von den Bedingungen auf dem Arbeitsmarkt für Manager abhängen.[405] Die Angemessenheitsbeurteilung der Gesamtbezüge einschließlich der Optionen wird sich daher an der Höhe der Vergütungen in vergleichbaren Unternehmen auszurichten haben.[406] Hieraus leitet Baums die Pflicht des Aufsichtsrates ab, sich zunächst über den gegenwärtigen Wert und die möglichen Vermögensgewinne des Vorstandes zu informieren.[407] Im nächsten Schritt hätte der Aufsichtsrat zu prüfen, ob die ermittelten Werte im Marktvergleich als angemessen beurteilt werden können, wobei die Aufgaben des einzelnen Vorstandsmitgliedes und die Lage der Gesellschaft zu berücksichtigen sind.[408] Da Optionen beim Manager zu unsicheren Einzahlungen in der Zukunft führen, dürfte letztere Prüfung jedoch größere Probleme bereiten. Einerseits könnte argumentiert werden, daß Optionen nur dann mit Gewinn ausgeübt werden können, wenn ein absoluter oder relativer Kursanstieg zu verzeichnen gewesen ist. Geht man nun von effizienten Kapitalmärkten aus, so könnte gefolgert werden, daß die Lage der Gesellschaft gar nicht schlecht sein kann, wenn entsprechende Kurssteigerungen eingetreten sind, die eine Ausübung der Optionen sinnvoll erscheinen lassen. Von daher wäre eine Überbezahlung im Verhältnis zur Lage der Gesellschaft ausgeschlossen. Dieses Argument kann so aber nicht vollständig überzeugen. Denn insbesondere bei den an sich wünschenswerten indexgebundenen Optionen ist durchaus auch vorstell-

402 Vgl. Hüffer (1997), S. 230 und Baums (1997), S. 42.
403 Vgl. Baums (1997), S. 42.
404 Vgl. Baums (1997), S. 27 f.
405 Vgl. Baums (1997), S. 30.
406 Vgl. Baums (1997), S. 30.
407 Vgl. Baums (1997), S. 30.
408 Vgl. Baums (1997), S. 31.

bar, daß das Unternehmen bei Ausübung in einer angespannten Lage ist, die eben nur nicht ganz so schlimm ist, wie die Lage der Indexunternehmen. Dies gilt dann noch stärker für SAR's, da diese bei Ausübung zu einem weiteren Liquiditätsabfluß aus dem Unternehmen führen, wodurch die Lage noch verschlimmert werden könnte.
Bei der Bewertung der Angemessenheit im Marktvergleich treten nun aber erhebliche Probleme auf. Denn es ist unklar, wie der relevante Markt abgegrenzt werden sollte. So wäre zunächst daran zu denken, die Vergütungshöhen anderer deutscher Unternehmen als Vergleichsbasis heranzuziehen. Dies erscheint indessen nicht unproblematisch, da als ein wichtiger Grund für die Einführung von Optionsplänen immer wieder angeführt wird, daß diese helfen sollen, auch international Spitzenkräfte anwerben zu können. Von daher dürfte eine Beschränkung auf den deutschen Arbeitsmarkt für Manager nicht ausreichend sein. Andererseits zeigt sich bei den Ausführungen in der Literatur, daß überwiegend auf solche Länder verwiesen wird, in denen tendenziell eine höhere Vergütung gezahlt wird. Es finden sich bspw. wiederholt Verweise auf die höheren Vergütungen in den USA, während entsprechende Verweise auf Japan mit seinen vergleichsweise niedrigeren Vergütungen nicht zu finden sind.[409] Es muß vermutet werden, daß hinter dieser Argumentation der Versuch steht, auch in Deutschland pauschal höhere Vergütungen durchzusetzen. Daß die Einführung von Optionsplänen oft mit dieser Zielsetzung betrieben wird, zeigt die Umfrage des Deutschen Aktieninstitutes. Dort zeigte sich, daß üblicherweise die Optionen zusätzlich gewährt werden und nicht etwa als Ersatz für andere Vergütungskomponenten.[410] Zwar nimmt der Gehaltsabstand zu den USA damit möglicherweise ab, jedoch nimmt er z.B. Japan gegenüber zu. Es ist damit nicht unbedingt ersichtlich, daß ein Marktargument hier so pauschal für die Erhöhung der Vergütung vorgebracht werden kann. Beim derzeitigen Stand der Diskussion kann aber keine spezifische Aussage dazu getroffen werden, ob bzw. ab welcher Grenze der Rahmen der Angemessenheit der Vergütung verlassen wäre.

4.2. Steuerrecht

Im folgenden Abschnitt wird die steuerliche Behandlung unterschiedlicher Konstruktionen von Optionsprogrammen beleuchtet. Bei Überlegungen zur steuerlichen Optimierung muß es das Ziel sein, die Gesamtsteuerlast c. p. zu minimieren. Unter Gesamtsteuerlast ist hierbei die Summe aller Steuern zu verstehen, die von Managern, Unternehmen und Aktionären aufzubringen ist. Um zu einer handhabbaren Analyse zu kommen, werden für Manager und Aktionäre lediglich die Einkommensteuer und für die Unternehmen lediglich die Körperschaftsteuer einbezogen. Damit wird die tatsächliche Steuerlast natürlich deutlich unterschätzt. Da diese Steuerarten jedoch üblicherweise den größten Teil der Steuerbelastung erfassen, können

409 So z.B. bei Peltzer (1996), S. 313 f.
410 Vgl. DAI (1998a), S. 7.

bereits erste wichtige Einblicke in die unterschiedlichen Besteuerungswirkungen alternativer Optionsplankonstruktionen gewonnen werden. Auf eine genauere Analyse der übrigen Steuerarten soll hier verzichtet werden, da mit der Berücksichtigung von Einkommen- und Körperschaftsteuer die grundsätzliche Vorteilhaftigkeit bestimmter Optionsplankonstruktionen aufgezeigt werden kann. Es wird sich zeigen, daß solche Optionsplankonstruktionen vorteilhaft sind, bei denen der Ausübungsgewinn der Berechtigten gleichzeitig zu Personalaufwand beim Unternehmen führt und somit die Körperschaftsteuerlast reduziert. Die Vorteilhaftigkeit solcher Optionsplankonstruktionen wird durch die Berücksichtigung weiterer Steuerarten allenfalls verstärkt.

Um zu einer weiteren Vereinfachung zu kommen, wird darüber hinaus auch von der Berücksichtigung von Zinsgewinnen bei einer möglichen Steuerstundung zunächst abgesehen. Im wesentlichen wird zu untersuchen sein, ob die Gestaltung eines Optionsplanes auf der Übertragung bestehender oder neugeschaffener Aktien beruhen soll oder ob eine Gestaltung über Stock Appreciation Rights sinnvoller ist. Diese Unterscheidung hat beim Manager unter gewissen Umständen keine Auswirkungen, führt jedoch beim Unternehmen und damit auch bei den Aktionären zu unterschiedlichen Konsequenzen. Allerdings ist bei den folgenden Ausführungen zu beachten, daß bezüglich der steuerlichen Behandlung von Aktienoptionsplänen derzeit eine gewisse Unsicherheit in der Bundesrepublik herrscht. Diese Unsicherheit resultiert aus der Tatsache, daß Aktienoptionspläne hier ein relativ neues Phänomen sind. Es hat sich daher zur Zeit weder ein einheitliches Vorgehen der Finanzbehörden herausgebildet, noch liegen zu einigen wesentlichen Fragen rechtskräftige Urteile der Finanzgerichte vor. Dem Autor sind aus vertraulichen Gesprächen mit Firmenvertretern Fälle bekannt, in denen inhaltlich gleiche Sachverhalte von verschiedenen Finanzämtern unterschiedlich behandelt wurden. So wurde in einem Fall die volle Besteuerung des Ausübungsgewinns beim Mitarbeiter im Jahr der Ausübung eingefordert, während ein anderes Finanzamt eine Regelung zuließ, bei der der Ausübungsgewinn oberhalb eines Mindestbetrages steuerfrei blieb. Um diese Rechtsunsicherheit abzubauen, fordert auch das Deutsche Aktieninstitut eine Vereinheitlichung der Besteuerung in der Bundesrepublik.[411] Neben der fehlenden Klarheit in der Rechtspraxis werden auch in der Literatur teilweise sehr gegensätzliche Meinungen vertreten. Im wesentlichen dürften die Gegensätze auf unterschiedliche Auffassungen des Wesens von Optionen zurückzuführen sein. Es ist daher im Augenblick nur möglich, bestimmte Gestaltungsformen sicher zu identifizieren, die in jedem Fall vermieden werden sollten.

---

[411] Vgl. DAI (1998a), S. 17.

4.2.1. Steuerwirkungen beim Empfänger

Ein Großteil der bisherigen Literatur zur steuerrechtlichen Behandlung von Optionsprogrammen beschäftigt sich ausschließlich mit der Besteuerung beim Optionsempfänger.[412] Die zu klärenden Fragen in diesem Kontext beziehen sich auf den Zeitpunkt und den Umfang der Besteuerung. Rechtspraxis und Lehrmeinungen fallen hier jedoch teilweise stark auseinander. Bevor auf die verschiedenen Lehrmeinungen eingegangen wird, soll zunächst die herrschende Rechtspraxis dargestellt werden.

Herrschende Rechtspraxis

Aktienoptionen sind dem zu versteuernden Einkommen zuzurechnen.[413] Gemäß §19 Abs. 1 Nr. 1 EStG zählen zu den Einkünften aus nichtselbständiger Arbeit Gehälter, Löhne, Gratifikationen, Tantiemen und andere Bezüge und Vorteile aus einer Beschäftigung im öffentlichen oder privaten Dienst. Gemäß §8 Abs. 1 EStG gehören zu den Einnahmen alle Güter, die in Geld oder Geldeswert bestehen. Demnach stellt ein Optionsrecht auf den verbilligten Bezug junger Aktien einen geldwerten Vorteil dar.[414] Fraglich sei hingegen, wann dieser Vorteil soweit konkretisiert wird, daß er der Besteuerung unterfällt.[415] Derzeit sehen die Finanzbehörden in der Gewährung von Optionen an Mitarbeiter eines Unternehmens keine Überlassung eines Wirtschaftsgutes.[416] Die Wirtschaftsguteigenschaft wird verneint, weil über die Optionen regelmäßig nicht frei verfügt werden könne und weil es auch an der selbständigen Bewertbarkeit fehle. Es werde lediglich eine Chance zum verbilligten Aktienerwerb eingeräumt.[417] Diese Handhabung beruht auf einem älteren BFH-Urteil von 1972[418], nachdem eine Besteuerung im Jahr des Zugangs nicht zulässig sei, weil es sich bei der Überlassung einer Option "um eine vage, kaum bewertbare Chance handele, deren Ausübung ungewiß sei"[419]. Für die Besteuerung bei unentgeltlichem Erwerb gilt damit, daß die Gewährung von Optionen selbst steuerlich noch nicht zu berücksichtigen ist, sondern daß eine Besteuerung erst dann stattfindet, wenn die Optionen mit Gewinn ausgeübt werden. In diesem Falle ist auch die Höhe des zu versteuernden Einkommens klar zu bestimmen. Zu versteuern ist die Differenz zwischen Marktwert der zu beziehenden Aktie am Tag der Ausübung und dem dafür aufgewundenden Eigenbeitrag in Höhe des Bezugskurses je Aktie multipliziert mit der Anzahl der bezogenen Aktien. Die Tatsache, ob die Aktien nach Erwerb gehalten oder sofort veräußert werden, ist hierbei unbeachtlich. Allerdings erfolgt eine erneute Besteuerung, falls die so erworbenen Aktien innerhalb von 6 Monaten mit noch höherem Gewinn veräußert werden.

---

412 So die Arbeiten von Portner/Bödefeld (1995), Arnold (1996), Bredow (1996), Peltzer (1996), Aha (1997), Feddersen (1997), Portner (1997a), Portner (1997b) und für Österreich Haslinger (1995) und Hackl (1997).
413 Vgl. Feddersen (1997), S. 274.
414 Vgl. Feddersen (1997), S. 275.
415 Vgl. Feddersen (1997), S. 275.
416 Vgl. Bredow (1996), S. 2034.
417 Vgl. Bredow (1996), S. 2034.
418 BFH vom 10.03.1972 VI R 278/68. Bundessteuerblatt II 1972, S. 596 f.
419 Vgl. Peltzer (1996), S. 314, Feddersen (1997), S. 278.

Diese steuerliche Behandlung wird jedoch in der Literatur mittlerweile teils heftig kritisiert.[420] Dabei wird wiederholt darauf verwiesen, daß sowohl die Optionspreistheorie deutliche Fortschritte gemacht habe und daß auch der Handel, und somit die Erfahrung mit Finanzderivaten, soweit zugenommen habe, daß von einer Bewertbarkeit von Optionen bereits bei Einräumung auszugehen sei.[421] Damit müsse sich auch der BFH allmählich vertraut machen.[422] Daher müsse eine Besteuerung bereits im Jahr der Optionseinräumung vorgenommen werden. Als zu versteuerndes Einkommen sei hierbei der mittels finanzmathematischer Optionsbewertungsverfahren ermittelte Optionswert anzusetzen. In der Literatur wird nun diskutiert, ob und wie gegebenenfalls eine Versteuerung im Jahr der Einräumung der Optionen erreicht werden kann.

So vertreten Portner/Bödefeld grundsätzlich die Meinung, daß Optionen im Jahr ihrer Einräumung zu versteuern seien.[423] Sie führen dazu zunächst aus, daß die Einräumung einer Option Arbeitslohn sei, da dem Optionsempfänger die Option ohne das Dienstverhältnis nicht eingeräumt würde.[424] Als nächstes prüfen die Autoren, ob die eingeräumten Optionen unter den Begriff der Einnahmen gemäß §19 EStG fallen. Hierzu müßte ihnen der Charakter eines Gutes mit Geldeswert zukommen. Dies wäre gegeben, wenn die Option einer selbständigen Bewertung zugänglich wäre. Dies bejahen die Autoren, da im heutigen Optionshandel die Bewertung von Optionen nach anerkannten Kriterien erfolge.[425] Schließlich prüfen die Autoren, ob sich durch Verfügungsbeschränkungen die Einräumung eines geldwerten Vorteils verneinen lasse. Verfügungsbeschränkungen bestehen bei Optionen im wesentlichen darin, daß die Option und deren Ausübung an die betreffende Person gebunden und damit nicht veräußerbar sei und daß die Option erst nach gewissen Sperrfristen ausgeübt werden kann. Hierzu führen die Autoren jedoch aus, daß persönliche Verfügungsbeschränkungen nicht relevant seien, da z.B. Mietzinsvorteile (z.B. bei firmeneigenen Wohnungen) ebenfalls an die Person gebunden sind, deren Charakter als geldwerter Vorteil jedoch auch nicht in Zweifel gezogen werde.[426] Ebenso seien zeitliche Verfügungsbeschränkungen irrelevant, da der BFH einen Einfluß derartiger Beschränkungen auf den Wert eines Wirtschaftsgutes ebenso verneint habe wie die Finanzverwaltung.[427] Schließlich sei auch zu verneinen, daß der Gewinn bei Ausübung in einem Zusammenhang zum Dienstverhältnis stünde, weswegen der Ausübungsgewinn nicht als Arbeitslohn angesehen werden könne. Dem widerspricht jedoch Bredow, der in der Lieferung von verbilligten Aktien durch das Unternehmen einen durch das Anstellungsverhältnis bedingten Zufluß sieht.[428] Portner/Bödefeld kommen hingegen auf Basis ihrer eigenen Argumentation zu dem Schluß, daß eigentlich die Besteuerung bei Gewährung die angemessene Vorgehensweise wäre. Zur glei-

420 So z.B. Portner/Bödefeld (1995) und die dort angegebenen Quellen.
421 Vgl. Portner/Bödefeld (1995), S. 632, Feddersen (1997), S. 280.
422 Vgl. Bredow (1996), S. 2034.
423 Vgl. Portner/Bödefeld (1995).
424 Vgl. Portner/Bödefeld (1995), S. 632.
425 Vgl. Portner/Bödefeld (1995), S. 633.
426 Vgl. Portner/Bödefeld (1995), S. 633, Peltzer (1996), S. 314, anders jedoch Feddersen (1997), S. 280.
427 Vgl. Portner/Bödefeld (1995), S. 634.
428 Vgl. Bredow (1996), S. 2035.

chen Bewertung gelangt auch Peltzer[429]. Allerdings stehen die genannten Autoren damit im Widerspruch zur herrschenden Rechtsprechung. Die von ihnen vertretene Meinung bleibt eben eine Lehrmeinung, der derzeit keine praktische Relevanz zukommt.

Andere Autoren betrachten dieses Problem etwas differenzierter. Sie suchen nach Gestaltungsmöglichkeiten, die auch in der praktischen Anwendung zu einer veränderten steuerlichen Behandlung führen würde. Diese Arbeiten versuchen zunächst nachzuweisen, daß die steuerliche Behandlung von veränderbaren Charakteristika der Ausgestaltung von Optionsprogrammen abhängen müsse. Als wesentliches Unterscheidungskriterium wird die Handelbarkeit der Optionen angeführt.[430]

Bei Gewährung nichthandelbarer Optionen schließt sich Feddersen der gängigen Rechtspraxis an.[431] Zwar räumt er ein, daß eine Reihe von Argumenten auch bei diesen Optionen für eine Besteuerung bei Optionsgewährung spreche, andere Gründe aber eben dagegen. Neben den oben bereits genannten Gründen für eine Besteuerung erst bei Ausübung der Optionen führt Feddersen zusätzlich an, daß Optionsprogramme üblicherweise eine Ausübungshürde vorsehen, die Kurssteigerung also erst ein gewisses Ausmaß erreichen muß, ehe die Optionen ausgeübt werden dürfen. Es sei somit fraglich, ob die Optionen überhaupt ausgeübt würden. Durch Versteuerung bei Einräumung der Optionen entstünde somit das Risiko, daß die Optionsempfänger Steuern auf einen Vorteil bezahlen würden, den sie nicht realisieren würden. Dieses Argument vermag hingegen nicht zu überzeugen, da Ausübungshürden den Wert je Option c.p. zwar mindern, der wertlose Verfall von Optionen aber auch ohne Ausübungshürden eintreten kann. Ausübungshürden kommt somit per se keine Bedeutung bei der Beurteilung des angemessenen Besteuerungszeitpunktes zu.

Zu einer anderen Bewertung kommt Feddersen jedoch für handelbare Optionen. Er argumentiert, daß bei Einräumung verbriefter und damit unbedingter und handelbarer Optionsrechte diesen bereits bei Einräumung der Optionen ein selbständiger Geldwert zugeordnet werden könne.[432] Erfolgt die Überlassung der Optionen unentgeltlich, so fließt dem Empfänger ein Vorteil in Höhe des Marktwertes zu. Falls für die Optionen kein Marktpreis festgestellt werden kann, könne dieser mittels Verfahren der Optionsbewertung ermittelt werden. Der gewährte Vorteil wäre im Jahr der Optionseinräumung zu versteuern. Wird die Option hingegen vom Empfänger zum Marktwert erworben, bleibt die Gewährung der Option steuerfrei.[433] Bei Ausübung oder Veräußerung des Optionsrechtes unterläge der realisierte Gewinn lediglich den üblichen Regelungen der Besteuerung von Spekulationsgewinnen nach den §§22 Nr. 2 und 23

[429] Vgl. Peltzer (1996).
[430] So z.B. Bredow (1996) und Feddersen (1997).
[431] Vgl. Feddersen (1997), S. 280.
[432] Vgl. Feddersen (1997), S. 275.
[433] Vgl. Feddersen (1997), S. 275.

EStG. Bei Veräußerung des Optionsrechtes käme es nur dann zu einer Besteuerung des Gewinnes aus dem Verkauf, wenn dieser innerhalb von 6 Monaten nach Einräumung der Option erfolgen würde. Dieser Fall dürfte nach neuem Aktienrecht hingegen nicht mehr relevant sein, da für Optionsprogramme, die nach dem 01.05.1998 begonnen haben bzw. beginnen werden, eine 2-jährige Sperrfrist zwingend vorgeschrieben ist (§193 Abs. 2 Nr. 4 AktG). Zwar bezieht sich die Sperrfrist explizit nur auf die Ausübung von Optionen. Der Gesetzgeber ist hierbei aber wohl von der Gewährung nicht handelbarer Optionen ausgegangen. Hieraus ließe sich schließen, daß eine Realisation von Gewinnen beim Empfänger erst frühestens nach 2 Jahren zulässig sein soll. Die entsprechende Regelung des §193 Abs. 2 Nr. 4 AktG dürfte daher auch auf die Wiederveräußerung von Optionen anwendbar sein. Für Programme, die vor dem 01.05.1998 aufgelegt wurden, käme eine Anrechnung von Spekulationsverlusten in Frage, die mit anderen Spekulationsgewinnen verrechnet werden könnten, wenn der Verlust aus dem Optionsverkauf innerhalb von 6 Monaten nach Erwerb der Optionen eintreten würde. Allerdings ist dieser Fall rein hypothetischer Natur, da keine Optionsprogramme mit handelbaren Optionen bekannt geworden sind, deren Beginn vor dem 01.05.1998 lag.

Bei Ausübung der Optionen hängt die Besteuerung hingegen von der Haltefrist der bezogenen Aktien ab. Der evtl. gezahlte Kaufpreis für die Optionen und der zusätzlich zu entrichtende Bezugskurs würden zu Anschaffungskosten der Aktien. Nur wenn diese innerhalb von 6 Monaten weiterveräußert werden, unterliegt die (positive) Differenz zwischen Erlös und Anschaffungskosten der Spekulationsbesteuerung gemäß den §§22 Nr. 2 und 23 EStG. Werden die Aktien hingegen mindestens 6 Monate gehalten, bleibt der Ausübungsgewinn steuerfrei.[434]

Im Fazit kommt Feddersen damit zu dem Schluß, daß bei der Durchführung eines Optionsplanes mittels handelbarer Optionen eine Besteuerung im Jahr der Optionseinräumung anzunehmen sei. Die Bewertung der Eignung von handelbaren Optionsrechten als Anreizinstrument wird von Feddersen allerdings bezweifelt.[435] Die Argumente, auf die er seine Zweifel stützt, vermögen hingegen nur teilweise zu überzeugen. Richtig ist, daß die Bindungswirkung derartiger Optionen geringer ist als diejenige von personengebundenen Optionen, die bei Ausscheiden aus dem Unternehmen erlöschen würden. Der Optionsempfänger kann sich ferner sofort durch Verkauf einer gleichartigen Option glattstellen, selbst wenn er die Option erst nach einer gewissen Sperrfrist verwerten darf. Dies ist bei personengebundenen Optionen anders, wenn diese beim Ausscheiden aus dem Unternehmen verfallen würden. Im Fall des Ausscheidens verbliebe der Optionsinhaber dann nämlich in einer ungedeckten Stillhalterposition aus seiner verkauften Option. Weiter führt Feddersen aus, daß von handelbaren Optionen keine Anreizeffekte ausgehen würden.[436] Diese These vermag hingegen nicht zu überzeugen. Der Wert einer

[434] Vgl. Feddersen (1997), S. 226.
[435] Vgl. Feddersen (1997), S. 277.
[436] Vgl. Feddersen (1997), S. 277.

handelbaren Option bei Ausübung steigt ebenso wie der Wert einer personengebundenen Option, wenn es dem Optionsinhaber gelingt, den Aktienkurs durch seinen Arbeitseinsatz positiv zu beeinflussen. Eine Anreizwirkung verbleibt also durchaus. Es ist für den Optionsinhaber nur leichter und weniger riskant, den Anreizeffekt durch Gegengeschäfte zunichte zu machen. Dadurch könnte sich der Anreizeffekt letztlich reduzieren, aber eben nicht auf Null. Der so entstehenden Reduktion der Anreizwirkung könnte auch dadurch entgegengewirkt werden, daß vertraglich ein Verbot von Gegengeschäften vereinbart wird.[437]

Fraglich bleibt, wie die Handelbarkeit der Optionen hergestellt werden kann. Bredow schlägt hierzu vor, eine dritte Partei einzuschalten, die die Verpflichtung übernimmt, die Optionen bei Andienung anzukaufen.[438] Der Dritte übt nun die Optionen sofort aus und verkauft die Aktien an der Börse. Entspricht der Kaufpreis für die Optionen der Differenz zwischen Bezugskurs und Börsenkurs, führt dieses Vorgehen für den Dritten (z.B. eine Bank) zu keinem Aufwand, da seine Anschaffungskosten für die Aktie, bestehend aus Kaufpreis für die Option und Bezugskurs, dem Börsenkurs bei Veräußerung entsprechen. Der Gewinn aus dem Verkauf der Option fließt dem ursprünglichen Optionsinhaber jetzt nicht mehr vom Arbeitgeber, sondern vom Dritten zu, weswegen eine erneute Besteuerung als Arbeitslohn in jedem Fall ausscheidet.[439] Eine ähnliche Konstruktion schlägt auch Aha[440] vor. Demnach sollte eine Bank Aktien kaufen, darauf gedeckte Optionsscheine ausstellen und diese an das Unternehmen verkaufen. Das Unternehmen gibt die Optionsscheine dann unentgeltlich an die Manager weiter.[441] Durch den Kauf der Optionen am Markt sei deren Wert positiv festgestellt.

Es ist nun zu fragen, ob und wie die steuerlichen Gestaltungsmöglichkeiten genutzt werden können, um die Steuerbelastung des Optionsempfängers zu reduzieren. Hierbei kommen Bredow, Peltzer und Feddersen zu dem Schluß, daß eine Versteuerung bei Zugang der Optionen vorteilhaft sei.[442] Denn in diesem Fall sollte der zu versteuernde geldwerte Vorteil relativ niedrig ausfallen.[443] Für nicht handelbare Optionen, bei denen erst der Ausübungsgewinn der Besteuerung unterworfen wird, schlägt Feddersen vor, die Ausübungsfristen nicht zu lange zu bemessen. Denn werden die Aktien relativ schnell bezogen und anschließend mindestens 6 Monate gehalten, so würde hierdurch ein Großteil der Gewinne auf die steuerfrei zu vereinnahmende Kurssteigerung entfallen.[444] Hierzu hat Knoll[445] aber gezeigt, daß es sich bei den Begründungen dieser Gestaltungsempfehlungen teilweise um Scheinargumente handelt.

---

437 Dies dürfte allerdings erhebliche Überwachungsprobleme verursachen.
438 Vgl. Bredow (1996), S. 2034.
439 Vgl. Bredow (1996), S. 2035.
440 Vgl. Aha (1997).
441 Vgl. Aha (1997), S. 2228.
442 Vgl. Bredow (1996), S. 2036, Peltzer (1996), S. 314, Feddersen (1997), S. 283.
443 Vgl. Feddersen (1997), S. 283.
444 Vgl. Feddersen (1997), S. 285.
445 Vgl. Knoll (1997) und Knoll (1998a).

Zunächst argumentiert Knoll, daß die unterschiedliche Höhe der Steuerlasten bei Einräumung bzw. Ausübung der Optionen allein keinen Aufschluß über die Vorteilhaftigkeit des Besteuerungszeitpunktes gäbe.[446] Vielmehr ist zu vergleichen, welches Nachsteuereinkommen am Ende der Laufzeit unter beiden Besteuerungsalternativen verbleibt. Hierbei muß aber berücksichtigt werden, daß im Falle der späteren Besteuerung die zunächst bei Begebung der Optionen gesparte Steuer bis zum Laufzeitende der Optionen zinsbringend angelegt werden kann. Hierbei zeigt sich, daß beide Besteuerungsalternativen zum gleichen Ergebnis führen. Im folgenden sollen daher die Endwerte des Nachsteuereinkommens beider Besteuerungsalternativen verglichen werden. Vereinfachend sei angenommen, daß sich alle Werte mit Sicherheit realisieren und daß die Option eine Laufzeit von einer Periode besitze. Das nicht konsumierte Vorsteuereinkommen in der Periode der Optionsgewährung sei mit Y_0 bezeichnet. Das Nachsteuereinkommen nach Ausübung der Option betrage Y_1. Der Wert bzw. (fiktive) Kaufpreis der Option bei Einräumung sei mit KP bezeichnet. Der Optionswert bei Ausübung (= Differenz zwischen Börsenkurs und Bezugskurs = Ausübungsgewinn) sei AG. Die Rendite der Option betrage R. Damit gilt $AG = KP \cdot (1+R)$. Der persönliche Grenzsteuersatz der Einkommensteuer sei ESt.

1. Fall: Besteuerung bei Einräumung der Option

Dieses Verfahren entspricht der Besteuerung von Kapitalanlagen. Besteuert wird nur das Einkommen, welches für den Erwerb der Kapitalanlage notwendig ist. Spätere Kursgewinne bleiben steuerfrei. In diesem Fall kann der Optionsempfänger einen Wert von $KP = Y_0(1-ESt)$ in Optionen investieren. Diese Investition verzinst sich mit der Optionsrendite R. Es entsteht am Ende also ein Nachsteuereinkommen in Höhe von

$$Y_1 = Y_0(1-ESt)(1+R)$$

2. Fall: Besteuerung bei Ausübung der Option

Erfolgt eine Besteuerung der Option erst bei Ausübung, so erhält der Optionsempfänger in der Periode der Optionsgewährung ein niedrigeres Einkommen, was durch den kostenlosen Erhalt der Optionen ausgeglichen wird. Es werden Optionen im Wert von $Y_0 = KP/(1-ESt)$ gewährt. Dieser Wert verzinst sich nun mit der Optionsrendite R. Hieraus resultiert ein Vorsteuereinkommen in der Periode der Optionsausübung in Höhe von $Y_0(1+R)$. Hierauf müssen nun allerdings noch Steuern gezahlt werden, woraus sich ein Nachsteuereinkommen von

$$Y_1 = Y_0(1+R)(1-ESt)$$

ergibt. Der Vergleich beider für den Konsum zur Verfügung stehenden Endeinkommen zeigt, daß diese übereinstimmen. Es ist für den Optionsempfänger daher irrelevant, wann die

[446] Vgl. im folgenden Knoll (1998a).

Besteuerung einsetzt. Natürlich sind auch die Endwerte der Steuern identisch. Im ersten Fall sind Einkommensteuern E in Höhe von $E = Y_0 \cdot ESt$ zu zahlen. Im zweiten Fall betragen die Steuern $E = Y_0(1+R)ESt$. Da die Steuern im ersten Fall jedoch früher zu zahlen sind, ergibt sich unter Berücksichtigung der Verzinsung ebenfalls ein Endwert der Steuerzahlung in Höhe von $E = Y_0(1+R)ESt$.

Vor dem Hintergrund dieser Überlegungen reduziert sich die Bedeutung des Besteuerungszeitpunktes erheblich. Allerdings beruht obige Analyse auf einigen vereinfachenden Annahmen, die noch zu betrachten sind. Unbeachtlich ist allerdings die Annahme einer Welt ohne Unsicherheit. Für alle relevanten Größen wurde oben angenommen, daß diese mit Sicherheit eintreten bzw. daß sich alle Beteiligten einzig an den Erwartungswerten orientieren. Gibt man diese Annahme auf und unterstellt Risikoaversion beim Optionsempfänger[447], so folgert Knoll, daß die Besteuerung bei Ausübung vorteilhafter sein würde. Denn dadurch würde das Risiko vermieden, Steuerzahlungen leisten zu müssen, obwohl die Option hinterher verfällt.[448] Hierbei wird allerdings übersehen, daß beim obigen Vergleich die unterschiedliche steuerliche Behandlung vom Unternehmen getragen würde. Im 1. Fall bezieht der Optionsempfänger ein zusätzliches Einkommen, für welches er nach Steuern die Optionen erwirbt. Er kann in dieser Periode aus dem zusätzlichen Einkommen also nichts konsumieren, da der gesamte Nachsteuerbetrag in die Optionen fließt. Verfallen die Optionen am Ende, so steht auch in dieser Periode kein Einkommen für den Konsum zur Verfügung. Erhält er die Optionen jedoch statt des zusätzlichen Einkommens, so steht ihm in der Periode der Optionseinräumung ebenfalls kein konsumierbares Einkommen zur Verfügung, ebenso in der Periode des späteren Verfalls. In beiden Fällen resultiert ein konsumierbares Einkommen in allen betrachteten Perioden in Höhe von Null. Die Risikoaufteilung unterscheidet sich daher nicht.

Kritisch ist allerdings die Annahme konstanter Steuersätze im Zeitablauf. So wurde oben angenommen, daß der (Grenz-)Steuersatz in beiden betrachteten Perioden identisch ist. Gibt man diese Annahme auf, so ist die Besteuerung natürlich in der Periode am sinnvollsten, in der der niedrigere Steuersatz gilt. Sind z.B. Steuersenkungen in der Zukunft voraussehbar, so wird die Besteuerung bei Optionseinräumung vorteilhafter. Gleiches gilt auch, wenn die Optionsausübung in ein Jahr fällt, in der der persönliche Steuersatz ohnehin geringer ist. Dies könnte z.B. im Fall der Pensionierung eintreten. Allerdings dürfte die Relevanz dieser Überlegungen eher gering sein, wenn man von den üblichen Vorstandsbezügen und Pensionen ausgeht, bei denen der Grenzsteuersatz ohnehin dem Spitzensteuersatz entspricht. Insgesamt läßt sich damit feststellen, daß dem Zeitpunkt der Besteuerung weit weniger Gewicht zukommt, als dies häufig in den vornehmlich juristisch geprägten Aufsätzen behauptet wird.

---

[447] Dies ist schließlich eine der Annahmen, die Optionsprogramme überhaupt sinnvoll erscheinen lassen!
[448] Vgl. Knoll (1998a), S. 136.

Schließlich lautete eine weitere der Empfehlungen von Feddersen, die Ausübungsfristen nicht zu lange werden zu lassen, um einen großen Teil des Ausübungsgewinns auf den späteren, steuerfreien Verkauf der Aktien zu verlagern.[449] Hierbei wird jedoch wiederum der Zinseffekt übersehen, der sich u.a. aus der dann notwendigen Zwischenfinanzierung der Aktien ergibt. So kann Knoll zeigen, daß der von Feddersen beschriebene Vorteil nicht existiert und sich dieser bei Berücksichtigung von Dividendenzahlungen sogar in einen Nachteil verkehrt.[450]

Die oben geführte Diskussion bezog sich explizit nur auf "echte" Optionsprogramme. Bezüglich der steuerrechtlichen Gestaltung von Stock Appreciation Rights ergeben sich aber keine Neuerungen. Die Zahlungen, die sich aus SAR's ergeben, sind im Jahr der Ausübung voll zu versteuern.[451] Im Jahr der Gewährung sind SAR's jedoch steuerfrei. Feddersen hält dies für nachteilig gegenüber anderen Optionsformen mit Sofortbesteuerung bei Gewährung. Wie oben gezeigt wurde, ist diese Aussage jedoch falsch.

4.2.2. Steuerwirkungen beim Unternehmen

Die Analyse der Besteuerung beim Manager hat gezeigt, daß die Art der Optionseinräumung irrelevant ist. Weder kommt es auf den Besteuerungszeitpunkt an noch auf die Bedienung der Optionsverpflichtungen über echte Optionen zum Bezug von Aktien oder SAR's. Die steuerliche Behandlung beim Unternehmen hängt hingegen sehr wohl davon ab, wie die Optionen bedient werden. Steuerliche Betrachtungen müssen daher auf Systemebene geschehen und Manager, Unternehmen und Alteigentümer in die Betrachtungen einbeziehen.[452] Die steuerliche Behandlung beim Unternehmen hängt davon ab, ob die Optionsverpflichtungen zu Personalaufwand führen oder nicht. Dies wiederum hängt ausschließlich davon ab, in welcher Form das Unternehmen seine Optionsverpflichtungen erfüllt. Werden die Optionsverpflichtungen durch Begebung neuer Aktien im Rahmen einer bedingten Kapitalerhöhung erfüllt, so entsteht dem Unternehmen kein Personalaufwand. Hingegen entsteht Personalaufwand, wenn entweder die Bedienung über SAR's erfolgt, die Aktien zur Bedienung der Optionsverpflichtungen am Markt gekauft und zum niedrigeren Bezugskurs an den Berechtigten weiterverkauft werden oder wenn die Optionen ihrerseits am Markt beschafft werden. Aus Vereinfachungsgründen soll im folgenden zunächst nur ein Vergleich zwischen der Bedienung über ein bedingtes Kapital oder über SAR's erfolgen. Hierbei wird davon ausgegangen, daß der Einbehaltungssatz der Körperschaftsteuer in Höhe von 45% Anwendung findet. Um die Ergebnisse direkt vergleichen zu können, soll davon ausgegangen werden, daß den Managern in beiden Fällen ein Einkommen in gleicher Höhe zufließen soll. So ist es gerechtfertigt, für beide Fälle von dem glei-

---

449 Vgl. Feddersen (1997), S. 284.
450 Vgl. Knoll (1997), S. 2139.
451 Vgl. Feddersen (1997), S. 286.
452 Vgl. Knoll (1997), S. 2140.

chen Geschäftsverlauf auszugehen, da die Anreize für die Manager identisch sind. Es wird von einem Jahresumsatz von 100,- ausgegangen. Kosten entstehen dem Unternehmen allenfalls durch die Vergütung seiner Manager. Es sei ferner von folgender Eröffnungsbilanz ausgegangen.

	Aktiva	Passiva	
Umlaufvermögen	100,-	50,-	gezeichnetes Kapital
		50,-	Rücklagen
	100,-	100,-	

Das gezeichnete Kapital ist eingeteilt in 10 Aktien zu je 5 DM Nennwert, deren Marktwert pro Stück 10,- DM beträgt.

Fall 1: Bedienung der Optionsrechte über die Ausgabe neuer Aktien.
Es sei angenommen, daß die Manager 5 Optionen mit einem Bezugskurs von 10,- DM erhalten. Da die Optionen die einzige Vergütung sind, beträgt der Personalaufwand des Unternehmens Null. In diesem Fall ergibt sich für die GuV:

Gewinn- und Verlustrechnung	
Umsatz	100,-
/Personalaufwand	0,-
Gewinn vor Steuern	100,-
/Körperschaftsteuer (45%)	45,-
Gewinn nach Steuern	55,-

Nun üben die Manager ihre 5 Optionen aus. Sie haben dabei einen Bezugskurs in Höhe von 10,- pro Option zu entrichten. Bei 5 Optionen fließen dem Unternehmen also 50,- zu. Damit erhöhen sich das gezeichnete Kapital um 25,- und die Rücklagen um 25,-. Es ergibt sich folgende Abschlußbilanz. Die Aktiva nehmen um diese 50,- plus der 55,- Nachsteuergewinn zu, steigen also auf 205,-.

	Aktiva	Passiva	
Umlaufvermögen	205,-	75,-	gezeichnetes Kapital
		75,-	Rücklagen
		55,-	Gewinn nach Steuern
	205,-	205,-	

Insgesamt hat das Unternehmen nun einen Wert von 205,-. Dieser Wert teilt sich jetzt aber auf 15 Aktien auf, was einem Wert von 13,67 pro Aktie entspricht. Die Manager realisieren einen Gewinn aus der Optionsausübung in Höhe der Anzahl der Optionen multipliziert mit der Differenz zwischen Marktwert und Bezugskurs, d.h. $5 \cdot (13{,}67 - 10{,}00) = 18{,}33$. Die Aktionäre erzielen einen Vermögensgewinn in Höhe von $10 \cdot (13{,}67 - 10{,}00) = 36{,}67$.

Fall 2: Bedienung der Optionsrechte über eine Barauszahlung.
In diesem Fall werden keine neuen Aktien geschaffen. Damit die Barauszahlung die gleiche Motivationswirkung entfaltet, muß sie dem oben berechneten Ausübungsgewinn von 18,33 entsprechen. Da die Auszahlung bar aus der Unternehmenskasse erfolgt, wird sie zu Personalaufwand. In diesem Fall ergibt sich folgende GuV:

Gewinn- und Verlustrechnung	
Umsatz	100,-
Personalaufwand	18,33
Gewinn vor Steuern	81,67
Körperschaftsteuer (45%)	36,75
Gewinn nach Steuern	44,92

Da keine neuen Aktien ausgegeben werden, bleiben gezeichnetes Kapital und Rücklagen unverändert. Es ergibt sich folgende Abschlußbilanz.

	Aktiva	Passiva	
Umlaufvermögen	144,92	50,-	gezeichnetes Kapital
		50,-	Rücklagen
		44,92	Gewinn nach Steuern
	144,92	144,92	

Wiederum haben die Manager ein Einkommen in Höhe von 18,33 erzielt. Da jetzt aber weiterhin nur 10 Aktien vorhanden sind, besitzt jede einen Wert von 14,49. Die Aktionäre haben also einen Vermögensgewinn von 44,92 erzielt. Dieser ist höher als im Fall der Bedienung über die Ausgabe neuer Aktien.

Abschließender Vergleich.
Im oben betrachteten Beispiel ergab sich, daß die Aktionäre bei gleichem Managereinkommen schlechter gestellt werden, wenn die Bedienung der Optionsrechte über die Ausgabe neuer Aktien statt einer Barzahlung erfolgte. Dieser Unterschied erklärt sich ausschließlich durch die

unterschiedliche steuerliche Behandlung. Im ersten Fall erzielten die Aktionäre einen Vermögensgewinn von 36,67, während sie im zweiten Fall einen Vermögenszuwachs von 44,92 erzielten. Die Differenz von 44,92-36,67 = 8,25 entspricht genau der Differenz der in beiden Fällen zu zahlenden Körperschaftsteuern von 45,00-36,75. Die Nichtanerkennung des Ausübungsgewinns bei der Bedienung über die Ausgabe neuer Aktien als Personalaufwand führt zu einer höheren Steuerlast des Unternehmens. Die erhöhte Steuerzahlung führt damit zu einer Vernichtung von Shareholder Value. Der Vermögensverlust der Aktionäre, der sich allein aus der Bedienung der Optionen über die Begebung neuer Aktien ergibt, kann damit angegeben werden als

Vermögensverlust = Ausübungsgewinn der Manager x KSt-Satz in %

Dieser Wert kann sich allerdings dann noch erhöhen, wenn man den Steuerstundungseffekt von Rückstellungen berücksichtigt. Werden die Optionsverpflichtungen bar erfüllt, so entsteht eine Zahlungsverpflichtung des Unternehmens, die zur Möglichkeit einer entsprechenden Rückstellung führen dürfte. Die Rückstellung ihrerseits bewirkt eine Steuerstundung bis zum Zeitpunkt der Erfüllung der Optionsverpflichtungen, zu dem die Rückstellung aufgelöst wird. Durch die Steuerstundung entsteht dem Unternehmen ein zusätzlicher Zinsgewinn, der bei entsprechend langer Laufzeit eines Optionsprogrammes erheblich sein kann.

Bisher wurde lediglich die steuerliche Vorteilhaftigkeit von SAR's aufgezeigt. Dieser Befund gilt analog aber auch für die Konstruktion über gekaufte Optionen. Die beiden Fälle unterscheiden sich lediglich durch die Zahlungszeitpunkte. Durch Berücksichtigung des Zeitunterschiedes der Zahlungszeitpunkte mittels Diskontierung ergibt sich aber, daß der erwartete Barwert beider Zahlungen gleich ist und sich daher auch aus steuerlicher Sicht keine Unterschiede im Erwartungswert ergeben. Die Äquivalenz der Barwerte von gekauften Optionen und SAR's läßt sich formal ebenso herleiten, wie dies bereits oben bei der Diskussion des Besteuerungszeitpunktes beim Empfänger geschehen ist. Gekaufte Optionen sind steuerlich damit ebenso vorteilhaft wie SAR's, verglichen mit der Schaffung zusätzlicher Aktien über eine genehmigte Kapitalerhöhung. Hierbei ist jedoch immer zu berücksichtigen, daß dieses Argument nur für die Erwartungswerte gilt. Die tatsächlichen Zahlungsströme und Steuereffekte können sich natürlich erheblich unterscheiden. So führen gekauft Optionen in jedem Fall zu Personalaufwand, auch wenn das Optionsprogramm nie zu Ausübungsgewinnen bei den Berechtigen führt. SAR's hingegen führen zu deutlich höherem Aufwand, wenn die Aktienrendite das erwartete Maß deutlich übersteigt. Schließlich läßt sich das Argument der steuerlichen Vorteilhaftigkeit auch auf den Rückkauf eigener Aktien mit anschließender Weitergabe an die Berechtigten ausdehnen. In diesem Fall erfolgt der Erwerb der Aktien zum höheren Börsenkurs und die Weitergabe an die Berechtigten zum niedrigeren Bezugskurs. Die Differenz ist wiederum steuerlich abzugsfähig. Diese Konstruktion war für Vorstände aus den oben aufgeführten gesellschaftsrechtlichen Gründen nach altem Aktienrecht allerdings nicht zulässig. Nach neuem Aktienrecht hat sich dies geändert. Allerdings kann die Ermächtigung zum Rückkauf von eigenen Aktien nach §71 Abs. 1 Nr. 8 AktG für höchstens 18 Monate erteilt werden. Es wird bei den üblichen Laufzeiten von Optionsprogrammen damit nicht möglich sein, den Erwerb der Aktien und die Weiterveräußerung an die Berechtigten zeitnah zu gestalten. Für die üblichen Laufzeiten von Optionsprogrammen zwischen drei und zehn Jahren müssen die eigenen Aktien also relativ lange vor der Weiterveräußerung an die Berechtigten erworben werden. Dies hat die Bindung von sehr viel Liquidität zur Folge. Daneben ist diese Konstruktion auch unter Berücksichtigung von Transaktionskosten ungünstiger als die Gestaltung über SAR's. Hierzu nehme man an, daß der Rückkauf der Aktien am Markt und die Weitergabe an die Berechtigten zeitnah erfolgen. Dann haben der Rückkauf und SAR's zwar beide die gleichen Liquiditäts- und Ergebniswirkungen, jedoch fallen beim Rückkauf der Aktien am Markt und bei der anschließenden Veräußerung durch die Berechtigten Spesen bzw. Bankprovisionen an, die bei SAR's entfallen. Diese Variante weist damit einige Besonderheiten auf, die dazu geführt haben dürften, daß von derartigen Programmen in der Bundesrepublik entweder noch gar kein Gebrauch gemacht worden ist oder dem Autor der vorliegenden Arbeit zumindest noch kein solches Programm bekannt geworden ist. Gleichwohl kann auch der Rückkauf eigener Aktien als steuerlich effizient klassifiziert werden. Dies gilt auch für den (wohl unumgänglichen) Fall, daß die Aktien zeitlich lange vor der Weiterveräußerung erworben werden müssen. Unter Berücksichtigung der entsprechenden Diskontierung spielen die Zeitunterschiede wiederum keine Rolle.

Zum oben durchgeführten Vergleich zwischen SAR's und Bedienung über eine bedingte Kapitalerhöhung sind allerdings noch eine Reihe von weiteren Qualifizierungen nötig. Diese betreffen die Annahme gleicher Besteuerung der Manager, die Annahme der Gewinnthesaurierung des Unternehmens und die Annahme der Unabhängigkeit des Geschäftsverlaufes von der Form der Optionsbedienung. Diese Annahmen und die aus der möglichen Verletzung dieser Annahmen resultierenden Veränderungen sollen im folgenden analysiert werden.

Die Annahme gleicher Besteuerung beim Manager

Wie bereits oben angeführt, kann die Besteuerung des Managers von der Art der Einräumung der Bezugsrechte abhängen. Bekommt der Manager die Bezugsrechte auf den echten Bezug von Aktien ohne Gegenleistung, so wird der Ausübungsgewinn im Jahr der Ausübung voll der Einkommensteuer unterworfen. Die gleiche Besteuerung würde sich ergeben, wenn die Optionsverpflichtungen bar über SAR's abgegolten würden. Damit kann der Fall der kostenlosen Überlassung echter Optionen als Worst-Case-Szenario ausgemacht werden, in welchem die oben durchgeführte Analyse voll zutrifft und eine Vernichtung von Aktionärsvermögen in Höhe des Ausübungsgewinns multipliziert mit dem Körperschaftsteuersatz eintritt.

Wie oben bereits nachgewiesen wurde, ändert sich an dieser Bewertung auch dann nichts, wenn von einer Besteuerung des Managers bei Einräumung der Optionen ausgegangen wird, da die Barwerte der erwarteten Vergütung und der zu zahlenden Einkommensteuern bei beiden Besteuerungszeitpunkten identisch sind. Eine Steuerersparnis auf Seiten des Managers kann sich also nur dann ergeben, wenn es gegenüber den Finanzbehörden gelingen würde, den zu versteuernden Optionswert bei Einräumung niedriger anzusetzen als den mit der erwarteten Optionsrendite diskontierten Endwert der Option. Gelingt dies nicht, kann auch keine Steuerersparnis durch Vorverlagerung des Besteuerungszeitpunktes auf den Termin der Einräumung bewirkt werden. Damit ergibt sich auch auf Systemebene unabhängig von dem Besteuerungszeitpunkt die Vorteilhaftigkeit von SAR's gegenüber Optionen auf Basis einer bedingten (oder genehmigten) Kapitalerhöhung. Gelingt hingegen der steuerliche Ansatz eines zu versteuernden Optionswertes unterhalb des mit der erwarteten Optionsrendite diskontierten Endwertes der Option, kann sich der Vorteilhaftigkeitsvergleich zugunsten von Optionen auf den Bezug echter Aktien aus Kapitalerhöhungen verschieben. Für den Vergleich echter Optionsprogramme mit SAR's kommt es in diesem Fall also darauf an, wie hoch der (zu versteuernde) Wert der Optionen im Vergleich zu den späteren Endwerten ist. Es ist allerdings nicht zu sehen, daß gegenüber den Finanzbehörden ein derart niedriger Optionswert durchgesetzt werden kann, daß die Steuerersparnis des Managers die fehlende Absetzbarkeit beim Unternehmen kompensieren kann. SAR's dürften ihre Vorteilhaftigkeit also in jedem Fall behalten. Ferner ist zu beachten, daß dieses Argument von einer zwangsweisen Besteuerung von SAR's erst bei Ausübung ausgeht. Dies entspricht zwar der derzeitigen Praxis, vermag aber angesichts der ökonomischen Äquivalenz von SAR's und echten Optionen nicht zu überzeugen. Wenn die Finanzbehörden eine Besteuerung echter Optionen bei Einräumung zulassen, ist nicht zu sehen, weshalb dies nicht auch für SAR's zulässig sein sollte. In diesem Fall wäre die Besteuerung beim Empfänger aber unabhängig von der Bedienungsform, während die steuerliche Absetzbarkeit beim Unternehmen nur für SAR's gelten würde. Es bleibt abzuwarten, wie die Finanzbehörden auf das Ansinnen einer Besteuerung von SAR's bei Gewährung reagieren werden. Wenn die steuerliche Gleichbehandlung von echten Optionen und SAR's durchsetzbar sein sollte, entfällt die Notwendigkeit eines weitergehenden Vergleichs, da SAR's dann in jedem Fall vorteilhaft sein würden.

Die Annahme der Unabhängigkeit des Geschäftsverlaufes von der Bedienungsform

Der oben durchgeführten Analyse liegt eine wichtige Prämisse zugrunde. Es wurde angenommen, daß der Wert des Unternehmens durch den Liquiditätsabfluß und den geringeren Gewinn bei einem Plan auf Basis von SAR's selbst nicht beeinflußt wird. Die Wertdifferenz je Einheit des Eigenkapitals ergab sich vielmehr ausschließlich aus der unterschiedlichen Behandlung von Aktienoptionsplan und SAR's bei der Körperschaftsteuer. Da bei der Barauszahlung im Rahmen von SAR's der ausgewiesene Gewinn sinkt und die Liquidität abnimmt, während bei Aktienoptionsplänen durch die mit ihnen verbundene Kapitalerhöhung Liquidität zufließt, führen beide Systeme zu unterschiedlichen Finanzstrukturen. Diese könnten sich dann stärker auf den Unternehmenswert auswirken, wenn die Cash Flows der zukünftigen Perioden von der Höhe der liquiden Mittel abhängen. So wäre denkbar, daß mit den geringeren, noch vorhandenen liquiden Mitteln nach Abwicklung eines SAR bestimmte Investitionsprojekte nicht mehr durchgeführt werden können, die nach Abwicklung eines Aktienoptionsplanes möglich gewesen wären. Dies könnte zu einer stärkeren Reduktion des Eigenkapitalwertes führen. Im Extremfall ist denkbar, daß die Zahlungsverpflichtungen aus SAR's mehr als das gesamte Eigenkapital verzehren und das Unternehmen in die Überschuldung und den Konkurs stürzen. Für diese liquiditäts- bzw. gewinnorientierte Argumentation müßten andererseits Kapitalmarkt- und Informationsbedingungen gelten, die ihrerseits wenig plausibel erscheinen. Zunächst könnte eine Überschuldung mit anschließendem Konkurs nur dann auftreten, wenn die Zahlungsverpflichtungen aus den SAR's am Markt nicht bekannt sind. Ansonsten würde der Kurs gar nicht so weit steigen können, daß die SAR's einen Wert erreichen, der das Eigenkapital verzerrt. Damit ferner eine Reduktion des Unternehmenswertes aufgrund des Liquiditätsabflusses bei SAR's auftreten kann, muß zusätzlich angenommen werden, daß die ansonsten möglichen Investitionen nicht alternativ finanziert werden können. Dies wiederum würde bedeuten, daß die angestrebten Investitionen nicht mittels einer gewöhnlichen Kapitalerhöhung durchführbar sind. Es ist kaum zu sehen, weshalb das der Fall sein sollte. Die liquiditätsorientierte Argumentation baut damit in jedem Fall auf der Annahme eines Marktversagens auf. Wenn aber die Effizienz des Kapitalmarktes bezweifelt wird, dann geraten Optionspläne wie auch SAR's ohnehin in Rechtfertigungsnöte. Schließlich ist die Annahme effizienter Kapitalmärkte eine Grundvoraussetzung des Einsatzes von marktwertorientierten Vergütungsmechanismen.

4.2.3. Steuerwirkungen bei den Aktionären

Bisher wurde angenommen, daß die Gewinne des Unternehmens nicht an die Aktionäre ausgeschüttet werden. Damit konnten die Betrachtungen auf die gemeinsame Steuerlast von Managern und Aktionären konzentriert werden. Diese Situation verändert sich, wenn die Gewinne an die Aktionäre ausgeschüttet werden. Die Körperschaftsteuer wird damit zu einem durchlaufenden Posten. Sie ist zwar vom Unternehmen abzuführen, wird aber den Aktionären gutgeschrieben. Diese können im Zuge des Körperschaftsteueranrechungsverfahrens die vom Unternehmen bereits abgeführte Körperschaftsteuer von ihrer eigenen Steuerschuld abziehen. Da sich SAR's und Optionspläne unterschiedlich auf Dividendenzahlungen und Kurssteigerungen auswirken, muß auch die steuerliche Behandlung von Kurssteigerungen berücksichtigt werden. Hierbei wird davon ausgegangen, daß die Aktionäre die Aktien länger als die Spekulationsfrist von einem halben Jahr halten und Kurssteigerungen damit steuerfrei bleiben. Für die Steueroptimierung bei Gewinnausschüttung kommt es damit letztlich auf den durchschnittlichen Einkommensteuersatz aller Aktionäre an. Dieser Durchschnittssatz auf die ausgeschütteten

Gewinne muß nun in der oben durchgeführten Analyse statt des Körperschaftsteuersatzes berücksichtigt werden. Eine erneute Analyse erübrigt sich damit. Festzuhalten bleibt somit auch hier, daß SAR's die dominierende Variante sind.

4.3. Insiderrecht

Mit dem Wertpapierhandelsgesetz (WpHG) vom 26. Juli 1994, welches am 1. Januar 1995 vollständig in Kraft getreten ist, unterliegen Wertpapiergeschäfte nunmehr auch in der Bundesrepublik einer verbindlichen gesetzlichen Regelung.[453] Das WpHG hat damit die auf freiwilliger Selbstverpflichtung basierenden "Insiderhandels-Richtlinien" abgelöst, die der vertraglichen Anerkennung bedurften.[454] Gemäß §14 WpHG ist es einem Insider nunmehr verboten,

1. unter Ausnutzung seiner Kenntnis von einer Insidertatsache Insiderpapiere für eigene oder fremde Rechnung oder für einen anderen zu erwerben oder zu veräußern (§14 WpHG Abs. 1 Nr. 1),
2. einem anderen eine Insidertatsache unbefugt mitzuteilen oder zugänglich zu machen (§14 WpHG Abs. 1 Nr. 2),
3. einem anderen auf der Grundlage seiner Kenntnis von einer Insidertatsache den Erwerb oder die Veräußerung von Insiderpapieren zu empfehlen (§14 WpHG Abs. 1 Nr. 3).

Zuwiderhandlungen werden nach §38 WpHG mit einer Freiheitsstrafe von bis zu 5 Jahren oder mit Geldstrafe bestraft. Als Insidertatsache definiert der §13 Abs. 1 WpHG eine Tatsache, "die sich auf einen oder mehrere Emittenten von Insiderpapieren oder auf Insiderpapiere bezieht und die geeignet ist, im Falle ihres öffentlichen Bekanntwerdens den Kurs der Insiderpapiere erheblich zu beeinflussen". Ab wann von einem erheblichen Beeinflussungspotential gesprochen werden kann, ist indessen nicht eindeutig zu beantworten.[455]

Im Rahmen der Gestaltung von Aktienoptionsprogrammen ist zu klären, ob bzw. wann insiderrechtlich relevante Sachverhalte eintreten können und wie diese gegebenenfalls durch entsprechende Gestaltung berücksichtigt werden können. Zur Klärung der Insiderproblematik ist zunächst festzustellen, ob die betroffenen Personen Insider im Sinne des WpHG's sind und ob sich deren Handlungen auf Insiderpapiere beziehen würden. Da sich die vorliegende Arbeit mit der Gestaltung von Optionsprogrammen für Vorstände befaßt, kann die Frage nach dem Insiderstatus der betroffenen Personen eindeutig positiv beantwortet werden. Nach §13 Abs. 1 WpHG sind Organmitglieder automatisch Insider, wenn sie Kenntnis von Insidertatsachen haben. Ein insiderrechtlicher Verstoß liegt allerdings nur dann vor, wenn diese Personen aufgrund von ihnen bekannten Insidertatsachen gegen §14 WpHG verstoßen, sich ihre Aktivitäten also auf die sog. Insiderpapiere beziehen. Zur Beurteilung insiderrechtlicher Probleme ist dem-

---

[453] Vgl. Kümpel (1996), S. 15.
[454] Vgl. Fürhoff (1998), S. 83.
[455] Vgl. Kümpel (1996), S. 60 ff. und die dort angegebene Literatur.

nach zunächst zu klären, ob bzw. wann im Rahmen eines Optionsplanes von Insiderpapieren gesprochen werden kann. Nach §12 Abs. 1 WpHG sind Insiderpapiere Wertpapiere, die entweder an einer deutschen Börse zum Handel zugelassen oder in den Freiverkehr einbezogen sind oder die Zulassung oder Einbeziehung beantragt oder öffentlich angekündigt ist. Dies gilt gemäß §12 Abs. 2 WpHG u.a. auch für Rechte auf Zeichnung, Erwerb oder Veräußerung von Wertpapieren, soweit diese in einem Mitgliedsstaat des Abkommens über den europäischen Wirtschaftsraum an einem organisierten Markt zugelassen oder in den Freiverkehr einbezogen sind oder die Zulassung oder Einbeziehung beantragt oder öffentlich angekündigt ist. Bei der Prüfung möglicher insiderrechtlicher Tatbestände ist also zunächst zu klären, ob bzw. wann innerhalb der Durchführung eines Optionsplanes Insiderpapiere vorliegen bzw. betroffen sind und damit die entsprechenden Regelungen greifen. Hierbei erscheint es hilfreich, die einzelnen Phasen bei der Durchführung eines Aktienoptionsplanes getrennt zu betrachten. Baums unterscheidet die Phasen "Einräumung des Optionsrechtes", "Ausübung des Bezugsrechtes" und "Verkauf der bezogenen Aktien".[456] Nach Fürhoff können hingegen die Phasen "Einführung eines Optionsplanes", "Zuteilung der Optionen", "Ausübung der Optionen" und "Veräußerung der Aktien" unterschieden werden.[457] Diese Unterscheidung erscheint jedoch bezüglich der Phase "Einführung eines Optionsplanes" als zu grob, da Fürhoff in diese Phase sowohl Beschlüsse über die grundsätzliche Einführung eines Optionsplanes als auch über den Beschaffungsvorgang für die Optionsrechte subsummiert. Dies erschien vor dem Hintergrund akzeptabel, daß nach altem Aktienrecht die Beschaffung der Optionsrechte fast ausnahmslos über ein bedingtes Kapital erfolgte, was Fürhoff zutreffend als insiderrechtlich unproblematisch einstufte.[458] Auf andere Formen der Beschaffung der Optionsrechte nach neuem Aktienrecht kann diese Beurteilung jedoch nicht ohne weiteres übertragen werden. Aus diesem Grund soll die Phase "Einführung eines Optionsplanes" weiter unterteilt werden in die Phasen "Vorbereitung eines Optionsplanes" und "Beschaffung der Optionsrechte". Es ergeben sich mithin die fünf zu untersuchenden Phasen:

- Vorbereitung eines Optionsplanes
- Beschaffung der Optionsrechte
- Zuteilung der Optionen
- Ausübung der Optionen
- Veräußerung der Aktien

Eine weitere notwendige Unterscheidung bezieht sich auf die Art der Optionsrechte. Wie oben bereits erläutert, lassen sich die Optionsverpflichtungen des Unternehmens mittels unterschiedlicher Konstruktionen erfüllen. Neben den Möglichkeiten der Schaffung neuer Aktien im Rahmen eines bedingten oder genehmigten Kapitals kommen weiterhin der Kauf von Optionen von

456 Vgl. Baums (1997), S. 45.
457 Vgl. Fürhoff (1998), S. 84 f. Von dieser Phaseneinteilung wird auch ausgegangen in DAI (1998b) und Bundesaufsichtsamt (1997).
458 Vgl. Fürhoff (1998), S. 84.

einem Dritten, der Kauf der Aktien über die Börse oder der Barausgleich mittels Stock Appreciation Rights in Frage.

Am einfachsten zu beurteilen ist die Konstruktion der SAR's. Soweit diese nicht den Erfordernissen des §12 WpHG genügen, was regelmäßig nicht der Fall sein wird, sind SAR's insiderrechtlich in allen Phasen unproblematisch. Da bei Optionsprogrammen auf Basis von SAR's zu keinem Zeitpunkt Insiderpapiere involviert sind, entfällt jegliche insiderrechtliche Relevanz.

Bei der Konstruktion über ein genehmigtes oder bedingtes Kapital ist die Planungsphase insiderrechtlich unbedenklich. Die Erarbeitung eines Optionsplanes umfaßt keine Transaktionen in Insiderpapieren, weshalb der Vorgang rechtlich selbst dann unproblematisch ist, wenn Insiderinformationen die Ausgestaltung des Planes beeinflußt haben sollten. Ebenso unbedenklich ist die Phase der Beschaffung der Wandlungs- oder Optionsrechte durch das Unternehmen, da es sich in dieser Phase regelmäßig noch nicht um Insiderpapiere handelt.[459] Gleiches gilt für die Phase der Zuteilung der Optionsrechte, sofern diese nicht zum Handel zugelassen sind oder die Zulassung beantragt ist. Eine andere Einschätzung könnte sich nur dann ergeben, wenn die Optionsrechte zugelassen sind. Aber selbst in diesem Fall könnte man argumentieren, daß in dem Erwerb der Optionsrechte keinesfalls ein Ausnutzen von Informationen über Insidertatsachen zum Ausdruck kommt, sondern der Erwerber ausschließlich einer arbeitsvertraglichen Vereinbarung über den Erwerb von Optionsrechten nachkommt.[460] Bedenklich wäre nur, wenn der Erwerber ein Wahlrecht zwischen dem Erhalt der Optionsrechte und einer festen Vergütung hätte. In diesem Fall könnte eine Entscheidung zugunsten der Bezugsrechte als Verstoß gegen §14 WpHG gewertet werden. Fürhoff folgert hieraus, daß zugelassene Bezugsrechte nicht als Alternative zu anderen Vergütungskomponenten angeboten werden sollten, sondern daß die Zuteilung automatisch erfolgt. Da die Bezugsrechte aber üblicherweise nicht zugelassen sind, ist dieser Aspekt ohnehin von geringer praktischer Relevanz. Insiderrechtlich problematisch wird die Situation erst dann, wenn die Optionen oder Wandlungsrechte ausgeübt werden. In diesem Augenblick werden die jungen Aktien zugelassen oder ihre Zulassung wird beantragt. Es handelt sich also um den Erwerb von Insiderpapieren. Fürhoff hält auch diesen Schritt für insiderrechtlich unbedenklich. Er argumentiert, daß die Ausübung der Optionen nur dann erfolgt, wenn die Optionen im Geld sind, ihre Ausübung damit wirtschaftlich rentabel ist. Die zusätzliche Motivation zur Ausübung sei keine "Ausnutzung" im Sinne des §14 Abs. 1 Nr. 1 WpHG, da die Transaktion auch ohne positive Insiderinformationen erfolgt wäre. Der Insiderinformation fehle es damit an Kausalität für die Ausführung der Transaktion.[461] Zusätzlich kann dieses Argument noch dadurch gestützt werden, daß sich der Ausübende durch die Ausübung keinen Vorteil verschafft, da er den Wertzuwachs nach Bekanntwerden der Insidertatsachen auch realisieren könnte, wenn er mit dem Bezug der Aktien gewartet hätte. Um den-

[459] Vgl. Fürhoff (1998), S. 84
[460] Vgl. Fürhoff (1998), S. 84.
[461] Vgl. Fürhoff (1998), S. 85.

noch jegliche Verdachtsmomente auszuräumen, schlägt Fürhoff vor, klare Ausübungskriterien und limitierte Zeitvorgaben für die Ausübung festzulegen.[462] Eindeutig insiderrechtlich relevant ist hingegen die Phase des Aktienverkaufs. Veräußert ein Begünstigter seine Aktien aufgrund seiner Kenntnis einer negativen Insidertatsache, so ist in aller Regel der Tatbestand nach §14 Abs. 1 Nr. 1 WpHG erfüllt. Um hier dennoch zu einem unproblematischen Verkauf kommen zu können, sind verschiedene Verfahren vorgeschlagen worden. So können auch hier dem Begünstigten wieder enge Handelszeiträume, sog. "Handelsfenster", gesetzt werden, außerhalb derer ein Verkauf der Aktien ausgeschlossen bleibt.[463] Derartige zeitliche Handelsverbote finden sich z.B. auch in Großbritannien, wo nach dem sog. "Model Code" der Londoner Börse ein Handel in eigenen Aktien zwei Monate vor Bekanntgabe von Halbjahresergebnissen oder Jahresabschlüssen bzw. ein Monat vor Veröffentlichung der Quartalsberichte untersagt ist.[464] Ferner kann die Entscheidung über einen möglichen Verkauf auf einen nicht weisungsgebundenen Vermögensverwalter übertragen werden.[465] Ob die mangelnde Weisungsbefugnis den Verkauf in Kenntnis von negativen Insiderinformationen jedoch verhindern kann, zumal der Vermögensverwalter an einer längerfristigen Beziehung zu seinen Klienten interessiert sein wird, darf getrost bezweifelt werden. Ebenso können auch Handelsfenster keinen vollständigen Schutz bieten, da auch während dieser Zeiten negative Informationen bekannt sein können, die noch nicht veröffentlicht sind. Der Verkauf von Aktien aus einem Aktienoptionsprogramm auf Basis eines genehmigten oder bedingten Kapitals bleibt damit der kritische insiderrechtliche Punkt. Es wird vorgeschlagen, eine über die gesetzlichen Bestimmungen hinausgehende Publizität zu pflegen, um möglichst wenige Anknüpfungspunkte des Insiderrechts sicherzustellen.[466] Als letzter Vorschlag wird auch angeführt, daß der Verkauf der bereites bezogenen oder noch zu beziehenden Aktien sechs Wochen vorher verbindlich erteilt werden muß.[467] Auch dieser Vorschlag vermag nicht wirklich zu überzeugen, da die Betreffenden Personen dann einerseits ein erhebliches Kursrisiko eingehen würden, gegen welches sie eigentlich mit einem Optionsplan geschützt werden sollen. Wichtiger ist aber der Einwand, daß die vorherige Verpflichtung zur Ausübung und zum Verkauf von eben den Personen getroffen wird, die u.a. einen Einfluß auf den Zeitpunkt der Veröffentlichung relevanter Informationen haben. Es ist daher nicht undenkbar, daß diese Personen bestimmte Informationen auch über eine solche Sechswochenfrist geheimhalten können. Wirklich befriedigend wäre der Vorschlag daher nur, wenn es keine Insiderinformationen gäbe, die sich sechs Wochen oder länger geheimhalten ließen. Auch dies darf getrost bezweifelt werden.

Bei der Konstruktion eines Optionsplanes über den Erwerb von Optionen von einem Dritten kommt es nur zu geringfügigen Unterschieden gegenüber dem oben analysierten Fall. Nur

---

462 Vgl. Fürhoff (1998), S. 85.
463 Vgl. Bundesaufsichtsamt (1997), S. 4.
464 Vgl. Bundesaufsichtsamt (1997), Anhang.
465 Vgl. Bundesaufsichtsamt (1997), S. 4.
466 Vgl. Fürhoff (1998), S. 85 f.
467 Vgl. DAI (1998b), S. 4.

dann, wenn seitens des Unternehmens zugelassene Optionen gekauft würden, käme bereits beim Erwerb der Optionen durch das Unternehmen eine insiderrechtliche Relevanz in Frage. Da dies regelmäßig nicht der Fall sein wird, sondern derartige Optionen üblicherweise mit individuellem Zuschnitt von einer Bank gekauft werden dürften und eine Zulassung niemals in Frage kommen wird, scheidet jeglicher insiderrechtlicher Anknüpfungspunkt hier aus. Bezüglich der weiteren Phasen gilt das bereits oben Gesagte.

Nur dann, wenn die Optionsrechte über den Kauf von Aktien an der Börse bedient werden sollen, ist bereits in einem frühen Stadium von der Möglichkeit eines Verstoßes gegen das Insiderrecht auszugehen.[468] Da hier bereits zugelassene Papiere involviert sind, sind die Bedingungen des §12 WpHG in jedem Fall erfüllt. Daher könnte bereits in der Planungsphase ein Insidertatbestand erfüllt sein, da nach §14 Abs. 1 Nr. 3 WpHG auch die Empfehlung zum Erwerb von Insiderpapieren untersagt ist. Diese Empfehlung ist aber zwangsweise Bestandteil der Planungsphase, da von der Hauptversammlung aufgrund von §71 Abs. 1 Nr. 8 AktG eine Ermächtigung zum Rückkauf eigener Aktien erteilt werden muß. Diese Ermächtigung kommt aber durch Vorschlag der Organe zustande, so daß in dem Vorschlag eine Empfehlung zum Erwerb von Insiderpapieren gesehen werden kann. Zusätzlich bedenklich hieran ist, daß in diesem Fall die eigentlich zu schützenden Aktionäre selbst auch noch für die Ausführung eines möglichen Insidergeschäftes instrumentalisiert würden. Somit kann es bereits in der Planungsphase zu einem Verstoß gegen das Insiderrecht kommen. Gleiches gilt für die Beschaffung der Optionsrechte seitens des Unternehmens durch den tatsächlich erfolgenden Rückkauf der Aktien. Für die übrigen Phasen des Optionsprogrammes gelten die gleichen Aussagen wie im Fall der Bedienung über ein bedingtes oder genehmigtes Kapital. Die Zuteilung der Optionen an die Manager ist als unproblematisch einzustufen, da die zugeteilten Optionsrechte selbst üblicherweise nicht zugelassen sind. Auch die Ausübung ist aus den oben bereits genannten Gründen unbedenklich. Problematisch ist auch schließlich dann nur wieder die Veräußerung der bezogenen Aktien.

Zusammenfassend kann damit gefolgert werden, daß lediglich die Konstruktion eines Optionsplanes über SAR's aus insiderrechtlicher Perspektive in allen Phasen unbedenklich ist. Nur bei dieser Konstruktion sind niemals Insiderpapiere involviert. Die steuerrechtliche Vorteilhaftigkeit wird damit zusätzlich durch die insiderrechtlichen Vorteile ergänzt. Allerdings kann auch für die übrigen Konstruktionen eine bessere Methode als die bereits oben erwähnten Verfahren zum Schutz vor Insiderverdachtsmomenten gewählt werden. Grundsätzlich muß es dabei darum gehen, den Ermessensspielraum des Optionsinhabers soweit wie möglich einzuschränken.[469] Wie oben gezeigt, besteht das Hauptproblem im Verkauf von bezogenen Aktien. Die beste Methode zum Ausschluß von Insiderverdachtsmomenten dürfte nun darin bestehen, die

---

[468] Vgl. Fürhoff (1998), S. 84.
[469] Vgl. Feddersen (1997), S. 292.

Ausübung der Optionen und den Verkauf der bezogenen Aktien zu automatisieren. Wie sich bei der ökonomischen Untersuchung der Anreizeffekte zeigte, sollte ein Optionsplan ohnehin periodisch neue Optionstranchen vorsehen. Damit wird sichergestellt, daß die Manager zu jeder Zeit Optionen besitzen, die noch eine motivierende Wirkung entfalten können. Vor diesem Hintergrund erscheint es nicht notwendig, daß Manager längere Ausübungsfristen oder mehrere Ausübungstermine für jede einzelne Tranche zugestanden bekommen. Daher erscheint ein einziger Ausübungstermin pro Jahr völlig ausreichend. Wird dieser vorab festgelegt und ferner bestimmt, daß die bezogenen Aktien unmittelbar und automatisch verkauft werden, soweit die Ausübung sinnvoll ist, ist ein Ausnutzen von Insiderinformationen in jedem Fall ausgeschlossen. Denn bei automatischer Ausübung und Veräußerung der Aktien kann in keinem Fall ein Ausnutzen von Insiderinformationen im Sinne des §14 Abs. 1 WpHG unterstellt werden, da es an der Kausalität Insiderinformation für die Ausübungs- und Veräußerungsentscheidung fehlt. Klar ist dann allerdings, daß ein häufiger apostrophiertes Ziel von Optionsplänen, nämlich die Stärkung des Aktienbesitzes der Manager, so nicht zu erreichen ist. Dieses "Manko" erscheint indessen weniger tragisch, da Aktienbesitz ohnehin nicht die gewünschten Anreizeffekte hat. So wurde bei der ökonomischen Analyse aufgezeigt, daß Optionen eher einen relativ hohen Bezugskurs haben sollten. Der Besitz einer Aktien kommt aber ökonomisch dem Besitz einer Option zum Bezug einer Aktie mit Bezugskurs Null gleich. Bei entsprechender Risikoaversion würden vom Aktienbesitz somit eher kontraproduktive Anreizeffekte ausgehen. Weiter läßt sich argumentieren, daß das Argument der Förderung des Aktienbesitzes ohnehin nicht haltbar ist. So widerspricht sich die Stellungnahme des DAI selbst, wenn einerseits auf Seite 1 ausgeführt wird, daß sich der Besitz von Aktien des eigenen Unternehmens durch Aktienoptionspläne erhöhen würde, andererseits aber auf Seite 7 gesagt wird, daß die Ausübung und die Veräußerung der bezogenen Aktien nach den bisherigen Praxiserfahrungen regelmäßig zusammenfallen würden.[470] Eine Förderung des Aktienbesitzes als zusätzliche Motivation für die Einführung eines Optionsplanes ist damit aber keine konsistente Argumentation. Vor diesem Hintergrund muß auch die Idee Claussens angezweifelt werden, wonach bezogene Aktien nicht verkauft werden sollten, solange der Manager noch im Amt ist.[471] Dies würde zu erheblichen Liquiditätsbelastungen beim Manager führen und die aus dem Aktienbesitz resultierenden Anreizeffekte könnten kontraproduktiv wirken.

Wie bereits ausgeführt, sind Optionspläne auf Basis von SAR's die insiderrechtlich dominierende Alternative. Allerdings betrifft diese Argumentation nur die formalrechtliche Problematik. Ein Ausnutzen von Insiderinformationen ist damit aber keineswegs ausgeschlossen, da der ökonomische Wert von SAR's c.p. zu jedem Zeitpunkt mit dem einer echten Option überein-

---

470 Vgl. DAI (1998b), S. 2 u. 7.

471 Vgl. Claussen (1997), S. 1830. Claussen bezieht seinen Vorschlag zwar explizit nur auf Aufsichtsräte, für die die Möglichkeit des Bezuges von Aktienoptionen zum Zeitpunkt der Veröffentlichung seines Beitrages noch diskutiert wurde, jedoch läßt sich die grundsätzliche Argumentation zu seinem Vorschlag unverändert auch auf Vorstände übertragen.

stimmt. Es treten damit die gleichen Gefahren einer Ausnutzung von Informationen auf Kosten der Aktionäre auf, nur daß diese strafrechtlich nicht relevant sind. Es sollten daher auch für Pläne auf Basis von SAR's entsprechende Vorkehrungen getroffen werden und sei es nur, um einem möglichen Imageschaden vorzubeugen. Da SAR's eine rein unternehmensinterne Gestaltungsform sind, dürften derartige Vorkehrungen sogar leichter zu bewerkstelligen sein. So kann auch für SAR's eine Automatisierung der Ausübung vorgesehen werden. Zahlungen an die Führungskräfte erfolgen dann, wenn die Differenz zwischen Marktwert der Aktien und Bezugskurs positiv ist. Ferner können sowohl bei der Bestimmung des Marktwertes als auch des Bezugskurses Durchschnittswerte verwendet werden, um (zufällige oder gewollte!) Stichtagseffekte auszuschließen. Bei der Diskussion der empirischen Studien zu den Wirkungen von Optionsplänen zeigte sich in den Studien von Yermack (1997) und Chauvin/Shenoy (1997), daß derartige Stichtagseffekte bei der Gewährung von Optionen feststellbar sind. Während Yermack aus seinen Befunden folgerte, daß Manager möglicherweise das Timing des Laufzeitbeginns von Optionen zu beeinflussen versuchen, schließen Chauvin/Shenoy eine gezielte Manipulation des Informationsflusses vor dem Laufzeitbeginn nicht aus. Da sich der (anfängliche) Bezugskurs üblicherweise an dem Aktienkurs zum Zeitpunkt der Begebung der Optionen ausrichtet, sei es, daß beide Kurse identisch sind oder der Bezugskurs in eine feste Relation zum Aktienkurs gesetzt wird, ist es aus Sicht der Manager wünschenswert, bei Begebung der Optionen einen relativ niedrigen Aktienkurs zu haben. Dies kann evtl. durch eine gezielte Informationspolitik erreicht werden, indem schlechte Nachrichten vorgezogen und gute kurzfristig zurückgehalten werden. Dieser Möglichkeit kann entgegengewirkt werden, indem als anfänglicher Bezugskurs ein längerfristiger Durchschnittskurs verwendet wird. Gleiches gilt mit umgekehrtem Vorzeichen auch für den Zeitpunkt der Ausübung. Hier empfiehlt sich die Zurückhaltung schlechter Informationen und das Vorziehen positiver Nachrichten. Deshalb erscheint es auch hier sinnvoll, den Marktwert, der die Differenz zum Bezugskurs bestimmt, als längerfristigen Kurs festzulegen. Gleichzeitig läßt sich der Anreiz zu derartigem Verhalten dadurch verringern, daß der Zeitraum zur Berechnung des Ausübungsgewinns gleichzeitig auch zur Basis der Berechnung des Bezugskurses einer neuen Optionstranche gemacht wird. Zwar kann der Ausübungsgewinn der vorangehenden Tranche dann nach oben manipuliert werden, jedoch erhöht das auch den Bezugskurs der nächsten Tranche und reduziert damit den späteren Ausübungsgewinn. Sowohl für die Berechnung des Ausübungsgewinns als auch des Bezugskurses empfehlen sich daher längerfristige Durchschnitte.

5. Empirische Ausgestaltung in Deutschland

Im folgenden Kapitel sollen die in der Bundesrepublik Deutschland bisher eingeführten bzw. beschlossenen Optionsprogramme eingehender betrachtet werden. Ziel hierbei ist es, zu überprüfen, ob die Programme den im theoretischen Teil dieser Arbeit hergeleiteten Gestaltungsvorschlägen folgen. Damit soll ein erster Eindruck von der Qualität der bisher implementierten Optionsprogramme gewonnen werden. Hierbei kann es sich aus mehreren Gründen nur um eine vorläufige Einschätzung handeln. Es wurde bewußt auf den Versuch verzichtet, die Qualität der einzelnen Programme quantitativ zu bestimmen. Dies wäre prinzipiell mit einer Ereignisstudie möglich, deren Methodik im 3. Kapitel dargestellt wurde. Zum jetzigen Zeitpunkt eine derartige Studie durchzuführen, erscheint für die Bundesrepublik jedoch nicht sinnvoll. Dies liegt im wesentlichen an der ohnehin sehr geringen Fallzahl von unter 50 Unternehmen, für die derzeit Beschlüsse über die Einführung von Optionsplänen vorliegen bzw. bei denen Optionspläne bereits umgesetzt wurden. Zwar ist die Ereignisstudienmethode nicht an eine bestimmte Fallzahl gebunden, jedoch können bei sehr kleinen Stichproben lediglich noch nichtparametrische Testverfahren eingesetzt werden, mit entsprechend geringerer Güte. Die teilweise widersprüchlichen Ergebnisse selbst der sehr viel größeren Stichproben aus den USA lassen daher kaum sinnvoll interpretierbare Ergebnisse erwarten. Daneben wird die Fallzahl noch dadurch weiter reduziert, daß für eine Reihe von Unternehmen in der Stichprobe die Optionspläne bereits vor der Börseneinführung beschlossen waren bzw. einige Unternehmen noch gar nicht börsennotiert sind, so daß hier keine Kapitalmarktreaktionen auf die Einführung der Optionspläne gemessen werden können. Weitere Probleme bestehen darin, daß die Stichprobe selbst und insbesondere die Anteile einzelner Gestaltungsalternativen innerhalb der Stichprobe keiner Zufallsauswahl folgen. Dadurch wird die Brauchbarkeit von statistischen Testverfahren weiter reduziert. Schließlich, und dies ist einer der wesentlichen Gründe für die Entscheidung gegen die Durchführung einer Ereignisanalyse, sind die Fallzahlen einzelner Gestaltungsalternativen so gering, daß eine quantitative Beurteilung der Qualität der Alternativen nicht mehr möglich ist. Wie im 3. Kapitel jedoch ausgeführt wurde, dürfte erst durch die Berücksichtigung von Qualitätskriterien eine angemessene Beurteilung von Optionsprogrammen möglich sein. Aus diesem Grund soll im folgenden Kapitel die Qualitätsbeurteilung von Optionsprogrammen auf die in den vorangegangenen Kapiteln ermittelten qualitativen Kriterien beschränkt werden.

5.1. Vorgehen bei der empirischen Untersuchung

Für die empirische Untersuchung wurden verschiedene Quellen herangezogen, um Unternehmen mit bereits eingeführten oder beschlossenen Optionsprogrammen zu identifizieren. Zunächst wurde eine Datenbankrecherche im Bundesanzeiger durchgeführt. Da Optionspläne auf Basis eines bedingten oder genehmigten Kapitals einen entsprechenden Hauptversammlungsbeschluß zum Ausschluß des Bezugsrechtes der Aktionäre erfordern und die Tagesordnung der meisten Unternehmen im Bundesanzeiger abgedruckt wird, konnten so die meisten der in der Stichprobe enthaltenen Unternehmen ermittelt werden. Optionspläne auf der Basis von SAR's oder gekauften Optionen erfordern hingegen keinen Hauptversammlungsbeschluß, da die Kapitalverhältnisse des Unternehmens nicht verändert werden. Dementsprechend schwieriger gestaltete sich die Suche nach entsprechenden Unternehmen. Über die Tages- und Wirtschaftspresse und Gespräche des Autors mit Unternehmensvertretern konnten lediglich fünf Unternehmen identifiziert werden, die entsprechende Optionsprogramme aufgelegt haben. Aufgrund der fehlenden Publizitätsanforderungen kann nicht beurteilt werden, ob dieser Anteil an der Stichprobe auch dem tatsächlichen Verhältnis in der Grundgesamtheit entspricht.

Im Anschluß an die Identifizierung der Unternehmen wurden im weiteren Verlauf dann zunächst die Beschlüsse der Unternehmen anhand der Tagesordnungen der Hauptversammlungen analysiert. Die verbleibenden fehlenden Angaben wurden anschließend in telefonischen Interviews mit Firmenvertretern der betreffenden Unternehmen erhoben. Die Erhebung der Daten wurde in der 3. Septemberwoche 1998 abgeschlossen, so daß keine Pläne neueren Datums in der Stichprobe enthalten sind.

5.2. Beschreibung der Stichprobe

Für die empirische Untersuchung konnten 43 Optionspläne analysiert werden. Die entsprechenden Unternehmen und das Jahr des Beschlusses über die Einführung des Optionsplanes sind der folgenden Tabelle zu entnehmen.

Unternehmen	Sitz	Einführungs- bzw. Beschlußjahr
A.S. Creation Tapeten AG	Gummersbach	1998
Bau-Verein zu Hamburg AG	Hamburg	1998
BAV Börsenmakler & Beteiligungs-AG	München	1998
BHF Bank	Frankfurt und Berlin	1987
BioM AG Munich Bio Tech Development	Planegg	1998
Bit by Bit Software AG	Berlin	1998
Böwe Systec AG	Augsburg	1997
Continental AG	Hannover	1995
Creaton AG	Wertingen	1998
Daimler Benz AG	Stuttgart	1996

Tabelle 25

Unternehmen	Sitz	Einführungs- bzw. Beschlußjahr
Daimler Benz AG	Stuttgart	1997
Deutsche Bank AG	Frankfurt	1998
Deutz AG	Köln	1997
Dresdner Bank AG	Frankfurt	1998
Elsa AG	Aachen	1998
Fresenius AG	Bad Homburg	1998
Fresenius Medical Care AG	Hof an der Saale	1998
Germania Epe AG	Gronau	1998
GPC AG Genome Pharmaceuticals Corp.	Martinsried	1998
Hawesko Holding AG	Tornesch	1998
Henkel KGaA	Düsseldorf	1997
Hoechst AG	Frankfurt am Main	1998
Höft & Wessel AG	Hannover	1998
Hornbach-Baumarkt-AG	Bornheim	1997
Kamps AG	Düsseldorf	1998
Lufthansa AG	Köln	1997
Metallgesellschaft AG	Frankfurt am Main	1998
Mühl P & S u. Thüringer Baustoffhandel AG	Kranichfeld	1998
Norddeutsche Affinierie AG	Hamburg	1998
PSI AG	Berlin	1997
Puma AG	Herzogenaurach	1996
Rosenthal AG	Selb	1996
SAI Automotive AG	Frankfurt am Main	1998
Sanacorp Pharmahandel AG	Planegg	1997
SAP AG	Walldorf	1998
Schering AG	Berlin	1998
Schwarz Pharma AG	Monheim	1997
SER Systeme AG	Neustadt/Wied	1998
SGL Carbon AG	Wiesbaden	1996
TDS Informationstechnologie AG	Heilbronn	1998
Veba AG	Düsseldorf	1998
Volkswagen AG	Wolfsburg	1997
Webac Holding AG	Köln	1998

Tabelle 25: Fortsetzung

Neben diesen 43 Optionsplänen konnten noch weitere 6 Pläne identifiziert werden, die jedoch nicht in die Untersuchung einbezogen wurden. Dies betrifft die Pläne der Hegener und Glaser AG von 1989, der Deutschen Bank AG von 1996 und der Metallgesellschaft von 1991. Diese wurden nicht weiter betrachtet, da sie endgültig nicht umgesetzt worden sind. Ferner wurde der Optionsplan der Continental AG von 1986 nicht berücksichtigt, da dieser inhaltlich identisch mit dem hier erfaßten Plan von 1995 war. Schließlich wurden 2 Optionspläne nicht aufgenommen, bei denen die Unternehmen nicht an der telefonischen Befragung teilnahmen und die entsprechenden Hauptversammlungsbeschlüsse zu wenig Informationen enthielten, um die Aufnahme in die Untersuchung zu rechtfertigen.

Für einige der 43 in der Stichprobe enthaltenen Optionspläne liegen nicht alle interessierenden Angaben vor. Dies ist auf verschiedene Ursachen zurückzuführen. So sind eine Reihe von Optionsplänen bisher noch nicht umgesetzt worden, so daß Beschlüsse über die genaue Ausgestaltung der betreffenden Regelungen noch nicht gefaßt worden sind. Daneben sind einige Angaben nicht Inhalt der entsprechenden Hauptversammlungsbeschlüsse. Zu diesen Punkten wurden von einigen Unternehmen keine entsprechenden Angaben gemacht. Dies betrifft unter anderem die Anzahl der Berechtigten, die maximal an dem Optionsplan teilnehmen können, aber auch interne Regelungen zur Ausgestaltung. Schließlich nahmen 4 Unternehmen nicht an der telefonischen Befragung teil, die jedoch aufgrund ausführlicher verfügbarer Hauptversammlungsbeschlüsse dennoch in der Stichprobe belassen wurden. Da somit für einzelne Angaben jeweils unterschiedliche Anzahlen gültiger Angaben resultieren, wird die jeweilige Anzahl n gesondert ausgewiesen, sofern Prozentangaben oder aggregierte Daten wie Durchschnitt oder Median ausgewiesen werden.

5.2.1.Unternehmenscharakteristika

Die Unternehmensgröße wurde anhand des Umsatzes bzw. der Bilanzsumme und anhand der Mitarbeiterzahl 1997 erfaßt. Es ergab sich folgende Umsatzverteilung (ohne Banken):

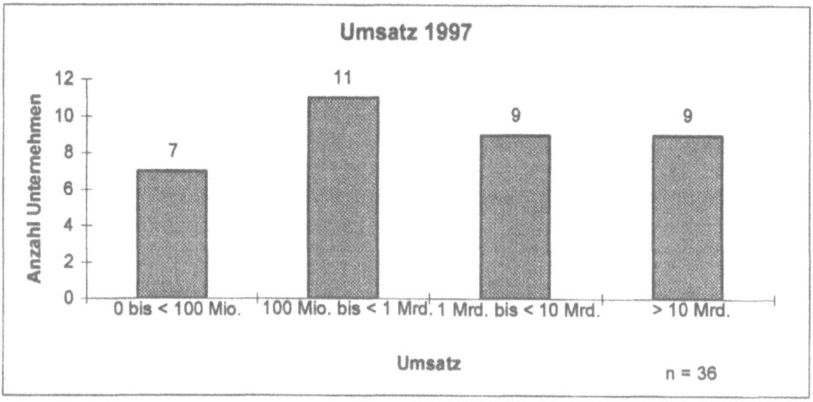

Abb. 13: Umsatz 1997

Der Median des Umsatzes lag bei 1 Mrd. DM, der Durchschnitt bei 16 Mrd. Der niedrigste Umsatz lag bei Null (3 Unternehmen), der höchste bei 120 Mrd. DM.[472]

Die Verteilung der Mitarbeiteranzahl ergab das folgende Bild.

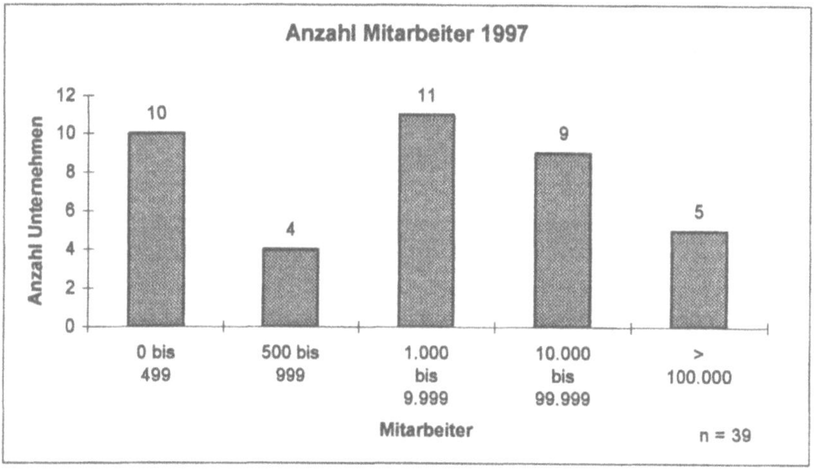

Abb. 14: Anzahl Mitarbeiter 1997

Der Median der Mitarbeiterzahl lag bei 2200, der Durchschnitt bei 39.500, das kleinste Unternehmen in der Untersuchung hatte 3 Mitarbeiter, das größte 300.000.[473]

---

[472] n = 36.

[473] n = 39.

5.2.2. Optionsplancharakteristika

Optionspläne gewinnen in der Bundesrepublik zunehmend an Bedeutung. Dies zeigt die zeitliche Verteilung der Beschlüsse über die Einführung der Pläne in der folgenden Abbildung.

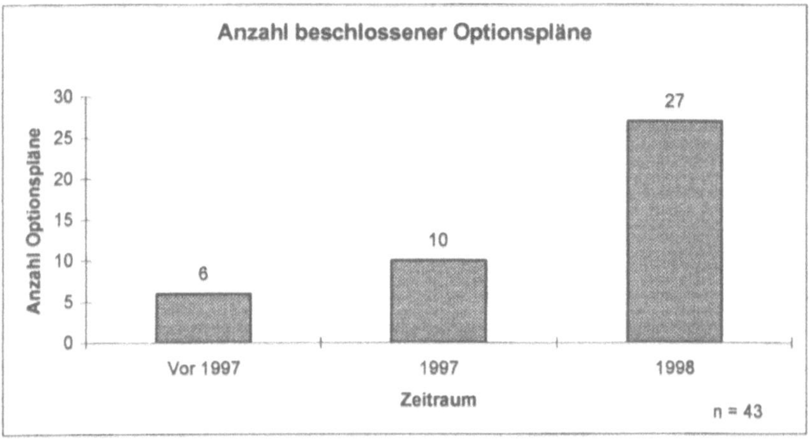

Abb. 15: Anzahl beschlossener Optionspläne

Selbst wenn man berücksichtigt, daß eine Reihe von älteren Optionsplänen aus verschiedenen Gründen nicht in die Untersuchung einbezogen wurden, ist die Anzahl der 1998 beschlossenen Pläne größer als die Gesamtzahl aller jemals vorher beschlossenen Pläne. Diese Entwicklung dürfte sich in der näheren Zukunft noch beschleunigen.

Bei der Zielgruppe der Optionspläne ist zunächst festzustellen, daß sich nicht alle Pläne nur an das Management bzw. den Vorstand wenden. Zwar konzentrieren sich die meisten Optionspläne auf die oberen Führungsebenen, jedoch existieren auch Pläne, die weitere Mitarbeiter oder sogar alle Mitarbeiter einbeziehen. Die folgende Abbildung gibt einen Überblick über die unterschiedliche Ausgestaltung der einbezogenen Ebenen der teilnahmeberechtigten Mitarbeiter. Bei immerhin 28% der Optionspläne sind neben der Führungsebene auch weitere Mitarbeiter oder sogar alle Mitarbeiter in das Optionsprogramm einbezogen. Ferner fand sich in der Stichprobe auch nur ein Unternehmen, bei welchem sich der Optionsplan ausschließlich an den Vorstand wendet. Der überwiegende Teil der Pläne richtet sich an den Vorstand und die Führungskräfte der jeweiligen Unternehmen.

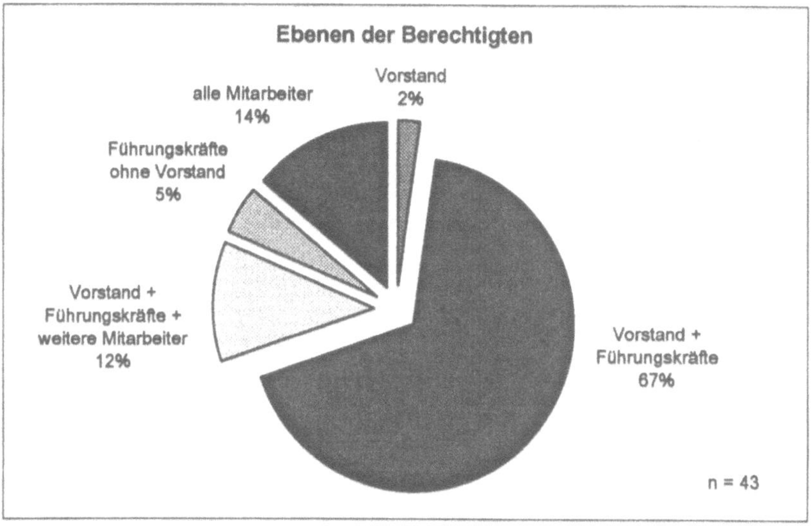

Abb. 16: Ebenen der Berechtigten

Je nach einbezogener Ebene der Berechtigten schwankt auch die Anzahl der Bezugsberechtigten sehr stark. Diese Zahl reicht von einem Minimum von 2 Berechtigten bis zu einem Maximum von 98.000 Berechtigten. Im Durchschnitt sind ca. 3200 Personen teilnahmeberechtigt, im Median lediglich 100.[474] Die folgende Abbildung zeigt die Verteilung über die Klassen der Anzahl der Bezugsberechtigten.

[474] n = 33

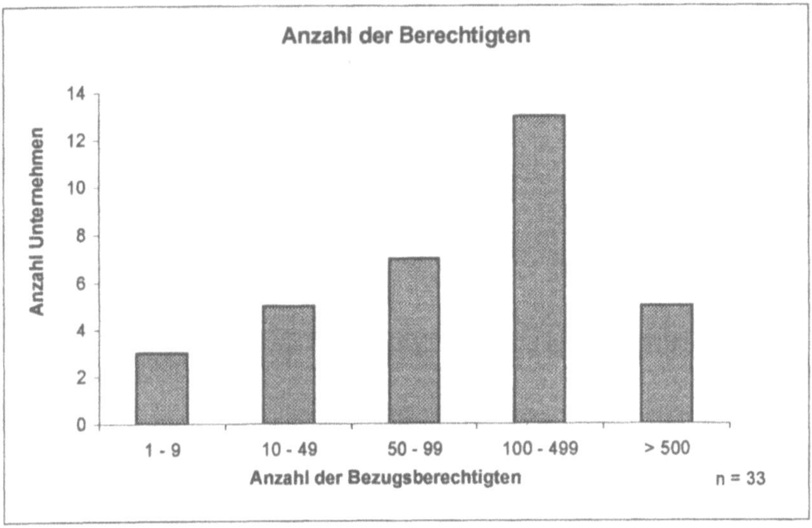

Abb. 17: Anzahl der Berechtigten

Der Anteil der Bezugsberechtigten an der Gesamtbelegschaft schwankt ebenfalls sehr stark und reicht von weniger als 1% bis zu 100%. Im Durchschnitt sind 19,8% der jeweiligen Belegschaft bezugsberechtigt, im Median jedoch lediglich 3%.[475] Die Verteilung des Anteils der Berechtigten an der jeweiligen Gesamtbelegschaft ist der folgenden Abbildung zu entnehmen.

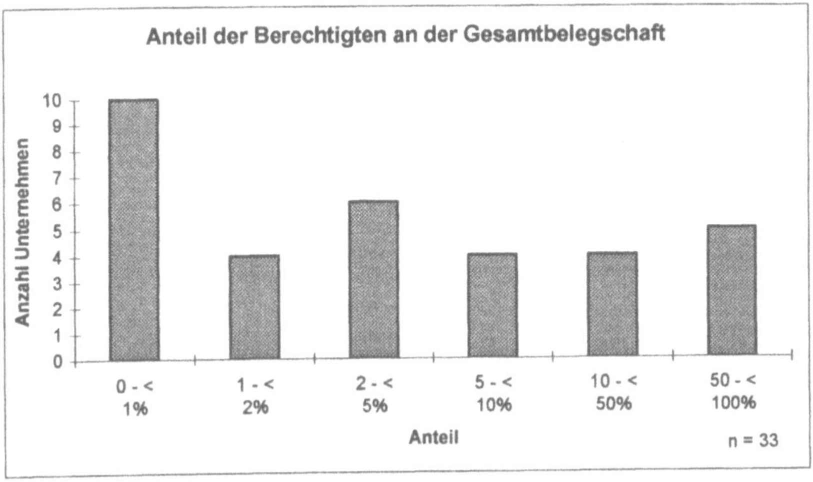

Abb. 18: Anteil der Berechtigten an der Gesamtbelegschaft

[475] n = 33.

Die Anzahl der im Rahmen der untersuchten Optionsprogramme maximal zu beziehenden Aktien reicht von ca. 9500 Stück bis zu 30 Mio. Stück, bei einem Durchschnitt von 2,96 Mio. und einem Median von 500.000 Stück.[476] Für diese Angaben wurden alle Aktien auf den rechnerischen Nennwert von 5,- DM umgerechnet. Die Verteilung über die Stückzahlklassen zeigt die folgende Abbildung.

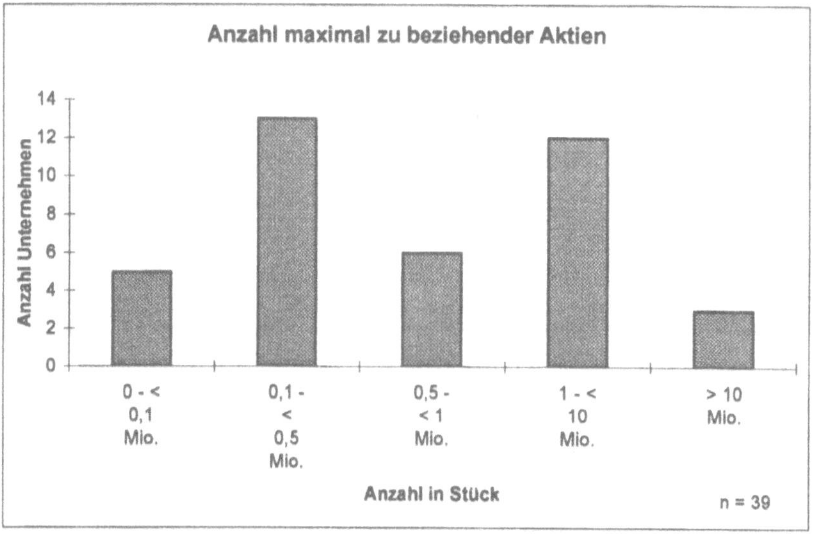

Abb. 19: Anzahl maximal zu beziehender Aktien

Die Angaben über die Anzahl der maximal zu beziehenden Aktien beziehen sich auf den jeweiligen Hauptversammlungsbeschluß bzw. den internen Beschluß, soweit kein Hauptversammlungsbeschluß notwendig ist. Die maximal zu beziehende Anzahl der Aktien kann sich jedoch bei den meisten Unternehmen noch nachträglich verändern, da das bedingte Kapital, über welches die Programme in aller Regel bedient werden, überwiegend eine Verwässerungsschutzklausel vorsieht. Das bedingte Kapital erhöht sich bei Kapitalerhöhungen in den meisten Fällen soweit, daß der Anteil des bedingten Kapitals am Gesamtkapital unverändert bleibt.

Da sich aus der Anzahl der zu beziehenden Aktien größenbedingt noch kein Rückschluß auf die relative Bedeutung des Programms für die mögliche Veränderung der Kapitalverhältnisse der Unternehmen ziehen läßt, wurde zusätzlich der Anteil des durch den jeweiligen Optionsplan betroffenen Kapitals am Grundkapital der Unternehmen erfaßt. Im Durchschnitt würden die Programme bei Vollausschöpfung zu einer Kapitalerhöhung in Höhe von 5% des jeweiligen Grundkapitals führen. Der Median liegt bei 4,5%. Das Minimum beträgt 0,7%, das Maximum

[476] n = 39.

liegt bei der auch gesetzlich vorgesehenen Höchstgrenze von 10%. Die Verteilung über die Anteilsklassen zeigt die folgende Abbildung.

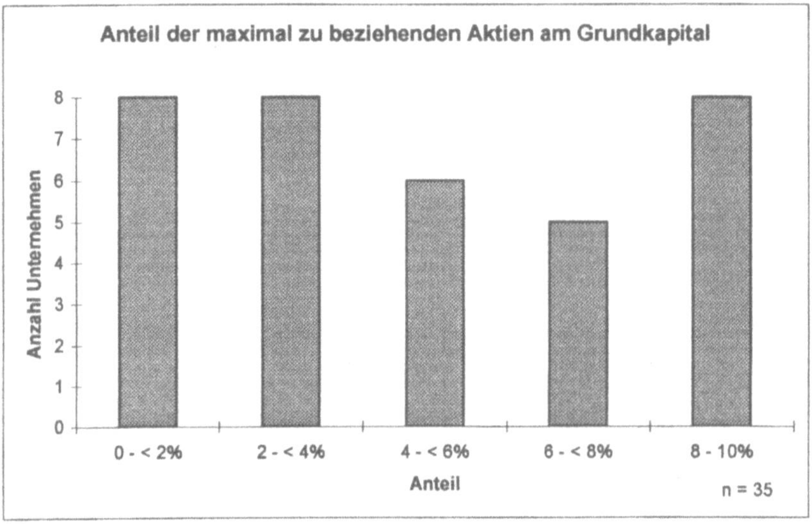

Abb. 20: Anteil der maximal zu beziehenden Aktien

Die rechtlich zulässige Höchstgrenze von 10% wurde von immerhin 6 Unternehmen voll ausgeschöpft.

Bei der Anzahl der pro Berechtigtem durchschnittlich zu beziehenden Aktien zeigte sich ebenfalls eine erhebliche Variation. So schwankte diese Zahl in einem Bereich von ca. 270 bis zu etwa 45.000 Aktien bei einem Durchschnitt von 10.800 und einem Median von 7.000 Aktien.[477] Die Verteilung der pro Berechtigtem zu beziehenden Aktien zeigt die folgende Abbildung.

[477] n = 30.

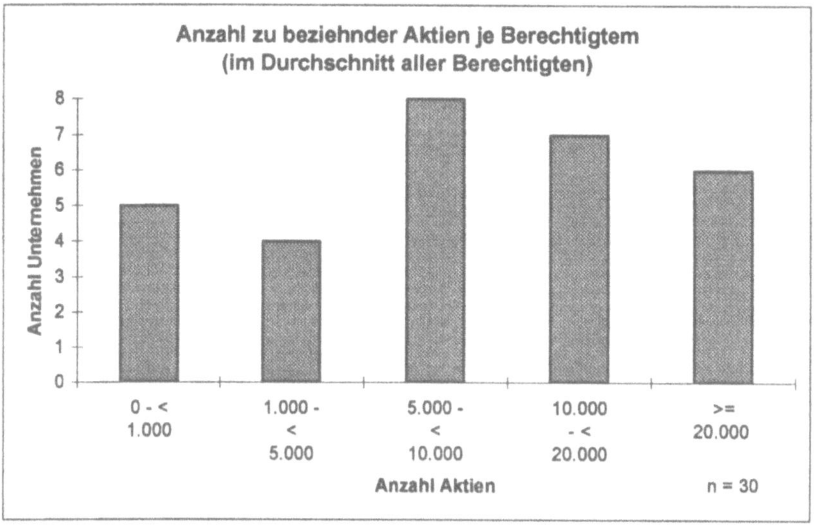

Abb. 21: Anzahl zu beziehender Aktien je Berechtigtem

Wie zu erwarten, hängt die Anzahl der durchschnittlich zu beziehenden Aktien von den Ebenen der Berechtigten ab. Bei Programmen, die sich ausschließlich an Vorstand und/oder Führungskräfte wenden, können im Durchschnitt ca. 13600 Aktien bezogen werden, bei Programmen, die sich auch an weitere Mitarbeiter oder alle Mitarbeiter wenden, liegt der Durchschnitt bei ca. 1680. Auf eine genauere Erfassung der pro Ebene zu beziehenden Aktien wurde verzichtet, da die Unternehmen entsprechende Angaben nur dann machen müssen, wenn der Optionsplan über nackte Optionsrechte nach KonTraG abgewickelt wird. Der Anteil dieser Unternehmen an der Stichprobe erschien jedoch als zu gering, um eine Erfassung dieser Angaben zu rechtfertigen.

Die maximale Laufzeit der Optionen schwankte zwischen einem Jahr und der für bedingte Kapitalerhöhungen zulässigen Höchstgrenze von 10 Jahren. Die Verteilung der Optionspläne bezüglich der maximalen Laufzeiten ist der folgenden Abbildung zu entnehmen.

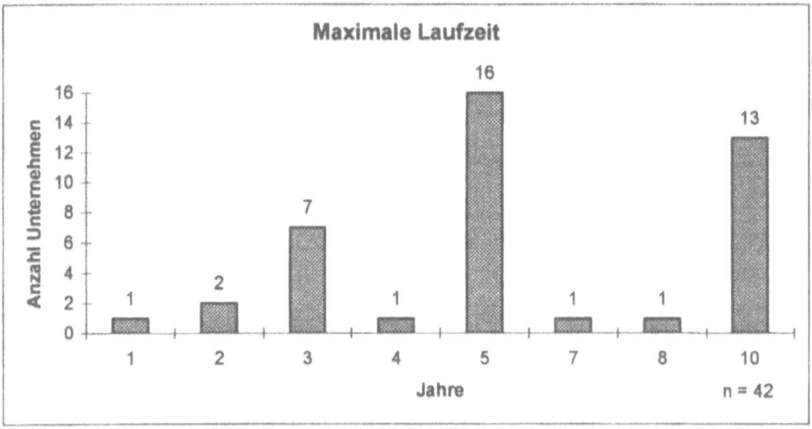

Abb. 22: Maximale Laufzeit

Die durchschnittliche Maximallaufzeit beträgt ca. 6 Jahre, der Median liegt bei 5 Jahren.

Fast alle Optionspläne sehen Sperrfristen vor der erstmaligen Ausübung der Optionsrechte vor. Sowohl der Durchschnitt als auch der Median der Sperrfristen liegt bei 2 Jahren. Die genaue Verteilung der Sperrfristen ist der folgenden Abbildung zu entnehmen.

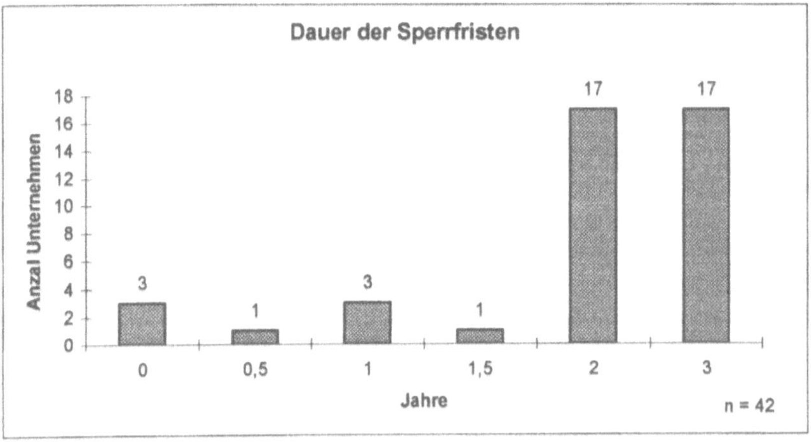

Abb. 23: Dauer der Sperrfristen

Durch Bildung der Differenz zwischen maximaler Laufzeit und Sperrfrist ergibt sich die maximale Dauer des Optionsausübungszeitraumes. Diese beträgt in Durchschnitt 3,8 Jahre und im Median 3 Jahre. Der Ausübungszeitraum beträgt maximal 10 Jahre. Allerdings fallen bei 3

Unternehmen die Laufzeit und die Sperrfrist zusammen. Hier haben die Berechtigten keine Wahlmöglichkeiten bezüglich des Zeitpunktes der Optionsausübung. Für diese Optionen besteht nur ein einziger Ausübungstermin, an dem die Optionen entweder ausgeübt werden oder verfallen.

5.3. Ergebnisse der Untersuchung

Im theoretischen Teil dieser Arbeit wurden eine Reihe von Anforderungen an Shareholder-Value-orientierte Optionspläne formuliert. Im folgenden soll nun geprüft werden, inwieweit die in Deutschland beschlossenen bzw. eingeführten Optionspläne diesen Anforderungen genügen.
Aus den ökonomischen Analysen ergab sich, daß Optionspläne

- in Tranchen eingeteilt,
- mit relativ hohen Bezugskursen versehen und
- indexgebunden

sein sollten.
Aus den rechtlichen Analysen ergab sich, daß Optionspläne

- über SAR's oder gekaufte Optionen bedient und
- durch entsprechende Gestaltung der Bezugsbedingungen gegen Manipulationsmöglichkeiten und Insiderprobleme abgesichert

werden sollten.

5.3.1. Trancheneinteilung und Bezugskurse

Die untersuchten Optionspläne sind überwiegend in Tranchen eingeteilt, wie die folgende Abbildung zeigt.

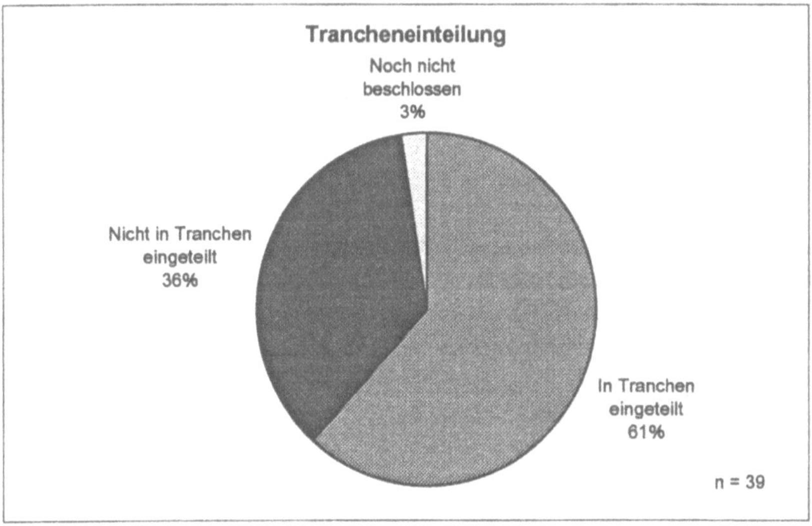

Abb. 24: Trancheneinteilung

Von den 24 Unternehmen mit Trancheneinteilung waren von 22 Unternehmen Angaben über die vorgesehenen Abstände der Tranchen erhältlich. Hierbei dominierte mit 21 Nennungen ein vorgesehener Abstand von einem Jahr. Lediglich ein Unternehmen hatte einen Tranchenabstand von 2 Jahren vorgesehen. Von 16 Unternehmen waren Angaben über die vorgesehene Anzahl der Tranchen erhältlich. Hierbei schwankte die Zahl zwischen 2 und 6 Tranchen. Der Großteil der Nennungen entfiel auf 5 Tranchen (8 Nennungen) und 3 Tranchen (5 Nennungen).

Von 12 Unternehmen waren Angaben sowohl über die Anzahl der vorgesehenen Tranchen als auch über den Anteil der ersten Tranche am Gesamtvolumen des Optionsplanes erhältlich. Hierbei zeigte sich, daß der überwiegende Teil, nämlich 10 Unternehmen, die erste Tranche in einem Umfang gewählt hat, der dem Gesamtvolumen des Optionsplanes dividiert durch die vorgesehene Anzahl der Tranchen entspricht. Wird dieses Vorgehen beibehalten, ergibt sich daraus ein identischer Umfang je Tranche. Lediglich zwei Unternehmen wählten die erste Tranche abweichend. Ein Unternehmen wählte die erste Tranche mit 50% Anteil am Gesamtvolumen des Planes bei 3 vorgesehenen Tranchen. Ein weiteres Unternehmen wählte hingegen lediglich ein Volumen der ersten Tranche in Höhe von 25% bei ebenfalls 3 vorgesehenen Tranchen.

Bezüglich der Gestaltung der Bezugskurse fanden sich in der Stichprobe lediglich zwei unterschiedliche Vorgehensweisen. Entweder wurden konstante Bezugskurse gewählt oder die Höhe des Bezugskurses hing von der Entwicklung eines Aktienindex ab. In keinem Fall wurde ein Bezugskurs gewählt, der oberhalb des Aktienkurses bei Beschlußfassung über die Ausgabe der Optionen lag (bei nicht indizierten Plänen) bzw. oberhalb der Indexentwicklung. Aufgrund der fehlenden Variation bei der Festlegung der Bezugskurse sind hier keine weiteren Analysen möglich. Wie im 3. Kapitel gezeigt wurde, kann dieses Vorgehen der Bezugskursfestlegung jedoch insbesondere dann zu Anreizproblemen führen, wenn der entsprechende Optionsplan weder indexgebunden noch in Tranchen eingeteilt ist. Dies war bei immerhin 10 Optionsplänen der Fall. Bei zwei weiteren Unternehmen fehlte jeweils eine dieser Angaben.

Bei Optionsplänen mit Indexbindung und/oder Trancheneinteilung werden mögliche Anreizprobleme zumindest teilweise dadurch reduziert, daß bei Optionen, die aus dem Geld sind, neue Tranchen gewährt werden oder durch die Indexbindung die Wahrscheinlichkeit reduziert wird, daß bei marktweiten Kursbewegungen die Optionen wertlos werden. Umgekehrt werden negative Anreizeffekte auf die Risikobereitschaft durch Indexbindung oder Trancheneinteilung ebenfalls reduziert. Optionen, die tief im Geld sind und daher zu einer übervorsichtigen Verhaltenstendenz führen könnten, werden bei der Trancheneinteilung dann durch weitere Optionen ergänzt, die diese negativen Effekte auf die Risikobereitschaft zumindest abmildern könnten. Bei allein indexgebundenen Optionsplänen wird hingegen die Wahrscheinlichkeit reduziert, daß die Optionen überhaupt sehr tief ins Geld kommen. Optionspläne, die sowohl eine Indexbindung als auch die Einteilung in Tranchen vorsehen, sind unter Anreizgesichtspunkten am günstigsten zu bewerten. Diese kombinierte Gestaltung wählten jedoch auch lediglich 10 Unternehmen.

5.3.2. Indexbindung und Eigenkapitalkosten

Als eine wesentliche Anforderung an Optionspläne wurde im theoretischen Teil dieser Arbeit ausgeführt, daß diese nur dann zu Ausübungsgewinnen führen sollten, wenn die Rendite der Aktien des betreffenden Unternehmens höher war als die Eigenkapitalkosten. Hierzu wurde vorgeschlagen, die Eigenkapitalkosten über das CAPM oder die Arbitrage Pricing Theory zu ermitteln. Keines der in der Stichprobe enthaltenen Unternehmen hat tatsächlich diesen Weg gewählt. Allerdings werden zunehmend einfache Formen der Indexbindung eingesetzt, bei denen sich der Wert der Optionen nach der Höhe der Outperformance gegenüber einem Vergleichsindex bemißt. Hierzu werden die verwendeten Indizes jedoch ausnahmslos unverändert als Vergleichsmaßstab herangezogen. Eine Gewichtung des jeweiligen Index mit dem negativen Betafaktor, wie in Kapitel 3 dargelegt, findet sich in keinem Fall. Die indexgebundenen Optionspläne berücksichtigen den Aspekt der Eigenkapitalkosten also nur in sehr grober Form. Dieser Befund ist allerdings vor dem Hintergrund der empirischen Probleme einer genaueren Eigenkapitalkostenermittlung zu sehen. Von den 43 Unternehmen haben 18 eine Indexbindung vorgesehen, während 25 keine solche Regelung getroffen haben. Hierbei ist jedoch zu berücksichtigen, daß die Ermächtigungsbeschlüsse der Hauptversammlungen in einigen Fällen die nachträgliche Bindung an einen Index ermöglichen würden. Bei einigen Optionsplänen, die bisher noch nicht umgesetzt worden sind, könnte daher durchaus noch eine Indexbindung beschlossen werden.

Von den 18 Unternehmen, die eine Indexbindung vorgesehen haben, hat ein Unternehmen noch keinen Beschluß über die spezifische Ausgestaltung der Indexbindung getroffen. Von den übrigen 17 Unternehmen haben 15 Unternehmen eine "echte" Indexbindung in der Form, daß die Höhe der Outperformance den Bezugskurs direkt beeinflußt. Die beiden anderen Unternehmen haben die Indexentwicklung lediglich als Hürde eingebaut. Bei diesen Hürdensystemen steht der Bezugskurs fest, die Optionen dürfen jedoch nur ausgeübt werden, wenn die Entwicklung des Index mindestens erreicht oder um einen bestimmten Prozentsatz übertroffen wurde.

Von den Unternehmen der Stichprobe werden drei unterschiedliche Kategorien von Indizes verwendet. Wie die folgende Abbildung zeigt, kommen vornehmlich deutsche Gesamtmarktindizes wie DAX, CDAX oder MDAX zur Anwendung.

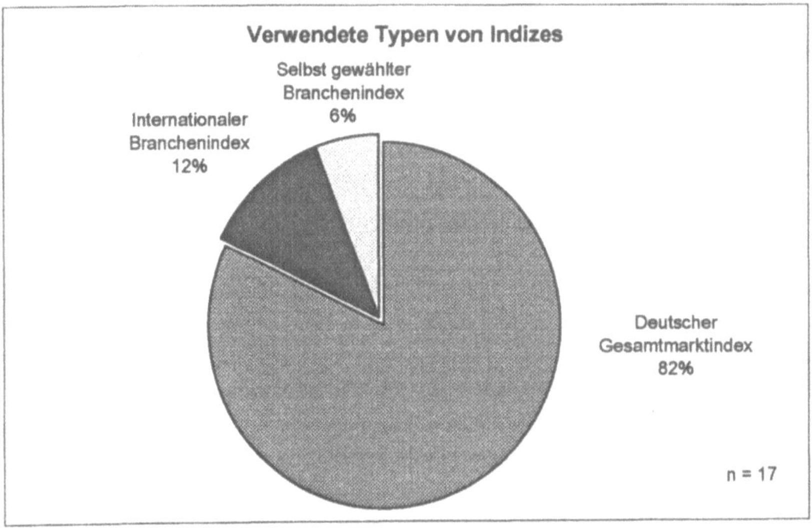

Abb. 25: Verwendete Typen von Indizes

Nur in einem Fall wählte das betreffende Unternehmen einen selbst gewählten Branchenindex.

Bei den "echten" Indexbindungen haben sich zwei unterschiedliche Berechnungsmethoden durchgesetzt. Bei der Differenzmethode wird die Indexperformance in % von der Performance der eigenen Aktien subtrahiert. Die Differenz ergibt dann die prozentuale Outperformance. Der Bezugskurs bestimmt sich über den aktuellen Aktienkurs bei Ausübung, der dann um den Prozentsatz der Outperformance ermäßigt wird. Beträgt die Outperformance also bspw. 5% und der Aktienkurs bei Ausübung 100,- DM, so errechnet sich ein Bezugskurs in Höhe von 95,- DM. Bei der Quotientenmethode wird hingegen der Quotient aus prozentualer eigener Performance + 100% und prozentualer Indexperformance + 100% gebildet. Der Aktienkurs bei Ausübung wird dann durch den so berechneten Quotienten geteilt, um auf den Bezugskurs zu kommen. Beträgt die Performance der Aktie beispielsweise 44%, die Indexperfomance 20%, so ergibt sich ein Quotient von 144%/120% = 1,2. Bei einem Aktienkurs von ebenfalls 100,- DM bei Ausübung ergibt sich ein Bezugskurs von 100/1,2 = 83,33 DM. Beide Methoden finden auch mit zusätzlichen Gewichtungen Anwendung, bei denen entweder die Differenz oder der Quotient mit einem vorher festgelegten Faktor multipliziert wird.

Da die Indexbindung von Optionsprogrammen erst seit etwa Ende 1996 in der öffentlichen Diskussion vehement gefordert wird, ließe sich erwarten, daß der Anteil der Optionspläne mit Indexbindung im Zeitablauf zunimmt. Dies konnte in der Stichprobe jedoch nicht bestätigt werden. So ist der Anteil der indexgebundenen Optionspläne 1998 genauso hoch, wie bei den älteren Plänen. Die Kreuztabellierung ergab folgendes Resultat (erwartete Zellhäufigkeiten in Klammern).

	Indexbindung	
Beschlußjahr	Nein	Ja
vor 1998	9 (9,3)	7 (6,7)
1998	16 (15,7)	11 (11,3)

Tabelle 26

Der entsprechende χ^2-Wert beträgt 0,037 bei einem Freiheitsgrad und ist insignifikant.

Als wesentlicher Befund bleibt hier festzuhalten, daß lediglich 18 von 43 Unternehmen überhaupt durch die Indexbindung den Versuch unternommen haben, ihre Optionspläne direkt an die Schaffung von Shareholder Value zu koppeln. Alle übrigen Pläne werden dieser Anforderung nicht gerecht.

Da in die Berechnung des Shareholder Values nicht nur die Kurssteigerungen eingehen, sondern alle dem Aktionär zufließenden Zahlungen, wurde ebenfalls erhoben, ob Dividenden oder Bezugsrechte bei weiteren Kapitalerhöhungen in den Optionsbedingungen berücksichtigt werden. Hierbei zeigte sich, daß für Kapitalerhöhungen überwiegend ein Verwässerungsschutz in den Optionsbedingungen vorgesehen ist, wie die folgende Abbildung zeigt.

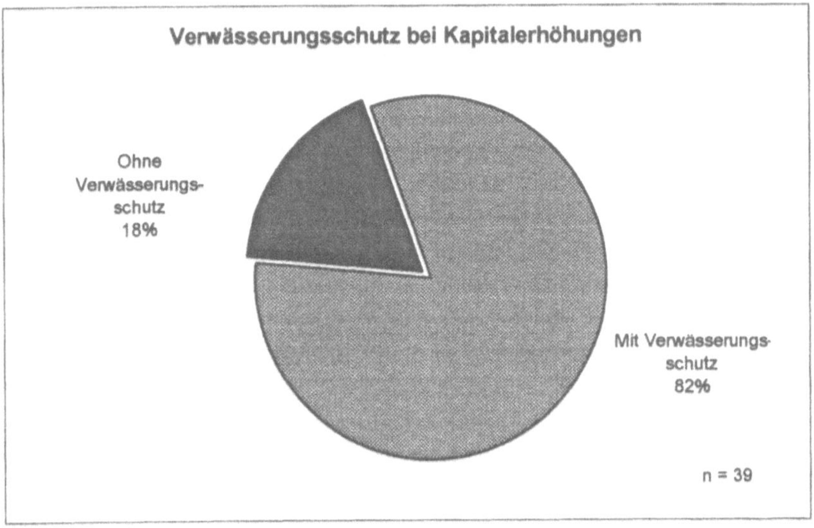

Abb. 26: Verwässerungsschutz bei Kapitalerhöhungen

Da Dividendenzahlungen ebenfalls c.p. den Optionswert reduzieren, sollten auch diese Zahlungen in den Optionsbedingungen berücksichtigt werden, um die Optionsrechte gegen eine entsprechende Verwässerung zu schützen. Von diesem Vorgehen machte allerdings nur der kleinere Teil der Unternehmen Gebrauch, wie der folgenden Abbildung zu entnehmen ist.

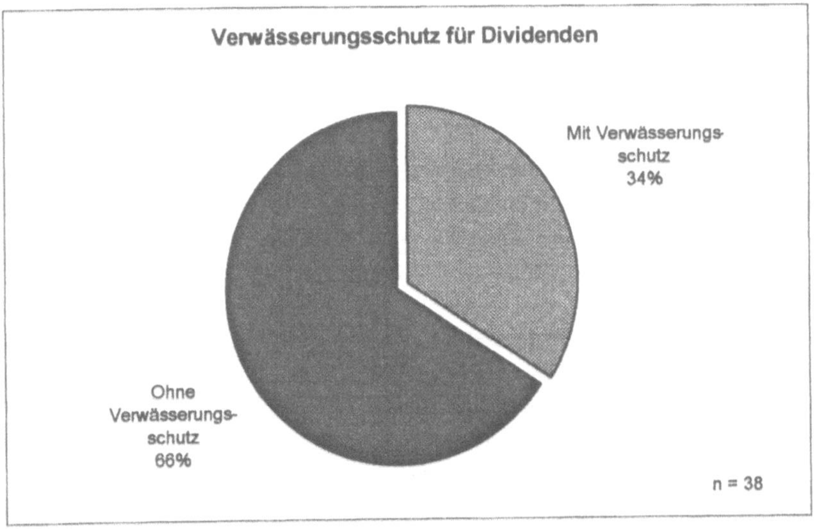

Abb. 27: Verwässerungsschutz für Dividenden

Alle Optionspläne, die sowohl Bezugsrechte bei Kapitalerhöhungen als auch Dividendenzahlungen in ihren Bedingungen berücksichtigen, sind indexgebundene Pläne. Umgekehrt sehen jedoch nicht alle indexgebundenen Systeme auch eine Berücksichtigung von Bezugsrechten bei Kapitalerhöhungen und Dividendenzahlungen vor. Zwei Unternehmen der Stichprobe wählten zwar eine Indexbindung, verzichteten aber auf die Berücksichtigung von Dividendenzahlungen. Dieses Vorgehen erscheint unbefriedigend, da es zu einer verzerrten Anreizwirkung bezüglich der Zahlung von Dividenden kommen könnte. Die Tatsache, daß die indexgebundenen Optionspläne überwiegend eine Bereinigung von Dividenden und Bezugsrechten vorsehen, erscheint auch logisch, da es sich bei den verwendeten Indizes -soweit diese bekannt sind- durchweg um Performanceindizes handelt, in deren Berechnung Dividenden und Bezugsrechte ebenfalls einfließen.

5.3.3. Bedienung der Optionsrechte und Besteuerung

Die Art der Bedienung der Optionsrechte ist der folgenden Abbildung zu entnehmen. Der mit weitem Abstand größte Anteil entfällt auf eine Bedienung über eine bedingte Kapitalerhöhung. 28 Optionspläne wählen hierbei noch den Weg über die Kopplung mit einer Anleihe, der vor dem 1. Mai 1998 aktienrechtlich vorgeschrieben war. Von den Plänen des Jahres 1998 werden inzwischen 9 Pläne über nackte Optionsrechte bedient, wie dies seit Inkrafttreten des KonTraG's möglich ist. Die neue rechtliche Regelung hat damit bereits regen Anklang gefunden.

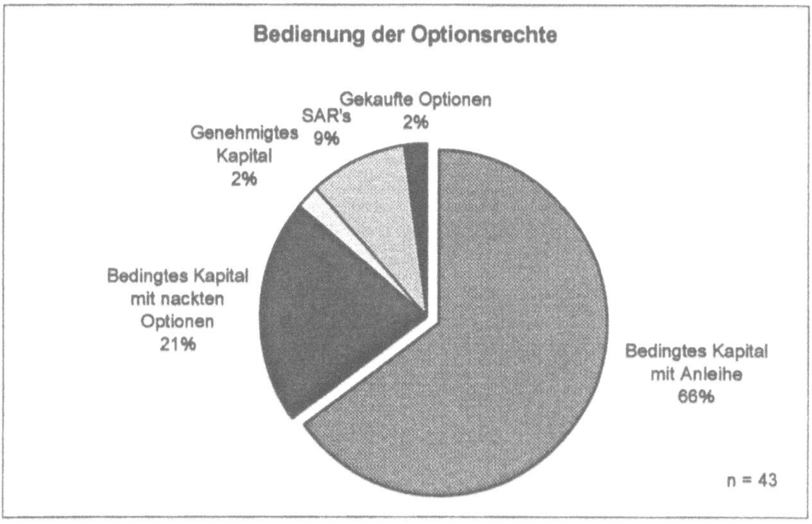

Abb. 28: Bedienung der Optionsrechte

Die Unternehmen, die ihre Pläne an eine Anleihe gekoppelt haben, haben in 27 Fällen eine Wandelschuldverschreibung und in nur einem Fall eine Optionsanleihe eingesetzt. Von diesen 28 Unternehmen waren von 23 Unternehmen Angaben über die Verzinsung der Anleihen erhältlich. Der überwiegende Teil, nämlich 17 Unternehmen wählte eine marktübliche Verzinsung, während 2 Unternehmen eine über dem Markt liegende Verzinsung wählten und 4 eine Verzinsung unter dem Marktniveau.

Der wichtigste Befund in diesem Zusammenhang ist jedoch, daß lediglich 5 Unternehmen überhaupt eine steuerlich effiziente Variante gewählt haben. So wählten 4 Unternehmen eine Konstruktion über SAR's und lediglich ein Unternehmen die Konstruktion über gekaufte Optionen. Die Gestaltung über den Rückkauf eigener Aktien am Markt wurde von keinem Unternehmen gewählt. Wie in Abschnitt 4.2. ausgeführt, führen nur diese drei Konstruktionen zu steuerlich absetzbarem Personalaufwand, während die steuerliche Behandlung beim Empfänger prinzipiell von der Konstruktion unabhängig ist und von der Besteuerung des Ausübungsgewinns im Jahr der Ausübung ausgeht. Die 5 Unternehmen repräsentieren gerade 11,6% der Stichprobe. Damit muß die ineffiziente steuerliche Gestaltung als eines der Hauptprobleme der bisher beschlossenen Optionspläne angesehen werden.

5.3.4. Manipulationsmöglichkeiten und Insiderrecht

Um Manipulationsmöglichkeiten und insiderrechtliche Probleme weitestgehend auszuschließen, können die in 4.3. vorgeschlagenen Regelungen vorgesehen werden. So kann zum einen der Bezugskurs auf Basis von Durchschnittskursen gewählt werden, um mögliche Stichtagseffekte zu vermeiden. Dadurch wird auch die Möglichkeit begrenzt, durch das Lancieren bestimmter Nachrichten den Bezugskurs stark zu beeinflussen. Der größte Teil der Unternehmen machte von dieser Möglichkeit Gebrauch, wie der folgenden Abbildung zu entnehmen ist.

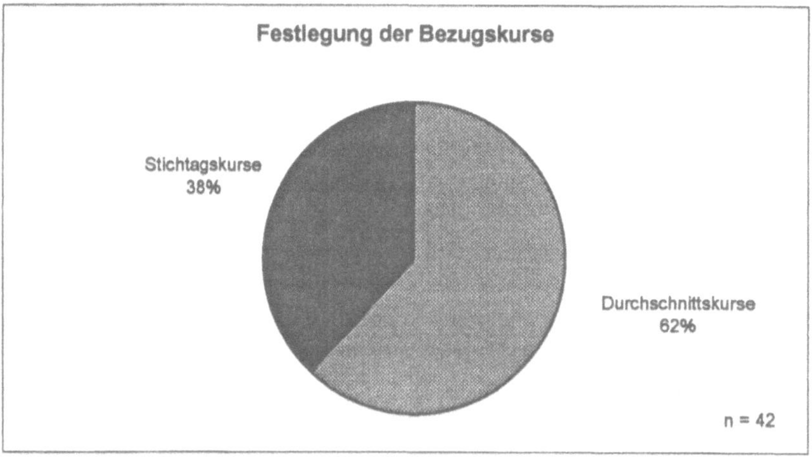

Abb. 29: Festlegung der Bezugskurse

Bezüglich der Anzahl der zur Durchschnittsbildung herangezogenen Handelstage ergab sich allerdings eine erhebliche Variation. So reichten die Zeitspannen von 5 bis zu 180 Tagen bei einem Durchschnitt von ca. 36 Tagen und einem Median von 15 Tagen.[478] Die Hälfte der 22 Unternehmen, von denen Angaben hierzu erhältlich waren, wählten Zeitspannen für die Durchschnittsbildung von 10 Tagen oder weniger. Es erscheint fraglich, ob damit eine angemessene Vorsorge gegen mögliche Manipulationen erreicht werden kann. Lediglich 3 Unternehmen wählten Zeiträume von 100 Tagen oder mehr, die in jedem Fall als ausreichend angesehen werden können.

Bei der Verwendung von Stichtagskursen oder Durchschnittskursen zeigte sich in der Stichprobe ein gewisser Zusammenhang mit der Entscheidung für oder gegen eine Indexbindung. Die indexgebundenen Optionspläne beruhen dabei überproportional auf Durchschnittskursen. Die folgende Kreuztabellierung verdeutlicht diesen Zusammenhang (erwartete Häufigkeiten in Klammern).

	Indexbindung	
Bezugskurs	Ja	Nein
Stichtagskurs	3 (6,3)	13 (9,7)
Durchschnittskurs	12 (8,7)	10 (13,3)

Tabelle 27

[478] n = 22.

Der entsprechende χ^2-Wert beträgt 4,97 bei einem Freiheitsgrad und ist signifikant auf dem 5%-Niveau. Auch die durchschnittliche Anzahl der Tage für die Durchschnittsbildung lag für die indexgebundenen Pläne mit 52,5 Tagen über dem Gesamtdurchschnitt von 36 Tagen.

Festzuhalten bleibt aber eben auch, daß 16 Unternehmen lediglich Stichtagskurse verwenden, was aus den genannten Gründen sehr unbefriedigend erscheint.

Als weitere Schutzmaßnahme gegen mögliche Manipulationen wurde vorgeschlagen, den Laufzeitbeginn für einzelne Optionstranchen vorab festzulegen. Dieser Vorschlag kann mit dem Befund von Yermack (1997) begründet werden, der deutliche Vermögensgewinne für die Berechtigten nachweisen konnte, wenn diese das Timing der Optionstranchen selbst bestimmen können. Bei diese Empfehlung zeigte sich aber, daß der überwältigende Teil der Unternehmen diesem Vorgehen folgt. Von den 23 Unternehmen, die hierzu Angaben gemacht haben, haben 19 feste Starttermine für neue Tranchen geplant, ein Unternehmen hat noch keinen entsprechenden Beschluß gefaßt und lediglich 2 Unternehmen haben keine festen Starttermine vorgesehen.

Schließlich wurde in 4.3. vorgeschlagen, die durch die Optionspläne zu beziehenden Aktien mit Verfügungsbeschränkungen zu versehen. Als beste Möglichkeit erscheint hier, den sofortigen Verkauf der Aktien nach Bezug zu vereinbaren. Von den 31 Unternehmen, die zu Verfügungsbeschränkungen Angaben gemacht haben, hatte jedoch nur ein Unternehmen eine Verfügungsbeschränkung vorgesehen, nach der die bezogenen Aktien noch eine gewisse Zeit nach Erwerb gehalten werden müssen. In keinem Fall war die sofortige Veräußerung der Aktien vereinbart. Die Unternehmen beschränken sich hier darauf, die betreffenden Berechtigten auf die Regelungen des Insiderrechts hinzuweisen. Als weitere Schutzmaßnahme gegen mögliche Insidertatbestände wird in aller Regel lediglich eine Beschränkung der Ausübungszeiträume vereinbart. Lediglich 7 Unternehmen haben auch hier gar keine Beschränkungen vorgesehen. Wie die folgende Abbildung zeigt, wird die Ausübung üblicherweise an Berichtstermine oder Hauptversammlungen gekoppelt.

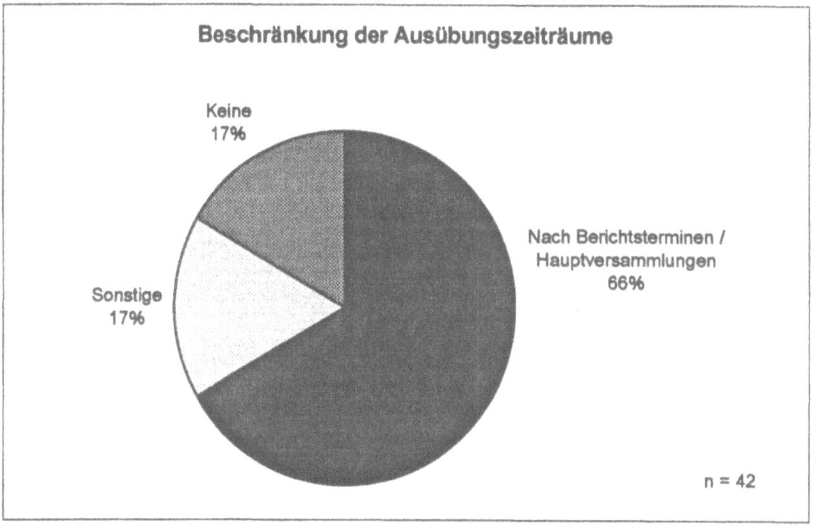

Abb. 30: Beschränkung der Ausübungszeiträume

Bei der Kopplung an Berichtstermine oder Hauptversammlungen beginnt die Ausübungsfrist üblicherweise am Tag nach der Hauptversammlung bzw. am Tag nach Veröffentlichung des entsprechenden Berichtes (Quartals- oder Jahresabschlüsse) und dauert im Durchschnitt etwa 2 Wochen. Bei den sonstigen Ausübungsbeschränkungen handelt es sich um Regelungen, bei denen lediglich bestimmte Zeiträume von der Ausübung ausgenommen werden. Dies sind häufig Zeiträume vor den jeweiligen Hauptversammlungen, Zeiträume in denen Übernahme- oder Abfindungsangebote laufen oder auch bestimmte Monate des Jahres.

Die Anzahl der Ausübungszeiträume pro Jahr schwankt bei den Plänen mit Ausübungsbeschränkungen zwischen einem und sechs Ausübungszeiträumen pro Jahr. Am häufigsten ist ein Ausübungszeitraum pro Jahr vorgesehen (14 Nennungen), gefolgt von 4 Ausübungszeiträumen (8 Nennungen).

Es bleibt somit festzustellen, daß bezüglich des Erwerbs der Aktien durch die Berechtigten die derzeit akzeptieren Regeln, wie sie in der Literatur vorgeschlagen werden, überwiegend befolgt werden.[479] Beim anschließenden Verkauf der Aktien begnügen sich die Unternehmen hingen überwiegend damit, sich auf die individuelle Einhaltung des Insiderrechtes durch die Berechtigten zu verlassen. Dies erscheint unbefriedigend, da entsprechende Regelungen leicht in einen Optionsplan aufzunehmen wären.

[479] Vgl. 4.3.

5.3.5. Gesamtbewertung

Im Anschluß an die Analyse der einzelnen Regelungen soll nun der Versuch unternommen werden, die einzelnen Qualitätsmerkmale der Optionspläne zu einem Qualitätsindex zu verdichten. Dieser kann aufgrund des qualitativen Charakters dieser Untersuchung natürlich nur einen vorläufigen, vornehmlich heuristisch begründeten Eindruck von der Qualität der untersuchten Optionspläne vermitteln. Aufgrund der Datenstruktur wird dabei auch auf eine besondere Gewichtung der einzelnen Qualitätskriterien verzichtet. Folgende Kriterien werden in den Qualititätsindex aufgenommen:

- Berücksichtigung der Eigenkapitalkosten über eine Indexbindung
- Berücksichtigung von Dividenden und Bezugsrechten
- Einteilung des Planes in Tranchen
- Steuerliche Absetzbarkeit des Ausübungsgewinnes beim Unternehmen
- Begrenzung der Manipulationsmöglichkeiten durch Durchschnittsbildung der Bezugskurse über mehr als 10 Tage

Die insiderrechtlichen Beschränkungen bei der Ausübung oder dem anschließenden Verkauf der Aktien werden nicht berücksichtigt, weil diese Regelungen einerseits auf Optionsprogramme auf Basis von SAR's nicht anwendbar sind und andererseits die Variation dieser Regelungen in der Stichprobe zu gering ist, um zu einer Qualitätsdifferenzierung merklich beizutragen.

Für die Erfüllung jedes der fünf oben genannten Kriterien wird jeweils 1 Punkt vergeben, bzw. 0 Punkte bei Nichterfüllung. Somit sind maximal 5 Punkte zu erreichen. Pläne mit 5 Punkten werden als sehr gut, mit 4 Punkten als gut, mit 3 Punkten als befriedigend, und mit weniger als 3 Punkten als mangelhaft klassifiziert. Für den Fall fehlender Angaben wurde das betreffende Kriterium mit 0 Punkten bewertet. Dieses Vorgehen führt natürlich tendenziell zu einer eher ungünstigeren Bewertung. Um die Stärke des Einflusses dieses Vorgehens abzuschätzen, wurden alternativ die fehlenden Angaben durch den Durchschnittswert des jeweiligen Kriteriums ersetzt. Dadurch ergeben sich dann natürlich keine diskreten Bewertungsschritte von jeweils einem Punkt mehr. Ein Vergleich der durchschnittlichen Gesamtbewertung beider Verfahren zeigt jedoch, daß der Effekt relativ gering ausfällt. Beim Nullsetzen der fehlenden Werte ergibt sich eine durchschnittliche Gesamtbewertung von 1,74, beim Ersetzen fehlender Werte durch den jeweiligen Durchschnitt des Kriteriums ergibt sich eine durchschnittliche Gesamtbewertung von 1,92. Aufgrund dieser geringen Differenz werden im folgenden lediglich die Ergebnisse des Nullsetzens präsentiert.

Es ergab sich folgende Aufteilung auf die Qualitätsklassen.

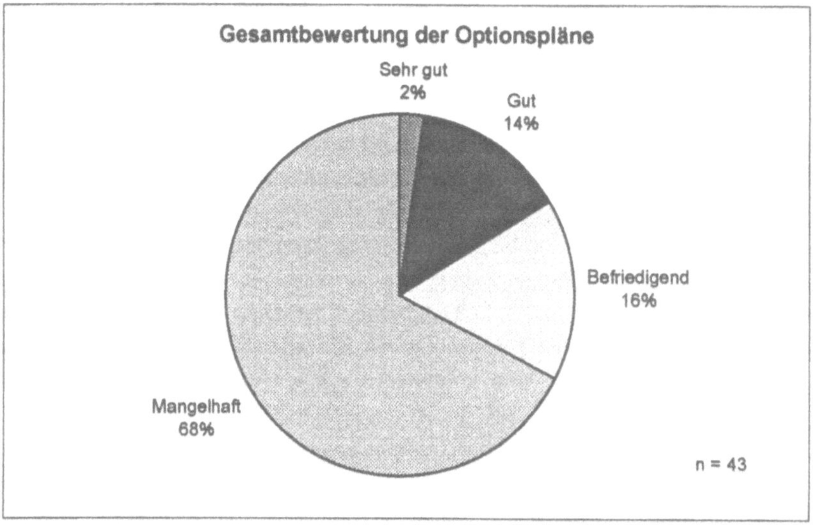

Abb. 31: Gesamtbewertung der Optionspläne

Lediglich ein einziger der untersuchten Optionspläne kann als sehr gut bezeichnet werden. Die überwiegende Mehrzahl der Pläne muß hingegen als mangelhaft eingestuft werden. Von einer echten Orientierung am Shareholder-Value kann damit in den meisten Fällen nicht gesprochen werden. Die in den meisten Beschlußtexten zu findende Behauptung, nach der der jeweilige Optionsplan einen Beitrag zur besseren Anbindung der Management- an die Aktionärsinteressen führen werde, kann auf Basis dieses Befundes nicht gestützt werden.

Auch ist zwischen neueren und älteren Optionsplänen kein merklicher Anstieg der Qualität feststellbar. So beträgt die durchschnittliche Gesamtbewertung für Pläne vor 1998 1,63, während die Pläne von 1998 eine durchschnittliche Gesamtbewertung von 1,81 aufweisen. Die intensive öffentliche Diskussion in den letzten 2-3 Jahren in der Bundesrepublik schlägt sich offensichtlich noch nicht in der Qualität der beschlossenen Pläne nieder.

5.4. Weitere Befunde

Neben den zentralen Ergebnissen des Abschnittes 5.3. sollen nun noch eine Reihe weiterer Befunde präsentiert werden. Diese weisen zwar keinen unmittelbaren Bezug zu den theoretischen Ausführungen dieser Arbeit auf, geben jedoch einige zusätzliche interessante Einblicke in die Gestaltung von Optionsplänen.

Besonders auffällig ist zunächst, daß keine einzige Beschlußvorlage Angaben zu dem Wert des Optionsprogrammes macht. Zwar wird fast ausnahmslos auf internationale, insbesondere auch US-amerikanische Gepflogenheiten der Führungskräftevergütung verwiesen, um die Einführung der Optionsprogramme zu begründen. Die international üblichen Angaben zum Wert der Optionsprogramme werden jedoch ohne Erwähnung übergangen. Hier entsteht tatsächlich der Eindruck, daß Optionspläne eben nicht in erster Linie den Aktionärsinteressen dienen sollen. Ansonsten wäre schwer zu begründen, weshalb die Aktionäre nicht über Wert aufgeklärt werden, auf den sie aufgrund der Pläne c.p. verzichten. Es finden sich fast ausnahmslos Bagatellformulierungen der Art, daß "aufgrund des geringen Umfanges des Optionsplanes von lediglich x% gemessen am Grundkapital eine Verwässerung des Eigentümervermögens nicht zu befürchten" sei. Diese Logik erinnert doch stark an das Verkaufsargument, daß man sich ein 500-bändiges Lexikon durchaus leisten könne, wenn man den Kaufpreis auf die Tage der Nutzungsdauer umrechnet. Es muß doch als sehr fraglich erscheinen, daß die Aktionäre diese Einschätzung teilen, bedenkt man, daß einige Optionsprogramme ein Volumen von mehreren hundert Millionen DM gemessen am Marktwert aufweisen und die möglichen Ausübungsgewinne in Einzelfällen die Milliardengrenze durchaus überschreiten könnten. Lediglich ein einziges Unternehmen hat in seiner Beschlußvorlage für die Hauptversammlung eine Kaptialverwässerungsrechnung für verschiedene Kursszenarien präsentiert und daneben noch die Anzahl der Optionen für jedes Vorstandsmitglied unter Namensnennung angegeben. In den meisten Fällen findet sich nicht einmal ein Berechnungsbeispiel für die Berechnung des Ausübungsgewinns einer einzelnen Option. Es bleibt unklar, wie mit einer derartigen Informationspolitik eine Ausrichtung am Shareholder Value dokumentiert werden soll. Vielmehr kann man sich in vielen Fällen des Eindrucks nicht erwehren, daß hier teilweise erhebliche Gehaltserhöhungen durch die Hintertür durchgesetzt werden sollen, ohne daß diese inhaltlich gerechtfertigt erscheinen.

Auch auf weitere Kritikpunkte an Optionsprogrammen, die in den USA schon seit langem diskutiert werden, gehen die Regelungen deutscher Optionspläne nur unzureichend ein. So wird in den USA wiederholt kritisiert, daß Optionsprogramme häufig zu ungerechtfertigten Windfall Profits führen würden, Ausübungsgewinnen also, die inhaltlich nicht zu rechtfertigen sind. Gerade für nicht indexgebundene Pläne ist diese Gefahr nicht von der Hand zu weisen. Zumindest für diese Pläne wäre daher vorstellbar, daß wenigstens die Ausübungsgewinne in irgend einer Form nach oben beschränkt werden. Von dieser Möglichkeit haben jedoch nur zwei Unternehmen in der Stichprobe Gebrauch gemacht, und dies waren zudem indexgebundene Pläne, bei denen die Gefahr von Windfall Profits ohnehin nicht so ausgeprägt ist.

6. Fazit und Schlußbemerkungen

Im Rahmen dieser Arbeit wurde zunächst der Frage nachgegangen, ob und in welcher Form Optionsprogramme als geeignetes Anreizinstrument für das Management gelten können. Hierbei erwies sich der Shareholder Value Ansatz als angemessener und operationaler Orientierungsrahmen, anhand dessen eine Bewertung von alternativen Optionsplangestaltungsformen vorgenommen werden kann. Es konnte gezeigt werden, daß der Shareholder Value Ansatz alternativen Zielbildungsansätzen wie z.B. dem Stakeholder-Ansatz oder der Orientierung an herkömmlichen rechnungswesenorientierten Zielkriterien überlegen ist. Dies beruht im wesentlichen auf der Tatsache, daß der Shareholder Value Ansatz neben seiner guten Operationalisierbarkeit auch deswegen vorteilhaft erscheint, da er zu einer präferenzfreien Bewertung des Unternehmenserfolges führt. Die Einflüsse unterschiedlicher Zeit- und Risikopräferenzen verschiedener Anleger auf die Zielbildung des Unternehmens und die Erfolgsbewertung werden durch die marktwertorientierte Bewertung angemessen abgebildet. Dadurch steht ein Erfolgskriterium zur Verfügung, daß von allen Anlegern unabhängig von ihren persönlichen Präferenzen akzeptiert werden kann und das den Managern unabhängig von deren Risiko- und Zeitpräferenzen angemessene Anreize setzt.

Im Rahmen der ökonomischen Analyse von Optionsplänen konnte darauf aufbauend eine Bewertung verschiedener Gestaltungsalternativen vorgenommen werden. Es zeigte sich, daß einige zentrale Gestaltungsfelder existieren, die die Eignung von Optionsplänen als Anreizinstrument ganz wesentlich beeinflussen. Grundsätzlich läßt sich jedoch feststellen, daß Optionspläne bei entsprechender Gestaltung als geeignetes Anreizinstrument für das Management angesehen werden können.

Zunächst konnte nachgewiesen werden, daß die Beurteilung der Eignung verschiedener Gestaltungsalternativen in besonderer Weise von den Annahmen über die Aufgaben und die Charakteristika des Managements abhängen. Es zeigte sich, daß besonders die Wahl des Bezugskurses und der Optionsanzahl ganz wesentlich davon abhängen, ob durch die Optionsprogramme Arbeitsleistung motiviert oder die Auswahl wünschenswerter Investitionsprojekte gefördert werden sollen. Für den Motivationsfall erwiesen sich relativ niedrige Bezugskurse und echt positive Optionsanzahlen als vorteilhaft. Zum gegenteiligen Resultat kommt man bei der Auswahl von Investitionsprojekten, bei denen vergleichsweise höhere Bezugskurse bei lediglich marginalen Optionsanzahlen optimal sind. Da sich für die praktische Anwendung die Frage nach den Anteilen beider Anreizsituationen nicht wird beantworten lassen, konnte anschließend gezeigt werden, daß ein Optionsplan mit relativ hohen Bezugskursen bei gleichzeitig hoher Optionsanzahl für beide Situationen befriedigende Ergebnisse erwarten läßt.

Im nächsten Schritt konnte nachgewiesen werden, daß aufgrund des langfristigen Charakters von Optionsplänen Veränderungen der Anreizsituation über die Laufzeit des Planes zu erwarten sind. Dies beruht darauf, daß sich insbesondere die Relationen zwischen Bezugskurs, Aktienkurs und Restlaufzeit der Optionen verändern bzw. verändern können. Um somit angemessene Anreizeffekte über längere Fristen sicherstellen zu können, bedarf es einer dynamischen Gestaltung der Optionsbedingungen. Insbesondere die Aufteilung eines Optionsplanes in mehrere Optionstranchen mit verschiedenen Startzeitpunkten und pfadabhängigen Optionskonditionen erweist sich hier als probates Mittel zur Aufrechterhaltung gewünschter Verhaltenswirkungen über längere Zeiträume.

Schließlich wurde aufgezeigt, daß eine Indexbindung von Optionsplänen eine Verbesserung der Anreizwirkung erwarten läßt. Dies läßt sich einerseits direkt aus dem Shareholder Value Ansatz begründen, der eine erfolgsabhängige Vergütung für das Management nur für den Fall vorsieht, daß die erwirtschaftete Rendite des Eigenkapitals über den Eigenkapitalkosten liegt. Die Operationalisierung der Eigenkapitalkosten kann nun über eine Indexbindung vorgenommen werden. Daneben erwies sich die Indexbindung aber auch aus der Anreizperspektive als sinnvoll, da über die Indexbindung Fremdvarianzen zumindest in größerem Umfang aus der Bemessung der Managemententlohnung eliminiert werden. Dies erscheint um so vorteilhafter, je höher der Grad der Risikoaversion der betroffenen Manager ist.

Direkt aus dem Shareholder Value Ansatz ließ sich ebenfalls ableiten, daß nicht nur die Kursentwicklung sondern die gesamten finanziellen Zuflüsse der Aktionäre zur Bemessungsgrundlage der Managementvergütung im Rahmen eines Optionsplanes gemacht werden sollten. Hierzu gehören neben Bezugsrechten bei Kapitalerhöhungen auch Dividenden und alle weiteren Leistungen, die die Aktionäre empfangen. Diese Forderung kann ebenfalls unter Verhaltensaspekten begründet werden, da Optionsprogramme ohne entsprechende Berücksichtigung solcher Leistungen unerwünschte Verhaltensanreize induzieren könnten. Bei fehlender Berücksichtigung bspw. von Dividendenzahlungen induziert ein Optionsprogramm einen Anreiz zur Absenkung der Dividendenrate, was durch empirische Hinweise gestützt wird.

Durch die Analyse der rechtlichen Rahmenbedingungen in der Bundesrepublik Deutschland konnten weitere sinnvolle Gestaltungsoptionen identifiziert werden. Als wesentlich erwies sich hier, daß Optionspläne über solche Bedienungskonstruktionen abgewickelt werden sollten, die zur steuerlichen Absetzbarkeit der Optionen beim Unternehmen führen. Hierfür kommen Stock Appreciation Rights, gekaufte Optionen und der Rückkauf eigener Aktien in Frage. Die übrigen Bedienungsformen führen aufgrund der fehlenden letztendlichen Absetzbarkeit beim Aktionär zu unverhältnismäßig hohen Kosten, da der entstehende Wertverlust anders als die direkt über die GuV abgerechneten Varianten an keiner Stelle steuerlich geltend gemacht werden können.

Schließlich konnte nachgewiesen werden, daß auch für mögliche insiderrechtliche Probleme und Manipulationsmöglichkeiten angemessene Vorkehrung getroffen werden können. Insiderrechtliche Probleme können dadurch weitestgehend ausgeschlossen werden, daß die Verfügungsfreiheit über evtl. bezogene Aktien weitestgehend eingeschränkt wird. Die insiderrechtliche Problematik entfällt allerdings ohnehin, wenn eine Konstruktion über SAR's gewählt wird, da in diesem Fall keine Aktien an den Begünstigten übertragen werden, dieser also durch das Optionsprogramm also nicht in den Besitzt von Insiderpapieren gelangt. Die rechtliche Problematik tritt daher ohnehin nur bei gekauften Optionen oder der Bedienung über bedingtes oder genehmigtes Kapital auf. Unabhängig von der rechtlichen Bewertung sollten entsprechende Verfügungs- und Ausübungsbeschränkungen in jedem Fall vorgesehen werden, da das Insiderrecht meines Erachtens hier ohnehin zu kurz greift. Ob Insiderinformationen für Transaktionen in echten Insiderpapieren oder den rechtlich nicht so klassifizierten SAR's genutzt werden, ist aus Sicht der Anleger schließlich unerheblich, da der ihnen entstehende Schaden in beiden Fällen der gleiche wäre.

Manipulationsgefahren, die von geschicktem Timing der Optionspläne oder einer verzerrten Informationspolitik ausgehen, können ebenfalls reduziert werden. Legt man die Startzeitpunkte neuer Optionstranchen längerfristig vorab fest und beschränkt zudem die möglichen Ausübungszeiträume relativ stark, so werden mögliche Timingeinflüsse weitestgehend ausgeschlossen. Wählt man zudem die Bezugskurse nicht auf Stichtagsbasis, sondern auf Basis längerfristiger Durchschnitte, kann zudem der Einfluß einer verzerrten Informationspolitik deutlich begrenzt werden.

Die empirische Ausgestaltung von Optionsplänen in der Bundesrepublik Deutschland zeigt indessen ein von den oben vorgeschlagenen Konstruktionsmerkmalen stark abweichendes Bild. So sind die bisher beschlossenen Optionspläne nur teilweise indexgebunden, berücksichtigen überwiegend keine Dividendenzahlungen und verzichten zum Teil auf eine Trancheneinteilung. Besonders deutlich treten die Mängel auch bei der steuerlichen Konstruktion hervor. Lediglich 5 von 43 untersuchten Optionsplänen führen zu steuerlich abzugsfähigem Personalaufwand. Auch wenn -wie bereits ausgeführt- genaue Kenntnisse über die Anzahl von Optionsplänen, die zur steuerlichen Abzugsfähigkeit führen, nicht vorliegen, erweckt dieser Befund doch deutliche Zweifel an der Ernsthaftigkeit, mit der die Entwicklung von Optionsplänen betrieben wird. Die Verluste im Aktionärsvermögen durch die steuerliche Fehlkonstruktion dürften sich bereits bei den in der Stichprobe befindlichen Unternehmen auf einen Betrag im drei- bis vierstelligen Millionenbereich summieren.

Auch was die Vorsorge gegen möglichen Mißbrauch von Insiderinformationen oder sonstige Manipulationsmöglichkeiten angeht, begnügt man sich zum größten Teil mit der Einhaltung rechtlicher Minimalanforderungen. Es entsteht kaum der Eindruck, daß man hier aus den vorliegenden negativen Erfahrung in den USA gelernt hätte.

Daneben erweckt auch die in Verbindung mit den Optionsplänen betriebene Informationspolitik Zweifel an der Ernsthaftigkeit der Shareholder-Value-Orientierung, mit der die Einführung der Pläne üblicherweise begründet wird. Wenn die Aktionäre nicht einmal ansatzweise über den Wert der Pläne informiert werden, erscheint eine solche Begründung doch als sehr fadenscheinig.

Diese Befunde werfen natürlich die Frage nach den Ursachen auf. Hierbei sind verschiedene Erklärungsmuster denkbar, die jedoch alle nicht wirklich zu befriedigen vermögen. So ist einerseits vorstellbar, daß durch Optionspläne eine deutliche Gehaltssteigerung für das Management erreicht werden soll, die auch sachlich gerechtfertigt erscheint. Doch selbst dann ist kaum erklärbar, weshalb steuerlich derart ineffiziente Konstruktionen gewählt werden. Die fehlende steuerliche Absetzbarkeit führt zu einer Schädigung der Aktionäre, die weit über das für eine entsprechende Gehaltserhöhung notwendige Maß hinausgeht.

Alternativ könnten die Befunde so interpretiert werden, daß sachlich nicht zu rechtfertigende Gehaltserhöhungen durchgesetzt werden sollen. Möglicherweise wird die steuerliche Benachteiligung dabei bewußt in Kauf genommen, da Ausübungsgewinne nicht die GuV belasten und man sich davon verspricht, die Gehaltserhöhungen möglichst unbemerkt an den Aktionären vorbei durchsetzen zu können. Für diese Interpretation spricht, daß -wie oben bereits ausgeführt- die Pläne von einer sehr mangelhaften Informationspolitik begleitet werden. In jedem Fall kann diese Interpretation nur als Versagen der Unternehmenskontrolle durch Aktionäre und Aufsichtsorgane gedeutet werden.

Letztendlich wäre noch denkbar, daß weder die steuerlichen noch die Anreizeffekte ausreichende Berücksichtigung im Design der Pläne finden, ohne daß hier in irgend einer Weise vorsätzlich gehandelt wird. Diese Interpretation würde dann allerdings ein sehr ungünstiges Licht auf die Managementfähigkeiten in deutschen Unternehmen werfen. Wenn selbst bei derart weitreichenden und vom finanziellen Volumen erheblichen Entscheidungen Fehler im oben beschriebenen Umfang auftreten, dann ist dies wirklich kein Gütesiegel für die Verantwortlichen. Während man für die älteren Pläne dann durchaus noch konstatieren könnte, daß diese auf Basis einer mangelhaften Informationslage entstanden sind, kann diese Entschuldigung für die neueren Optionspläne sicherlich nicht gelten. Von daher muß der Befund, daß im Zeitablauf bisher kein merklicher Qualitätsanstieg der Pläne feststellbar ist, doch sehr nachdenklich stimmen.

Als letzte Begründung für die festgestellten Befunde könnte schließlich vermutet werden, daß der Fehler nicht in der empirischen Gestaltung sondern in der für die Interpretation herangezogenen Theorie liegt. Diese Möglichkeit erscheint indessen kaum haltbar. Die steuerliche Benachteiligung wurde zwar anhand theoretischer Modellüberlegungen nachgewiesen, doch ist nicht zu sehen, aus welchem Grund diese empirisch nicht relevant sein sollte. Die Überlegungen zur Vorbeugung gegen Manipulationsmöglichkeiten können ebenfalls nicht einfach durch Verweis auf mögliche Theoriemängel abgetan werden, da das Vorkommen von Manipulationen selbst als empirisch gesichert gelten kann. Schließlich erscheinen auch die theoretischen Ausführungen zur Indexbindung als ausreichend gesichert. Denn ein Verzicht darauf kann sogar die Berechtigten selbst schädigen, wie die Kurseinbrüche im Sommer 1998 gezeigt haben. Außerdem führt die fehlende Berücksichtigung der Eigenkapitalkosten durch einen Verzicht auf eine Indexbindung zumindest dazu, daß die Pläne nicht mehr mit dem Shareholder-Value-Gedanken begründet werden können, wie dies üblicherweise geschieht. Der Einwand einer mangelhaften Theorie ist daher kaum haltbar.

Die aufgeworfenen Fragen nach den Ursachen der festgestellten Befunde konnten und sollten im Rahmen dieser Arbeit nicht untersucht werden. Entsprechende Untersuchungen hierzu wären jedoch wünschenswert. Nur wenn die Ursachen identifiziert werden können, ist zu erwarten, daß sich "bessere" Optionspläne in den Unternehmen durchsetzen werden. Sollte die Ursache für die bisherigen Mängel vornehmlich in einem mangelhaften Verständnis dieses für die Bundesrepublik noch neuen Anreizinstrumentes liegen, so hoffe ich, mit der vorliegenden Arbeit einen Beitrag zum Abbau dieses Informationsdefizites geleistet zu haben.

Literaturverzeichnis

Aboody, David (1996): Market valuation of employee stock options. In: Journal of Accounting and Economics, Vol. 22, Nr. 1-3, S. 357-391.

Aha, Christoph (1997): Ausgewählte Gestaltungsmöglichkeiten bei Aktienoptionsplänen. In: Betriebs-Berater, 52. Jg., Nr. 44, S. 2225-2228.

Akhigbe, Aigbe, Madura, Jeff, Tucker, Alan L. (1996): Market-controlled Stock Options: A new Approach to Executive compensation. In: Journal of Applied Corporate Finance, Vol. 9, Nr. 1, S. 93-97.

Albach, Horst (1988): Kosten, Transaktionen und externe Effekte im betrieblichen Rechnungswesen. In: Zeitschrift für Betriebswirtschaft, 58. Jg., Nr. 11, S. 1143-1170.

Albrecht, Thomas (1997): Was wissen wir über die Höhe der Marktrisikoprämie bei Aktien? In: Betriebswirtschaftliche Forschung und Praxis, 49. Jg., Nr. 5, S. 567-579.

Angel, James J., McCabe, Douglas (1997): Market-Adjusted Options For Executive Compensation. Working Paper, Georgetown University, Washington D.C.

Antle, Rick, Smith, Abbie (1986): An Empirical Investigation of the Relative Performance Evaluation of Corporate Executives. In: Journal of Accounting Research, Vol. 24, Nr. 1, S. 1-39.

Arbeitskreis (1996): Wertorientierte Unternehmenssteuerung mit differenzierten Kapitalkosten. Beitrag des Arbeitskreises Finanzierung der Schmalenbach-Gesellschaft. In: Zeitschrift für Betriebswirtschaft, 66. Jg., Nr. 6, S. 542-578.

Arnold, Markus (1996): Fallbeispiele zur steuerlichen Gestaltung bei Vergütungen für mehrjährige Tätigkeit. In: Wirtschaftsrechtliche Beratung, Nr. 17, S. 820-822.

Baetge, Jörg, Krause, Clemens (1994): Die Berücksichtigung des Risikos bei der Unternehmensbewertung. In: Betriebswirtschaftliche Forschung und Praxis, 46. Jg., Nr. 5, S. 433-456.

Baker, George P. (1992): Incentive Contracts and Performance-Measurement. In: Journal of Political Economy, Vol. 100, Nr. 3, S. 598-614.

Ballwieser, Wolfgang (1994): Adolf Moxter und der Shareholder Value-Ansatz. In: Ballwieser, Wolfgang u.a. (Hrsg.): Festschrift für Adolf Moxter. Düsseldorf 1994, S. 1377-1405.

Ballwieser, Wolfgang (1998): Unternehmensbewertung mit Discounted Cash Flow-Verfahren. In: Die Wirtschaftsprüfung, Band 51, Nr. 3, S. 81-92

Banhardt, A., Pries, H.D., Sendele, H. (1996): Vergütung deutscher Top-Manager im Vergleich mit den USA. In: Amrop International Mülder & Partner (Hrsg.): Vergütung deutscher Top-Manager im Vergleich mit den USA und Großbritannien. Berlin 1996.

Banz, Rolf W. (1981): The relationship between return and market value of common stocks. In: Journal of Financial Economics, Vol. 9, S. 3-18.

Barro, Jason R., Barro, Robert J. (1990): Pay, Performance, and Turnover of Bank CEOs. In: Journal of Labor Economics, Vol. 8, Nr. 4, S. 448-481.

Baums, Theodor (1997): Aktienoptionen für Vorstandsmitglieder. In: Martens, Klaus-Peter, Westermann, Harm Peter und Zöllner, Wolfgang (Hrsg.): Festschrift für Carsten Peter Claussen. Köln u.a.O. 1997, S. 3-48.

Berk, Jonathan B. (1995): A Critique of Size-Related Anomalies. In: Review of Financial Studies, Vol. 8, S. 275-286.

Berle, Adolphe, Means, Gardner (1932): The modern corporation and private property. New York 1932.

Bey, R.P., Johnson, L.J. (1995): Valuation of Executive Stock Options. In: Managerial Finance, Vol. 21, Nr. 10, S. 9-25.

Bimberg, Lothar (1991): Langfristige Renditeberechnung zur Ermittlung von Risikoprämien. Frankfurt und Bern 1991.

Bischoff, Jörg (1994) : Das Shareholder Value Konzept. Wiesbaden 1994.

Black, Fisher, Jensen, Michael C., Scholes, Myron (1972): The Capital Asset Pricing Model: Some Empirical Tests. In: Jensen, Michael C. (Hrsg.): Studies in the Theory of Capital Markets. New York u.a.O. 1972, S. 79-121.

Black, Fisher und Scholes, Myron (1973): The pricing of options and corporate liabilities. In: Journal of Political Economy, Vol. 81, S. 637-654.

Blume, Marshall E. und Friend, Irwin (1973): A New Look at the Capital Asset Pricing Model. In: Journal of Finance, Vol. 28, Nr. 1, S. 19-33.

Boudreaux, Kenneth J. und Zeff, Stephen A. (1976): A Note on the Measure of Compensation Implicit in Employee Stock Options. In: Journal of Accounting Research, Vol. 14, S. 158-162.

Brealy, Richard A., Myers, Stewart C. (1988): Principles of Corporate Finance. New York u.a.O. 1988.

Bredow, Günther M. (1996): Steuergünstige Gestaltung von Aktienoptionen für leitende Angestellte ("stock options"). In: Deutsches Steuerrecht, 34. Jg., Nr. 51, S. 2033-2036.

Brickley, James A., Bhagat, Sanjai, Lease, Ronald C. (1985): The impact of long-range managerial compensation plans on shareholder wealth. In: Journal of Accounting and Economics, Vol. 7, S. 115-129.

Buchner, Robert (1994): Zum Shareholder Value Ansatz. In: Wirtschaftswissenschaftliches Studium, 23. Jg., Nr. 10, S. 513-516.

Bühner, Rolf (1997): Worauf es beim Shareholder Value ankommt. In: Technologie & Management, 46. Jg., Nr. 2, S. 12-15.

Bühner, Rolf, Tuschke, Anja (1997): Zur Kritik am Shareholder Value - eine ökonomische Analyse -. In: Betriebswirtschaftliche Forschung und Praxis, 49. Jg. , Nr. 5, S. 499-516.

Bühner, Rolf, Weinberger, Hans-Joachim (1991): Cash Flow und Shareholder Value. In: Betriebswirtschaftliche Forschung und Praxis, 43. Jg., Nr. 3, S. 187-208.

Bundesaufsichtsamt (1997): Insiderrechtliche Behandlung von Aktienoptionsprogrammen für Führungskräfte. Schreiben des Bundesaufsichtsamtes für den Wertpapierhandel an die Vorstände der börsennotierten Aktiengesellschaften vom 01.10.1997.

Chan, Louis K.C., Hamao, Yasushi, Lakonishok, Josef (1991): Fundamentals and stock returns in Japan. In: Journal of Finance, Vol. 46, S. 1739-1789.

Chance, Don M. (1997): A Derivative Alternative as Executive compensation. In: Financial Analysts Journal, Vol. 53, March/April, S. 6-8.

Chauvin, Keith W., Shenoy, Catherine (1997): Stock price decreases prior to executive stock option grants. Discussion Paper, University of Kansas, August 1997.

Chen, Nai-Fu (1983): Some Empirical Tests of the Theory of Arbitrage Pricing. In: Journal of Finance, Vol. 38, Nr. 5, S. 1393-1414.

Cho, D. Chinhyung (1984): On Testing the Arbitrage Pricing Theory: Inter-Battery Factor Analysis. In: Journal of Finance, Vol. 39, Nr. 5, S. 1485-1502.

Choi, Yoon K. (1993): Managerial incentive contracts with a production externality. In: Economics Letters, Vol. 42, Nr. 1, S. 37-42.

Claussen, Carsten P. (1997): Aktienoptionen - eine Bereicherung des Kapitalmarktrechts. In: Wertpapiermitteilungen, 51. Jg., Nr. 39, S. 1825-1872.

Claussen, Carsten P: (1998): Wie ändert das KonTraG das Aktiengesetz? In: Der Betrieb, 51. Jg., Nr. 4, S. 177-186.

Coller, Maribeth, Higgs, Julia L. (1997): Firm Valuation and Accounting for Employee Stock Options. In: Financial Analysts Journal, Vol. 53, January/February, S. 26-34.

Copeland, Tom, Koller, Tim und Murrin, Jack (1994): Valuation: Measuring and Managing the Value of Companies, 2nd edition, New York u.a.O. 1994.

Coughlan, Anne T. und Schmidt, Ronald M. (1985): Executive Compensation, Management Turnover and Firm Performance. In: Journal of Accounting and Economics, Vol. 7, Nr. 1, S. 43-66.

Cox, John C., Ross, Stephen A. und Rubinstein, Mark (1979): Option pricing: A simplified approach. In: Journal of Financial Economics, Vol. 7, S. 229-263.

Cuny, Charles J. und Jorion, Philippe (1995): Valuing Executive Stock-Options with Endogenous Departure. In: Journal of Accounting and Economics, Vol. 20, Nr. 2, S. 193-205.

DAI (1996): Aktienoptionspläne für Führungskräfte in Deutschland. Herausgegeben vom Deutschen Aktieninstitut e.V., Frankfurt am Main 1996.

DAI (1998a): Aktienoptionspläne für Führungskräfte in Deutschland. Herausgegeben vom Deutschen Aktieninstitut e.V., Frankfurt am Main 1998.

DAI (1998b): Der Umgang von Führungskräften mit Aktien des eigenen Unternehmens im Rahmen von Aktienoptionsplänen. Herausgegeben vom Deutschen Aktieninstitut e.V., Frankfurt am Main 1998.

Davis, Evan, Flanders, Stephanie und Star, Jonathan (1991): Who are the world's most successful companies? In: Business Strategy Review, Summer, S. 1-33.

Dawson, P. (1996): Rational Early Exercise of Equity and Index Options: The Impact of market frictions. In: Journal of Business Finance and Accounting, Vol. 23, Nr. 7, S. 931-951.

Defusco, Richard A., Johnson, Robert R. und Zorn, Thomas S. (1990): The Effect of Executive Stock Option Plans on Stockholders and Bondholders. In: Journal of Finance, Vol. 45, Nr. 2, S. 617-627.

DeFusco, Richard A., Zorn, Thomas S. und Johnson, Robert R. (1991): The Association Between Executive Stock Option Plan Changes and Managerial Decision-Making. In: Financial Management, Vol. 20, Nr. 1, S. 36-43.

Dhrymes, Phoebus J., u.a. (1985): New Tests of the APT and their Implications. In: Journal of Finance, Vol. 40, Nr. 3, S. 659-647.

Druckarczyk, Jochen (1991): Wertorientierte Unternehmenssteuerung. In: Zeitschrift für Bankrecht und Bankwirtschaft, 9. Jg., Nr. 3, S. 217-312.

Dubofsky, David A. (1992): Options and Financial Futures: Valuation and uses. New York u.a.O. 1992.

Dye, Ronald A. (1992): Relative Performance Evaluation and Project Selection. In: Journal of Accounting Research, Vol. 30, S. 27-52.

Elschen, Rainer (1991): Shareholder Value und Agency-Theorie - Anreiz und Kontrollsysteme für Zielsetzungen der Anteilseigner. In: Betriebswirtschaftliche Forschung und Praxis, 43. Jg., Nr. 3, S. 209-220.

Fama, Eugene F. (1996): Discounting under Uncertainty. In: Journal of Business, Vol. 69, Nr. 4, S. 415-428.

Fama, Eugene F und French, Kenneth R. (1992): The Cross-Section of Expected Stock Returns. In: Journal of Finance, Vol. 47, Nr. 2, S. 427-465.

Fama, Eugene F. und French, Kenneth R. (1993): Common risk-factors in the returns of stocks and bonds. In: Journal of Financial Economics, Vol. 33, Nr. 1, S. 3-56.

Fama, Eugene F. und French, Kenneth R. (1996): Multifactor Explanations of Asset Pricing Anomalies. In: Journal of Finance, Vol. 51, Nr. 1, S. 55-84.

Fama, Eugene F. und MacBeth, James D. (1973): Risk, Return, and Equilibrium: Empirical Tests. In: Journal of Political Economy, Vol. 81, Nr. 3, S. 607-636.

Feddersen, Dieter (1997): Aktienoptionsprogramme für Führungskräfte aus kapitalmarktrechtlicher und steuerlicher Sicht. In: Zeitschrift für das gesamte Wirtschafts- und Handelsrecht, 161. Jg., S. 269-299.

Ferson, Wayne E. und Harvey, Campbell R. (1991): The variation of economic risk premiums. In: Journal of Political Economy, Vol. 99, S. 385-415.

Ferson, Wayne E. und Harvey, Campbell R. (1993): The risk and predictability of international equity returns. In: Review of Financial Studies, Vol. 6, Nr. 3, S. 527-566.

Finkelstein, Sydney und Hambrick, Donald C. (1988): Chief Executive Compensation: A Synthesis and Reconciliation. In: Strategic Management Journal, Vol. 9, S. 543-558.

Finkelstein, Sydney und Hambrick, Donald C. (1989): Chief Executive Compensation: A Study of the Intersection of Markets and Political Processes. In: Strategic Management Journal, Vol. 10, S. 121-134.

Frankfurter, George M., Phillips, Herbert E. (1996): Normative implications of equilibrium models: Homogenous expectations and other artificialities. In: Journal of Economic Behavior and Organization, Vol. 31, Nr. 1, S. 67-83.

Frantzmann, Hans-Jörg (1989): Saisonalitäten und Bewertung am deutschen Aktien- und Rentenmarkt. Karlsruhe 1989.

Freygang, Winfried (1993): Kapitalkosten in diversifizierten Unternehmen. Wiesbaden 1993.

Friend, Irvin und Blume, Marshall (1970): Measurement of Portfolio Performance Under Uncertainty. In: American Economic Review, Vol. 60, Nr. 4, S. 561-575.

Friend, Irwin, Westerfield, Randolph und Granito, Michael (1978): New Evidenve on the Capital Asset Pricing Model. In: Journal of Finance, Vol. 33, Nr. 3, S. 903-920.

Fuchs, Andreas (1997): Aktienoptionen für Führungskräfte und bedingte Kapitalerhöhung. In: Der Betrieb, 50. Jg., Nr. 13, S. 661-668.

Fürhoff, Jens (1998): Insiderrechtliche Behandlung von Aktienoptionsprogrammen und Management Buy-Outs. In: Die Aktiengesellschaft, 43. Jg., Nr. 2, S. 83-88.

Gaugler, Eduard (1997): Shareholder Value und Personalmanagement. In: Personal, Nr. 4, S. 168-175.

Ghysels, Eric (1998): On Stable Factor Structures in the Pricing of Risk: Do Time-Varying Betas Help or Hurt? In: Journal of Finance, Vol. 53, Nr. 2, S. 549-573.

Gibbons, Michael R. (1982): Multivariate Tests of Financial Models: A New Apporach. In: Journal of Financial Economics, Vol. 10, Nr. 1, S. 3-27.

Gibbons, Robert, Murphy, Kevin J. (1990): Relative Performance Evaluation for Chief Executive Officers. In: Industrial and Labor Relations Review, Supplement, Vol. 43, S. 30-51.

Glaum, Martin (1997): Die Bilanzierung von Finanzinstrumenten nach HGB, US-GAAP und IAS: Neuere Entwicklungen. In: Der Betrieb, 50. Jg., Nr. 33, S. 1625-1632.

Hachmeister, Dirk (1997): Shareholder Value. In: Die Betriebswirtschaft, 57. Jg., Nr. 6, S. 823-839.

Hackl, Gabriele (1997): Stock Options in internationalen Konzernen. In: Steuer und Wirtschaft International, Nr. 6, S. 243-247.

Harvey, Campbell R. (1989): Time-varying conditional covariances in tests of asset pricing models. In: Journal of Financial Economics, Vol. 24, S. 289-318.

Haslinger, Stefan (1995): Besteuerung von Arbeitnehmer-Aktien-Optionen. In: Steuer und Wirtschaftskartei, Nr. 26, S. 563-567.

Haugen, Robert A. und Senbet, Lemma W. (1981): Resolving the Agency Problems of External Capital through Options. In: Journal of Finance, Vol. 36, S. 629-647.

Hemmer, Thomas, Matsunaga, Steve und Shevlin, Terry (1994): Estimating the 'fair value' of employee stock options and the with expected early exercise. In: Accounting Horizons, Vol. 8, Nr. 4, S. 23-42.

Hemmer, Thomas, Matsunaga, Steve und Shevlin, Terry (1996): The influence of risk diversification on the early exercise of employee stock options by executive officers. In: Journal of Accounting and Economics, Vol. 21, S. 45-68.

Holmström, Bengt (1979): Moral Hazard and Observability. In: Bell Journal of Economics, Vol. 10, S. 74-91.

Holmström, Bengt (1982): Moral Hazard in Teams. In: Bell Journal of Economics, Vol. 13, S. 324-340.

Huddart, Steven (1994): Employee Stock Options. In: Journal of Accounting and Economics, Vol. 18, Nr. 2, S. 207-231.

Huddart, Steven und Lang, Mark (1996): Employee Stock Option Exercises - An Empirical-Analysis. In: Journal of Accounting and Economics, Vol. 21, Nr. 1, S. 5-43.

Hüffer, Uwe (1997): Aktienbezugsrechte als Bestandteil der Vergütung von Vorstandsmitgliedern und Mitarbeitern - gesellschaftsrechtliche Analyse. In: Zeitschrift für das gesamte Wirtschafts- und Handelsrecht, 161. Jg., S. 214-245.

Jagannathan, Ravi, Wang, Zhenyu (1996): The conditional CAPM and the Cross-Section of Expected Returns. In: Journal of Finance, Vol. 51, Nr. 1, S. 3-53.

Janakiraman, Surya N., Lambert, Richard A. und Larcker, David F. (1992): An Empirical Investigation of the Relative Performance Evaluation Hypothesis. In: Journal of Accounting Research, Vol. 30, Nr. 1, S. 53-69.

Jennergren, L Peter, Näslund, Bertil (1993): A comment on 'Valuation of executive stock options and the FASB proposal'. In: Accounting Review, Vol. 68, Nr. 1, S. 179-183.

Jensen, Michael C., Meckling, William H. (1976): Theory of the Firm: Managerial Behavior, Agency Costs and Ownership Structure. In: Journal of Financial Economics, Vol. 3, S. 305-360.

Jensen, Michael C. und Murphy, Kevin J. (1990): CEO Incentives - It's not how much you pay, but how. In: Harvard Business Review, May-June, S. 138-153.

Jolls, Christine (1996): The Role of Incentive Compensation in Explaining the Stock-Repurchase Puzzle. Discussion Paper, Harvard Law School 1996.

Kandel, Eugene und Lazear, Edward P. (1992): Peer Pressure and Partnerships. In: Journal of Political Economy, Vol. 100, Nr. 4, S. 801-817.

Kim, Dongcheol (1997): A Reexamination of Firm Size, Book-to-Market, and Earnings Price in the Cross-Section of Expected Stock Returns. In: Journal of Financial and Quantitative Analysis, Vol. 32, Nr. 4, S. 463-489.

Klien, Wolfgang (1995): Wertsteigerungsanalyse und Messung von Managementleistungen. Wiesbaden 1995.

Knoll, Leonhard (1997): Vorzeitige Ausübung bei Manager-Optionen - steuerliche Verzerrung oder schlechtes Vorzeichen? In: Der Betrieb, 50. Jg., Nr. 43, S. 2138-2140.

Knoll, Leonhard (1998a): Besteuerung von Stock Options - Anmerkungen zu einer juristischen Frontlinie im ökonomischen Niemandsland. In: Steuer und Wirtschaft, Nr. 2, S. 133-137.

Knoll, Leonhard (1998b): Besteuerung von Stock options als Beispiel für Effizienzschranken anreizkompatibler Entlohnungsformen In: Kossbiel, Hugo (Hrsg.): Modellgestützte Personalentscheidungen II. München und Mering (1998), S. 53-72.

Knoll, Leonhard (1998c): Der Wert von Bezugsrechten und die materielle Rechtfertigung des Bezugsrechtsausschlusses bei Wandelschuldverschreibungen. In: Zeitschrift für Wirtschaftsrecht, 19. Jg., S. 413-415.

Knyphausen, Dodo zu (1992): Wertorientiertes strategisches Management. In: Zeitschrift für Planung, 47. Jg., Nr. 4, S. 331-352.

Knyphausen, Dodo zu (1995): Shareholder Value als Lenkungsinstrument. In: Zeitschrift für betriebswirtschaftliche Forschung, 47. Jg., Nr. 6, S. 580-607.

Kohler, Klaus (1997): Stock Options für Führungskräfte aus der Sicht der Praxis. In: Zeitschrift für das gesamte Wirtschafts- und Handelsrecht, 161. Jg., S. 246-268.

Koogler, Paul R., Foster, Taylor W. und Vickrey, Don (1993): Valuation of executive stock options and the FASB proposal: An extension. In: Accounting Review, Vol. 68, S. 184-189.

Kümpel, Siegfried (1996): Wertpapierhandelsgesetz. Berlin 1996.

Lambert, Richard A., Lanen, William N. und Larcker, David F. (1989): Executive Stock Option Plans and Corporate Dividend Policy. In: Journal of Financial and Quantitative Analysis, Vol. 24, Nr. 4, S. 409-425.

Lazear, Edward P. (1989): Pay Equality and Industrial Politics. In: Journal of Political Economy, Vol. 97, Nr. 3, S 561-580.

Lintner, John (1965): The Valuation of Risk Assets and the Selection of Risky Investments in Stock Portfolios and Capital Budgets. In: The Review of Economics and Statistics, Vol. 47, Nr. 1, S. 13-37

Long, Michael S. (1992): The Incentives Behind the Adoption of Executive Stock Option Plans in U.S. Corporations. In: Financial Management, Vol. 21, Nr. 3, S. 12-21.

Lutter, Marcus (1997): Aktienoptionen für Führungskräfte - de lege lata und de lege ferenda. In: Zeitschrift für Wirtschaftsrecht, 18. Jg., Nr. 1, S. 1-9.

MacKinlay, Craig (1997): Event Studies in Economics and Finance. In: Journal of Economic Literature, Vol. 35, S. 13-39.

Masson, Robert T. (1971): Executive Motivations, Earnings, and Consequent Equity Performance. In: Journal of Political Economy, Vol. 79, S. 1278-1292.

Matsunaga, Steve, Shevlin, Terry und Shores, Dwight (1992): Disqualifying Dispositions of Incentive Stock Options: Tax Benefits Versus Financial-Reporting Costs. In: Journal of Accounting Research, Special Issue, Vol. 30, S. 37-68.

Mazer, Marvin A. (1988): Are Stock Option Plans Still Viable? In: Personnel Journal, Vol 67, Nr. 7, S. 48-50.

McWilliams, Abigail und Siegel, Donald (1997): Event Studies in Management Research: Theoretical and Empirical Issues. In: Academy of Management Journal, Vol. 40, Nr. 3, S. 626-657.

Milgrom, Paul und Roberts, John (1992): Economics, Organization and Management. Englewood Cliffs 1992.

Miller, Daniel J. (1995): CEO Salary Increases may be Rational after all: Referents and Contracts in CEO Pay. In: Academy of Management Journal, Vol. 38, Nr. 5, S. 1361-1385.

Miller, Merton H. und Scholes, Myron (1972): Rates of Return in Relation to Risk: A Reexamination of Some Recent Findings. In: Jensen, Michael C. (Hrsg.): Studies in the Theory of Capital Markets. New York u.a.O. 1972, S. 47-78.

Morck, Randall, Shleifer, Andrei und Vishny, Robert W. (1989): Alternative Mechanisms for corporate control. In: American Economic Review, Vol. 79, Nr. 4, S. 842-852.

Mozes, Haim A. (1995): An Upper Bound for the Firm's Cost of Employee Stock Options. In: Financial Management, Vol. 24, Nr. 4, S. 66-77.

Mülbert, Peter O. (1997): Shareholder Value aus rechtlicher Sicht. In: Zeitschrift für Unternehmens- und Gesellschaftsrecht, 26. Jg., Nr. 2, S. 129-172.

Murphy, Kevin (1985): Corporate Performance and Managerial Remuneration. In: Journal of Accounting and Economics, Nr. 7, S. 11-42.

o.V. (1987): Insiders: When Do you sell your company stocks? In: Financial Executive, Vol. 3, Nr. 6, S. 10-15.

Oehler, Andreas (1997): Kommentare zum Shareholder Value-Ansatz. In: Personal, Nr. 4, S. 180-181.

Pari, Robert A. und Chen, Son-Nan (1984): An Empirical Test of the Arbitrage Pricing Theory. In: Journal of Financial Research, Vol. 7, Nr. 2, S. 121-130.

Pellens, Bernhard und Crasselt, Nils (1998): Bilanzierung von Stock Options. In: Der Betrieb, 51. Jg., Nr. 5, S. 217-223.

Peltzer, Martin (1996): Steuer- und Rechtsfragen bei der Mitarbeiterbeteiligung und der Einräumung von Aktienoptionen. In: Die Aktiengesellschaft, 41. Jg., Nr. 7, S. 307-315.

Peters, Hans-Walter (1987): Kapitalmarkttheorie und Aktienanalyse. Frankfurt a.M. u.a.O. 1987.

Portner, Rosemarie und Bödefeld, Axel (1995): Besteuerung von Arbeitnehmer-Aktien-Optionen. In: Deutsches Steuerrecht, 33. Jg., Nr. 17, S. 629-635.

Portner, Rosemarie (1997a): Lohnsteuerliche Behandlung der Gewährung von Stock Options durch die ausländische Muttergesellschaft. In: Deutsches Steuerrecht, 35. Jg., Nr. 48, S. 1876-1879.

Portner, Rosemarie (1997b): Mitarbeiter-Optionen (Stock Options): Gesellschaftsrechtliche Grundlagen und Besteuerung. In: Deutsches Steuerrecht, 35. Jg., Nr. 20, S. 786-788.

Rappaport, Alfred (1986): Creating Shareholder Value. New York 1986.

Reilly, Frank K. (1989): Investment Analysis and Portfolio Management. 3rd. edition, Chicago u.a.O. 1989.

Reimann, Bernard C. (1991): Shareholder Value and Executive Compensation. In: Planning Review, Vol. 19, Nr. 3, S. 41-48.

Reinganum, Marc R. (1981a): Abnormal Returns in Small Firm Portfolios. In: Financial Analysts Journal, Vol. 37, Nr. 2, S. 52-56.

Reinganum, Marc R. (1981b): The Arbitrage Pricing Theory: Some Empirical Results. In: Journal of Finance, Vol. 36, Nr. 2, S. 313-321.

Reitmann, David (1993): Stock Options and the Strategic Use of Managerial Incentives. In: American Economic Review, Vol. 83, Nr. 3, S. 513-524.

Roll, Richard (1977): A Critique of the Asset Pricing Theory's Test Part I: On Past and Potential Testability of the Theory. In: Journal of Financial Economics, Vol. 4, Nr. 2, S. 129-176.

Roll, Richard (1978): Ambiguity when Performance is Measured by the Security Market Line. In: Journal of Finance, Vol. 33, Nr. 4, S. 1051-1069.

Roll, Richard und Ross, Stephen A. (1980): An Empirical Investigation of the Arbitrage Pricing Theory. In: Journal of Finance, Vol. 35, Nr. 5, S. 1073-1103.

Rosen, Rüdiger von (1997): Aktienkursorientierte Vergütungssysteme. In: Hummel, D. u.a. (Hrsg.): Banken in globalen und regionalen Umbruchsituationen: Systementwicklungen, Strategien, Führungsinstrumente. Stuttgart 1997.

Rosenberg, Barr, Reid, Kenneth und Lanstein, Ronald (1985): Persuasive evidence of market inefficiency. In: Journal of Portfolio Management, Vol. 11, S. 9-17.

Ross, Stephen A. (1976): The arbitrage theory of capital asset pricing. In: Journal of Economic Theory, Vol. 13, S. 341-360.

Ross, Stephen A., Westerfield, Randolph W., Jaffe, Jeffrey (1996): Corporate Finance. 4th edition, Chicago u.a.O. 1996.

Schilling, Wolf Ulrich (1997): Shareholder Value und Aktiengesetz. In: Betriebs Berater, 52. Jg.,Nr. 8, S. 373-381.

Schmidt, Monika (1998): "Stock Options" aus rechtlicher Sicht. In: Personal, Nr. 2, S. 76-79.

Schneider, Uwe H. (1996): Aktienoptionen als Bestandteil der Vergütung von Vorstandsmitgliedern. In: Zeitschrift für Wirtschaftsrecht, 17. Jg., Nr. 42, S. 1769-1776.

Schwalbach, Joachim, Winter, Stefan und Ritter, Jörg (1997): Aktienoptionen für Leistungsträger. In: Focus - Egon Zehnder International, Nr. 1, S. 16-19.

Schwarz, Günter Christian und Michel, Jörg (1998): Aktienoptionspläne: Reformvorhaben in Deutschland - Erfahrungsvorsprung in Frankreich. In: Betriebs-Berater, 53. Jg., Nr. 1, S. 489-494.

Schwetzler, B. (1998): Aktienoptionsprogramme für das Management. In: Meffert, H. und Backhaus, K. (Hrsg.): Stock Options und Shareholder Value, Dokumentationspapier 116, Wissenschaftliche Gesellschaft für Marketing und Unternehmensführung e.V., Münster, S. 6-16.

Seibert, Ulrich (1997): Kontrolle und Transparenz im Unternehmensbereich (KonTraG) - Der Referenten-Entwurf zur Aktienrechtsnovelle. In: Wertpapiermitteilungen, 51. Jg., Nr. 1, S. 1-48.

Shanken, Jay (1982): The Arbitrage Pricing Theory: Is it Testable? In: Journal of Finance, Vol. 37, Nr. 5, S. 1129-1140.

Stambaugh, Robert F. (1982): On the Exclusion of Assets from Tests of the Two-Parameter Model. In: Journal of Financial Economics, Vol. 10, Nr. 3, S. 237-268.

Stehle, Richard (1995): Kapitalkosten und Marktwert. In: Gerke, Wolfgang und Steiner, Manfred (Hrsg.): Handwörterbuch des Bank- und Finanzwesens, 2. überarb. und erw. Auflage, Stuttgart 1995, Sp. 1111-1122.

Stehle, Richard (1997): Der Size-Effekt am deutschen Aktienmarkt. In: Zeitschrift für Bankrecht und Bankwirtschaft, 9. Jg., Nr. 3, S. 237-260.

Stehle, Richard, Bunke, Olaf und Sommerfeld, Volker (1998): Semiparametric Modelling of the Cross-Section of Expected Returns in the German Stock Market. Discussion Paper, Humboldt-University, Berlin, September 1998.

Stehle, Richard, Huber, Rainer und Maier, Jürgen (1996): Rückberechnung des DAX für die Jahre 1955 bis 1987. In: Kredit und Kapital, Nr. 2, S. 429-455.

Stelter, Daniel (1997): Management der "richtigen" Rentabilität. In: Achleitner, Ann-Kristin und Thoma, Georg (Hrsg.): Handbuch Corporate Finance, Köln 1997.

Stewart, G. Bennet (1991): The Quest for Value. New York 1991.

Ulschmid, Christoph (1994): Empirische Validierung von Kapitalmarktmodellen. Frankfurt a.M. u.a.O. 1994.

Veit, E. Theodore, Bogumil, Walter A. und Veit, Marcia R. (1989): Adjustable Incentive Stock Options and Agency Problems. In: Financial Management, Vol. 18, Nr. 2, S. 10-11.

Wagner, Franz W. (1997): Shareholder Value - Eine neue Runde im Konflikt zwischen Kapitalmarkt und Unternehmensinteresse. In: Betriebswirtschaftliche Forschung und Praxis, 49. Jg., Nr. 5, S. 473-498.

Wagner, Franz W. und Hör, Michael (1996): Das Verhältnis der gegenwärtigen effektiven Steuerbelastung zur Steuerbelastungsobergrenze des Bundesverfassungsgerichtes. In: Der Betrieb, 49. Jg., Nr. 12, S. 585-589.

Warner, Jerold B., Watts, Ross L. und Wruck, Karen H. (1988): Stock Prices and Top Management Changes. In: Journal of Financial Economics, Vol. 20, S. 461-492.

Weisbach, Michael S. (1988): Outside Directors and CEO Turnover. In: Journal of Financial Economics, Vol. 20, Nr. 1-2, S. 431-460.

Wenger, Ekkehard (1998): Aktienoptionsprogramme für Manager aus der Sicht des Aktionärs. In: Meffert, H. und Backhaus, K. (Hrsg.): Stock Options und Shareholder Value, Dokumentationspapier 116, Wissenschaftliche Gesellschaft für Marketing und Unternehmensführung e.V., Münster, S. 51-69

Werder, Axel von (1998): Shareholder Value-Ansatz als (einzige) Richtschnur des Vorstandshandelns? In: Zeitschrift für Unternehmens- und Gesellschaftsrecht, Band 27, Nr. 1, S. 69-91.

Weston, J. Fred und Copeland, Thomas E. (1986): Managerial Finance. Chicago u.a.O. 1986.

Westphal, James D. und Zajac, Edward J. (1994): Substance and Symbolism in CEOs Long-Term Incentive Plans. In: Administrative Science Quarterly, Vol. 39, Nr. 3, S. 367-390.

Wilhelm, Jochen (1983): Marktwertmaximierung - Ein didaktisch einfacher Zugang zu einem Grundlagenproblem der Investitions- und Finanzierungstheorie. In: Zeitschrift für Betriebswirtschaft, 53. Jg., Nr. 6, S. 516-534.

Windmöller, Rolf, Breker, Norbert (1995): Bilanzierung von Optionsgeschäften. In: Die Wirtschaftsprüfung, 48. Jg., Nr. 12, S. 389-401.

Winkelmann, Michael (1984): Aktienbewertung in Deutschland. In: Göppl, Hermann und Opitz, Otto (Hrsg.): Quantitative Methoden der Unternehmungsplanung. Königstein 1984.

Winter, Stefan (1996a): Prinzipien der Gestaltung von Managementanreizsystemen. Wiesbaden, zugl. Diss. Humboldt-Universität zu Berlin 1995.

Winter, Stefan (1996b): Relative Leistungsbewertung - Ein Überblick zum Stand von Theorie und Empirie. In: Zeitschrift für betriebswirtschaftliche Forschung, 48. Jg., Nr. 10, S. 898-926.

Winter, Stefan (1997a): Möglichkeiten der Gestaltung von Anreizsystemen für Führungskräfte. In: Die Betriebswirtschaft, 57. Jg., Nr. 5, S. 615-629.

Winter, Stefan (1997b): Valuing employee and executive stock options with incentive effects. Forschungsbericht 97-1, Institut für Management, Humboldt-Universität zu Berlin.

Winter, Stefan (1997c): Zur Eignung von Aktienoptionsplänen als Motivationsinstrument für Manager. Forschungsbericht 97-3, Institut für Management, Humboldt-Universität zu Berlin, erscheint in: Zeitschrift für betriebswirtschafltiche Forschung, Dezember 1998.

Winter, Stefan (1998a): Vergütung der Managementleistung mit Aktienoptionsplänen. In: Weber, Peter (Hrsg.): Leistungsorientiertes Management, Frankfurt und New York, S. 102-133.

Winter, Stefan (1998b): Anreize zur Risikoübernahme durch Aktienoptionspläne. In: Kossbiel, Hugo (Hrsg.): Modellgestützte Personalentscheidungen 2, München und Mering, S. 73-92.

Yermack, David (1995): Do Corporations Award CEO Stock-Options Effectively? In: Journal of Financial Economics, Vol. 39, Nr. 2-3, S. 237-269.

Yermack, David (1997): Good Timing - CEO Stock Option Awards and Company News Announcements. In: Journal of Finance, Vol. 52, Nr. 2, S. 449-476.

Zent, Charles H. (1988): Using Shareholder Value to Design Business Unit Manager Incentive Plans. In: Planning Review, Vol. 16, S. 40-44.

Zivney, Terry (1991): The Value of Early Exercise in Option Prices: An Empirical Investigation. In: Journal of Financial and Quantitative Analysis, Vol. 26, Nr. 1, S. 129-138.

Kolibri 360 GmbH
Ferdinand-Jühlke-Straße 7
99095 Erfurt, Deutschland
produktsicherheit@kolibri360.de

Druck:
CPI Druckdienstleistungen GmbH
im Auftrag der
Kolibri 360 GmbH
Ferdinand-Jühlke-Str. 7
99095 Erfurt